扶绥年鉴

2018

扶绥县人民政府主办
扶绥县地方志办公室编

图书在版编目（CIP）数据

扶绥年鉴. 2018／扶绥县地方志办公室编. —郑州：中州古籍出版社，2019.4

ISBN 978-7-5348-8647-8

Ⅰ. ①扶… Ⅱ. ①扶… Ⅲ. ①扶绥县－2018－年鉴 Ⅳ. ①Z526.74

中国版本图书馆CIP数据核字（2019）第084117号

责任编辑：吕兵伟
责任校对：米 敏
出版社：中州古籍出版社
（地 址：郑州市金水东路39号 邮政编码：450016）
发行单位：新华书店
承印单位：河南瑞之光印刷股份有限公司
开本：889mm×1194mm 1/16 **印张**：26.5
字数：440千字 **印数**：1—1000册
版次：2019年5月第1版 **印次**：2019年5月第1次印刷

定价：200.00元

2017数字扶绥

行政区域面积2836平方公里

行政区域11个乡镇、119个村委会、13个社区

总人口46.01万人

平均气温22.2℃

日照时数1617小时

总降雨量1483毫米

耕地总面积13.28万公顷

农作物播种面积14.1693万公顷

水果种植面积1.5035万公顷

蔬菜种植面积1.5278万公顷

甘蔗种植面积7.9193万公顷

地区生产总值183.69亿元

固定资产投资206.57亿元

财政收入13.96亿元

规模以上工业总产值230.22亿元

粮食总产量6.42万吨

农业产值62.66亿元

林业产值5.19亿元

牧业产值4.31亿元

渔业产值2.15亿元

境内铁路里程数56公里

城镇居民可支配收入30193元

农村居民人均可支配收入12487元

社会消费品零售总额24.76亿元

金融机构各项存款余额134.62亿元

普通高中在校生7090人

普通初中在校生14702人

小学生在校生32570人

医疗卫生机构19个

农村劳动力转移人数6640人

旅游接待人数221.14万人

编 辑 说 明

一、根据国务院《地方志工作条例》第五条和《广西壮族自治区实施〈地方志工作条例〉办法》的有关规定，依法编纂《扶绥年鉴》。《扶绥年鉴》是一部全面、系统地记述扶绥县经济和社会发展基本情况的综合性地方年鉴，由扶绥县人民政府主办，扶绥县地方志编纂委员会编写。

二、《扶绥年鉴(2018)》记载的是2017年扶绥县经济和社会发展基本情况。本年鉴采用分类编辑法，设栏目、类目、条目3个层次，以条目为主体，部分条目设子目。全书条目统一用黑字体加"【　】"表示。本年鉴设特载、大事记、扶绥概览、中共扶绥县委、扶绥县人大常委会、扶绥县人民政府、政协扶绥县委员会、人民团体、法治、军事、城乡建设·环境保护、工业、农林水利、交通运输、信息业、商贸·旅游、财政税务、金融·保险、综合管理、文化·体育、教育科技、卫生、社会、农林场、乡镇、文件选编等28个栏目。

三、本年鉴用语体文，以第三人称记述，文字、计量等用法，均按照国家标准和计量法规执行。

四、本年鉴记述的内容(含文字、图片)均由扶绥县直各部门、各单位，区、市直驻扶绥县各有关单位，各乡镇提供，并经年鉴编委会审核。涉及扶绥县的统计数据以扶绥县统计局提供和公开的为准，某些专业性数据由主管部门提供。

五、本年鉴所指的"自治区"指广西壮族自治区，"市"指崇左市。

六、承蒙各有关部门通力合作及社会各界人士的关心和支持，本年鉴得以编成出版，在此谨表谢意。因年鉴内容涉及面广，加上编辑水平有限，难免出现错漏，敬请读者批评指正。

七、本年鉴已经扶绥县人民政府审查通过。

《扶绥年鉴》编纂委员会

《扶绥年鉴》编辑部

目 录

中国共产党扶绥县委员会

重要会议

重大决策

县委办公室工作

组织工作

宣传思想工作

文明创建工作

扶绥县人民政府

综述

重要会议

重要决策

县政府办公室工作

机关事务管理

政务服务管理

接待工作

招商引资

政协扶绥县委员会

重要会议

主要工作

人民团体

扶绥县总工会

共青团扶绥县委员会

扶绥县妇女联合会

文学艺术界联合会

扶绥县科学技术协会

扶绥县残疾人联合会

扶绥县工商联

扶绥县归国华侨联合会

法　治

政府法制工作

政法工作

建材企业

供电企业

农林水利

种植业

蔗业生产

畜牧水产

林 业

农业机械化

水 利

扶贫工作

中国人民财产保险股份有限公司扶绥支公司

人寿保险扶绥支公司

综合管理

发展和改革

审计监督

统计管理

工商行政管理

价格管理

安全生产监督

国土资源管理

食品药品监督管理

质量技术监督

住房公积金管理

人力资源和社会保障

文化·体育

文化管理

广播电视

广播电视信息网络

档案工作

地方志工作

体 育

教育科技

教育管理

科学技术

气　象

水　文

防震减灾

卫　生

卫生管理

农村医疗卫生

爱国卫生

疾病预防控制

卫生监督与执法

中东镇

重要文件选编

特 载

孙国梁在扶绥县第十六届人民代表大会第三次会议上的政府工作报告

各位代表：

现在，我代表县人民政府，向大会作政府工作报告，请予审议，并请县政协委员和列席会议的同志提出意见。

一、2017年主要工作回顾

2017年是党的十九大胜利召开之年，是实施“十三五”规划的重要一年。一年来，面对错综复杂的发展环境，我们在市委、市政府和县委的正确领导下，在县人大、政协的监督支持下，以迎接学习宣传贯彻党的十九大为主线，以习近平新时代中国特色社会主义思想为指导，全面贯彻落实做好“两篇大文章”、打好“四大攻坚战”部署，紧紧围绕“争创全区县域经济发展示范县，争当全区县域经济排头兵，打造南宁卫星城”目标，持续深入推进“企业服务月”“项目攻坚月”活动，统筹做好稳增长、促改革、调结构、惠民生、防风险等各项工作，较好地完成经济社会发展目标任务，向与全国全区同步全面建成小康社会目标迈出了坚实步伐。

一年来，我们主要做了以下工作：

（一）坚持加快发展，县域经济实力大幅提升。不断压实责任、转变作风，引导全县广大干部特别是领导干部到一线服务企业和项目，推动县域经济综合实力得到大幅增强。初步预计，2017年全县完成地区生产总值187.92亿元，同比增长10.3%，总量和增速排全市第一。财政收入13.96亿元，同比增长1.29%，完成年度预算任务。固定资产投资206.6亿元，同比增长21.7%，总量和增速分别排名全市第一和第二。规模以上工业总产值227.9亿元，同比增长37.7%，总量和增速均排名全市第一。规模以上工业增加值81.7亿元，同比增长16.3%。社会消费品零售总额24.8亿元，同比增长10%。外贸进出口总额1.85亿元，同比增长48%，增速排全市第二。城镇居民人均可支配收入达30193元，同比增长8.3%；农村居民人均可支配收入达12588元，同比增长12.6%，均高于全市平均水平。县域经济增长不断加速扩量，有望代表崇左市冲刺广西科学发展十佳县目标。

（二）坚持转型升级，一二三产业齐头并进。全力打好产业转型升级攻坚战，三次产业比重从去年的29:42:29优化为26:48:26。现代农业加速创新发展。全年种植甘蔗102万亩，预计入厂原料蔗460万吨以上。完成甘蔗“双高”基地建设17.07万亩，占任务的117.7%，被评为2015年、2016年全区甘蔗“双高”基地建设突出贡献单位，全程机械化工作经验获得中央电视台推广。“甜蜜之光”示范区、山圩林业生态产业示范区分别获评自治区五星级、三星级示范区。中东镇三哨村被授予"中国养龟第一村"称号,广羊农牧、杰利皇鸽产业成为脱贫攻坚主导产业之一,晶桂蛋鸡项目竣工投产,石埠乳业观光牧场项目开工建设。土地确权登记颁证工作全市第一,公示登记可发证户数9.66万户,占总户数的95.29%。新增农民专业合作社54个、家庭农场17家,全县农民专业合作社累计达440家,家庭农场46家。工业经济加速提质增量。完成24家工业企业入规入统,特别是木材产业迅猛发展,新增规模以上木材加工企业16家、总数达到22家,产值达到全县规上工业总产值的21.7%,超越建材业成为我县第二支柱产业。建成标准厂房39万平方米。全力扶持县内东门南华公司等20家产值超亿元企业加强技术改造和工艺创新,持续抓好蔗糖、水泥建材、能源等传统优势产业生产和转型服务工作。现代服务业加速形成优势。全年接待游客总人数、旅游总收入分别增长37.15%和36.54%。龙谷湾恐龙公园开园迎客,首届"魅力扶绥·欢乐姑辽"乡土文创旅游节国庆节开幕。龙谷湾恐龙公园获评为国家4A级景区,扶绥炎鑫度假村被评为五星级乡村旅游区,好乐岛休闲农庄获评四星级农家乐,东门镇六头村入选自治区重点扶持的15个旅游扶贫示范村名单。广西外国语学院、广西国土资源职业技术学院开工建设,陆路东盟智慧农业及电商科技物流园基本完成建设,荣桂物流、弘信物流、翔鸿仓储物流等项目加快推进,成功申报2017年全国电子商务进农村综合示范项目。

(三)坚持完善平台,园区建设如火如荼。成立由县主要领导牵头的空港扶绥经济区领导小组、青年产业园领导小组和扶绥县林业剑麻产业管理委员会,从机制体制入手,大力完善园区基础配套,持续优化园区发展环境,园区承载力、竞争力明显提升。空港扶绥经济区提速发展。签约落地荣桂物流、金百大、中国热带农业科学院广西分院等项目,中林食品、立特隆等项目近期成功签约,实现新开工产业项目4个、竣工3个。园区落户企业达48个,工业企业35家,已投产企业28家,其中规模以上企业23家、亿元企业12家。基础设施加快完善,华阳路、兴港路、空港大道、上龙大道等道路基本实现竣工,兴武路、尚德路、公明路北段、志成路、扬明路、双全路北段等道路开工建设,污水处理厂完成选址。完成工业总产值104.3亿元,同比增长25.9%;固定资产投资32.92亿元,同比增长1.7%。广西·中国糖业产业园落户空港扶绥经济区,按照"一园三区"布局进行规划建设。青年产业园稳步提升。签约落地沪邦建材、昌和钢结构等项目8个,对接洽谈管通塑业、万祥电线电缆等项目5个,实现琦泉生物质发电、艾克圣水处理设备等5个项目开工建设,双美电线电缆、丰塑管件管材等2个项目投产。园区入园企业达43个,其中工业工业企业40家,已投产的企业28家,规模以上企业7家,亿元以上企业6家。完成县城至园区供水管网、县城至园区燃气管道、变电站、污水处理厂和污水管网工程等项目建设,纵十四路、纵五路等路网基本竣工。南国铜业项目加快推进,预计2018年一期实现竣工投产。实现工业总产值24.5亿元,同比增长44.97%;固定资产投资完成23.7亿元,同比增长56.33%,新增规模以上企业5个。山圩产业园不断做大做强。完成招商引资11.7亿元,新签约产业项目22个,新开工项目18个,新投产企业11个。完成横四路排雨水管道、纵一路、纵四路、春江一路、横二路建设,园区路网日渐完善。实现工业总产值45亿元,同比增长49.2%;完成固定资产投资11.5亿元,同比增长36.74%;预计完成税收4100万元。

(四)坚持投资拉动,发展后劲持续增强。在全县关键领域和环节统筹推进重大项目建设221项,年度计划投资117.3亿元。南国铜业等7个项目被列为自治区级重大项目,广西青年创业创新基地等20个项目被列为市级重大项目,荣桂信息港等8个项目被列为市级"双10"项目,重大项目总数在崇左市排名第一。集中力量推进"企业服务月"和"项目攻坚月"活动,有效解决企业成长和项目建设存在的困难和问题。在全县范围内集中开展大征地大拆迁攻坚，完成征地面积1.2万多亩，兑付款约2.3亿元。大力开展融资工作，把三大园区、城区及交通基础设施建设，旅游，农业等六大领域的19个子项目分成8个项目包进行PPP项目包装，总投资约172.4亿元，累计融资55.8亿元。

（五）坚持统筹协调，城乡面貌显著改善。城乡规划体系进一步完善，完成县城总体规划实施评估和修编论证报告、县域乡村规划编制。与广西华蓝集团等高水平规划设计公司合作，完成秀湖公园、天堂岭公园、左江亲水栈道等多项重点城建项目规划设计，持续抓好城南城市会客厅、同正大道两侧等重点片区的城市规划设计。城南新区核心区路网框架初步形成，园湖路、广纳路、江那路、玉田路、福宁路等路网建设进入收尾阶段，扶南大道、疏港大道开工建设。江滨公园一期景观工程、城南市民休闲广场景观工程实现竣工。棚户区改造五期项目1921套保障性住房如期开工建设并顺利推进，数量规模继续保持全区领先。强力开展“两违”整治，累计拆除“两违”建筑480多间，面积3.5万平方米。乡村建设成效显著，已获得命名的自治区级生态乡镇11个、自治区级生态村23个、崇左市级生态村111个。推广农村垃圾村收镇运PPP项目，成为全区首个实现“村收镇运县处理”生活垃圾无害化、资源化综合处理的县份。大气和水污染防治、主要污染物减排、重金属污染综合治理等工作有序推进。完成植树造林3.2万亩，封山育林2.08万亩，森林覆盖率达到44.17%，比去年提高3.17个百分点。

（六）坚持精准施策，脱贫攻坚深入推进。全县5014名党员干部与7968贫困户结成对子，实现对贫困户帮扶的全覆盖。脱贫攻坚投入进一步加大，2017年全县共兑付产业奖补资金约1120万元、发放“雨露计划”资金约200万元、发放小额信贷约2.56亿元。易地扶贫搬迁顺利推进，东罗镇安置点已实现搬迁入住165户790人，东门一期、二期安置点已经完成抽号选房工作，空港经济区安置点建设加速推进。产业扶贫亮点纷呈，累计完成“双高”基地建设42万亩，靠甘蔗收入实现脱贫的贫困户占比达70%以上；通过引导贫困户从事水果种植、家禽养殖、经济林生产及加工等自主发展传统产业，逐步实现自我“造血”功能。脱贫攻坚成效显著，自治区脱贫攻坚督查组充分肯定了我县产业扶贫、电商扶贫、建设项目库等各项脱贫攻坚工作所取得的成效。全年实现10个贫困村脱贫摘帽，脱贫人口3636人，超额完成减贫任务目标。

（七）坚持服务人民，民生福祉明显提高。县财政年度民生支出达28.75亿元，占比达83.29%，去年承诺的十项惠民工程顺利推进。城建惠民工程方面。城市会客厅完成初步设计和评审工作；城区江河湖库水系连通项目完成初步设计。交通惠民工程方面。积极配合上级有关部门开展南宁至崇左城际铁路规划设计工作，路线和扶绥站点基本确定，大规模征地如火如荼；新建通屯水泥路达268公里。市场惠民方面。南门市场升级改造基本完成，中都新世界商业综合体、未来城商业综合体逐步全面投入使用。教育惠民方面。民族小学实现开工，并基本完成主体工程建设，计划2018年秋季学期招生办学；民族中学迁建完成选址和总评设计；融资4亿元投入义务教育均衡发展工作，以优异成绩通过自治区督导评估。健康惠民方面。新宁镇卫生院整体搬迁项目前期工作稳步推进；县、乡、村三级基本公共卫生服务体系建设逐步完善，县人民医院医共体分院、广西中医药大学附属瑞康医院空港院区医共体分院覆盖全县11个乡镇；新农合参合率达99.18%。社保惠民方面。实现企业职工基本养老保险参保3.27万人，基本医疗保险参保42万人，工伤保险参保1.85万人，失业保险参保1.47万人，生育保险参保1.5万人。就业惠民方面。新增城镇就业人数3462人，就业困难人员和城镇失业人员再就业738人，农村新增外出务工人数6640人，城镇登记失业率2.35%。安居惠民方面。1921套棚户区改造五期项目开工建设；完成农村危房改造1400户。文体惠民方面。扶绥县全民健身活动中心项目和6个村级公共服务中心项目主体工程建设过半,预计2018年初投入使用。饮水惠民方面。投入资金420.36万元,实施农村安全饮水解困工程15个,解决1.4万人饮水安全问题。此外,我们深入开展开门接访、带案下访、网上信访活动,取得了十九大期间和全国、全区、全市"两会"期间等敏感节点"五个不发生"和赴邕进京上访"双零"的好成绩。全面落实安全生产责任制,全县未发生较大以上生产安全事故。严打涉黑涉毒等各类违法犯罪行为,扎实开展"七五"普法、法律援助、人民调解和行政复议工作,群众安全感和满意度排全市前列,社会大局持续保持和谐稳定。

(八)坚持牢记使命,政府建设稳步强化。深入学习宣传贯彻党的十九大和习近平总书记视察广西重要讲话精神,推动"两学一做"学习教育常态化、制度化。牢固树立"四个意识",坚决维护习近平总书记核心地位和党中央权威。认真落实从严治党要求,全面落实党风廉政建设责任,法治政府建设稳步推进,廉政建设扎实开展。严格落实"中央八项规定实施细则",全县"三公"经费同比下降0.3%。抓好"放、管、服"工作,调整、取消行政审批事项258项,清理规范行政审批中介服务事项13项,按规定对权力清单和责任清单实行动态调整。"多证合一、一照一码"提前1个月全面实施,全年新设立市场主体2687户。依法接受县人大及其常委会的监督,自觉接受县政协的民主监督,人大代表建议和政协委员提案办结率100%。

2017年,我们多项工作走在全国、全区前列,创出了亮点,做成了标杆,得到上级肯定和嘉奖。扶绥县获国家民政部授予"全国农村社区治理实验区"荣誉称号,被评为广西首批自治区级生态县、首批全国计划生育基层群众自治示范县、2015—2016年度建设平安广西活动平安县、全区医养结合示范县、2014—2016年广西无传销县、自治区级农村社区建设试点县。东门镇荣获"第五届全国文明村"镇称号;县工商联获评全国"五好"县级工商联;县文体新广局获评"全国2011—2016年度群众体育先进单位";县社保局获评"全国人力资源和社会保障系统先进集体";新宁镇获评"2015—2016年度建设平安广西活动先进乡镇"称号等。

一年来,我县统计、监察、审计、物价、国防、人防、调处、地震、科技、气象、档案、保密、接待、税务、消防、侨务、老龄、安全生产、水库移民、供销合作、粮食安全、机关事务管理、质量技术监督、食品药品监管、新闻出版、广播电视、扫黄打非、民族宗教、司法行政、地方志等工作均取得了新进展;保险、邮政、金融、通信、石油、烟草等行业和工会、共青团、妇联、关心下一代、慈善、残联、工商联、科协、文联、社科联、红十字、爱国卫生等群团组织发挥了重要的作用、作出了积极的贡献。

各位代表,过去一年所取得的成绩来之不易。这是市委、市政府正确领导的结果,是县委统揽全局的结果,是县人大、政协监督支持的结果,是广大干部群众奋力拼搏的结果,是离退休老干部关怀关注的结果,是驻扶绥人民解放军、武警部队和全县各族人民积极奉献的结果。在此,我谨代表县人民政府,向全县各族人民、人大代表和政协委员,向各民主党派、工商联、无党派人士、各人民团体,向驻扶绥人民解放军和武警部队官兵,向所有关心支持扶绥发展的社会各界,表示崇高的敬意和衷心的感谢!

在肯定成绩的同时,我们也清醒地看到摆在我们面前的困难和问题,如产业发展还不均衡,尤其是第三产业短板依然非常明显;项目建设推进还不够快,特别是民生类、城建类项目建设进度还达不到人民群众的期盼;破解资金紧张、土地指标少等要素制约力度还要进一步增强;受宏观环境等方面因素影响,入库储备项目数量还比较少;改革创新意识和执行力不够强,部分领导干部思想不够解放等。面对这些问题,我们必须高度重视,敢于碰硬,勇于担当,切实采取有效措施加以解决。

二、2018年主要工作安排

2018年,是全面贯彻落实党的十九大精神的开局之年，是改革开放40周年，是决胜全面建成小康社会和实施“十三五”规划承上启下的关键之年，是自治区成立60周年、崇左建市15周年，做好今年工作意义重大。党的十九大做出了中国特色社会主义进入新时代的重大判断，自治区对持续营造“三大生态”、加快实现“两个建成”、扎实推进富民强桂、推动县域经济加快发展进行了系统部署，崇左市做好“两篇大文章”、打好“四大攻坚战”战略部署继续深入实施，市委、市政府对扶绥县提出了“争创全区县域经济发展示范县，争当全区县域经济排头兵，打造南宁卫星城”的部署要求，并给我们作出了要推进“三区一镇”、建设三大园区、推进一二三产业协调发展等具体工作的指导部署，为扶绥加快发展提供了强大的理论指导和科学的部署安排。我们要充分珍惜好市委、市政府对扶绥县关注关心、支持厚爱的信任重托，充分发挥好扶绥县毗邻首府、靠近机场、面向东盟、通边达海的区位优势，充分把握好正在转型升级、加快跨越发展的历史特征，充分正视好正处于爬坡过坎、补齐短板、艰苦创业的最大实际，切实肩负起历史责任和发展重任，不负重托、不辱使命，以更加饱满的工作热情、更加务实的工作作风、更加高效的工作姿态，大力提升发展的速度、质量和效益，不断满足人民日益增长的美好生活需要，开创扶绥经济社会发展新局面。

2018年政府工作的总体要求是：深入学习贯彻党的十九大精神，以习近平新时代中国特色社会主义思想为指导，按照“五位一体”总体布局和“四个全面”战略布局，坚持稳中求进工作总基调，坚持新发展理念，扎实贯彻落实自治区营造“三大生态”、加快实现“两个建成”和崇左市作好“两篇大文章”、打好“四大攻坚战”战略部署，统筹推进稳增长、促改革、调结构、惠民生、防风险各项工作，争创全区县域经济发展示范县，争当全区县域经济排头兵，打造南宁卫星城，促进经济持续加快发展和社会和谐稳定，为与全国全区同步全面建成小康社会、实现人民对美好生活的向往奠定更加坚实的基础。

今年经济社会发展的主要预期目标是：地区生产总值增长10%~11%，固定资产投资增长15%以上，财政收入增长3%以上，规模以上工业增加值增长11%以上，社会消费品零售总额增长10%，外贸进出口总额增长15%，城镇居民人均可支配收入增长9%，农村居民人均可支配收入增长10%；城镇登记失业率控制在4.2%以内；居民消费价格指数涨幅、万元生产总值能耗、万元生产总值二氧化碳排放量、主要污染物排放量等指标控制在自治区、崇左市下达的目标范围内。

重点抓好以下八个方面工作：

（一）强化引擎，在做大做强工业上奋发有为。强力推动三大产业园区建设，大力发展实体经济，挺直工业高质量发展脊梁，力争全年规模以上工业总产值增加70亿元以上。

——加快推动工业转型升级。继续做大做强传统优势产业，深入实施糖的“二次创业”，大力发展蔗糖产品深加工和糖业循环经济，不断拉长蔗糖产业链，加快中国糖果产业园的规划建设；以广西山圩产业园为核心，加快东门、柳桥林场产业园规划建设和招商引资，深入推进林业产业转型发展，大力发展林产循环精深加工；加快推进以新宁海螺为龙头的建材产业提质升级，推动500万吨建筑骨料和建筑构件项目落地。加快培育工业新动能，大力发展铜及其产品深加工、临空制造、糖果休闲食品等主导工业产业，争取南国铜业、琦泉生物质发电等20个以上工业项目竣工投产，中林食品、广欧门业等25个以上工业项目开工建设，推动实现新增入规工业企业20家以上。

——完善空港经济区。进一步完善园区规划，与广西华蓝设计院对接总规现状评估，开展空港大道沿线控制性规划，完善中国糖业产业园、临空制造业、高教产业、临空农业、现代物流等产业规划。加快推进五洲路、荣顺路等18条在建道路建设，新开工建设公明南路、福宁路等11条道路，年内实现空港大道、五洲路、上龙大道等14条道路竣工通车。

启动返乡农民工创业基地、糖果工业小镇、糖果休闲食品加工区一期等项目的“六通一平”工作、沿空港园区各主干道地块土方平整工程，新开工园区供水加压站、污水处理厂，新建成标准厂房10万平方米，力争实现新增开发面积5000亩以上。加强招商引资，争取实现达利园食品、同康药业等10个以上项目落户园区。强力推进闲置土地处置工作，加快东凯天祥、金大机电、华康电器等项目闲置地块“腾笼换鸟”，推进丰源钢构、力天科技等项目扩大再生产。力争全年规模以上工业总产值增加20亿元以上。

——提升青年产业园。加快新型城镇化项目、横二路、东盟路、纵十五路南延长线等配套路网的建设，开工建设纵十六路、横五路延长线等2条道路，新建成标准厂房10万平方米。加快项目建设，新开工沪邦节能墙板、昌和路桥钢构等项目5个以上，实现南国铜业、琦泉生物质发电等投产项目8个以上。围绕已入园的南国铜业等项目，重点引进铜上下游产业、文化体育、休闲旅游、新能源新材料、物流仓储类项目，力争2018年签订亿元项目8个以上，5亿元项目2个以上。力争全年规模以上工业总产值增加25亿元以上。

——壮大山圩产业园。规划建设山圩至南宁一级公路，加快推进山圩至青年产业园一级公路建设，加快“三横三纵”路网、污水处理厂主排污管及学校等基础配套建设，完成道路绿化、亮化等相关配套工程；启动建设110千伏变电站和园区100亩标准厂房建设，新建成标准厂房30万平方米。加快推动总投资25亿元的“广东家居木业产业园”和贵港木业抱团项目建设，着力打造家具全产业链。大力推进产城融合，成立房地产开发公司，加快推进100亩商居地产项目建设，加强保障性住房建设。大力推进物流集散中心项目建设，积极申报广西林业特色小镇。力争2018年签订项目19个以上，新开工项目15个以上，投产企业12家以上。力争全年规模以上工业总产值增加30亿元以上。

（二）提质升级，在打造南宁卫星城上奋发有为。推进产城融合和城乡一体化发展，着力优化城市空间布局、转变城市发展方式、改善城市人居环境、提高城市治理水平，加快打造南宁卫星城和建设崇左市副中心城市。

——坚持高标准规划。按照南宁卫星城和崇左市副中心城市定位开展高标准规划，深入贯彻落实区党委、区政府《关于加强城市规划建设管理工作的意见》，高水平把握战略定位、空间格局、要素配置，更好地发挥规划在城市发展中的引领作用。作好县城总体规划修编和城南控规修编、完善旧城区控制性详细规划编制工作，完成城南城市会客厅、扶绥高铁站、同正大道两侧、扶南大道两侧、龙谷湾周边等重点片区城市规划工作，主动谋划连接南宁城市交通干道的规划设计等前期工作。

——完善交通路网体系。加快推进龙乐路提升改造工程、上龙大道、空港一级路扶绥段道路及景观工程、南崇高铁扶绥段、山圩至中泰产业园一级路、南密路改扩建工程、疏港大道、扶南大道、青龙路延长线等交通路网建设；开工建设中东至柳桥西长公路，这条道路包含县城的西环路在内，新建一座左江大桥，从中东到县城、沿县城西面到柳桥西长；打通卫星城发展的动脉。开展重点道路路灯改造工程，融入扶绥元素进一步提升同正大道、空港大道等主干道的品位。

——加大城建项目建设力度。扎实推进公园广场、房地产、文化教育卫生、供水及污水处理等一批城建和基础设施项目建设，其中重点推进项目76个、重点储备项目117个。着力推进城市会客厅的高铁片区、同正大道片区、扶南大道片区、县城几个公园周边片区建设，加快城市会客厅和南湖公园周边路网全部贯通，开工建设博物馆、扶商大厦、东盟影视城等标志性建筑，开工建设城区江河湖库水系连通项目、天堂岭公园等4个公园，进一步美化城区环境，提升城市品位。做好老城区旧办公楼和棚户区的摸底调查工作，稳步推进旧城改造，开工建设棚户区改造3100套，完成棚户区改造和保障性住房建设及分配入住任务。

——加强城市经营管理。转变城市经营理念，强化对县城的规划管控，做好城南新区及重点道路两旁土地的收储工作，提高城市的整体效益。大力推行市政公用基础设施建设市场化，吸引社会资本积极参与城市建设和经营。积极开展争创自治区文明城市活动，大力开展市容市貌整治，不断提升市民文明素质，进一步改善城区人居环境。

——大力抓好乡镇建设。统筹推进渠黎镇和青年产业园、山圩镇和山圩产业园、东门镇和东门林场的产城融合建设，以及新宁镇、龙头乡、岜盆乡与县城一体化建设，推动柳桥镇加快融入林产剑麻产业带，推动渠旧镇、东罗镇大力开展矿业开发和文化旅游，昌平乡、中东镇大力发展现代特色观光农业，加快打造区(市)级“三产融合发展示范区”。继续深入实施小城镇建设“书记工程”，扎实推进“美丽扶绥”乡村建设活动向纵深发展。积极推动东门、龙头、中东等乡镇农贸市场的升级改造，加大各乡镇建设力度，不断改善乡镇面貌。

——大力实施乡镇振兴战略。按照“产业兴旺、生态宜居、乡风文明、治理有效、生活富裕”的总要求，围绕基础设施、公共服务、特色产业三个方面，大力实施乡村振兴三年行动计划。在农村基础设施建设方面，加快融资8.96亿元修建750条农村公路，“十三五”规划期间要实现20户以上的村屯全部通水泥路；加大公交补贴力度，不断完善城乡公交客运网络；抓好农村饮水安全、污水垃圾治理工作，推进县自来水厂改革，筹集资金实施农村饮水安全工程，力争用三年时间实现农村集中式饮水人口比例达到85%以上；加快推进乡镇垃圾污水处理设施建设，谋划实施柳桥镇、渠黎镇污水处理厂建设；抓好农田水利建设，强力推进渌咨水库、驮英水库灌区工程项目；大力实施“厕所革命”，推动农村人居环境全面提升；抓好农村电、气、网基础设施建设，着力解决农村电、气、网发展不平衡、不充分的问题；继续推进农村生活垃圾治理“村收镇运县处理”体系稳定运行，建立完善农村环境卫生长效管理机制，确保90%以上的村庄垃圾得到有效治理。在农村公共服务建设方面，加快实现义务教育均衡发展，今年要通过义务教育基本均衡发展县评估；抓好农村基层医疗卫生建设，加快实施农村公共卫生服务提升工程，加强农村医疗卫生人才培养，大力实施“医共体”，形成县乡村三级医疗卫生机构分工协作机制，促进优质医疗资源下沉，提升乡村医疗卫生服务能力；进一步抓好文化体育、养老服务、福利设施等公共服务能力建设。在产业发展方面，围绕甘蔗这个农村脱贫主导产业，以及坚果、蔬菜、姑辽茶、牛羊、龟鳖蛇等特色产业，积极培育和建设一批现代农业示范区、农产品加工特色小镇和田园综合体，大力发展农产品加工业，推动一二三产融合发展。加大新型农民培育力度，培养职业农民，积极推动农村剩余劳动力到三大产业园区就业。

(三)精准脱贫，在推动农村全面脱贫上奋发有为。继续把脱贫攻坚工作作为压倒一切的政治任务抓紧抓实，坚持精准扶贫、精准脱贫，动员全县全社会力量，全力以赴做好脱贫工作。

——夯实脱贫攻坚基础性工作。继续实行“4321”干部精准帮扶工作机制，推进精准帮扶网格化管理。认真抓好精准脱贫退出户跟踪观察和扶持工作，提高“一册一卡”填写规范性，提升帮扶精准度。严格开展工作落实情况的督查问责，确保各项精准政策措施的落实到位。全面完成自治区、崇左市下达的年度贫困村、贫困人口脱贫摘帽任务，做到脱真贫、真脱贫。

——全面落实各项扶贫措施。产业扶贫方面，大力培育和扶持农牧业龙头企业，完善企业与贫困户利益联结机制，通过扶持龙头企业、发展特色产业带动贫困群众稳定增收。结合全县产业发展和三大园区企业用工需求，大力开展农民工实用技术和就业技能培训，提高贫困人口劳动技能和素质。进一步完善贫困户医疗综合救助保障体系，提高贫困人口大病住院和慢病用药费用实际报销比例，切实解决贫困群众因病致贫、因病返贫等问题。做好精准扶贫与兜底保障衔接工作，把符合低保条件的贫困人口纳入兜底保障范围，做到应保尽保、应纳尽纳。加大脱贫攻坚政策、成效的宣传力度，继续落实好贫困户各项帮扶措施，对非贫困户在产业发展、健康医疗等方面给予一定支持，让贫困群众和非贫困群众都能享受到实实在在的实惠，提高广大群众对脱贫攻坚政策的知晓率和工作的认可度。

——强力推进易地扶贫搬迁工程项目。继续抓紧抓好易地扶贫搬迁“头号工程”，年内实现我县计划搬迁人口全部搬迁入住。一季度完成东罗镇安置点和东门镇一期安置点搬迁入住群众的产业配套并实现就业创业目标，上半年完成东门镇二期全部搬迁入住，空港经济区安置点争取在三季度完成搬迁入住。

（四）突出特色，在补齐服务业短板上奋发有为。充分发挥扶绥靠近首府的区位优势，加大扶绥特色资源挖掘力度，加快培育文化旅游产业，推动第三产业融合发展。

——大力发展全域旅游。全面启动国家全域旅游示范区创建工作，突出顶层设计，高标准、高水平编制全域旅游总体规划和全域旅游三年行动计划方案。以龙谷湾恐龙主题公园为核心打造龙谷湾旅游组团，建设姑辽、大小姑豆、岜宁、笃邦、渠芦等特色乡村，引进一批高端酒店、民宿及旅游商品生产商，形成龙谷湾旅游产业集聚区。深入开展全县旅游资源普查，加大旅游项目挖掘和包装力度。策划举办文化旅游赛事、节庆营销，加快扶绥特色商品开发，深入挖掘和创新扶绥地方美食系列品牌。加强文化旅游营销推广，做好线上线下营销的无缝对接。加大旅游市场综合执法力度，全面提升旅游综合管理水平。多渠道、多形式吸引一批旅游行业人才，强化旅游从业人员专业培训。

——加快推进重大旅游项目建设。重点推进一批重大项目建设，力争年内建设国家4A级景区2个。加强与东方文旅集团合作实施东方文旅城项目，积极推进龙谷湾二期、南国铜工业旅游区、“甜蜜之光”示范区、南湖公园、秀湖公园和骑行绿道、广西电视台影视基地等项目建设。重点推进高端民宿——寒舍度假酒店项目建设，指导乐养城酒店按照五星级酒店标准建设，推动天宝龙酒店创建四星级酒店。引导中国—东盟国际文化影视城、上龙特色小镇、姑辽文创旅游区、上美龙湾东盟果蔬产业示范区按照4A级景区标准开展旅游基础设施建设和创建工作。实施松江美食街改造工程，打造扶绥特色美食街。

——全力打造特色小镇。结合扶绥优越的区位优势、扎实的产业基础和山清水秀的生态优势，规划建设一批“城、产、人、文”四位一体有机结合的特色小镇，重点谋划建设糖果小镇、金融小镇、坚果小镇、上龙小镇等一批特色小镇，着力将山圩产业园打造成为以林业剑麻产业为核心的生态绿色特色小镇，努力将特色小镇打造成为加快发展的重要引擎、市民生活的幸福家园、休闲度假的舒适之地、旅游观光的生态乐土。

——完善旅游公共服务设施配套。大力推进厕所革命，在全县涉旅场所及主要交通干线开展A级旅游厕所改建工程。建设扶绥智慧旅游大数据平台，建设覆盖县城的免费Wi-Fi。完善旅游咨询服务设施建设，合理规划建设扶绥游客集散中心、旅游驿站、旅游咨询点。完善旅游标识系统，为游客和当地居民提供全面准确的旅游信息。建设旅游交通网络，开通旅游专线车，开展左江沿岸绿道系统和龙谷湾周边绿道系统建设。

——抓好生态环境保护。深入落实“水十条”“土十条”，持续实施大气污染防治行动，全面落实“河长制”，加强城市道路扬尘、工地扬尘和重污染天气应对，开展国土绿化行动和土壤污染治理，强化湿地保护和恢复，以实际行动守住扶绥山清水秀的生态优势。

——大力发展现代物流业。加快培育发展一批集货运、仓储、冷链、配送于一体的现代物流企业，推进将军岭码头二期、邕桑货运码头、山秀船闸扩能工程等物流基础设施建设，加快实施三大园区现代物流园、荣桂信息港等重大物流项目建设。继续大力发展电子商务，全面打造全国电子商务进农村综合示范县。

——持续抓好高校经济。全力推进广西外国语学院、广西水产畜牧学院、中国热科院广西分院等项目建设，完成广西国土资源学院一期工程建设，服务好桂林旅游学院空港校区项目的落地建设工作。加强校地合作，充分发挥高校在人才、科研、市场等方面优势，更好服务扶绥经济社会发展，不断发展壮大高校经济。

（五）持续创新，在发展现代农业上奋发有为。用好用足农业主产区政策，发挥特色和优势，加大创新力度，推动现代农业创新发展。

——巩固和发展甘蔗产业。抓好2017—2018年榨季各项工作，稳定甘蔗种植面积，全年甘蔗种植面积达到106万亩以上，力争入厂原料蔗达到460万吨以上、糖分达到14.5%。继续深入推进甘蔗"双高"基地建设工作，努力培育新型经营主体，探索开展土地托管经营试点，完成年度甘蔗"双高"基地建设任务。抓好甘蔗生产保护区划定工作，完成110万亩甘蔗生产保护区的划定任务。争创全国甘蔗生产全程机械化示范县，努力培育农机社会化服务保障体系，推动甘蔗产业可持续和高质量发展。

——强力推进农业示范区建设。整县推进现代农业示范区建设，加快推进每个乡镇至少要建设1个县级以上现代特色农业示范区和2个以上乡级示范园工作，力争年内新建20个现代特色农业示范区，其中自治区级1个、县级3个、乡级16个，新建43个村级示范点。按照国家级示范区标准打造提升"甜蜜之光"示范区，推动"传奇渠芦"争创自治区级示范区，继续深入抓好扶绥县果满山坡澳洲坚果产业示范区、扶绥县中东镇鹏森林下砂仁种植示范园建设。不断完善示范区基础配套设施，探索推进示范区市场化管理模式。

——充分发挥农业主产区功能。按照国家主体功能区分类，扶绥县属于农产品主产区。要更加充分用好用足农产品主产区相关政策，大力发展现代农业。保障粮食生产安全，全县粮食种植面积要达到23万亩，年内完成14.5万亩的粮食生产功能区划定任务。加大"菜篮子"工程建设力度，实施龙头乡、邕盆乡等蔬菜生产示范基地建设3万亩、辐射带动27万亩。稳定水果种植面积，全年种植特色水果23万亩。继续抓好东门姑辽茶标准化生产示范基地建设，推动全县姑辽茶种植面积达1万亩以上。以昌平大洋洲坚果示范基地为依托，带动全县发展澳洲坚果种植2.2万亩。设立牛羊养殖业发展专项资金500万元，年内新增牛羊养殖场100个以上。

（六）增强动力，在加快项目建设上奋发有为。坚持以重大项目为主抓手，集中力量破解项目建设难题，提高项目支撑能力，增强发展后劲。

——加大项目建设和投资拉动力度。不断健全和完善项目建设管理机制，千方百计争取中央预算内建设资金，抓紧抓好中央投资项目的跟踪落实，力求在争取国家项目、资金支持上有更大的突破。年度安排重大项目建设310个以上，年度计划投资107亿元以上，安排项目前期工作经费1亿元以上。

——切实提升招商引资的精准度和成效性。大力开展"一把手"招商、产业招商、以商招商，提高招商引资针对性。优化招商引资软环境，增强国内外投资者对扶绥的认可度和投资积极性。在招商引资上更加解放思想，敢想敢做，超前投入，善于算长远账、大账、活账，不盯着眼前账、小账、死账。确保年内全县招商引资区外项目到位资金完成48亿元人民币以上，全口径利用外资到位资金完成2600万美元以上。

——稳步扩大融资规模。加强与各银行的联系沟通，根据各行特点匹配相应的融资项目，长短期合理搭配，降低综合融资成本，提高资金边际使用率。加深与已有业务往来银行的合作，在已有授信的基础上扩大融资合作规模。积极引入民间资本，优化资本结构,通过发行债券、PPP、新型化产业基金等渠道进行融资。加快总投资约172.4亿元的PPP项目包装、对接和实施,力争融资额度达到60亿元以上。

——强力推进大征地大拆迁攻坚。继续按照11个片区、5大工作组的板块分工安排,强力推进征地拆迁工作,实现征地拆迁大突破,满足重大项目建设用地需求。继续依法依规强力推进县城区“两违”整治,在各乡镇集中开展“两违”整治工作,为扶绥大建设、大发展提供前提保障。

(七)破立并举,在深化改革创新上奋发有为。深入推进供给侧结构性改革和重点领域、关键环节改革,切实改善和提升发展环境,为县域经济发展和社会和谐稳定注入新的动力。

——持续推进“双月”活动。建立健全企业服务长效机制,将服务企业和项目作为一项常态化工作来抓。加强产业园区“代办服务中心”建设,全力为企业提供“最多跑一趟”服务,确保园区项目和企业办事不出园。大力提倡一线工作法,建立园区多元联动化解纠纷机制,助力园区建设和企业发展。建立健全南宁扶绥商会规章制度,常态化举办扶绥籍企业家座谈会、政银企交流会,鼓励社会资本参加项目投资建设,形成政府、企业、社会资本多元投入格局。落实好“三去一降一补”工作,推动高质量发展,降低企业生产成本。

——深化行政审批制度改革。深入简政放权,加大“放、管、服”,做好“接、放、管”,最大限度减少审批环节和审批事项,完善行政审批事项目录管理。优化审批流程,创新审批制度和审批方式,推行网上审批、联审联批,提高投资审批效率。统筹整合乡镇资源,加快乡镇机构改革。加强政务服务中心建设,加快电子政务建设,在服务基层和园区“最后一公里”上下功夫。深入推进商事制度改革,最大限度整合证照事项,推进“证照分离”改革。

——深入推进农村综合改革。巩固和完善农村基本经营制度,深化农村土地制度改革,完善承包地“三权”分置制度。深化农村集体产权改革,深化农田水利产权改革、小型水利工程管理体制和农业水利综合改革,完善集体林业制度改革,保障农民财产权益,壮大集体经济。培育新型农业经营主体和新型职业农民,发展多种形式适度规模经营。

——统筹推进重点领域改革。稳步推进财税金融体制改革,进一步完善预算管理制度,严格落实新预算法,加强政府债务管理,深化预算公开,不断提高预算透明度。统筹推进文化、科技、司法、监察、生态文明、安全生产等制度改革,健全改革落实机制,确保改革终端见效。

(八)不忘初心,在提升民生福祉上奋发有为。以“群众之事无小事”的态度和“事不避难”“事不宜迟”的行动,突出抓好人民最关心、最期待、最急迫的民生工作,不断满足人民群众日益增长的美好生活需要。

——狠抓教育事业发展。加快推进义务教育均衡发展,深入实施“全面改薄”计划,争取全年投入资金4亿元以上,大幅提升义务教育均衡发展水平,实现县域义务教育由基本均衡向优质均衡发展,确保年内通过国家评估认定。扎实推进教育教学项目,加快民族小学和民族中学建设,力争民族小学2018年秋季学期实现建成招生,全县义务教育学校体育运动场新建、改造全部建成使用。加快打造一批名师、名校长、名校,力争本科上线率继续保持全市第一。

——加强就业和社会保障。充分发挥三大园区交通优势和资源优势,进一步完善人才引进政策和就业创业体系,促进重点群体就地就近园区就业创业,全年累计新增就业3000人以上。完成7个乡镇就业社保服务中心建设,狠抓职业技能培训工作,依托入驻我县高等院校现有资源,采取订单、定向式职业技能培训,全年完成职业培训人数1000人以上。全面加强社会保障工作,进一步完善机关事业单位养老保险制度改革,不断提升养老机构服务能力水平,加快完善职工基本医疗保险制度,巩固城乡居民大病保险制度。

——推动文体事业繁荣兴盛。完善公共文化体系基础设施建设,积极申报农民体育健身工程、乡镇广播电视无线覆盖等文体广电项目，完成扶绥县全民健身活动中心项目和6个村级公共服务中心项目建设。加强文物建筑的管理保护，积极争取上级资金对10座文物建筑进行抢救维修，申报19处不可移动文物点为县级文物保护单位。抓好非物质文化遗产保护工作，力争在年内完成市级2个非遗项目申报工作。加快花山展示中心建设，提高世界文化遗产保护水平。争取扶绥博物馆项目早日落地开工建设，改变扶绥县没有博物馆的历史。

——提升卫生计生和食品药品安全服务水平。持续贯彻实施“全面两孩”政策，提升计生服务管理水平。推进医共体建设，进一步探索和加强县级医院和乡镇卫生院之间的技术交流、人才流动与双向转诊机制，深入推进“医疗服务管理提升年活动”“千医进千屯服务万家活动”“涉医领域纠正损害群众利益问题专项治理活动”。把东罗中心卫生院转型提升建设为县第二人民医院，积极推动妇幼城南新址建设项目，加快推进瑞康医院空港院区建设，全面提高我县整体医疗卫生服务水平。强化食品药品监管，开展食品安全示范县创建活动。

——全力促进和谐稳定。继续深化司法体制改革，创新社会治安综合治理工作，加快实现社会治理社会化、法治化、智能化、专业化。加强治安防控体系建设，全力推动平安扶绥建设。严格落实两个主体责任，深入开展安全生产专项整治和打非治违行动。坚持以群众工作统揽信访工作，深入开展领导干部大接访活动，完善矛盾纠纷预防化解和突发事件应急管理机制，妥善调处各类社会矛盾。

——继续全力推进惠民工程。年内筹集资金28亿元以上，安排民生支出占到财政支出80%以上，大力推进“十项惠民工程”，加快解决发展不平衡不充分问题，回应群众所思所想所盼，及时向社会公布清单，让广大人民群众共享改革发展成果，不断提高人民群众的幸福感和获得感。

三、全面加强政府自身建设

我们将切实加强政府自身建设，按照全面从严治党的要求从严执政，认真行使好人民赋予的权力，不断提升推动发展的能力和水平。

——坚持把坚定立场作为核心。深入学习贯彻《中共中央政治局关于加强和维护党中央集中统一领导的若干规定》，牢固树立“四个意识”，坚决维护以习近平同志为核心的党中央权威和集中统一领导。严格遵守政治纪律和政治规矩，严格执行新形势下党内政治生活若干准则。自觉与自治区、崇左市党委保持一致，坚决贯彻落实县委决策部署。

——坚持把执政为民作为目标。时刻牢记以人民为中心的发展理念，始终把人民对美好生活的需要作为奋斗目标，全力发展壮大县域经济，把发展成果更多更好的与全县人民共享。坚持走群众路线，认真履行社会管理和公共服务职能，把更多公共资源向民生倾斜，更好地为基层、为企业、为群众服务，把难事办好、好事办实。

——坚持把狠抓落实放在首位。弘扬“干字当头”作风，发挥钉钉子精神，将工作项目化、清单化，明确工作目标，强化工作责任，把90%以上的时间和精力放在抓落实上，切实提升政府执行力。不断解放思想，积极破除“旧思维”“老框框”，用新理念、新思路、新办法破解难题、推动发展。坚持实绩导向，完善绩效考评体系，建立约谈、追责机制，坚决查处懒政怠政现象。

——坚持把依法行政作为保障。强化法治教育，加强政府法律顾问工作，落实重大决策合法性审查、行政执法法制审核、重大事项决策咨询等制度，促进依法行政和公正司法。主动接受人大法律监督、政协民主监督，认真办理建议、提案。注重听取各民主党派、工商联、无党派人士和人民团体的意见建议。加强对公共资金、国有资产、国有资源的审计监督。

——坚持把廉洁从政作为根本。认真履行“一岗双责”，切实把党风廉政建设责任落到实处。坚持把纪律挺在前面，严格遵守法律、纪律，自觉接受社会监督，让权力更加规范高效运行。完善制度建设，加大惩治力度，坚持严肃查处违纪违法行为和落实容错减责免责机制、支持鼓励改革创新的辩证统一，大力弘扬敢想敢干敢担当的正能量，营造风清气正的政治生态。

各位代表，实干托起梦想，奋斗铸就辉煌。站在新的历史关口，处在大有作为的历史时代，面对新的发展征程，我们更觉责任重大、使命光荣。让我们更加紧密地团结在以习近平同志为核心的党中央周围，以习近平新时代中国特色社会主义思想为指导，在市委、市政府和县委的坚强领导下，撸起袖子加油干，为争创全区县域经济发展示范县、争当全区县域经济排头兵、打造南宁卫星城、与全国全区同步全面建成小康社会、谱写新时代扶绥发展新篇章作出新的更大贡献！

黄剑克在扶绥县第十六届人民代表大会第三次会议上的人大常委会工作报告

各位代表：

我受县十六届人大常委会委托，向大会报告工作，请予审议，并请列席会议的同志提出意见。

2017年的主要工作

2017年，在县委的坚强领导和市人大常委会的指导下，常委会深入学习和贯彻落实党的十八大和十九大精神，紧紧围绕市委做好“两篇大文章”、打好“四大攻坚战”战略任务，县委“争创全区县域经济发展示范县、争当全区县域经济排头兵、打造南宁卫星城”战略目标，依靠全体代表的共同努力和“一府两院”及各部门的支持配合，主动担当作为，依法有效履职，为推动我县改革发展稳定和民主法治建设作出了积极贡献。

一、提高政治站位，增强政治自觉，不断推动人大工作与时俱进

坚持党的领导是人大工作的根本政治原则。常委会牢固树立政治意识、大局意识、核心意识、看齐意识，毫不动摇地坚持党的领导，推动人民代表大会制度和人大工作与时俱进。

牢牢把握正确政治方向。常委会自觉维护县委总揽全局、协调各方的领导地位，通过法定程序，及时将县委作出的重大决策转化为全县人民的共同意志，并通过富有成效的工作，积极动员人大代表和广大人民群众贯彻执行。坚持重大事项请示报告制度，人大及其常委会开展的重大活动、作出的重要部署、决定的重大事项，都主动向县委请示报告，经同意后再进入法定程序，切实把人大工作置于县委领导之下。

认真落实县委决策部署。紧紧围绕县委的中心工作和重大决策部署，切实履行宪法和法律赋予的职责，依法行使决定权、监督权、任免权三项职权，保证县委的决策部署和国家相关法律法规落地生根。认真落实县委全面深化改革任务，及时听取民主法治领域改革领导小组成员单位工作汇报，加强相关问题协调，创新推进监督机制、代表联系群众、规范性文件备案审查等改革工作。

常委会班子成员主动融入县委中心工作大局，积极参与“企业服务月”和“项目攻坚月”活动，深入空港经济区、青年产业园、山圩产业园等重大项目一线了解情况，支持和协助政府加快推进空港经济区投融资、园区道路建设、南国铜业项目、山圩产业园招商引资和项目建设、扶绥至南宁新江一级路土地三费兑付等工作，稳步推进中远职业学院善后处置、上龙特色小镇前期征地等工作，协调解决广西丰源钢结构有限公司新增土地和上美龙湾东盟果蔬产业示范区、将军岭作业区、反恐实战综合训练基地、广西外国语学院等项目的征地问题，促进了我县重大项目建设取得显著成效。

常委会积极发挥代表参政议政作用，组织市县人大代表专题视察山圩产业园建设情况，为加快木材产业发展、打造高端林业产业园区开良方献良策，促进我县木材产业持续做强做大；围绕推进城镇化、宜居乡村、生态文明等重点建设，组织常委会组成人员到江苏、贵州、青海等先进地区调研考察，形成高质量的调研报告，为县委科学决策提供重要参考。

推进新形势下的人大工作。常委会坚持抓大事、议大事原则，认真讨论并依法决定全县带有根本性、全局性、长远性的重大事项。一年来，就2016年财政决算、2017年财政预算调整等工作依法作出4项决议决定，并紧跟督办，使重大事项决定权得到有效落实。准确把握党管干部原则与人大依法任免的关系，落实宪法宣誓制度，彰显宪法权威。一年来共依法任免国家机关工作人员6名，接受辞职3名，补选市县乡人大代表18名(其中市2名，县9名，乡镇7名)。认真贯彻中发〔2015〕18号和桂发〔2015〕12号关于加强县乡人大工作和建设的文件精神，建立健全县人大及其常委会各专门委员会和工作委员会工作机制，强力推进乡镇人大规范化建设和“三级”代表履职平台建设，全县人大工作的整体水平明显提高。

二、坚持问题导向，履行法定职能，着力增强人大监督工作实效

常委会围绕县委决策部署、政府着力推动、群众普遍关注的事项，着眼于促、立足于帮，突出监督重点，改进监督方式，切实增强监督工作的实效性。一年来，针对南国铜业、山圩产业园、甘蔗“双高”基地、姑辽景区、脱贫攻坚、“十项惠民”工程等工作，共听取政府专项工作报告15项，提出审议意见6件，组织专题调研和跟踪检查15次，开展执法检查1次，配合上级人大调研检查12次，形成调研报告8篇，被县委《党委信息》采用4篇。

加强对经济工作的监督。听取和审议县人民政府关于2017年上半年国民经济和社会发展计划执行情况的报告，向县人民政府提出要加大重大项目建设力度，培育新的经济增长点，夯实经济发展后劲，重视农业生产，着力改善民生，推动社会事业健康发展等建议。专题调研空港经济区、龙谷湾、南国铜业、江滨公园、城南市民休闲广场景观工程、同正大道提升改造工程、南宁新江至扶绥一级公路、将军岭码头疏港大道等项目建设情况，就项目进展、土地征收、资金筹措、环境保护等瓶颈问题提出具体意见，力促全县重点项目取得突破性进展。视察土地整合、甘蔗“双高”基地、“甜蜜之光”现代特色农业(核心)示范区等建设，督促县人民政府进一步规范土地流转政策，加快土地确权登记工作，努力形成高水平、高质量、高效益的现代农业新格局，为加快现代农业产业发展提供强力支撑。

加强对财政规范运行的审查监督。积极探索“政府全口径预算决算监督”新方法，听取和审议县人民政府关于2016年度预算执行审计、2017年财政预算调整方案、部门预算执行情况等报告，督促县人民政府要进一步强化预算编制、预算执行和预算监管工作，更加重视财政规范、债务管理和资金绩效，优化财政支出结构，保障民生重点支出。组织财经专家对2018年计划预算草案和部门预算草案进行初审，在审查中做到把握问题关键，认真听取部门汇报，主动与县发改、财政等部门对接，边审查边沟通，在取得一致意见后，对报告草案进行修改和完善，为本次会议审查批准计划和预算报告提供参考依据。

加强对民生工作的监督。保障改善民生、促进社会公平正义，是常委会监督工作的重点。常委会聚焦教育发展，把全县学前教育、义务教育和解决城镇普通中小学大班额问题等工作列入监督议题，提出加大教育投入，合理配置教育资源，办好人民满意教育等审议意见，有力推进我县顺利通过自治区县域义务教育均衡发展督导评估验收。关注医疗卫生事业，开展全县公立医院综合改革工作专题调研，

“看病难、看病贵”问题得到有效缓解，县级公立医院综合改革取得了阶段性成效。为助推精准扶贫打赢全面脱贫攻坚战，常委会专题调研全县农村脱贫攻坚工作，提出大力发展产业扶贫，稳步推进易地扶贫搬迁，加强扶贫资金整合使用和管理等审议意见，全县脱贫攻坚工作取得显著成效。

此外，常委会还围绕做好文化旅游大文章，开展休闲农业发展审议意见落实情况跟踪督查；围绕打好新型城镇化攻坚战，开展城区建筑垃圾管理和综合利用专题调研；围绕生态环境保护工作，听取全县年度环境状况和环境保护目标完成情况专项工作报告。

加强对司法和法律工作的监督。加强对推进司法公开、家事审判改革、基本解决执行难等工作的监督，督促县人民法院要依法履行审判职能，提高办案质量效率，努力让人民群众在每一个司法案件中都感受到公平正义。听取和审议县人民检察院关于法律监督、侦查监督、司法改革等工作的专项报告，要求进一步深化检察院司法体制改革，不断加强监督管理，提高执法水平，完善协调配合机制，促进行政执法与刑事司法有效衔接。审议通过《扶绥县人大常委会规范性文件备案审查办法》，使常委会在法律监督上又有了新的实质性内容。《办法》实施以来，共依法对5件政府规范性文件进行备案审查，从源头上预防违法行政行为的发生。对《未成年人保护法》开展执法检查，提出要完善未成年人监护制度，健全妇女儿童维权服务体系，努力做好未成年人家庭、学校、社会和司法的保障工作，抓好校园周边治安，重视校外学生托管场所管理等意见建议，为未成年人健康成长营造良好环境。

三、优化服务保障，创新履职载体，充分发挥代表主体作用

常委会充分尊重人大代表的主体地位，不断完善保障机制，积极创新服务载体，代表工作迈出坚实步伐。

创新代表联系群众工作机制。加大支持力度，强力推进人大代表履职平台建设，在乡、村、屯分别建立“代表活动中心”“代表之家”和“代表联络点”，实现了三级人大代表按编组参加活动和接待群众全覆盖。一年来，全县各级人大代表以“四个一”“五带头”活动为载体，累计开展集中接待活动63次，接待群众来访216人次，走访村屯、企业、学校38家，提出意见建议250多条，协调解决实际问题55件，较好地发挥了人大代表联系群众的桥梁和纽带作用。去年9月，市人大在我县渠黎镇召开全市人大代表联系人民群众履职平台建设经验交流现场会，全面总结和推广我县在代表履职平台建设中的创新做法和工作经验。

坚持和保障代表依法履职。坚持代表“双联”、履职补贴、免费体检等制度，引导和支持代表依法履职。邀请代表参加执法检查、专题调研、“两院”开放日、城市管理论证会等活动共110人次。各乡镇人大也通过学习培训、召开座谈会、组织视察等形式，拓宽了代表了解民情、反映民意的渠道。

提高议案建议办理质量。常委会注重年初抓建议交办，年中抓限期办结，后期抓难点督办，切实提高代表建议办理质量。县十六届人大二次会议期间代表提出的73件建议已全部办理完毕并答复代表，建议所提问题得到解决或基本解决的占总数的38.36%。加快道路交通、人饮水利、乡村建设等一批群众普遍关注的代表建议，在常委会监督推动下得到了较好解决。

四、加强自身建设，提高履职水平，努力夯实人大工作基础

常委会顺应人大制度发展新形势新要求，着力加强思想引领，强化作风建设，不断提升履职能力和机关服务水平。

全面加强思想政治建设。始终把思想政治建设摆在首位，充分发挥常委会党组理论学习中心组的示范带头作用，深入学习贯彻党的十九大精神和习近平总书记系列重要讲话精神，增强“四个意识”，坚定“四个自信”，自觉以新的发展理念引领人大工作。

持续深入推进作风建设。严格落实中央“八项规定”，认真学习贯彻《准则》和《条例》，把守纪律、讲规矩摆在更加重要的位置。深入推进“两学一做”学习教育常态化，精心组织机关党支部“固定党日+”活动，严格落实县委第三巡察组巡察反馈意见的整改工作，把全面从严治党引向深入，保证人大工作的政治纪律和政治规矩不动摇不放松。

充分发挥人大整体作用。积极配合自治区、市人大完成《自治区抗旱条例》、《左江花山岩画文化景观保护条例》《自治区乡村清洁条例》、“双高”基地建设、宗教工作、全域旅游示范区、监管场所建设等工作的立法调研、执法检查和工作督查。加强与各级人大的联系，主动取得上级人大的工作指导和支持，推动与省内外人大的工作交流。以全市人大系统“代表讲故事，讲代表故事”主题活动为契机，举办人大新闻报道培训班，制定激励机制，提高宣传工作水平，荣获全市人大系统宣传工作一等奖。强力推进挂点村脱贫攻坚和基层组织建设，共为挂点村落实帮扶资金78万元，解决村委办公楼、文化舞台、鱼塘改造等基础设施建设，落实产业帮扶22户，完成年度脱贫计划任务。

各位代表，县人大常委会一年来取得的工作成绩，是县委坚强领导的结果，是“一府两院”支持的结果，是全县各级人大代表和广大人民群众共同努力的结果。在此，我谨代表县人大常委会向所有关心、支持、帮助人大工作的同志表示衷心的感谢！

回顾一年来的工作，我们也清醒地看到，常委会工作同党的要求和人民群众的期望还有一定差距，如监督工作的跟踪督办机制需要进一步探索，服务保障代表履职的载体和方式需要进一步拓展，备案审查工作需要进一步改进，自身建设需要进一步加强等，这些都需要在今后的工作中认真加以解决。

2018年的主要任务

2018年是贯彻落实党的十九大精神的开局之年，是改革开放40周年，是决胜全面建成小康社会、实施“十三五”规划承上启下的关键一年。做好人大常委会今年的工作，意义重大。面对新时代、新机遇和新挑战，县人大常委会2018年工作的总体要求是：以习近平新时代中国特色社会主义思想为指导，全面贯彻落实党的十九大精神，紧紧围绕市委做好“两篇大文章”、打好“四大攻坚战”战略任务，县委“争创全区县域经济发展示范县、争当全区县域经济排头兵、打造南宁卫星城”战略目标，坚持党的领导、人民当家作主、依法治国有机统一，依法行使宪法和法律赋予的各项职权，切实发挥地方国家权力机关的职能作用，为与全国全区同步全面建成小康社会、奋力谱写新时代扶绥发展新篇章作出新的贡献。

一、以促进深化改革和振兴发展为己任，进一步增强监督工作实效

准确把握党的十九大确定的新时代坚持和发展中国特色社会主义的基本方略，始终坚持发展第一要务，始终保持战略定力，聚焦现代化经济体系建设及深化供给侧结构性改革、“十三五”规划实施和群众关注的热点难点问题，综合运用多种方式，开展持续监督和跟踪问效，全力推动我县各项改革全面、协调发展，助力扶绥经济社会发展站上新方位。

（一）强化预决算审查监督。听取和审议2017年财政决算草案报告，审查和批准2017年财政决算；听取和审议2017年预算执行及其他财政收支情况的审计工作报告、关于审计查出突出问题整改情况的报告；听取和审议2018年上半年国民经济和社会发展计划执行情况、财政预算执行情况的报告，审查和批准2018年财政预算调整方案。通过监督，进一步提高计划、预算运行质量，稳步推进稳增长、促改革、调结构、惠民生、防风险等各项工作。

（二）强化重点项目监督。围绕蔗糖和建材业等传统优势产业，三大园区重点项目建设，道路交通、公园广场、城市会客厅、供水及污水处理、特色小镇等新型城镇化建设，龙谷湾组团建设、全域旅游示范区创建、“一城两带两区”文化旅游发展规划、高等院校建设、现代物流等第三产业，开展重点监督，推动我县一二三产业协调发展。

（三）强化民生工程监督。围绕政府为民办实事工程、产业扶贫、易地搬迁、安居工程、创建国家级生态县、创城工作、文化教育卫生等民生工作，有针对性开展专题调研，了解实情，聚焦问题，提出建议，确保各项民生实事真正惠及群众。全年拟安排听取审议12个工作报告，组织开展1项专题询问、8项专题调研和4项落实整改工作检查。

二、以推动依法治县为目标，进一步加强民主政治建设

按照党的十九大关于深化依法治国实践的工作要求，着力推进依法治县和全民普法进程，全面建设社会主义法治文化。

（一）加强宪法和法律法规宣传。开展国家宪法日普法宣传系列活动，努力在全社会树立宪法法律至上、法律面前人人平等的法治理念。对今年新实施的《水污染防治法》《公共图书馆法》《中小企业促进法》等法律法规，与行政执法部门联合开展法律“六进”（进机关、进乡村、进社区、进学校、进企业、进单位）活动，强化宣传动员，促进新法实施。

（二）加强法律监督工作。以自治区成立60周年，崇左建市15周年为契机，对《自治区民族自治条例》《农村土地承包法》等法律法规实施情况开展执法检查。履行好规范性文件备案审查职责，完善规范性文件备案审查有关制度，做到有件必备、有备必审、有错必纠。

（三）加强司法监督工作。听取和审议“两院”关于智慧法院建设和羁押必要性审查等工作报告，开展民商事案件繁简分流改革、公益诉讼、公安工作、“七五”普法等专题调研，进一步促进“一府两院”依法行政和公正司法，维护社会公平正义。

三、以加强制度建设为重点，进一步行使好决定权和任免权

根据自治区十三届人大一次会议、崇左市四届人大三次会议精神和县委的各项重大决策部署，明确人大工作的任务，以制度建设为重点，推动常委会各项工作再上新台阶。

（一）依法讨论决定重大事项。着眼服务全县发展大局，对涉及长远发展中的重大事项进行审议讨论，依法作出决定决议，保障和促进县委决策部署的贯彻落实。探索完善重大事项决定权机制，建立人大与“一府两院”工作协调制度，规范行使重大事项决定权范围。

（二）依法做好人事任免工作。在县委的领导下，坚持党管干部的原则，依法严格行使任免权，认真落实宪法宣誓制度，增强被任命人员的宪法意识、责任意识和公仆意识。探索制定常委会任命的有关国家工作人员任前审查和任后监督办法，依法做好人事任免和干部任期内监督工作。

（三）加强对基层人大工作的指导。深入贯彻中发〔2015〕18号和桂发〔2015〕12号文件精神，进一步加强县乡人大工作和建设，落实乡镇每年举行2次人民代表大会的规定，加强乡镇人大工作者的学习培训，提高乡镇人大工作水平。

四、以激发履职动力为抓手，进一步发挥代表作用

按照代表法要求，切实维护人大代表的主体地位，进一步提升联络代表、服务代表的工作水平。

（一）提高代表整体素质。加大代表培训力度，争取将代表培训工作纳入党校培训计划。为代表提供相关资料和信息，不断拓宽代表知情知政渠道，切实强化代表履职意识，提高代表为群众代言、为人民履职、为百姓解忧的水平。

（二）加强履职阵地建设。认真贯彻自治区人大常委会《关于加强人大代表联系人民群众履职平台建设的指导意见》，指导各乡镇人大抓好代表履职平台提档升级工作。充分发挥“代表活动中心”“代表之家”“代表联络点”联系群众的桥梁纽带作用，拓展和丰富“双联”活动内涵，促进基层人大代表活动正常化、制度化和规范化。

（三）增强建议办理实效。拓宽代表建议提出渠道，着力提高代表议案和建议质量。加大对县十六届人大三次会议代表所提议案、建议的督办力度，探索建立代表建议办理满意度测评机制，提升代表建议办结率和满意率。

五、以贯彻落实十九大精神为指引，进一步加强“两个机关”建设

以党的十九大精神和习近平新时代中国特色社会主义思想为引领，着力加强自身建设，不断提高依法履职水平，努力把人大机关打造成为全面担负起宪法法律赋予的各项职责的工作机关，成为同人民群众保持密切联系的代表机关。

（一）加强思想建设。持续掀起学习宣传贯彻党的十九大精神热潮，坚持领导示范，以上率下，切实把全县人大代表和人大干部的思想统一到党的十九大精神上来，把力量凝聚到实现党的十九大确定的各项目标任务上来，努力推动人大工作开创新局面。

（二）加强作风建设。坚定执行党的政治路线，严格遵守政治纪律和政治规矩，确保人大工作正确的政治方向。认真落实中央八项规定、党内政治生活若干准则和党风廉政建设责任，扎实开展“不忘初心、牢记使命”主题教育，不断加强和改进人大机关工作作风。

（三）加强制度建设。进一步修订完善人大常委会各项工作制度，提高制度执行力，充分发挥人大专门委员会作用，不断提高人大工作水平。同时，要加强和改进人大宣传工作，加大对人民代表大会制度和人大工作的宣传力度，努力增强人大宣传工作的感染力和影响力。

各位代表，党的第十九次全国代表大会，宣示中国特色社会主义进入了新时代。新时代开启新征程，呼唤新作为。让我们以党的十九大精神为指引，紧紧团结在以习近平为核心的党中央周围，在县委的坚强领导下，不忘初心、牢记使命，凝心聚力、忠诚履职，为争创全区县域经济发展示范县、争当全区县域经济排头兵、打造南宁卫星城，推动扶绥新一轮振兴发展，实现全县人民对美好生活的向往而努力奋斗！

李奇芳在政协扶绥县第十届委员会第三次会议上的常务委员会工作报告

各位委员、同志们：

我受政协扶绥县第十届委员会常务委员会委托，向大会作工作报告，请各位委员审议，并请列席的同志提出意见。

2017年工作回顾

2017年，在中共扶绥县委的正确领导下，在县人大、县政府的大力支持及有关部门的密切配合下，县政协常委会紧紧围绕县委、县政府中心工作，牢牢把握团结和民主两大主题，认真履行职能，为建设全区县域经济发展排头兵作出了积极的贡献。

一、强化引领，理想信念更加坚定

县政协常委会建立健全学习制度，强化党组引领作用和常委会示范作用，自觉用最新理论成果武装头脑，指导实践，推动工作。

（一）深化理论学习。县政协常委会深入学习中共十八大和十八届三中、四中、五中、六中全会以及习近平总书记系列重要讲话精神，引导全体政协委员准确把握人民政协的性质定位和任务要求。中共十九大召开后，我们迅速掀起学习贯彻十九大精神热潮，在学懂、弄通、做实上下功夫，全面准确把握习近平新时代中国特色社会主义思想的深刻内涵，在思想上政治上行动上同习近平同志为核心的中共中央保持高度一致，坚定了中国特色社会主义道路自信、理论自信、制度自信、文化自信，增强了政治意识、大局意识、核心意识、看齐意识;认真学习习近平总书记关于社会主义民主政治,特别是人民政协工作的新要求,学习新时代创新和推动政协工作的新机制,强化推进人民政协事业发展的责任感、使命感。

(二)坚持党的领导。县政协常委会始终把坚持党的领导、坚持县委的领导作为履行职能的政治方向。一是加强政协党组建设,加强政协机关党支部建设,加强委员中党员的管理与服务,不忘初心、牢记使命,维护核心、忠诚于党。二是自觉在思想上、行动上与党中央保持高度一致,自觉维护中央权威,维护县委权威,服从县委领导,做到县委有部署、政协就紧紧跟进,县委有要求、政协就坚决执行,着力发挥协调关系、汇聚力量、建言献策的重要作用。

(三)抓好廉政建设。县政协常委会狠抓廉政建设。一是组织深入学习《关于新形势下党内政治生活的若干准则》《中国共产党党内监督条例》,建立健全《政协扶绥县委员会党组工作制度》。二是认真贯彻落实党风廉政建设责任制,认真落实"两个责任",强化了目标要求和工作措施。三是扎实开展贯彻落实中央八项规定精神"回头看"工作,对照检查制度建设、制度执行情况,认真整改问题,不断巩固成果,形成落实中央八项规定精神的长效机制。

二、丰富形式,政治协商更加深入

县政协常委会紧紧围绕全县中心工作,把县委、县政府的各项决策和工作部署作为政协工作的切入点,充分开展政治协商,形成整体协商、专题协商和对口协商等多层次政治协商格局。

(一)围绕工作大局整体协商。以政协全体会议为协商平台,坚持整体协商议大事。2017年1月下旬召开的十届二次会议组织委员紧紧围绕"一府两院"工作报告以及全县经济发展、精准扶贫、社会稳定、民生工程等工作的热点、难点问题协商,讨论发言并提出协商建议,切实履行职能,发挥了参谋助手作用。会上,4位政协委员分别围绕"加快引水进城建设提升城市品位""建设南密西路破解交通拥堵难题"等专题作了大会发言,这些发言为县委、县政府科学决策提出了许多有价值、可操作性的意见和建议,得到重视和采纳。如根据引水进城建议,我县完成了引水进城项目初步设计编制报告报送自治区水利厅,并已通过专家组评审;根据建设南密西路破解交通拥堵难题的建议,我县将南密西路纳入城市道路规划,做好规划设计,2018年上半年将开工建设。由县委点题,常委会组织委员深入基层一线进行调研,形成了《关于把金鸡岩景区打造成桂西南旅游胜地的调研报告》和《关于左江扶绥段河沙开采与保护工作情况的调研报告》,县委书记罗彪、县长孙国梁对两份调研报告作出批示,转有关单位认真办理并抓好落实,金鸡岩景区已纳入我县左江旅游规划;左江扶绥河段违法取沙行为得到有效遏制。

(二)紧扣中心工作专题协商。县政协常委会紧紧围绕县委、县政府中心工作,精心选题,在扶贫攻坚、义务教育均衡发展、农业示范区建设等方面开展专题协商,有效地提高了协商效果。围绕"扶贫攻坚工作"专题提出了加大投入,重点解决特困户住房及做好扶贫攻坚档案工作等意见和建议;围绕"促进义务教育均衡发展"专题提出了加强统筹领导,明确责任主体,重点破解项目工程建设进度缓慢等意见和建议;围绕"加快扶绥现代农业示范区建设"专题提出了修订完善规划设计、高标准推进园区建设等意见和建议,这些意见和建议转到部门后,得到认真采纳落实。一年来,常委会还围绕"加强基层卫生人才队伍建设""充分挖掘特色文化提升城市建设品位"等开展专题协商。

(三)把握重点工作对口协商。县政协常委会紧盯事关扶绥长远发展的重点问题,加强与部门的沟通联系,进行多角度、多层次对口协商,着力推进解决一批群众关注的重点、难点问题。如何提高甘蔗单产,开展"发挥甘蔗'双高'基地水利设施效益"专题对口协商,针对水费收缴困难等"瓶颈"问题,提出了采取多元化运营模式,确保水利设施良性运行等意见和建议;长期以来,县城街道道路渣土车乱象一直受到广大群众的关注,常委会组织委员深入县城街道开展调研，会同县住建、国土、城管等部门围绕“专项整治渣土车乱象”专题对口协商，提出了完善管理机制，加强综合治理等意见和建议。县委书记罗彪对常委会对口协商的意见和建议作出批示，并转到有关部门落实解决。

三、拓展领域，民主监督更加有效

县政协常委会聚焦县委、县政府的重大举措和重大政策措施的落实情况，组织委员深入基层调查研究，积极撰写提案，开展评议监督，多形式反映社情民意，推进这些部署的落实。

（一）提案督办惠及民生。县政协常委会把提案办理工作作为服务民生的重要途径，健全党政领导领办、部门协办、多方联合督办、视察调研促办的提案办理工作机制，促进提案办理工作向全程协商、多方协商、开放协商转变。十届二次会议以来收到提案76件，立案70件。常委会及时召开提案交办会，采取有力措施，促进提案的办理落实，有效发挥提案在我县经济、政治、文化、社会、生态文明建设中的作用。遴选出《关于加快整治522县道18公里处至24公里处路面，减少交通事故的建议》《关于加快建设东门镇易地扶贫搬迁配套项目（一期工程）的建议》等5件重点提案，由县政协主席、副主席领衔督办，增强提案办理实效。在承办重点提案中很多部门都积极采纳提案人的意见和建议并及时采纳措施给予解决。如委员提案《关于加快整治522县道18公里处至24公里处路面，减少交通事故》意见和建议得到采纳，县交通运输局采取措施对道路进行整治，加宽弯道，加深路面刻纹，进行嵌固抗滑封层处理，增设防撞钢护栏及热熔型减速带，增设安全设施，该路面的粗糙度明显增加，交通安全隐患得到了有效控制。

（二）监督评议赢得民心。一是抓好专项民主监督工作。选择县政府为民办实事工作作为专项民主监督内容，围绕“扶贫移民搬迁建设项目”“乡镇污水处理厂建设项目”“通屯水泥路建设情况”“民族小学、民族中学建设”等4项工作开展专项民主监督。通过开展实地视察、走访座谈、听取意见、提出建议、整改总结等步骤，促进这4项工作的顺利开展，专项民主监督工作得到群众的好评。二是抓好选派民主监督员工作。我们遴选了48名政协委员组成12个民主监督小组，派驻县人民法院、住建局、教育局等12个职能部门担任民主监督员，定期开展监督检查和评议工作，落实服务承诺和事项，有效促进了干部改进工作作风。三是抓好部门行风评议员推荐工作。常委会推荐吴彩秀等18名委员到政法、财税等部门担任人民监督员、廉政执法监督员、家事审判调查员、人民陪审员、特邀监察员等；推荐方雪萍等3名委员参加县纪委扶贫领域监督工作，委员能更多深入实际，深入群众，了解信息，切实履行民主监督职责。民主监督工作有效地推进了单位部门贯彻落实县委、县政府的决策部署，有效促进了干部改进工作作风，得到部门的赞许。

（三）倾听民意为民解困。一年来，委员们先后围绕基础设施建设、农村电商建设、教育发展、医疗卫生等民生工程，集中开展社情民意视察活动80多次，现场提出建设性意见和建议30多条。我们建立完善了社情民意筛选、报送、落实机制，很多意见和建议得到采纳，反映的问题得到及时有效解决。如近年来群众反映“在旧城区东面建设农贸市场”的问题引起有关部门重视，市政部门在思贤路与永宁街路口、南密铁路桥头新建了临时农贸市场，安排工作人员整顿鸡鸭市场，有效缓解我县农贸市场容量不足问题。又如群众反映强烈“加强县实验学校、新宁镇二小出入路口交通高峰期管制”的问题得到采纳，县交警在实验学校、新宁镇二小设立了交警“护学岗”，在学生上学、放学时段定时出警对学校路段实行单向通行交通管制和疏导指挥，加强执勤，整顿学校周边违停现象，县实验学校、新宁镇二小出入路口交通拥堵现象得到有效缓解。

四、突出重点，参政议政更加有为

县政协常委会准确把握党政工作重点，围绕事关全县经济社会发展的重大课题深入调查研究，真正做到参政参到关键处,议政议到点子上。

(一)深入开展专题调研。县政协常委会经过筛选,组织委员深入基层一线开展“规划建设旅游精品示范公路”“全力推进美丽乡村建设”等专题调研活动,赴贵州、湖南等省开展学习考察活动,借鉴外地的先进经验和做法,形成了《规划建设旅游精品示范公路的建议》等5篇调研报告,报送县委、县政府做决策参考。常委会还组织驻扶绥的市政协委员开展“加快电子商务发展　打造农业特色品牌”“改善农业发展模式　应对农业从业人员老龄化危机”等专题调研,赴柳州市柳城县、来宾市象州县和兴宾区开展学习考察,学习先进经验并提出有效的意见和建议,为崇左市和我县发展建言献策。

(二)认真组织委员视察。多年来,县政协常委会都是一次性组织全体委员开展视察活动,从2017年开始根据实际情况改为分组活动的方式开展视察,增强了委员视察的活力和效率。围绕“发展坚果产业”“保护文物建筑”等专题开展视察,提出了很多可操作性强的意见和建议,如围绕“发展坚果产业”专题,在政策、融资、土地、补贴等方面均提出意见和建议;围绕“保护文物建筑”专题提出了加大力度培养保护文物建筑的人才,科学编制规划文物建筑保护项目,分期实施统筹推进文物建筑保护工作等意见和建议,这些意见和建议报送县委、县政府,得到重视和采纳。

(三)扎实开展考察活动。为借鉴先进地区的发展理念、发展思路和发展模式,县政协常委会组织委员带着课题赴区内外开展考察活动,既开拓了委员视野,又提高了委员的履职能力。如围绕“学习借鉴先进经验　提高扶绥治旱成效”课题赴青海省西宁市湟源县、海晏县开展考察活动;围绕“充分利用地方特色文化　提升城市建设品位”课题赴北海市合浦县、海城区开展考察活动。这些课题筛选精准,考察活动细致深入,所提的意见和建议很有借鉴意义,所形成的报告均报送县委、县政府作决策参考。

五、团结民主,凝心聚力更加充分

县政协常委会牢牢把握团结和民主两大主题,深化与社会各界的联系沟通,扩大对外交流,发挥了凝聚人心、团结各方、构建和谐的作用。

(一)交流协作不断深化。县政协常委会重视与县外政协组织的横向联系,加强双向交流活动。一是“走出去”。组织政协委员赴北海、玉林、桂林等区内城市及福建、青海和上海等地进行考察学习,加强同当地政协联系与交往,广交朋友,学习他们开展政协工作的先进经验和做法;赴福建省福州市、宁德市,贵州省遵义市等地开展“委员家乡行”活动,考察委员家乡在产业优化和投资环境等方面的先进经验和做法,为加快推进扶绥经济社会发展建言献策。二是“请进来”。做好接待各级政协委员到我县学习考察,去年以来接待甘肃、湖北等省政协到我县开展“现代农业发展”等专题调研工作,接待自治区政协到我县考察发展坚果种植,接待梧州市长洲区政协和崇左市政协等15个省市县(区)政协考察团320多人次,常委会围绕精准扶贫、乡村旅游建设、甘蔗“双高”基地建设和园区建设等工作进行了深入交流,增进友谊、宣传扶绥。

(二)文史征集不断加强。一是召开文史资料征集工作座谈会,开展文史资料工作交流合作,部署文史资料征集工作。二是聘任扶绥文史资料研究员。经过调查摸底,经常委会协商同意,聘任23位政治坚定,品德良好,爱好文史资料工作同志为扶绥文史资料研究员。三是配合自治区政协完成《广西传统村落纪实》史料的上报工作,配合崇左市政协完成《崇左市委员风采实录》和《崇左名人录》史料的上报工作。一年来征集到文史资料80多篇,征集到图片30多幅。

(三)宣传工作不断深入。县政协常委会制定了宣传管理办法,对各室委下达了宣传任务并加强检查督促,努力提升政协新闻宣传工作水平。截至目前,常委会被自治区、市、县各级媒体采用稿件130篇,其中国家级2篇、省级26篇、市级88篇,全面报道了扶绥社会经济发展取得的可喜成绩，有力地宣传了扶绥的形象。2017年县政协被自治区政协评为全区政协报刊宣传工作先进单位一等奖。

六、融入大局，推动工作更加有力

在推动中心工作和项目建设工作中，县政协常委会始终牢固树立一线意识，积极融入工作大局，做到县委部署到哪里，政协就跟进到哪里。

（一）全力协助抓好全县项目推进和建设工作。县政协领导积极参与项目建设，特别是在城南市民公园、同正大道、空港大道、南国铜业、金冠食品、广西水产畜牧学院等重点项目的建设中，深入工程一线了解情况，协调解决建设过程中遇到的实际困难和问题，为项目的顺利推进尽责出力。在全县开展“双月”活动中，县政协领导深入联系的企业开展调研，及时有效地协调解决企业和项目施工建设中遇到的困难和问题，确保企业正常高效生产和项目施工的顺利推进。

（二）积极参与和服务中心工作。县政协常委会主动服务中心工作，深入乡镇开展精准扶贫、甘蔗“双高”、教育发展、保障民生等工作。一是开展“委员联村联户，聚力精准脱贫”主题实践活动，组织引导县政协委员积极投身扶贫实践，县政协机关协调筹措资金5.15万元用于扶持贫困户发展产业等工作，推动了扶贫工作顺利推进。二是深入乡镇引导群众积极参与和支持甘蔗“双高”基地建设，推进甘蔗“双高”基地建设和甘蔗集约化生产工作，为我县蔗糖产业持续稳步发展献计出力。三是协调筹措资金3万元用于义务教育均衡发展工作，为我县义务教育发展贡献力量。四是主动参与县委、县政府各项中心工作，有力推进为民办实事工作。

七、强基固本，自身建设更加务实

县政协常委会高度重视自身建设，主动适应新形势新任务的要求，为全面提高人民政协履行职能的能力和水平提供保证。

（一）发挥委员主体作用。一是实行政协领导联系常委、委员制度，县政协领导深入委员单位企业了解委员履职和生产经营、工作、生活情况，切实帮助委员解决实际困难，建立委员微信、QQ平台，方便委员交流。二是进行提升委员履职能力专题培训，提高了委员撰写提案、履行职责的能力和水平。三是开展关爱委员活动，年内组织委员参加体检，让委员有更加饱满的精神和充沛的精力进行履职。四是制定《政协扶绥县委员会委员服务管理办法》《政协扶绥县委员会委员履职工作规则（试行）》等规章制度，建立了委员档案，进行委员履职管理，发挥委员“一岗双责”的作用。

（二）发挥委员界别作用。加大委员界别工作力度，制定了《政协扶绥县第十届委员会委员界别召集人的意见》《政协扶绥县第十届委员会政协领导联系委员界别的意见》《政协扶绥县第十届委员会委员小组活动制度》等规章制度，规范委员界别活动，积极探索界别调研月、界别座谈会等活动形式。

（三）加强机关自身建设。扎实开展“两学一做”专题学习教育常态化制度化活动和“固定党日+”活动，坚持“三会一课”制度，修订完善了县政协机关各项规章制度，使机关工作做到有章可循，有据可依，进一步提高了机关工作效率和服务水平。

各位委员、同志们，2017年，县政协常委会工作所取得的成绩，是中共扶绥县委正确领导的结果，是县人大、县政府大力支持的结果，是社会各界和各级各单位密切配合的结果，是历届领导和老同志关心支持的结果，是政协各参加单位与广大委员精诚团结、锐意进取、热情参与的结果。在此，我代表县政协十届常委会向重视、关心、支持政协工作的各级领导、各位委员以及各界人士，表示衷心的感谢和崇高的敬意！

在认真总结工作成绩的同时，我们也清醒地认识到，我们的工作与群众的期望和人民政协所担负的责任还有一定差距，主要是民主监督工作需进一步强化，协商议政内容和形式需进一步完善，发挥委员主体作用有待进一步提高等，这些问题与不足都需要我们在今后工作中加以改进和解决。

2018年工作思路

2018年是贯彻落实中共十九大精神开局之年，是决胜全面建成小康社会、实施“十三五”规划承上启下的关键一年。县政协工作的指导思想和总体要求是:全面贯彻中共十九大精神，以习近平新时代中国特色社会主义思想为指导，按照“五位一体”总体布局和“四个全面”战略布局要求，坚持新发展理念，紧紧围绕县委、县政府的中心工作，牢牢把握团结和民主两大主题，认真履行新时代政协的政治协商、民主监督、参政议政职能，为争创全区县域经济发展示范县、争当全区县域经济排头兵、打造南宁卫星城作出新贡献。

一、践行新思想，提高政治把握能力

强化学习，深刻理解、准确把握新思想、新观点、新举措，坚定政治方向，提高政治站位。一要坚决贯彻中央精神。学习贯彻落实好中共十九大精神，是当前和今后一个时期的首要政治任务。要结合工作实际，多层次、多形式地组织和推动政协委员认真学习、深刻领会中共十九大精神，学习贯彻习近平新时代中国特色社会主义思想，深入领会这一思想的科学体系、精神实质、实践要求，在武装头脑、指导实践、推动工作上下功夫，在统一思想、凝聚力量、落实部署上取得实效。要毫不动摇地坚持中国共产党的领导，坚持和完善中国共产党领导的多党合作和政治协商制度，进一步增强“四个自信”。二要坚决维护领导核心。牢固树立“四个意识”特别是核心意识、看齐意识，维护习近平总书记党中央的核心、全党的核心地位，维护党中央权威和集中统一领导，在思想上高度认同，政治上坚决维护，组织上自觉服从，行动上紧紧跟随，在政治立场、政治方向、政治原则、政治道路上同党中央保持高度一致。三要坚决落实县委部署。深入学习贯彻县委会议精神，深刻领会和准确把握县委提出的发展目标和工作重点，确定工作方位、找准作为空间、明确履职重点，真抓实干、埋头苦干，真正把县委、县政府决策部署落到实处。

二、融入新时代，提高协商议政能力

主动融入新时代适应新气象，切实发挥政协作为协商民主重要渠道和专门协商机构的重要作用。一要精心选择课题。围绕争创全区县域经济发展示范县、争当全区县域经济排头兵、打造南宁卫星城的目标任务，认真制订协商计划，积极开展专题协商、对口协商、界别协商和提案办理协商。围绕推进“三区一镇”建设、推进城建和基础设施建设、推进一二三产业协调发展、培育扶绥发展新增长点、保障和改善民生等重大问题深入调查研究。全力助推脱贫攻坚，重点围绕产业扶贫、异地搬迁，以及贫困村道路、安全饮水、危房改造等专项扶贫工作进行调查研究。二要深入调查研究。组织委员深入单位部门、乡村基层一线进行调研，开展“委员企业行”活动，与基层干部群众和企业业主交流讨论，掌握第一手资料，广泛听取意见;同时组织考察活动，借鉴先进地区的经验和做法，及时向县委、县政府建言献策，提出务实可行的意见和建议。三要推动成果转化。重点关注全面深化改革、发展稳定、乡村建设和事关人民群众切身利益的实际问题，密切与党政部门的沟通联系，健全成果报送、意见采纳、情况反馈机制，推动更多协商成果转化运用。

三、顺应新形势，提高民主监督能力

认真贯彻落实中共中央《关于加强和改进人民政协民主监督工作的意见》和自治区的实施意见，以提出意见、批评、建议的方式监督。一要把握性质特点。坚持县委统一领导，及时向县委汇报民主监督工作，主动聚焦党委政府决策部署贯彻落实最困难的领域、改革发展最突出的问题、人民群众最关注的方面，实事求是反映情况，认真负责开展批评，务求实效提出建议。二要坚持问题导向。选择“十项惠民工程”有关事项开展专项民主监督，强化短板意识，围绕县委、县政府重大决策部署和重要工作、重点项目推进实施情况及教育发展、医疗卫生、创业就业、社会保障、生态环境保护等民生问题，组织委员开展视察评议，察实情、讲实话、谋实策，助推问题得以解决。三要完善民主监督工作的沟通协调机制。选派民主监督员，推荐行风评议员，充分发挥协商座谈、委员提案、大会发言、反映社情民意等履职形式的民主监督作用，支持委员在党政部门、财税部门、司法机关及有关单位担任特约监督员、政风行风监督员，推动社会各界更加关注、支持政协民主监督工作。

四、凝聚新共识，提高合作共事能力

坚持团结和民主两大主题，充分调动各方的积极因素，为新时代扶绥发展添助力增合力。一要广泛凝聚人心。加强与各界人士的团结合作，加大对重大课题开展联合调研力度，及时了解和准确反映我县改革发展过程中的热点难点问题，努力在保障民生、项目建设、维护稳定等重要领域上添砖加瓦。二要当好桥梁纽带。加强与界别群众的联系，紧紧围绕让群众享有“更满意的教育”“更优良的医疗”“更好的就业”“更可靠的社会保障”献计出力；紧紧围绕扶贫攻坚、教育、环保等群众关心的问题履职尽责。三要强化宣传、信息和文史工作。找准角度，积极宣传好政协组织和委员在建言献策、履职资政过程中的特色和亮点；大力宣传好县委、县政府及有关部门对政协意见和建议的采纳情况，宣传好政协工作的社会效果；注重对县政协参加单位和广大政协委员的宣传，多方位展现政协工作的新形象；拓宽扶绥文史征集领域，做好扶绥文史资料编撰工作。

五、发挥新优势，提高服务发展能力

以走进新时代的崭新面貌，发挥联系面广的优势，汇聚发展正能量，助力经济社会高质量发展。一要为全县项目建设和招商引资献计出力。保持、加强和各地商会的密切联系，千方百计开展招商引资工作，热情做好项目的服务，为客商提供优质的投资环境，为推进我县项目建设和招商引资工作献计出力。引导组织政协委员在重点项目、重大产业、招商引资、扶贫攻坚等工作上主动作为、再创佳绩。二要做好挂点帮扶和为民办实事等工作。深入乡镇做好帮扶工作，尽力协调帮助解决一些具体问题，想方设法为群众做好事办实事，动员和组织委员开展扶贫帮困活动，使群众感受到党和政府的温暖。配合县委、县政府开展精准扶贫、甘蔗“双高”、美丽乡村等工作。

六、落实新要求，提高履职尽责能力

主动适应新时代政协工作新要求，着力加强自身建设。一要加强党的建设。认真落实全面从严治党主体责任，严格执行各项准则、条例和规定，切实增强党建工作实效；深入学习贯彻中央八项规定精神和中央八项规定实施细则，学规矩、懂规矩、守规矩。二要加强委员管理。落实委员联络工作制度和履职管理规定，强化委员学习培训，教育和引导委员心系国事、遵章守法、拒奢尚俭，模范践行社会主义核心价值观，做优良家风的倡导者和实践者。三要加强机关建设。严格执行“三会一课”、民主生活会、民主评议党员等制度，坚持开展“两学一做”学习教育常态化制度化工作和“固定党日+”活动，立足政协工作岗位，在深学、细照、笃行、抓常上下功夫，努力打造一支“提笔能写、开口能讲、问策能对、遇事能办”的机关干部队伍，为政协高效履行职能、科学开展工作提供坚实保障。

各位委员、同志们，新时代赋予新使命，新起点开启新征程。扶绥已站在充满希望、充满活力的新起点上。让我们更加紧密团结在以习近平同志为核心的中共中央周围，在中共扶绥县委的坚强领导下，不忘初心，牢记使命，撸起袖子加油干，为谱写新时代扶绥发展新篇章，不断开创人民政协工作新局面作出新的更大贡献！

大事记

2017年大事记

1月

8日，由自治区人民政府副秘书长、糖业办主任黄胜杰率领的自治区调研组到扶绥县开展“对标、定标、追标质量管理年”活动暨“双高”基地建设现场会调研工作。崇左市副市长黄覃梅、县长孙国梁、副县长梁媚陪同调研。

9日，扶绥县召开全县经济工作会议，学习贯彻中央和全区经济工作会议精神，总结2016年经济工作，分析当前经济形势，研究部署2017年经济工作，动员全县上下振奋精神，真抓实干，深入实施“三大战略”加快建设“三个美丽”以优异成绩迎接党的十九大胜利召开。

19日，扶绥县第十六届人民代表大会第二次会议在扶绥剧场开幕。来自全县各行各业、各条战线的县人大代表肩负着全县各族人民的重托，汇聚一堂，共同围绕全面深入实施“三大战略”，加快建设“三个美丽”，打造全区县域经济发展示范县而努力奋斗的主题，共谋发展大计，共绘美丽蓝图。

19日上午，中国人民政治协商会议扶绥县第十届委员会第二次会议开幕。

2月

5日，扶绥县特殊教育学校和县直属机关第一幼儿园分别被评为自治区示范性特殊教育学校和自治区示范幼儿园。

6日，自治区党委副书记侯建国率队到扶绥县，就“双高”基地建设、美丽乡村建设等工作进行调研。市委书记、市人大常委会主任刘有明，市委副书记何良军及县委书记黄云革等陪同调研。

8日下午，全国政协委员、全国工商联原副主席、新奥集团董事局主席王玉锁到扶绥县开展旅游扶贫调研。自治区政协副主席、工商联主席磨长英，崇左市政协主席黄卫革和扶绥县县长孙国梁陪同。

9日，中国共产党扶绥县第十三届委员会第四次全体会议在县党政办公楼大会议室召开。出席这次全会的有县委委员28人，候补委员7人。县纪委委员，不是县委委员、候补委员或县纪委常委的县四家班子成员和有关方面主要负责同志列席了会议。县第十三次党代会代表中部分基层同志也列席了会议。

14日，崇左市市长孙大光率队到扶绥县，通过实地走访、举行座谈会等方式，就现代农场以及“双高”基地建设工作进行调研。孙大光要求，要狠抓当前农时，加强统筹协调，创新工作方式方法，确保早日完成全市40万亩甘蔗“双高”基地建设任务。副市长黄覃梅及扶绥县县委书记黄云革、县长孙国梁参加调研。

16日，自治区党委常委、政法委书记、自治区副主席黄世勇到扶绥县开展全国“两会”期间信访维稳工作督查调研活动。他强调，要认真学习贯彻中央政法工作会议和全区政法工作会议精神，突出重点、落实责任，扎实做好信访维稳各项工作，为全国“两会”、党的十九大胜利召开营造安全稳定的社会环境。崇左市市长孙大光及扶绥县县委书记黄云革、县长孙国梁一同调研。

17日下午，崇左市委书记、市人大常委会主任刘有明，市长孙大光深入扶绥县，就南国铜业项目建设开展调研。刘有明强调，要把南国铜业项目作为崇左工业发展的“一号工程”，加大攻坚力度，确保实现10月试产，12月底顺利投产。

17日，中国共产党扶绥县第十三届纪律检查委员会第二次全体会议召开。会议深入学习贯彻十八届中央纪委七次全会、自治区十一届纪委二次全会和崇左市四届纪委二次全会精神，研究部署扶绥县党风廉政建设和反腐败工作，为推动全县经济发展营造风清气正的政治生态。

21日，自治区人民政府残疾人工作委员会召开第七次全区残疾人事业工作会议，授予扶绥县人民政府残疾人工作委员会“全区残疾人工作先进单位”荣誉称号。这次全区表彰21个全区残疾人工作先进单位，扶绥县是崇左市唯一获此殊荣的县份。同时，扶绥县特殊教育学校校长农仁宁被授予“全区扶残助残先进个人”。

24日，自治区反恐办督导组到扶绥县开展反恐督导检查工作。市委常委、政法委书记雷多荣，县长孙国梁，县委常委、政法委书记吴乔，副县长、公安局局长谢耀勋陪同检查。

27日，自治区在扶绥县东门镇召开2016年度全区糖料蔗“双高”基地建设现场会。

28日，在柳州市召开的2017年全区旅游工作会议上传来好消息——扶绥炎鑫度假村被评为“五星级乡村旅游区”，是全区此次获评的2个“五星级乡村旅游区”之一。

3月

2日下午，崇左市委书记、市人大常委会主任刘有明到扶绥县调研文化旅游发展情况。刘有明强调，扶绥要瞄准首府南宁这个大市场，继续深挖旅游资源，完善各项旅游配套设施，推动全县文化旅游大发展。县长孙国梁、县政协主席李奇芳一同调研。

2日，教育部副部长杜占元率督查组到扶绥县对2017年春季开学工作进行专项督查，全面了解扶绥县开学条件保障、校园安全管理、规范办学行为、教师队伍建设以及专项工作部署落实等情况。崇左市委书记、市人大常委会主任刘有明，扶绥县县长孙国梁参加督查。

2日下午，崇左市委书记、市人大常委会主任刘有明到扶绥县调研文化旅游发展情况。刘有明强调，扶绥要瞄准首府南宁这个大市场，继续深挖旅游资源，完善各项旅游配套设施，推动全县文化旅游大发展。县长孙国梁、县政协主席李奇芳一同调研。

21日，国家发改革委稽察办特派员陈翔、稽察办三处处长张苑带队对扶绥县易地扶贫搬迁工程进行专项稽察。自治区发展改革委稽察办副主任吕全陪同。县长孙国梁、县委副书记苏勇参加专项稽察汇报会。

23日，扶绥县工人文化宫项目、空港经济区易地扶贫搬迁项目、龙谷湾二期项目、岜盆中学义务教育均衡发展项目、广西跃发木业有限公司年产3万套家具项目暨广西安本门业有限公司年产8万套樘钢木质防火门及8万平方米防火卷门帘项目等6个估算总投资32.88亿元的项目集中开工，实现该县重大项目建设“开门红”。

23日，扶绥县重大项目建设协调领导小组到山圩产业园组织召开项目建设协调会。县长孙国梁、县人大常委会主任黄剑克、县政协主席李奇芳出席协调会。

31日，全国妇联纪念妇女权益保障法颁布25周年暨全国维护妇女儿童权益先进集体和先进个人表彰大会在北京召开。会上，扶绥县人民法院喜获“全国维护妇女儿童权益先进集体”称号，成为广西获得此殊荣的31个集体之一，也是崇左市法院系统唯一获此殊荣的集体。

4月

10日，扶绥县在扶绥剧场召开全县“美丽扶绥·宜居乡村”活动动员部署暨2017年脱贫攻坚推进大会。会议传达学习了自治区“美丽广西·宜居乡村”活动电视动员大会、崇左市“美丽崇左·宜居乡村”活动电视动员大会精神以及自治区、崇左市脱贫攻坚推进会议精神，研究部署扶绥县2017年乡村建设各项工作以及脱贫攻坚推进工作。

10日，崇左市政协主席黄卫革率市文化旅游督查组到扶绥县，对扶绥县文化旅游大发展三年攻坚行动计划2017年“双10”项目第一季度建设情况进行督查。县政协主席李奇芳，县委常委、宣传部部长、副县长陈英陪同。

14日，自治区纪委副书记何敏率领自治区纪委党风政风监督室党支部组成人员到扶绥县，就贯彻落实中央八项规定精神“回头看”、加强扶贫领域监督执纪问责工作等进行调研。并在扶绥县开展了“党风支部基层行”和“党风小讲堂”系列活动。县长孙国梁全程陪同。

20日，县长孙国梁到渠黎镇吉到社区检查指导社区社会主义核心价值观主题公园和法制广场建设工作。副县长、县公安局局长谢耀勋，县人民法院院长李子政一同检查。

24日至25日，广西全区公安改革暨“四项建设”工作会议在柳州举行。会议对全区15个公安改革和警务创新工作成绩突出的集体进行了隆重表彰，扶绥县公安局获评警务创新先进集体。

25日，县长孙国梁在县党政办公楼会议室主持召开中共扶绥县委十三届17次常委（扩大）会议。会议传达学习了习近平总书记视察广西重要讲话精神以及自治区党委、崇左市委有关会议精神，分析总结扶绥县第一季度经济运行情况，动员全县上下进一步解放思想，振奋精神，强化措施，把各项工作扎实做好，推动扶绥县经济社会平稳较快发展。

25日至26日，人民网、经济日报、光明日报、国际商报、中国青年报、中国产经新闻报、中国新闻社、香港大公文汇报、香港商报、凤凰生活周刊、广西日报、广西电视台、广西新闻网，左江日报、崇左电视台等各路记者20余人云集扶绥县参加2017年“主流媒体看扶绥”采风活动，通过实地考察的形式进行采访，见证扶绥经济和社会各项事业发展“加速度”。

26日，崇左市工业和信息化委赵志敏主任率调研组到扶绥县，就扶绥县主要工业经济指标完成情况开展调研，并在县工信局会议室召开了座谈会。副县长冯艺刚出席会议。

5月

2日，扶绥县领导干部会议召开。崇左市委组织部副部长、市委党建办主任农尚文出席会议并宣读市委有关人事任免通知。

4日，广西大学党委副书记、校长赵跃宇率队到渠黎镇自治区牧草工作站，通过听取介绍、召开座谈等形式，详细了解广西大学扶绥农牧产业协调创新基地项目推进情况。崇左市委常委、宣传部部长、副市长李振唐，县委书记罗彪陪同调研。

9日，崇左市委常委、常务副市长梁旭辉，副市长李平到扶绥县调研经济运行情况和“双高”基地建设情况。梁旭辉要求扶绥县领导干部要积极做好服务企业、项目工作，努力成为全区县域经济排头兵。县委书记罗彪，县委常委、常务副县长黄海瀚参加调研。

10日，自治区旅游发展委员会主任甘霖及北京东方园林文化旅游集团考察组到我县开展沿边境公路重大旅游投资项目选点考察，并指导扶绥县开展全域旅游开发工作。县委书记罗彪在扶绥县全域旅游PPP项目汇报会上作汇报讲话。县委常委、宣传部部长、副县长陈英全程陪同。

22日，自治区法制办党组书记、主任雷震率调研组到扶绥县调研法治政府建设工作情况。崇左市副市长、公安局局长朱中卫，县委常委、副县长李超出席座谈会。

24日，广西电视台党委书记、台长周文力率领考察团到扶绥县考察文化旅游项目，有意在扶绥县投资建设文化影视基地，实现多元化发展。县委书记罗彪，县长孙国梁，县委常委、宣传部部长、副县长陈英，县委常委、统战部部长黄建辉，市文化新闻出版广电局、崇左市电视台有关领导陪同考察。

26日，自治区高级人民法院院长、党组书记黄克到扶绥县视察，对扶绥县法庭工作、法治建设进行指导。崇左市委副书记何良军，副市长、市公安局局长朱中卫，县委书记罗彪，县委常委、政法委书记吴乔陪同视察。

6月

1日，市委常委、组织部部长蓝晓到扶绥县调研挂点联系企业情况和美丽乡村示范点建设情况。苏勇、冯精敏等县领导陪同调研。

2日，县委书记罗彪在县党的建设工作领导小组会议上强调，要按照中央、自治区党委和市委的部署，以抓铁有痕、踏石留印的信心决心抓好今年的党建工作，为创建全区县域经济示范县，建成全区县域经济排头兵提供坚强的政治保障，以优异成绩迎接党的十九大胜利召开！

5日，崇左市委常委、政法委书记雷多荣在市中级人民法院及市信访局、公安局等主要领导陪同下，扶绥县人民法院青年产业园巡回法庭到社区法治广场和法官工作室调研，了解扶绥县开创性开展法院工作情况；同时，还到香果人家食品公司和南国铜业项目基地，了解发展情况和项目建设进展情况。县长孙国梁，县委常委，政法委书记吴乔陪同。

8日，县委书记罗彪在县党政办公楼主持召开县委常委扩大会议，传达学习自治区党委书记彭清华、自治区主席陈武6月3日至7日率广西党政代表团赴安徽、河南两省学习考察时的重要讲话精神，就如何贯彻落实相关精神进行了安排部署。

10日，最高人民法院党组书记、院长周强在自治区党委书记、区人大常委会主任彭清华陪同下，到广西中国—东盟青年产业园考察。

12日下午，县委书记罗彪、县长孙国梁率队到山圩产业园，就林业剑麻产业发展进行专题调研。其间召开的扶绥林业剑麻产业工作会议上，罗彪认真听取了山圩产业园管委会、西长华侨林场、东门林场以及县直相关部门及乡镇负责人的发言，就深入开展“企业服务月”和“项目攻坚月”活动进行了全面部署。他强调，要进一步做大做强扶绥林业剑麻产业，打造特色鲜明的产业园区。

14日至15日，市人大常委会副主任万崇兴带领市人大常委会执法检查组一行12人对扶绥县开展《广西壮族自治区乡村清洁条例》情况进行执法检查。县委常委、副县长苏明，县人大常委会副主任黄民志陪同检查活动。

15日，崇左市委常委、政法委书记雷多荣到扶绥县挂点联系企业广西山圩产业园开展走访调研活动。

15日下午，崇左市委常委、组织部部长蓝晓到挂点联系企业扶南糖业公司调研。县委副书记苏勇陪同调研。

16日，以越南社会主义共和国高平省省委委员、重庆县委书记范文高为团长的越南司局级党政干部考察团一行到扶绥县考察访问。县委书记罗彪会见考察团一行，对考察团的到访表示欢迎，并简要介绍了扶绥县党建工作情况和党委工作法等。考察团现场观摩了扶绥县县委常委会会议。县领导黄剑克、李奇芳等陪同考察。

17日上午，广西国土资源职业技术学院建设项目开工仪式在中国—东盟南宁空港扶绥经济区隆重举行。自治区政协副主席李彬出席开工仪式。

20日，“美丽中国”第三届全国少儿手绘地图大赛全国决赛获奖证书出炉。扶绥县2名学子的参赛作品表现突出，荣获全国大赛优胜奖。广西扶绥县左江书画院黄煜寒同学的作品《和平真好》和黄骥益的作品《热爱和平》突破崇左市级选拔赛、广西壮族自治区省级赛层层筛选，挺进全国决赛，并分别荣获6~8岁组、9~12岁组优胜奖。

21日上午，自治区人大常委会副主任杨道喜一行到扶绥县南国铜业有限责任公司开展专题调研，崇左市人大常委会副主任玉如锋、县委书记罗彪、县人大常委会主任黄剑克陪同调研。

28日，崇左市农村社区建设试点工作会议在扶绥县召开，崇左市委副书记、统战部部长何良军出席会议并强调，要深刻总结经验，提高思想认识，把握农村社区建设机遇，全面深化农村体制改革。

29日，崇左市、县(市、区)老科协领导人第十八次联谊会在扶绥县举行。自治区政协原副主席、中国老科协副会长、广西老科协副会长、广西老科协会长蒋济雄，崇左市副市长郑业鹭，县委书记罗彪，县委常委、组织部部长冯精敏等领导出席联谊会。

30日，崇左市委常委、常务副市长梁旭辉带领市发改、交通等部门负责人，深入扶绥县就加快广西左江治旱驮英水库及灌区工程、渠黎至中泰产业园公路建设进行调研。

7月

5日，市长孙大光、副市长黄覃梅到扶绥县昌平乡调研大洋洲坚果种植和产业发展情况。孙大光强调，要积极谋划，把全市坚果产业做大做强。

7日，县委书记罗彪在县党政办公楼，会见中国仓储与配送协会常务副会长、全国冷链运营联盟轮值主席沈绍基，广西荣桂物流集团党委书记、董事长朱云，广西林业集团林融资产管理投资总监陈毅锋等一行。

7日，中国古生物化石保护基金和中国地质环境监测院调研组一行到扶绥县，开展《扶绥县国家重点保护古生物化石集中产地保护规划编制》和《扶绥县古生物化石科学保护与特色利用专题研究》两个规划项目的调研及征求意见工作。县委常委、宣传部部长、副县长陈英出席座谈会。

13日至14日，公安部咨询委员、原自治区党委常委、政法委书记、公安厅厅长林超群到扶绥县调研社会矛盾预防和化解工作。县长孙国梁参加了调研座谈会，副县长、县公安局局长谢耀勋全程陪同调研。

15日，扶绥县内的广西扶南生物能源有限公司、广西扶绥县海球纸业有限公司、扶绥理昂生物质发电有限公司排污许可证申报材料通过了崇左市环境保护局的审核，成为扶绥县第一批取得国家统一编码的新版排污许可证的企业。这标志着排污许可制在扶绥县落地实施，环境管理工作将进入“一证式”管理模式。

18日，自治区党委副书记孙大伟率全区县域经济发展大会暨年中工作会议第三考察组到扶绥县就经济园区建设、工业产业发展、现代农业发展模式和旅游产业等进行考察。自治区人大常委会副主任、党组副书记杨道喜，自治区人大常委会副主任刘新文，自治区副主席张秀隆，自治区政协副主席、党组副书记温卡华，自治区政协副主席彭钊，自治区政协副主席、广西大学党委书记刘正东，自治区高级人民法院院长黄克以及市长孙大光，县委书记罗彪一同参加考察。

27日，扶绥县集中开工8个重大项目，总投资15.58亿元。据了解，当天开工的8个项目分别是广西桂和堂中药集团扶绥健康食品项目、广西金百大科技有限责任公司消防器材项目、广西艾克圣水处理设备工程有限公司水处理设备生产项目、崇左市扶绥琦泉生物质发电项目、广西扶绥奥丰管业有限公司管件管材生产项目、广西众鑫空间建筑工程有限公司SF双层钢油罐项目、广西铎鑫木业有限公司投资建设的年产3万立方米胶合板加工项目、广西扶绥美林装饰材料有限公司年产700T三聚氰胺浸渍胶膜纸项目。这些项目分别落户于扶绥空港经济区、广西中国—东盟青年产业园和山圩产业园。

27日，2017年扶绥县县域经济发展大会暨年中工作会议召开。会上，县委书记罗彪强调，要认真贯彻落实全区、全市县域经济发展大会暨年中工作会议精神，解放思想，勇于担当，敢于走在改革和创新前列，撸起袖子加油干，扎实推进县域经济加快发展，奋力完成今年经济社会发展目标任务，以优异成绩迎接党的十九大胜利召开。

31日，自治区妇联调研员何亚联率领自治区村(社区)"两委"换届风气巡回督导组到扶绥县督导工作。县委常委、组织部部长冯精敏陪同。

8月

2日，无锡云亭石墨烯技术股份有限公司考察组一行3人到扶绥县就石墨烯投资环境进行考察。县长孙国梁、县人大副主任黄民志等领导陪同考察。

8日，崇左市委常委、政法委书记雷多荣率队到广西公安反恐实战综合训练基地调研，研究解决制约项目建设的主要问题，推进项目建设顺利开展。县长孙国梁，县委常委、政法委书记吴乔，副县长、县公安局局长谢耀勋一同调研。

14日，广西军区司令员肖运洪，广西军区政委姜英宇，自治区政府副主席、自治区公安厅厅长胡焯率自治区征兵工作检查组到扶绥县检查今冬征兵工作开展情况。崇左市市委书记、市人大常委会主任刘有明，扶绥县县委书记罗彪陪同检查并参加座谈会。

18日，崇左市委书记、市人大常委会主任刘有明率队到广西中国—东盟青年产业园调研南国铜业项目建设推进情况，研究解决项目建设遇到的困难和问题。刘有明强调，要形成合力，加大施工力度，进一步加快建设步伐，确保南国铜业项目明年上半年实现竣工投产。

24日，全县132个村(社区)全部完成"两委"换届选举，完成率100%，选民参选率达92.2%，选举实现一次性成功。

29日，广西电视台台长周文力、知卓集团董事长陶闯率队到扶绥县考察中国—东盟国际文化影视城项目。县委书记罗彪，县委常委、宣传部部长、副县长陈英，县委常委、办公室主任黄建辉出席中国—东盟国际文化影视城项目选址座谈会。

29日至31日，全区甘蔗生产机械化技术暨甘蔗生产全程社会化服务试点培训班在扶绥县举办。来自全区各市、县甘蔗"双高"基地建设的农机业务骨干、甘蔗生产全程社会化服务试点市县农机局领导、农机服务组织及农机大户代表和有关农垦农场、制糖企业负责人等150人参加了培训学习。

9月

7日，来自美国、澳大利亚、加拿大、西班牙、瑞典等20多个国家和地区的50余家海外华文媒体到扶绥县采访。海外华文媒体通过实地参观考察，聚焦扶绥社会经济发展，向世界展示扶绥县做好"口岸经济"和"文化旅游"两篇大文章、积极融入"一带一路"建设中取得的新成就。

12日，扶绥县2017年扶绥籍企业家座谈会在县党政办公楼会议室召开。罗彪、孙国梁、黄剑克、李奇芳、苏勇、黄海瀚、吴乔、黄海生等县领导与30余位扶绥籍企业家代表欢聚一堂，共话家乡新变化，共谋扶绥未来发展蓝图。

12日上午，县委书记罗彪率县交通、财政、工信等部门负责人，到南宁新江至扶绥一级路和南国铜业项目施工现场检查重大项目建设工作减肥强调，要凝心聚力，攻坚克难，真抓实干，加快重大项目建设步伐。

13日，第14届中国—东盟博览会项目集中签约仪式在南宁鑫伟万豪酒店举行。本次项目集中签约仪式共签订国际经济合作项目52个，签订国内经济合作项目112个，其中扶绥县成功签约年产40万立方新型无醛OSB项目，计划投资总额8亿元。

23日至25日，以自治区政府教育督导委员会办公室常务副主任黄华吉为组长的自治区督导评估组对扶绥县义务教育均衡发展工作进行督导评估。崇左市委常委、宣传部部长，副市长李振唐，市委常委、副市长杨新及扶绥县领导孙国梁、黄剑克、李奇芳、苏勇、黄海瀚、陈英、李超、程文荣、陈春红等陪同。

10月

13日，2017年全区农机购置补贴工作推进会在扶绥县召开，会议通报了前三季度全区农机机构补贴工作实施进展情况以及总结好的做法经验，分析存在的主要问题，提出下一步措施和意见、建议。区农机局局长韦周凡，市政协副主席雷海良，扶绥县县委副书记苏勇等领导参加会议。

20日，自治区林业厅副厅长黄政康率队到扶绥县，就林业发展等工作进行调研。表示扶绥在林业发展、林木加工全产业链、综合利用和木材集散仓储等方面潜力巨大。自治区林业厅将全力支持扶绥，为加快扶绥林业产业提档升级和县域经济发展整体水平贡献力量。

11月

1日，团中央书记处书记汪鸿雁一行到扶绥县，就扶绥中国—东盟青少年交流活动中心项目建设情况进行调研。汪鸿雁对扶绥县在推进项目建设的工作给予了充分肯定。她指出，中国—东盟青少年交流活动中心是由国家领导人提出的国家级国际间青少年交流合作项目，建成后将承接国家和地方对外大型交流活动，意义重大。汪鸿雁希望，扶绥县继续加大项目推进力度，争取项目早日峻工投入使用，带动扶绥当地社会文化等各项事业的发展。

1日，崇左市副市长劳宁军到中东镇调研矿业运行生产工作情况，并帮助矿业协调解决在生产经营中遇到的困难和问题，研究探讨矿业发展新思路。他指出，要积极利用好扶绥县现有矿产资源，加大全市矿产资源整合力度，把矿业打造成推进崇左市经济发展新的增长点。市直部门相关负责人、副县长冯艺刚及中东镇相关领导陪同调研。

5日，农业部种子管理局局长张延秋到扶绥县调研。县委常委、常务副县长黄海瀚，市、县相关部门领导陪同调研。

9日下午，崇左市委书记、市人大常委会主任刘有明到扶绥县，深入产业园区、企业工厂、项目现场、农业示范园和创业基地调研县域经济发展情况。刘有明强调，要认真学习贯彻落实好党的十九大精神，把十九大精神转化为扶绥争创全区县域经济排头兵的各项工作部署和落实，深化县域经济“三区一镇”发展模式，推进一二三产业协调发展，创造条件全力冲刺全区县域经济发展先进县，以优异的成绩迎接明年自治区成立60周年。

12日至13日，自治区党委常委、组织部部长俞云林一行到扶绥县宣讲党的十九大精神，调研指导基层党工作。县委书记罗彪，县委常委、组织部部长冯精敏陪同。俞云林指出，党中央高度重视三农工作。在党的十九大报告中指出，要实施乡村振兴战略。农业农村农民问题是关系国计民生的根本性问题，必须始终把解决好三农问题作为全党工作重中之重。

15日，农业部农机化司副司长李安宁率农业部甘蔗生产机械化示范县调研组到扶绥县调研。自治区农机局局长韦周凡，崇左市委常委、副市长杨新及扶绥县领导孙国梁、梁娟陪同调研活动。调研组指出，要发挥市场主导因素和政府主导的决定性作用来开展建设甘蔗生产机械化示范县，以机械化为支撑，以提升产业效益为目的，构筑蔗糖产业在生产体系、经营体系、产业体系上高度融合。同时，调研组希望扶绥县统筹规划、创新机制，为全国探索出一个成功推广新模式。

17日，共青团扶绥县第十七次代表大会在县党政办公楼会议室召开。县委书记罗彪出席大会，并代表县四家班子向大会的胜利召开表示祝贺，向出席大会的全体代表和全县广大青年、共青团员、青年工作者致以诚挚的问候。

17日，自治区商务厅厅长蒋连生到扶绥县企业工厂调研县域经济时强调，以龙头企业带动产业集群发展，加速推进扶绥县县域经济发展。

18日，中国林产工业协会秘书长石峰一行到扶绥县山圩产业园、青年产业园和空港经济区调研。广西林业产业协会理事长李可夫，县委书记罗彪，县人大常委会副主任饶桂胜，以及相关部门领导陪同。

23日，广西艺术学院党委书记蔡昌卓、院长郑军里一行到扶绥县调研。县委书记罗彪在座谈会上强调，双方要加强合作，谋求发展，谱写共赢新篇章。蔡昌卓还说，一直以来，学院和扶绥都保持着良好的合作关系，双方在人员交流等方面一直保持密切的合作关系，校方十分愿意与扶绥在原有合作基础上，进一步加强交流，加深合作关系，谋求发展，实现共赢。

29日，扶绥县妇女第十二次代表大会在党政大楼四楼召开，县委书记罗彪出席大会开幕式并讲话。孙国梁、苏勇、黄海瀚、邓文杰、冯精敏、吴乔、苏明、黄海生、李玉英、陈春红等县四家班子领导出席大会开幕式。市妇联副主席黄意玲到会指导。

30日上午，国土资源部地质环境司司长关凤峻一行三人到扶绥县开展检查古生物化石保护工作。自治区国土资源厅副厅长郑杰忠，崇左市副市长陈锋和扶绥县县委书记罗彪，县长孙国梁，县委常委、常务副县长黄海瀚及区市县相关部门负责人陪同调研。

12月

2日，崇左市邀请中国银行广西分行、自治区信用联社、广西北部湾银行等部分自治区金融机构负责人到扶绥县南国铜业项目点考察并举行座谈会，共同商讨解决南国铜业项目融资问题。市委书记、市人大常委会主任刘有明主持座谈会。中国银行广西分行行长袁龙、自治区信用联社理事长韦家干、广西北部湾银行行长纪志顺出席座谈会。县委书记罗彪、县长孙国梁参加全程活动。

14日，自治区2017年扶贫开发工作成效考核“四合一”核查工作(扶绥县)对接会在县党政办公楼会议室召开。自治区核查组组长陈向宁，崇左市政协副主席吴爱红，县长孙国梁，县委副书记苏勇，县人大常委会副主任黄民志，县政府副县长梁媚，县政协副主席玉植保及相关部门负责人出席会议。

13日至14日，自治区人大常委会副主任荣仕星一行13人到扶绥县开展少数民族文化保护传承情况专题调研。市人大常委会副主任唐玉玲、县人大常委会副主任李玉英陪同调研。

16日，由广西路建集团投资兴建的广西名嘉钢结构工程有限公司年产水泥砼搅拌设备400台、钢结构8万吨建设项目，在山圩产业园开工。县长孙国梁参加仪式并致辞。

19日，扶绥县广西外国语学院空港校区、疏港大道两大项目同日开工。县委书记罗彪、县长孙国梁、广西外国语学院董事长朱桂玲出席开工仪式并分别致辞。

20日，联合国驻利比里亚特派团代表联合国，在首都蒙罗维亚中国防暴队营区，向中国第五支驻利比里亚维和警察防暴队全体队员授予联合国和平勋章，以表彰他们在利比里亚维和任务中作出的突出贡献。扶绥籍警察张前明作为其中一员，被授予了联合国和平勋章。

22日，中国共产党扶绥县第十三届委员会第六次全体会议在扶绥县召开。全会强调，全县各级党组织和广大党员干部要始终保持昂然精神和奋发状态，善于学习、增强本领，苦干实干、狠抓落实，严于律己、清正廉洁，以新气象新作为确保党的十九大精神在扶绥全面落实。

扶绥概览

自然地理

【位置面积】 扶绥县位于广西壮族自治区西南部，地处北回归线以南，介于东经107° 31′～108° 06′、北纬22° 17′～22° 57′之间，南北最大纵距78公里，东西最大横距55公里。东接南宁市，南连上思县，西南与宁明县交界，西邻崇左市江州区，北与隆安县接壤。县治新宁镇距南宁市直线距离48公里，距中越边境线200公里。行政区域面积2836平方公里，2017年耕地面积13.2822万公顷，农作物播种面积12.1902万公顷，林地面积186.2万亩。

南凭铁路贯穿扶绥县境，境内有岜关岭、扶绥、渠黎、大陵、渠旧5个火车站，铁路长50公里。南宁至友谊关高速公路穿境而过，境内经龙头、岜盆、新宁、渠黎、渠旧5个乡镇，全长68公里。南凭322国道经山圩、东门、柳桥3个乡镇，全长60公里。

【地质地貌】 扶绥县位于南岭构造带西段南缘，新华夏系第二沉降带西南端，分为3个构造区，即西大明山凸起区、崇左褶断区、十万大山凹陷区。地势南北高，中间低，由西向东倾斜。南部和北部是高山土岭，峰丛谷地，中部为低丘台地，间有孤峰。岩溶地层分布很广，约占全县土地面积的三分之二。

【气候水文】 扶绥县属亚热带季风气候，夏季高温多雨，光热充足，春季温暖湿润，秋季干燥少雨，冬季短促气候较低。2017年平均气温22.2℃，年日照时数1617小时，总降雨量1483毫米，每年降雨天数在130～200天之间。境内平均风速为1.8米/秒，风速、风向随季节变化。冬季多东北风，春夏秋季多为东南风。

境内有左、右江两大河系，有大小河流24条，河流总长589.1公里。左江由西向东横贯县境中部，境内流经渠旧、渠黎、岜盆、新宁、昌平、龙头5个乡镇，境内流域面积2638.7平方公里，河长(干流)93公里。

【自然资源】 扶绥县有丰富的物产资源和土特产品。县境内主要有煤、石灰石、黏土、灰晶石、铅、锌、铁、锰、铜、水晶、铝土矿等多种矿藏。珍稀动物有白头叶猴、黑叶猴、猕猴、南麝、果子狸、蛤蚧、山瑞、穿山甲等，其中白头叶猴、黑叶猴为国家一类保护动物，在岜盆乡设有珍稀动物保护区，家养动物有猪、牛、马、羊、鸡、鸭、鹅、鸽等。林木以速生桉树和松树为主，名树有金花茶树、姑辽茶树、子京木、油木、黄花梨等。主要农作物有稻谷、玉米、花生、木薯、西瓜、南瓜、甘蔗等。主要果树有龙眼、荔枝、柑橘、芭蕉、菠萝、板栗、芒果、桃果、八角、三华李等。县境内大部分地区属岩溶地貌、山峰奇秀、江河秀美、自然风景秀丽，素有“白头叶猴之乡”“恐龙之乡”之美誉。主要景点有国家4A级龙谷湾恐龙公园、3A级炎鑫度假村、3A级逐羊景区。世界最大的蜥脚类恐龙化石群遗址，世界上种群最大、数量最多、居住最集中的白头叶猴国家，左江旅游景区，乐养城项目、龙谷湾度假区项目、炎鑫度假村项目等取得重大进展。

人文地理

【建置沿革】 扶绥县境域秦朝以前属百越地，南朝至隋，现扶绥县部分地区（原属扶南地区）属郡县辖地，其余为西原土著溪峒。唐初，县境地除东部地（今扶绥县龙头乡境）属邕州如禾县外，其余均为西原土著溪峒地。五代时，境内地均属南汉。明清时，设新宁州、永康州、忠州土州均隶属南宁府，罗阳土县、陀陵土县隶属太平府。

民国时期，改忠州为忠县，后复改为绥渌县，改永康州为永康县，后复改为同正县，改新宁州为扶南县，罗阳土县改土归流并入同正县。

1949年12月，绥渌县、扶南县、同正县人民政府相继成立，均属龙州专区。1951年7月，扶南、同正、绥渌3县合并为扶同绥县，10月，改为扶绥县。1951年，龙州专区改称崇左专区。1958年12月，扶绥县与崇左县合并称左江县，属南宁专区。1959年5月，左江县复分为扶绥县和崇左县。1960年1月，扶绥县与崇左县合并，称崇左县。1962年3月27日，扶绥与崇左分县，恢复扶绥县建制，仍属南宁专区。1970年11月，南宁专区改为南宁地区。2003年，撤销南宁地区，成立地级崇左市，扶绥县隶属崇左市。

【行政区划】 2017年，扶绥县辖3个乡、8个镇、119个村委会、13个社区、810个自然村、2603个村民小组，总人口46.01万人。

2017年扶绥县行政区划一览

乡镇名称	村民委员会（居委会）		自然屯/个	村民小组数/个	人口/万人
	个数	名称			
合计	132		751	2244	46.01
龙头乡	9	龙头、旧庄、凤庄、那塘、肖汉、潭龙、林旺、滕广、那贵	56	227	3.45
新宁镇	13	长沙、那宽、水边、上洞、大塘、塘岸、渠那、城厢、充禾、城东、城南、城西、林麻	31	196	8.26
岜盆乡	8	那坡、那标、弄洞、弄廪、岜盆、姑豆、驮辽、岜伦	41	183	3.11
渠黎镇	17	汪庄、碧计、渠黎、渠新、笃邦、渠凤、联绥、蕾陇、大陵、渠莳、岜桑、弄平、响尧、渠那、驮河、那勒、新安	48	315	5.93
渠旧镇	11	渠旧、响沙、濑滤、驮弄、竹琴、三合、弄卜、渠吞、中原、崇边、驮迓	29	118	2.88
柳桥镇	13	柳桥、那加、上屯、平坡、岜留、灶瓦、新村、渠齐、西长、坡利、坡龛、蕾大、扶岜	90	206	3.51
东门镇	16	驮达、那江、江边、岭南、那巴、渌头、坡葛、旧城、岜楼、渠荣、响练、自尧、赫佐、伯党、东门、板包	169	308	4.45
山圩镇	12	那派、平搞、平天、玉柏、那白、那任、九塔、渠透、山圩、那利、坝引、昆仑	108	142	3.57
昌平乡	9	木民、昌平、平白、中华、石丽、赛仁、四和、八联、联豪	40	143	2.70
中东镇	15	中东、旧县、丰坡、瓶山、九和、百域、新隆、思同、新灵、维旧、四新、淋和、东哨、三哨、上余	103	243	4.09
东罗镇	9	东斗、厚寨、东罗、客兰、都兰、那联、岜羊、岑凡、渠坎	40	163	4.04

【人口民族】 2017年末，人口46.01万，其中非农业人口11.91万人。有壮、瑶、苗等少数民族37.35万人。人口自然增长率7.5%。

经济社会发展

【县域经济实力大幅提升】 不断压实责任、转变作风，引导全县广大干部特别是领导干部到一线服务企业和项目，推动县域经济综合实力得到大幅增强。2017年全县完成地区生产总值183.69亿元，同比增长10%，总量和增速排全市第一。财政收入13.96亿元，同比增长1.29%，完成年度预算任务。固定资产投资206.6亿元，同比增长21.7%，总量和增速分别排名全市第一和第二。规模以上工业总产值227.9亿元，同比增长37.7%，总量和增速均排名全市第一。规模以上工业增加值81.7亿元，同比增长16.3%。社会消费品零售总额24.8亿元，同比增长10%。外贸进出口总额1.85亿元，同比增长48%，增速排全市第二。城镇居民人均可支配收入达30193元，同比增长8.3%；农村居民人均可支配收入达12588元，同比增长12.6%，均高于全市平均水平。县域经济增长不断加速扩量，有望代表崇左市冲刺广西科学发展十佳县目标。

【一、二、三产业齐头并进】 全力打好产业转型升级攻坚战，三次产业比重从去年的29:42:29优化为26:48:26。现代农业加速创新发展，全年种植甘蔗102万亩，入厂原料蔗460万吨以上。完成甘蔗“双高”基地建设17.07万亩，占任务的117.7%，被评为2015年、2016年全区甘蔗“双高”基地建设突出贡献单位，全程机械化工作经验获得中央电视台推广。“甜蜜之光”示范区、山圩林业生态产业示范区分别获评自治区五星级、三星级示范区。中东镇三哨村被授予“中国养龟第一村”，广羊农牧、杰利皇鸽产业成为脱贫攻坚主导产业之一，晶桂蛋鸡项目竣工投产，石埠乳业项目开工建设。土地确权登记颁证工作全市第一，公示登记可发证户数9.66万户，占总户数的95.29%。新增农民专业合作社54个、家庭农场17家，全县农民专业合作社累计达440家、家庭农场46家。工业经济加速提质增量。完成24家工业企业入规入统，特别是木材产业迅猛发展，新增规模以上木材加工企业16家、总数达到22家，产值达到全县规上工业总产值的21.7%，超越建材业成为县第二支柱产业，建成标准厂房39万平方米。全力扶持县内东门南华公司等20家产值超亿元企业加强技术改造和工艺创新，持续抓好蔗糖、水泥建材、能源等传统优势产业生产和转型服务工作，现代服务业加速形成优势。全年接待游客总人数、旅游总收入分别增长37.15%和36.54%。龙谷湾恐龙公园开园迎客，首届“魅力扶绥·欢乐姑辽”乡土文创旅游节国庆节开幕。龙谷湾恐龙公园获评为国家4A级景区，扶绥炎鑫度假村被评为五星级乡村旅游区，好乐岛休闲农庄获评四星级农家乐，东门镇六头村入选自治区重点扶持的15个旅游扶贫示范村名单。广西外国语学院、广西国土资源职业技术学院开工建设，陆路东盟智慧农业及电商科技物流园基本完成建设，荣桂物流、弘信物流、翔鸿仓储物流等项目加快推进，成功申报2017年全国电子商务进农村综合示范项目。

【园区建设如火如荼】 成立由县主要领导牵头的空港扶绥经济区领导小组、青年产业园领导小组和扶绥县林业剑麻产业管理委员会，从机制体制入手，大力完善园区基础配套，持续优化园区发展环境，园区承载力、竞争力明显提升。空港扶绥经济区提速发展。签约落地荣桂物流、金百大、中国热带农业科学院广西分院等项目，对接洽谈中林食品、立特隆等项目17个，实现新开工产业项目4个、竣工3个。园区落户项目达48个，工业企业35家，已投产企业28家，其中规模以上企业23家、亿元企业12家。基础设施加快完善，华阳路、兴港路、空港大道、上龙大道等道路基本实现竣工，兴武路、尚德路、公明路北段、志成路、扬明路、双全路北段等道路开工建设，污水处理厂完成选址。完成工业总产值104.3亿元，同比增长25.9%；固定资产投资32.92亿元，同比增长1.7%。广西·中国糖业产业园落户空港扶绥经济区，按照“一园三区”布局进行规划建设。青年产业园稳步提升。签约落地沪邦建材、昌和钢结构等项目8个，对接洽谈丰源钢构、万祥电线电缆等项目5个，实现琦泉生物质发电、艾克圣水处理设备等5个项目开工建设、双美电线电缆、丰塑管件管材等2个项目投产。园区入园项目达43个，其中工业企业43家，已投产的企业28家，规模以上企业7家，亿元以上企业6家。完成自来水厂、变电站、污水处理厂和污水管网工程等项目建设，纵十四路、纵五路等路网基本竣工。南国铜业项目加快推进， 2018年一期实现竣工投产。实现生产总值25亿元，同比增长47.92%；固定资产投资完成23.12亿元，同比增长52.5%，新增规模以上企业4个。山圩产业园不断做大做强。完成招商引资11.7亿元，新签约产业项目22个，新开工企业18个，新投产企业11个。完成横四路排雨水管道、纵一路、纵四路、春江一路、横二路建设，园区路网日渐完善。实现生产总值17.09亿元，同比增长43.61%；完成固定资产投资11.5亿元，同比增长36.74%；完成税收4100万元。

【发展后劲持续增强】 在全县关键领域和环节统筹推进重大项目建设221项，年度计划投资117.3亿元。南国铜业等7个项目被列为自治区级重大项目，广西青年创业创新基地等20个项目被列为市级重大项目，荣桂信息港等8个项目被列为市级“双10”项目，重大项目总数在崇左市排名第一。集中力量推进“企业服务月”和“项目攻坚月”活动，有效解决企业成长和项目建设存在的困难和问题。在全县范围内集中开展大征地大拆迁攻坚，完成征地面积1.2万多亩，兑付款约2.3亿元。大力开展融资工作，把三大园区、城区及交通基础设施建设、旅游、农业等六大领域的19个子项目分成8个项目包进行PPP项目包装，总投资约172.4亿元，累计融资55.8亿元。

【城乡面貌显著改善】 城乡规划体系进一步完善，完成县城总体规划实施评估和修编论证报告、县域乡村规划编制。与广西华蓝集团等高水平规划设计公司合作，完成秀湖公园、天堂岭公园、左江亲水栈道等多项重点城建项目规划设计，持续抓好城南城市会客厅、同正大道两侧等重点片区的城市规划设计。城南新区核心区路网框架初步形成，园湖路、广纳路、江那路、玉田路、福宁路等路网建设进入收尾阶段，扶南大道、疏港大道开工建设。江滨公园一期景观工程、城南市民休闲广场景观工程实现竣工。棚户区改造五期项目1921套保障性住房如期开工建设并顺利推进，数量规模继续保持全区领先。强力开展“两违”整治，累计拆除“两违”建筑480多间，面积3.5万平方米。乡村建设成效显著，已获得命名的自治区级生态乡镇11个、自治区级生态村23个、崇左市级生态村111个。推广农村垃圾村收镇运PPP项目，成为全区首个实现“村收镇运县处理”生活垃圾无害化、资源化综合处理的县份。大气和水污染防治、主要污染物减排、重金属污染综合治理等工作有序推进。完成植树造林3.2万亩，封山育林2.08万亩，森林覆盖率达到44.17%，比上年提高3.17个百分点。

【脱贫攻坚深入推进】 全县5014名党员干部与7968贫困户结成对子，实现对贫困户帮扶的全覆盖。脱贫攻坚投入进一步加大，2017年全县共兑付产业奖补资金约1120万元、发放“雨露计划”资金约200万元、发放小额信贷约2.56亿元。易地扶贫搬迁顺利推进，东罗镇安置点已实现搬迁入住165户790人，东门一期、二期安置点已经完成抽号选房工作，空港经济区安置点建设加速推进。产业扶贫亮点纷呈，累计完成“双高”基地建设42万亩，凭借甘蔗收入实现脱贫的贫困户占比达70%以上；通过引导贫困户从事水果种植、家禽养殖、经济林生产及加工等自主发展传统产业，逐步实现自我“造血”功能。脱贫攻坚成效显著，自治区脱贫攻坚督查组充分肯定了全县产业扶贫、电商扶贫、建设项目库等各项脱贫攻坚工作所取得的成效。全年实现10个贫困村脱贫摘帽，脱贫人口3636人，超额完成减贫任务目标。

【民生福祉明显提高】 县财政年度民生支出达28.75亿元，占比达83.29%，上年承诺的十项惠民工程顺利推进。城建惠民工程方面，城市会客厅完成初步设计和评审工作，城区江河湖库水系连通项目完成初步设计。交通惠民工程方面，积极配合上级有关部门开展南宁至崇左城际铁路规划设计工作，路线和扶绥站点基本确定，启动大规模征地工作，新建通屯水泥路达268公里。市场惠民方面，南门市场升级改造基本完成，中都新世界商业综合体、未来城商业综合体逐步全面投入使用。教育惠民方面，民族小学实现开工，并基本完成主体工程建设，2018年秋季学期招生办学，民族中学迁建完成选址和总评设计，融资4亿元投入义务教育均衡发展工作，以优异成绩通过自治区督导评估。健康惠民方面，新宁镇卫生院整体搬迁项目前期工作稳步推进，县、乡、村三级基本公共卫生服务体系建设逐步完善。县人民医院医共体分院、广西中医药大学附属瑞康医院空港院区医共体分院覆盖全县11个乡镇，新农合参合率达99.18%。社保惠民方面，实现企业职工基本养老保险参保3.27万人，基本医疗保险参保42万人，工伤保险参保1.85万人，失业保险参保1.47万人，生育保险参保1.5万人。就业惠民方面，新增城镇就业人数3462人，就业困难人员和城镇失业人员再就业738人，农村新增外出务工人数6640人，城镇登记失业率2.35%。安居惠民方面，1921套棚户区改造五期项目完成前期工作并开工建设，完成农村危房改造1400户。文体惠民方面，扶绥县全民健身活动中心项目和6个村级公共服务中心项目主体工程建设过半，2018年初投入使用。饮水惠民方面，投入资金420.36万元，实施农村安全饮水解困工程15个，解决1.4万人饮水安全问题。此外，深入开展开门接访、带案下访、网上信访活动，取得了十九大期间和全国、全区、全市“两会”期间等敏感节点“五个不发生”和赴邕进京上访“双零”的好成绩。全面落实安全生产责任制，全县未发生较大以上生产安全事故。严打涉黑涉毒等各类违法犯罪行为，扎实开展“七五”普法、法律援助、人民调解和行政复议工作，群众安全感和满意度排全市前列，社会大局持续保持和谐稳定。

扶绥县党政机关、企事业单位、人民团体领导人名录

中共扶绥县委员会

书　　记　黄云革（—2017.02）
　　　　　罗　彪（2017.05—）
副 书 记　孙国梁
　　　　　苏　勇
县委常委　黄云革（—2017.02）
　　　　　罗　彪（2017.05—）
　　　　　孙国梁
　　　　　苏　勇
　　　　　黄海瀚
　　　　　陈　英（女）
　　　　　邓文杰
　　　　　黄建辉
　　　　　冯精敏
　　　　　吴　乔
　　　　　黄海生（2017.06—）
　　　　　李　超（挂职）
　　　　　苏　明（挂职）

扶绥县人大常委会

主　　任　黄剑克
副 主 任　程文荣

李玉英(女)
饶桂胜
黄民志

扶绥县人民政府

县　　长　孙国梁
副 县 长　黄海瀚
陈　英(女)
李　超(挂职)
苏　明(挂职)
冯艺刚
梁　媚(女)
谢耀勋

政协扶绥县委员会

主　　席　李奇芳
副 主 席　甘有潭
玉植保
凌德重
陈春红(女)

中共扶绥县委办公室

主　　任:黄建辉

中共扶绥县纪律检查委员会

书　　记:邓文杰

扶绥县监察局

局　　长:吴生政

中共扶绥县政法委员会

书　　记:吴　乔

中共扶绥县委组织部

部　　长:冯精敏

中共扶绥县委宣传部

部　　长:陈　英(女)

中共扶绥县委统战部

部　　长:黄建辉(—2017.05)
黄海生(2017.06—)

扶绥县人民武装部

部　　长:徐开军
政　　委:吕军民

扶绥县人大常委会办公室

主　　任:莫新鸿

扶绥县人大常委会法制教科文卫工委

主　　任:梁汉坚

扶绥县人大常委会财经环资工委

主　　任:周玉梅(女)

扶绥县人大常委会代表选举联络工委

主　　任:严学恩

扶绥县人民政府办公室

主　　任:方红圣

扶绥县人防办

主　　任:梁　娟

政协扶绥县委员会办公室

主　　任:黄振海

县政协经科文谊委

主　　任:郁超云

县政协调研和委员联络委

主　　任:谢少强

县政协学习提案法制委

主　　任:钟金贤

中共扶绥县委保密办

副 主 任:甘娥飞(女)

中共扶绥县委机要局

局　　长:潘辉武

扶绥县委、县政府信访局

局　　长:韦伟荣

中共扶绥县委党史办

主　　任:吴文涛

扶绥县档案局

局　　长:程绍雷

扶绥县绩效办

主　　任： 韦洪华

扶绥县人力资源和社会保障局

党委书记、局长:玉堪宁

中共扶绥县委党校

校　　长:苏　勇

党 组 书 记:陆作岩

中共扶绥县直属机关工委

书　　记:葛树德

扶绥县机构编制委员会办公室

主　　任:马全华

共青团扶绥县委员会

书　　记:田　甜(—2017.06)

赵春玉(2017.07—)

扶绥县老干局

局　　长:覃伟夫

扶绥县妇女联合会

主　　席:凌　娟(女)

扶绥县总工会

主　　席:程文荣(兼)

党 组 书 记:陆国铁

扶绥县教育局

局　　长:吴日伟(兼党组书记)

扶绥县科技局

局　　长:钟文庆(兼党组书记)

扶绥县文化体育新闻出版广电局

局　　长:吴旭山(兼党组书记)

扶绥县卫生和计划生育局

局　　长:卢国坚(兼党组书记)

扶绥县新闻中心

主　　任:李志和

扶绥县文学艺术界联合会

主　　席:周寅生

扶绥县药监局

局　　长:黄兆驶(兼党组书记)

扶绥县卫生监督所

所　　长:汪剑强

扶绥县疾控中心

主　　任:廖超华

扶绥县人民医院

党 委 书 记:陈楚红(女)

院　　长:黄福生

扶绥县中医院

院　　长:林宗汉

扶绥县妇幼保健院

院　　长:李民华

扶绥中学

校　　长:马国珍

扶绥二中

校　　长:陆海富

县职业技术学校

校　　长:邓宪达

扶绥县机关事务管理局

局　　长:何灿宗

扶绥县政务服务中心

主　　任:马锦平

扶绥县调处办公室

主　　任:方坚平

扶绥县民政局

局　　长:黄清武(兼任党组书记)

扶绥县国土资源局

局　　长:凌云川(兼党组书记)

扶绥县法制办

主　　任:唐胜宁

扶绥县扶贫办

主　　任:周子民

扶绥县方志办

主　　任:何耀杰

扶绥县外侨办

主　　任:陆忠任(2017.10—)

扶绥县房改办

主　　任:韦文家

扶绥县老龄办

主　　任:马芳洲(女)

扶绥县残疾人联合会

理 事 长:陈承龙

扶绥县民族事务局

局　　长:梁新勇

扶绥县工商联合会

主　　席:李淑珠(女)

扶绥县公安局

党委书记、局　长:谢耀勋

政　　委:何兆兰(女,兼党组书记)

扶绥县人民检察院

检 察 长:李惠东(女)

扶绥县人民法院

院　　长:李子政(兼党组书记)

扶绥县司法局

局　　长:腾勇胜(兼党组书记)

扶绥县武警中队

中 队 长:梁真强

指 导 员:门志杰

扶绥县住房和城乡建设局

局长、党委书记:杨修平

扶绥县市政局

局　　长:莫红明

扶绥县发展和改革局

局　　长:黄宝瑜(兼党组书记)

扶绥县物价局

局　　长:黄继艺

扶绥县粮食局

局　　长:甘永福

扶绥县投资促进局

局　　长:冯莉妍(女,兼党组书记)

扶绥县空港管委会

主　　任:陆忠任(—2017.09)

汪业建(2017.10—)

扶绥县统计局

局　　长:甘绍慧(兼党组书记)

扶绥县旅游局

局　　长:李晓梅(女)

扶绥县环保局

局　　长:刘义志

扶绥县农业局

局　　长:罗佳震

扶绥县林业局

局　　长:朱茂胜(兼党组书记)

扶绥县水利局

局　　长:黄文涛(兼党组书记)

扶绥县水库移民局

局　　长:甘雪花

扶绥县气象局

局　　长:王　达

扶绥县水产畜牧兽医局

局　　长:黄智恒(兼党组书记)

扶绥县地震局

局　　长:李国栋

扶绥县科技协会

主　　席:陈　静(女)

扶绥县农机管理局

局　　长:何时宏(兼党组书记)

光西林场

场　　长:李静波

西长华侨林场

场　　长:邓武增

渠黎华侨林场

场　　长:陆能飞

扶绥县工业和信息化局

党委书记、局长:徐　鹏

扶绥县交通运输局

局　　长:岑智能(兼党组书记)

扶绥县审计局

局　　长:黄艺刚

扶绥县公路管理局

局　　长:蒙甲孟

扶绥县糖业发展局

局　　长:卢安光

扶绥县安全生产监督管理局

局　　长:黄创广

扶绥县质量技术监督局

局　　长:陈梁杰

扶绥县供销联社

主　　任:何华政

扶绥县城镇集体工业联社

主　　任:韦忠斌

扶绥县邮政局

局　　长:岑克锋

扶绥县东罗矿区管理处

主　任、工委书记:梁云全

扶绥县供电公司

总 经 理:黄小章

扶绥县财政局

局　　长:卜国光(兼党组书记)

扶绥县地税局

局　　长:陈小兵

扶绥县国税局

局　　长:农　坚(兼党组书记)

扶绥县工商行政管理局

局　　长:韦永亮(兼党组书记)

扶绥县烟草局

局　　长:谢　欢

中国工商银行扶绥支行

行　　长:农云雷

中国建设银行扶绥支行

行　　长:李伟新

中国农业银行扶绥支行

行　　长:凌　奇

扶绥县农村信用联社

理 事 长:丘庆辉

主　　任:梁胜芬

龙头乡

乡党书记:黄　淞

乡　　长:卢　苇

人大主席:黄英强

新宁镇

镇党委书记:吴　诚

镇　　长:农　杰

人大主席:陆雄柏

岜盆乡

乡党委书记:莫红明(—2017.05)
程建毅(2017.05—)

乡　　长:钟永芳(女)

乡人大主席:方纯文

渠黎镇

镇党委书记:黄海生(—2017.06)
陈　蒙(2017.07—)

镇　　长:刘　权

人大主席:赵仁国

渠旧镇

镇党委书记:李植棉

镇　　长:吕国影

人大主席:邓浩伟

东罗镇

镇党委书记:黄　巧

镇　　长:农时羡

人大主席:陈华勇

柳桥镇

镇党委书记:陆永军

镇　　长:李国良

人大主席:李增华

东门镇

镇党委书记:何永恒

镇　　长:韦林志

人 大 主 席:张永翔

山圩镇

镇党委书记:张全官

镇　　　长:程建毅(—2017.05)

蓝标长(2017.06—)

人 大 主 席:李艳阳(女)

昌平乡

乡党委书记:黄丽燕(女)

乡　　　长:陆　梧

人 大 主 席:汪业建(—2017.10)

程志福(2017.10—)

中东镇

镇党委书记:梁团团

镇　　　长:蒙永明(女)

人 大 主 席:陆民静

中国共产党扶绥县委员会

重要会议

【县委常委会】 2017年中共扶绥县委共召开21次县委常委会。2017年1月9日上午，县委书记黄云革在县党政办公大楼六楼常委会议室主持召开十三届县委第11次常委会议，会议研究2017年扶绥县经济社会发展主要预期目标，推荐提名广西出席党的十九大代表候选人名单，讨论增补政协扶绥县第十届委员会委员，讨论分析县委领导班子2016年度民主生活会典型案例。

2017年1月11日下午，县委书记黄云革在县党政办公大楼六楼常委会议室主持召开十三届县委第12次常委会议，会议讨论关于召开扶绥县第十六届人民代表大会第二次会议的有关事项，讨论关于召开扶绥县政协第十届委员会第二次会议的有关事项，讨论提交扶绥县第十六届人民代表大会第二次会议审议的有关材料，讨论《扶绥县2017年春节前后主要工作和活动安排方案》及经费预算请示。

2017年2月7日上午，县委书记黄云革在县党政办公大楼六楼常委会议室主持召开十三届县委第13次常委会议，会议讨论县委全委会工作方案，讨论县委常委会工作报告，讨论关于创建全区县域经济发展示范县和筹备全区县域经济发展现场会有关工作，讨论关于表彰2014、2015、2016年度工业稳增长先进企业和先进单位名单。

2017年2月21日晚，经市委研究决定，市委常委、组织部部长蓝晓和市委常委、纪委书记梁日端在县党政办公大楼四楼中会议室组织召开十三届县委第14次常委（扩大）会议，县委副书记、县长孙国梁主持会议。会议宣读了《中共广西壮族自治区纪律检查委员会关于给予黄云革同志党内警告处分的决定》（桂纪〔2017〕15号）和《中共广西壮族自治区纪律检查委员会关于给予黄云革同志党内警告处分的通知》（桂纪〔2017〕16号）。会议宣读了《中共崇左市委员会关于黄云革同志免职的通知》（崇委〔2017〕19号）和《中共崇左市委员会关于提名黄云革同志任职的通知》（崇委〔2017〕20号），免去黄云革同志中共扶绥县委员会书记、常委、委员、中共崇左市广西—中国东盟青年产业园工作委员会书记职务，提名为崇左市广西—中国东盟青年产业园管委会调研员。

2017年4月12日中午，县委副书记、县长孙国梁在县党政办公楼四楼中会议室主持召开十三届县委第16次常委（扩大）会议，研究南宁至崇左城际铁路（扶绥站）拟选址地点等相关事宜。

2017年4月25日下午，县委副书记、县长孙国梁在县党政办公大楼四楼中会议室主持召开十三届县委第17次常委（扩大）会议，会议传达习近平总书记到广西视察时的重要讲话精神，传达县级纪委书记学习贯彻党的十八届六中全会和中央纪委七次全体会议精神专题研讨班（第三期）精神，讨论当前县委、县政府有关中心工作，听取扶绥县与东方园林产业集团有限公司合作情况汇报，讨论《关于扶绥县扶贫开发办公室等单位成立党组的请示》，讨论《扶绥县优秀人才引进和管理办法（试行）》，讨论有关案件。

2017年5月12日上午，县委书记罗彪在县党政办公大楼四楼中会议室主持召开十三届县委第18次常委（扩大）会议，会议传达学习了市委书记刘有明、市委副书记何良军以及市委常委梁旭辉、李振唐、雷多荣、蓝晓等市委领导近期对扶绥县有关工作的重要指示精神。会议指出，要列出任务清单、责任清单，把市委领导的指示精神落到实处。

2017年5月19日上午，县委书记罗彪在县党政办公大楼六楼常委会议室主持召开十三届县委第19次常委会议，会议听取和研究中央八项规定精神“回头看”和中央第三巡视组对广西巡视“回头看”反馈意见整改工作落实情况，听取和研究意识形态工作，讨论通过《关于进一步加强村级组织运转经费保障的请示》，讨论通过《关于确定扶绥县2016年度“美丽广西”乡村建设（扶贫）工作分队及工作队员考核结果的请示》，讨论通过《关于扶绥县落实非公有制经济组织和社会组织党建工作经费保障的请示》，讨论和研究近期相关工作，讨论和通过《关于调整扶绥县做好“两篇大文章”打好“四大攻坚战”总协调领导小组及专项工作领导小组的通知》，讨论人事议题。

2017年6月8日上午，县委书记罗彪在县党政办公大楼四楼中会议室主持召开十三届县委第20次常委（扩大）会议，传达学习自治区党委书记彭清华、自治区主席陈武率广西党政代表团赴安徽、河南两省学习考察精神，研究部署扶绥县贯彻落实有关事项。

2017年6月14日上午，县委书记罗彪在县党政办公大楼四楼会客室主持召开十三届县委第21次常委会议，讨论推荐副处级领导干部人选。会议经过充分讨论、并电话征求请假常委意见，一致同意推荐黄海生同志为副处级领导职务建议人选，上报市委审批。

2017年6月16日下午，县委书记罗彪在县党政办公大楼四楼大会议室主持召开十三届县委第22次常委会议，会议研究如何进一步从严治党和调动干部干事创业积极性，研究如何加快园区建设，推动口岸经济发展，讨论通过《扶绥县引进优秀人才考核办法（试行）》。

2017年6月30日，县委书记罗彪在县党政办公大楼六楼常委会议室主持召开十三届县委第23次常委会议，会议讨论通过《中国—东盟南宁空港扶绥经济区2017年下半年及2018年工作方案》，讨论通过《扶绥县林业剑麻产业管理委员会工作方案》，讨论通过《扶绥县城建和基础设施项目建设工作方案》，讨论县纪委派驻方案、派驻机构建设的意见等问题，讨论有关案件立案的请示，讨论人事议题。

2017年7月31日上午，县委书记罗彪在县党政办公大楼六楼常委会议室主持召开十三届县委第25次常委会议，会议讨论通过成立扶绥县法学会党组事宜，通报创城工作、安全播出工作、教育均衡发展工作，讨论人事议题。

2017年8月25日，县委书记罗彪在县党政办公大楼六楼常委会议室及四楼中会议室主持召开十三届县委第26次常委会议，会议讨论《青年产业园管委会职能工作实施方案（2017—2018）》，研究关于青年产业园新型城镇化建设（Ⅰ期）项目采用特许经营模式建设运营事宜，讨论《扶绥县2017年文化旅游重点项目建设方案（草案）》，讨论《扶绥县农业农村重点项目建设工作方案》，传达学习市委刘有明书记到南国铜业项目调研座谈会上的重要讲话精神及崇左、南宁两市交流合作座谈会精神，传达学习《关于深化教育体制机制改革的意见》精神，讨论通过《扶绥县推进县域义务教育均衡发展工作职责及责任追究办法》，研究扶绥县安全生产工作及健全落实安全生产责任制等重点工作任务，研究鼎龙国际旅游度假区项目有关问题，讨论通过《中共扶绥县委员会巡察工作实施办法（草案）》，讨论有关案件，讨论人事议题。

2017年9月5日下午，县委书记罗彪在县党政办公大楼六楼常委会议室主持召开十三届县委第27次常委会议，会议通报扶绥县外出招商工作情况，研究扶绥县脱贫攻坚工作，研究扶绥县政法工作，讨论《湘桂铁路线扶绥县境内平交道口改立交方案及协议书》，通报扶绥县党政班子和党政正职绩效考评结果，讨论人事议题。

2017年9月12日下午，县委书记罗彪在县党政办公大楼四楼中会议室主持召开十三届县委第28次常委（扩大）会议，传达学习全区领导干部会议和市委常委（扩大）会议精神，研究部署扶绥县贯彻落实措施。

2017年10月27日下午，县委书记罗彪在县党政办公大楼四楼中会议室主持召开十三届县委第29次常委（扩大）会议会议传达崇左市学习党的十九大精神大会精神，讨论《崇左市经济工作会议扶绥县走会活动筹备工作方案》，讨论通过2016年机关事业单位科级干部年度考核评定结果，讨论成立中共中国—东盟南宁空港扶绥经济区工作委员会、中共扶绥县教育工作委员会，听取县纪委1—9月份工作情况汇报，讨论有关案件，讨论人事议题。

2017年11月10日下午，县委书记罗彪在县党政办公大楼四楼中会议室主持召开十三届县委第30次常委（扩大）会议，传达学习市委刘有明书记在调研扶绥县县域经济工作汇报会上的重要讲话精神，研究部署贯彻落实的措施。

2017年11月15日下午，县委书记罗彪在县党政办公大楼四楼会客室主持召开十三届县委第31次常委会议，讨论推荐副处级领导干部人选。会议经过充分讨论，一致同意推荐何永恒同志为副处级领导职务建议人选，上报市委审批。

2017年11月28日晚，县委书记罗彪在县党政办公大楼六楼常委会议室主持召开十三届县委第32次常委会议，会议传达学习《中共广西壮族自治区委员会关于进一步贯彻落实中央八项规定精神的实施办法》精神，讨论《关于广西中国—东盟青年产业园项目服务中心机构级别的请示》，讨论《关于成立中国共产党扶绥县离退休干部工作委员会的请示》，讨论《关于深化国有企业体制机制改革的实施意见》，讨论《政协崇左市第四届委员会委员增补人选提名名单》，讨论研究《中共崇左市委员会　崇左市人民政府关于成立中国—泰国崇左产业园体制机制改革创新工作协调委员会的通知（征求意见稿）》《崇左市城市工业区管理委员会关于征求<中国—泰国崇左产业园区代管乡镇实施意见>意见的函》，讨论《扶绥县深化国家监察体制改革试点工作实施方案》，讨论有关案件。

2017年11月28日晚，县委书记罗彪在县党政办公大楼六楼常委会议室主持召开2017年度县委常委议军会议，会议传达学习《关于经济建设和国防建设融合发展的实施意见》《关于支持深化国防和军队改革进一步增强军人职业感荣誉感的意见》精神，听取2017年度国防建设和武装工作落实情况汇报，研究解决扶绥县驻军单位需要重点关注和帮助解决的问题。

【县委全体会议】 2017年2月9日，中共扶绥县委十三届四次全体会议召开，听取中国共产党扶绥县第十三届委员会常务委员会工作报告。中共扶绥第十三届县委员会常委、委员、候补委员出席会议。不是县委委员、候补委员的县四家班子领导及其他成员，县纪委常委、纪委委员，各乡镇党委书记、乡镇长，县直、区市直驻县各单位1名主要负责人，扶绥县第十三次党代会代表中部分基层党代表10人列席会议。

2017年12月22日，中国共产党扶绥县第十三届委员会第六次全体会议召开。会议听取县委常委会工作报告，审议《中共扶绥县委员会关于深入学习宣传贯彻党的十九大精神的决定》（草案）。中共扶绥县第十三届常委、委员、候补委员出席会议。不是县委委员、候补委员的县四家班子领导及其它县处级干部，县纪委常委、纪委委员，各乡镇党委书记、乡镇长，县直、区市直驻县各单位主要负责人，扶绥县第十三次党代会代表基层党代表10人列席会议。

【县委其他会议】 2017年6月2日,扶绥县党委党的建设工作领导小组会议在县党政大楼4楼中会议室召开,会议传达学习崇左市党委党的建设工作领导小组会议精神,研究如何进一步深入贯彻十八届六中全会精神,全面部署推进全县2017年党建工作。

2017年11月3日,县委理论学习中心组2017年第三次专题学习会在县党政办公楼4楼中会议室召开,会议深入学习贯彻党的十九大精神。县四家班子领导成员及其他处级干部参加会议。会议由县委书记罗彪主持,参会人员围绕主题分别作中心发言。

2017年12月22日,中共扶绥县委2018年工作务虚会在县党政办公楼4楼中会议室召开。会议深入学习贯彻党的十九大精神,围绕崇左市继续做好“两篇大文章”打好“四大攻坚战”战略任务和实施“创建全区县域经济排头兵,打造全区县域经济发展示范县”战略部署,就如何做好2018年工作,特别是抓哪些重点工作,采取哪些创新举措,推动全县经济社会持续健康发展,谱写新时代扶绥发展新篇章作深入讨论。县四家班子成员,县人民法院院长、县人民检察院检察长,县公安局政委,县人武部政委等参加会议。

重大决策

【县纪委向县一级党和国家机关派驻纪检机构】 2017年6月30日,中共扶绥县委员会办公室印发《关于〈全面落实县纪委向县一级党和国家机关派驻纪检机构的方案〉的通知》(扶办发〔2017〕29号)。撤销29家县一级党和国家机关单位本级内设纪检监察机构(不含机关纪委),其行政编制和领导职数统一划转,政法专项编制单列,均由县纪委统筹调剂使用。参照自治区、崇左市的做法,保留县人民法院内设监察室,其编制单列并由县纪委调剂使用。其他事业编制和领导职数由县机构编制部门统一收回注销。县纪委派驻机构统一称为县纪委派驻纪检组,由县纪委直接领导、统一管理,对县纪委负责。县纪委派驻机构、派出机构具体设置和监督范围如下。

县纪委驻县委办公室纪检组,负责综合监督县委办公室(含保密办、机要局、督查室)、县委政法委员会(含县法学会),县人大机关,县政协机关,县委、县人民政府信访局,县接待办公室等6家单位。县纪委驻县委组织部纪检组,负责综合监督县委组织部(含县非公有制经济组织和社会组织工作委员会)、县人力资源和社会保障局、县委统战部、县工商业联合会、县机构编制委员会办公室、县绩效考评领导小组办公室、县委党校(县行政学校)等7家单位。县纪委驻县委宣传部纪检组,负责综合监督县委宣传部(含县社会科学界联合会、新闻中心)、县文化体育新闻出版广电局、县民政局(含县老龄工作委员会办公室)、县文学艺术界联合会、县档案局等5家单位。县纪委驻县人民政府办公室纪检组,负责综合监督县人民政府办公室(含县金融工作办公室、县法制办公室、县调处办公室、县侨务办)、县政务服务管理办公室、县扶贫开发办公室、县糖业发展办公室、县机关后勤服务中心等5家单位。县纪委驻县发展和改革局纪检组,负责综合监督县发展和改革局(含县物价局、县粮食局)、县水库移民工作管理局、县投资促进局、县交通运输局、县旅游事业局等5家单位。县纪委驻县教育局纪检组,负责综合监督县教育局、县科学技术局、县民族和宗教事务局、县科学技术协会、县妇女联合会等5家单位。县纪委驻县公安局纪检组,负责监督县公安局(含交警大队)。县纪委驻县财政局纪检组,负责综合监督县财政局、县审计局、县统计局、中国—东盟南宁空港扶绥经济区管理委员会、县供销合作社联合社、县工业贸易和信息化局、县城镇集体工业联社等7家单位。县纪委驻县住房和城乡建设局纪检组,负责综合监督县住房和城乡建设局(含住房制度改革委员会办公室)、县人民防空办公室、县地震局、县国土资源局(含不动产登记局)、县市政管理局、县委党史研究办公室等6家单位。县纪委驻县农业局纪检组,负责综合监督县农业局(含县水产畜牧兽医局)、县农业机械化管理中心、共青团扶绥县委员会、县卫生和计划生育局(含县计划生育协会)、县红十字会等家5单位。县纪委驻县林业局纪检组,负责综合监督县林业局、县森林公安局、县环境保护局、县水利局、县总工会、县地方志编纂委员会办公室、县归国华侨联合会等7家单位。县纪委驻县工商行政管理局纪检组,负责综合监督县工商行政管理局(含直属所)、县质量技术监督局、县食品药品监督管理局(县食品安全委员会办公室)、县安全生产监督管理局、扶绥东罗矿区管理处等5家单位。县纪委驻县人民法院纪检组,负责监督县人民法院。县纪委驻县人民检察院纪检组,负责综合监督县人民检察院、县司法局等2家单位。县直属机关纪律检查工作委员会,负责综合监督县直属机关工作委员会、县委老干部局、县残疾人联合会等3家单位。

【深入推进抓党建促脱贫攻坚】 2017年1月11日,中共扶绥县委员会办公室印发《关于印发〈扶绥县深入推进抓党建促脱贫攻坚工作方案〉的通知》(扶办发〔2017〕1号)。目标要求:结合"两学一做"学习教育,以"学做在支部 规范中提升"为抓手,找准基层党建与脱贫攻坚结合点,充分发挥党的政治优势、组织优势、密切联系群众的优势,使中央、自治区党委和市委决策部署转化为各级领导班子、各级党组织、广大党员干部奋发有为的实际行动,共同助力脱贫攻坚,为确保扶绥县全面完成脱贫目标提供坚强组织保障。主要措施:开展支部联建,组织机关、企业党组织与贫困村党组织结对帮扶;发挥"千屯组织规范化建设"作用,带动最基层群众的积极性;创建党群致富合作社,组织群众抱团脱贫;深化领导干部"驻村蹲点"制度,全员在一线抓落实、解难题;加大资金投入,加强贫困地区基层党组织建设的基础保障。工作要求是加强组织领导,强化考核评议,注重宣传引导。

【全面推行政务公开】 2017年3月16日,中共扶绥县委办公室、县政府办公室印发《关于印发<全面推进扶绥县政务公开实施方案>的通知》(扶办发〔2017〕15号)。指导思想:认真落实党的十八大和十八届三中、四中、五中、六中全会精神,深入贯彻习近平总书记系列重要讲话精神,树立创新、协调、绿色、开放、共享的发展理念,为扶绥县创造更加开放透明的政务环境。深入推进依法行政,全面落实党中央、国务院有关决策部署和政府信息公开条例,打造法治政府、创新政府、廉洁政府和服务型政府。基本原则:坚持以公开为常态、不公开为例外,全面推进权力运行全流程、政务服务全过程公开,以公开促落实,以公开促规范,以公开促服务。坚持开放合作原则,加强政府和社会各界沟通合作,创新公开方式方法,以社会需求为导向,以新闻媒体为载体,推行"互联网+政务",扩大公众参与,促进政府有效施政。坚持高效便民原则,紧紧围绕经济社会发展和人民群众关注关切,依法依规明确政务公开的主体、内容、标准、方式、程序,注重精细化和可操作性,务求公开实效,让群众看得到、听得懂、能监督、好参与。工作目标:全面推进行政决策公开、执行公开、管理公开、服务公开和结果公开,推动简政放权、放管结合、优化服务改革,推行权力清单、责任清单、市场准入负面清单,规范行政权力运行透明,推进行政过程全面公开,扩大公众参与和回应社会关切,加快"互联网+政务"发展,经过3~5年的努力,使阳光政府建设有明显进展,政务开放参与有新的突破,政务公开能力有较大提高。政务公开成为政府工作的一项制度安排,公开机制体制比较健全,相关制度规范比较完善;政务公开成为行政机关的一种行动自觉,公开意识不断增强,公开能力和水平普遍提高,行政行为更加透明规范;政务公开成为政府联系服务群众的桥梁和纽带,搭建起政民互动平台,汇众智定政策抓落实,有效解决为民服务"最后一公里"问题。全面推进政务公开的重点工作任务是:实行重大决策预公开、推进政府重要会议公开、推行决策执行情况公开、推进督查和审计情况公开、推行重大决策跟踪反馈和评估制度、推行行政执法公示制度、推进监管情况公开、推进民生资金公开、推进公共企事业单位办事公开、推进行政审批中介服务事项公开、推进公共资源交易公开、规范依申请公开、建立政策解读机制、建立重要政务舆情回应机制、扩大公众参与、发挥新闻媒体作用、推进政府数据开放、建立政务公开负面清单、优化政务服务中心平台功能、加强政府门户网站建设、加快网上办事大厅建设。全面推进政务公开的保障措施:加强组织领导、完善制度规范、抓好教育培训、加强考核监督。

【开展“美丽扶绥·宜居乡村”活动】 2017年7月6日,中共扶绥县委员会办公室、扶绥县人民政府办公室印发《关于印发〈扶绥县“美丽扶绥·宜居乡村”活动指导意见〉及三个配套文件的通知》(扶办发〔2017〕30号)。活动目标:农村产业结构优化升级、农村公共服务便捷普惠、农村人居环境改善提升、“清洁乡村”和“生态乡村”活动深化拓展。主要任务:集中开展“产业富民”专项活动,集中开展“服务惠民”专项活动,集中开展“基础便民”专项活动,深化拓展“清洁乡村”“生态乡村”活动。工作要求:坚持以人为本,农民主体;坚持城乡一体,统筹发展;坚持规划引领,量力而为;坚持因地制宜,分类指导;坚持整合资源,统筹推进;坚持与脱贫攻坚紧密结合,协同推进。保障措施:强化组织领导,完善工作机制;强化农民主体地位,调动群众积极性;强化机制创新,提供财力保障;强化服务指导,突出部门联动;强化督促检查,严格问责问效;强化宣传教育,营造良好氛围。

【加快牛羊养殖业发展】 2017年9月18日,中共扶绥县委员会办公室、扶绥县人民政府办公室印发《关于印发〈扶绥县加快牛羊养殖业发展实施方案〉的通知》(扶办发〔2017〕40号)。指导思想是:以党的十八届四中、五中、六中全会和中央农村工作会议、中央一号文件精神为指导,充分利用扶绥县丰富的甘蔗尾梢、玉米秸秆等饲草资源,大力发展牛羊养殖业。紧密结合当前精准扶贫工作,采用“公司+基地+农户”的养殖方式,着力引进和培育牛羊龙头企业,重点扶持养殖大户、养殖合作社。打造特色优势牛羊养殖业为主线,以牛羊品种改良为手段,以牧草青贮技术为措施,以强化动物疫病免疫为保障,强化服务体系建设,提升养殖科技含量,推进标准化、生态化、规模化、产业化经营,树立品牌意识,实现畜牧业增效和养殖农民增收。目标任务是:通过加大工作力度,进一步完善各项措施,不断增强牛羊养殖企业和合作社带动能力,提高养殖标准化、生态化、规模化、产业化经营,推动养殖总量快速增长,打造亿元产业。到2020年实现全县牛饲养量达15.25万头,羊饲养量达4.31万只,牛羊养殖业产值达2亿元。全县年均新增存栏肉牛10头或年出栏5头以上的规模场(户、小区、合作社、家庭农场)34个,累计达200个。全县年均新增存栏肉羊30只或年出栏15只以上的规模户(户、小区、合作社、家庭农场)50个,累计达300个。全县建成肉牛年存栏500头以上标准化示范场2个,肉羊年存栏500只以上标准化示范场3个。实施范围:全县各乡镇达到规模标准的养殖场(户、小区、合作社、家庭农场),饲草料种植、加工企业,以及牛羊产品深加工企业。实施年限:2017年1月1日至2020年12月31日。

【推进建档立卡贫困户劳动力就地就近稳定就业】 2017年12月19日,中共扶绥县委员会办公室、扶绥县人民政府办公室印发《关于印发<扶绥县推进建档立卡贫困户劳动力就地就近稳定就业专项行动方案>的通知》(扶办发〔2017〕69号)。指导思想:以党的十九大精神为指导,深入贯彻习近平总书记关于扶贫开发系列重要讲话精神,围绕做好“两篇大文章”、打好“四大攻坚战”的战略部署,深化县域经济“三区一镇”发展模式,按照全县脱贫攻坚总体安排,以就业指导、就业培训、产业吸纳为主要措施,充分发挥第一书记、驻村工作队员、结对帮扶干部的作用,组织扶绥县三大园区企业、高等职业院校积极参与就业精准扶贫行动，逐步形成“就业服务机构+贫困户劳动力+高等职业院校+园区用工企业”四位一体的就业精准扶贫新机制，推进建档立卡贫困户劳动力实现就地就近稳定就业，打好全县脱贫攻坚战。目标任务：以全县建档立卡贫困户为重点，通过就业精准扶贫行动，积极推进建档立卡贫困户劳动力在扶绥县企业特别是在广西中国—东盟青年产业园、空港扶绥经济区和广西山圩产业园等三大园区企业内稳定就业。要充分发挥各乡镇党委政府、包村单位以及第一书记、驻村工作队员、结对帮扶干部的作用，组织发动全县建档立卡贫困户劳动力积极求职就业，努力实现“建档立卡贫困户赋闲劳动力要出得来”的目标；要充分依托桂林理工大学空港校区、广西城市职业学院等高等（职业）院校资源及定点培训机构，加大对贫困户劳动力就业观念和技能的培训，树立正确积极的就业观念，努力实现“建档立卡贫困户劳动力进厂后要留得住”的目标；要积极发挥工会、共青团、妇联等群团组织的号召力、战斗力、凝聚力，在进厂务工的贫困户劳动力中培养骨干力量，增强贫困户对劳动脱贫的认同感和荣誉感，带动未就业贫困人员主动求职就业，努力实现“建档立卡贫困户劳动力进厂后要干得好”的目标。工作措施是通过搭建企业用工信息发布平台、建立贫困劳动力资源信息库、开展贫困劳动力直通企业对接活动、加大贫困劳动力转移就业培训力度等促进建档立卡贫困户劳动力就地就近稳定就业。通过给予社会保险补贴、给予一次性带动就业奖补、给予职业培训补贴等加大对吸纳贫困户劳动力就业企业的支持激励。

县委办公室工作

【信息与调研】 围绕重点热点难点焦点问题，深入思考，深入调研，在县委办公室自办的《决策参考》内刊编发了8期共32篇决策参考文章，得到县委主要领导多次肯定性批示和表扬。撰写高质量调研文章，1篇获得全区二等奖，1篇获得全市一等奖，排全市各县（市、区）第一位。及时、准确、全面报送各类紧急敏感信息，实现信息报送“零差错”，自6月份起，区、市两级对扶绥县党委信息采用率稳居崇左各县（市、区）前列。

【秘书工作】 坚持“四个检查四个确保”（检查来文、确保按时收文，检查办文、确保文不过夜，检查办结文件、确保传达到位，检查配合、确保沟通顺畅）办文规程，坚持“认真、认真、再认真”和“细致、细致、再细致”的原则，以“零差错”标准认真地对待每一份文件，做到精益求精，实现“高效、准确”办文目标。2017年，共下发县级文件294份，办理来文2089份（其中中央级67件、区级198件、市级494件、县级1330件），处理报告35件。

【会务工作】 坚持“规范、科学、有序”办会原则，以高度负责的责任感和使命感，严格按照会前细致筹备，会中周到服务，会后及时总结的规范流程，办好大小会务，保障会议意图的全面实现。年内，圆满完成了彭清华、侯建国、喻云林等自治区领导及刘有明、何良军等市领导到扶绥县调研的会务服务工作，圆满完成了自治区县域经济会议扶绥走会、市经济会议走会等区、市在扶绥县召开的重大会议会务服务工作，圆满完成了县委全委会、全县经济工作会议等全县各项重大会议会务服务工作。

【党委督查】 抽调32名县直优秀年轻干部组成县委督查工作队，对参与督查工作实行绩效加分制度，确保了督查人手，增强了工作干劲。紧紧围绕市委市政府做好“两篇大文章”，打好“四大攻坚战”的战略部署和县委县政府“创全区县域经济示范县，当全区县域经济排头兵”发展目标，统筹推进扶绥县106个重大项目督查工作，确保督查重点不失焦。制订严密工作计划，确保督查工作巡查全面到位、情况准确客观、反馈及时高效。年内，由县委督查室牵头组织等督查活动102次,上报市领导督查报告35份,上报县领导督查报告65份,印发督查通报105份,确保了全县各项工作任务真正落到实处。

【机要保密】 对县委办的干部实行保密知识"凡进必学、凡学必考、凡考必过"制定,确保内部不出问题。开展"保密知识进党校"活动,将保密知识纳入科级干部培训内容。邀请区、市专家专题授课,全县干部尤其是领导干部保密意识不断增强。及时调整全县保密工作领导小组,将17个与保密工作联系密切的重点部门及时纳入保密小组成员单位。制定下发《涉密人员管理制度》《涉密载体管理制度》等10项制度,实现保密工作有章可循。通过常态督查定密工作、规范涉密人员管理、紧盯涉密计算机使用、监控涉密网络运行等措施提高保密管理能力。

组织工作

【概况】 2017年,县委组织部以"作风建设年、支部建设年、组织力提升年、村集体创收年"为抓手,深入推进干部、人才、基层组织建设等各项工作,取得了积极成效。持续推进"固定党日+"活动,全面从严治党不断向基层延伸。村(社区)"两委"换届工作平稳有序,高效圆满。领导班子思想政治建设常态化制度化,强化政治引领。人才优先发展战略持续加强,作用凸显。实施"精准化"干部教育培训,提高干部干事创业能力。加强农村致富带头人队伍建设,助力脱贫攻坚。不断探索村级集体经济发展模式,成效显著。

【基层组织建设】 推行"固定党日+"制度,把活动日与开展"三会一课"、党员志愿服务、党内民主评议等工作相结合。开展"践诺先锋行"活动,深化和拓展"党员一句话承诺",在脱贫攻坚工作中,全县4362名党员干部按照"4321"帮扶机制,与7712个贫困户结成定期脱贫帮扶对子,作出公开承诺。圆满完成村(社区)"两委"换届工作,全县133个村(社区)全部实现选举一次性成功,共选举产生村(社区)"两委"班子成员895人,其中妇女担任正职16人,占12%。班子平均年龄低于上届1.2岁,性别比例、学历结构、整体素质等方面明显优于上一届。大幅度提高村屯干部补贴报酬标准,其中城市社区支书、主任一肩挑2500元/月,提高1300元/月;村支书、主任一肩挑2000元/月,提高800元/月。落实党组织生活专项经费和为群众服务专项经费,进一步激发基层干事创业热情。开展"村党支部建设年"活动,整合资金1000多万元,高标准统筹推进新建、改扩建30个村级组织活动场所。年内创建五星级党组织18个、四星级党组织22个、三星级党组织24个。采取"一村一策"推进13个软弱涣散村党组织整顿转化工作。加快城乡社区活动场所建设,全县11个新建的场所已全部投入使用。积极开展"书记谈支部建设"活动和农村党员积分管理,印发基层党组织按期换届提醒制度,提醒并指导各基层党组织按期换届,全县633个基层党组织已全部完成换届。新组建两新组织党组织11个,正在筹建5个,已覆盖非公经济组织152家,覆盖率85.4%,比2016年提高5.1个百分点。社会组织党组织11个,覆盖社会组织12个,覆盖率92.3%,比2016年提高10.5个百分点。创建自治区级示范点1个,市级示范点2个,县级示范点3个。成立教育党工委和园区党工委,统筹推进中小学校和工业园区党建工作。积极落实县直机关事业单位党建工作责任制,与县直机关事业单位签订党建责任状,促进"一把手"落实好"两个责任"。

【干部队伍建设】 突出抓好各级领导班子思想政治建设,着眼于推动换届后领导班子和干部队伍有新气象、新作为,强化干部队伍的凝聚力和战斗力,保证队伍的纯洁性、稳定性,实行领导干部带头到一线,做到"一级做给一级看,一级带着一级干"。设立干部去向牌和岗位绩效公示牌,强化干部的纪律意识和工作责任感,真正做到讲政治、懂规矩、顾大局、有作为。建立谈话提醒、函询、诫勉等制度，经常性开展谈心谈话，及时掌握领导干部思想动态，做到早打招呼早敲警钟。2017年以来，县委领导"一对一"地谈心谈话900多人次，使一些出现苗头问题的干部紧急刹车、悬崖勒马，继而改头换面。严格落实"好干部"标准和《党政领导干部选拔任用工作条例》，始终坚持"凡提必审、凡提必核、凡提必听、凡提必查"。2017年以来，共调整科级干部7批次147名，进一步优化了班子结构，提升了整体素质和战斗力。

【人才工作】 2017年进一步调整完善人才政策，生活补助、安家补贴和购房补贴等标准全市最高，通过"送房子、招人才"，以"安居"促"安心"，解决紧缺人才引进难题。2017年，全县统筹从985、211等高校引进人才46名，全县在岗引进人才181人。根据岗位特点和实际需求合理设置岗位，按需引进人才，引进后根据人才专业特长和工作需要对部分人才进行"二次分配"，明确岗位职责，确保人才专才专用、偏才偏用。推行引进人才管理"双轨制"，对硕士研究生学历以上人才实行"入编管理"、其他人才实行"编外管理"，两种模式并行，促进人才更好发挥作用。进一步量化人才责任，规定引进人才每年应完成1篇以上调研报告，每年向县委、县政府提出3条以上建设性意见。有计划、有重点地把一批有干劲、想干事、能干事的引进人才放到基层一线、项目一线、扶贫一线、重点工作一线和急难险重岗位"四线一岗"挂职锻炼，给人才压实担子。

【干部教育培训】 坚持把教育培训作为提高干部工作能力和水平的重要抓手，通过精准选调培训对象、精准设置教学内容、精准设计课堂教学、精准考核管理学员等措施，按照分级分类培训原则，采取举办主体培训班次、以会代训、学习考察等多种方式，有计划、有步骤、分层次开展干部培训工作。村（社区）"两委"换届结束后，县委书记亲自为新一届新任村（社区）"两委"负责人培训班讲党课，给新任村（社区）"两委"负责人提要求、指方向，为他们履职引好路。2017年以来，共选派118人次参加上级45期培训，6186人次参加18期本级培训。

宣传思想工作

【概况】 2017年，全县宣传思想文化工作紧紧围绕迎接学习宣传贯彻党的十九大这一主线，深入学习宣传贯彻习近平新时代中国特色社会主义思想和治国理政新理念新思想新战略，紧紧围绕县委、县政府中心工作，牢牢把握党在意识形态领域的领导权、话语权，唱响主旋律，打好主动仗，弘扬正能量，提振精气神，为全力创建全区县域经济排头兵、奋力打造全区县域经济发展示范县营造良好舆论氛围和思想舆论保证。全年新增加近600万元宣传工作经费，组织开展宣传播出的安全大排查，升级更新新闻播出设备，为全县新闻宣传工作全面高效开展提供强有力的保障。一大批宣传扶绥、报道扶绥的新闻稿件在各级媒体刊播，形成大宣传格局，为全县经济社会发展提供坚实的舆论支持。进一步加强与新华社、人民日报、广西日报、左江日报等中央、自治区等上级媒体的联系与沟通，主动推荐重点稿件，先后接待上级媒体记者370多人次，积极正确引导上级媒体正面宣传扶绥，不断提升上稿率和稿件质量，一大批典型、重点工作得以宣传报道。2017年各级党组织累计召开集中学习会800多场次、专题讲座60多期、研讨班30多期，参与干部群众6.8万多人次。通过学习，领会习近平新时代中国特色社会主义思想。县委积极通过县委党委（扩大）会议、干群座谈会、报告会、辅导会、文娱活动等多种形式开展学习党的十九大报告及相关文件，积极引导广大党员、干部、群众把思想和行动统一到党的十九大精神上来。全县各级党组织累计召开学习会140多场次、专题讲座20多期、研讨班40多期，参与干部职工2.2万人次。学习宣传贯彻习近平视察广西重要讲话精神。以县委中心组为龙头，以党员领导干部为重点，广泛开展

"大榕树课堂"、专题研讨座谈等理论学习活动600多场次,参与干部群众6.8万多人次。组织县委常委宣讲团、理论专家宣讲团深入基层,进村入户开展理论宣讲活动200场次,参与干部群众6万多人次。并充分利用报纸、广播、电视、网络等媒体,采取开设专题专栏、刊播学习动态、刊发体会文章等方式,引导广大干群深刻领会、准确把握党的理论,推动党的方针政策进农村、进社区、进学校、进企业。

【拓宽传播渠道】 加强和新华社、人民网、中央电视台、国际商报、新华每日电讯、广西日报、左江日报等中央和地方媒体联系,一起发力,牢牢把舆论的主动权把握在自己手中,扶绥的宣传工作开始了从"相加"到"相融"的加速跑。2017年在《左江日报》刊发1000篇,在崇左新闻网刊发800多篇,在广西人民广播电台刊播广播稿80多篇。与人民网合作,开设《扶绥要闻》等10个版块,刊登种类新闻稿件460多篇,与新华网合作,开设《扶绥新闻》等9个版块,刊登种类新闻稿件450多篇。"三月三"期间,邀请人民日报、新华社等百家融媒体、全国主流手机媒体团等到县参加"三月三"八桂嘉年华活动。4月25日至26日,邀请新华社、人民网等25家主流媒体参加主流媒体看扶绥活动。7—8月,邀请广西电视台《发现新广西》和《百寿探秘》到县摄制系列节目。9月,50多家海外华文媒体聚焦扶绥,向世界展示扶绥做好两篇大文章、积极融入"一带一路"建设中所取得的新成就。10月18日,在党的十九大召开当天,人民网到县渠芦现代农业合作社采访县群众收看收听十九大开幕大会。

【新媒体齐头并进】 改版扶绥政府门户网,开设8个大栏目,6个专题,全面更新了各板块的内容,刊发新闻信息达到10000多条。"魅力扶绥"公众微信号宣传平台,开设《扶绥微视》《今日关注》《文明扶绥》等栏目,每个工作日发布1期,粉丝量从上年的7000多人提升至12000多人。创新宣传手法,10月份,县官方企鹅号"魅力扶绥"正式运营,每个工作日同步推送魅力扶绥官方微信公众号的图文消息,在天天快报、今日头条等平台上同时刊发,企鹅号指数达3288,总阅读量和总播放量达10000余次。

【新闻宣传】 整合"一报两台一网"资源,围绕县委、县政府各项中心工作,深入宣传报道学习贯彻党的十九大精神及习近平新时代中国特色社会主义思想。扶绥电视台和新闻中心策划报道全县上下观看学习十九大的热潮。开设专栏"十九大时光",推出《百岁老党员黎国林的"家庭会议"》《把党的政策传播到基层》等优秀报道。开设《教育均衡发展》《走村串户看脱贫》《喜迎十九大》等专栏、专版。共出版《今日扶绥》100期,刊发的稿件2700多篇,共发表有份量有深度的报道文章250篇。坚持每天在扶绥电视台上安全播出《扶绥新闻》,扶绥电视台、电台播出新闻3700条。

【社会宣传】 围绕各项重大活动主题,采取多种形式,积极营造良好社会氛围。主要开展党的十九大的社会宣传工作。分为会前、会中、会后三个阶段进行有针对性地学习宣传贯彻落实党的十九大,共下发了《关于做好迎接党的十九大社会宣传工作的通知》等6份通知要求,刻录并发放《不忘初心　继续前进》等6部十九大系列专题片,举办10多场深入学习贯彻落实十九大会议精神文艺晚会,举办"学十九大精神·建美丽新扶绥"摄影作品征集大赛。做好系列主题教育活动,认真组织全县各中小学校开展系列读书活动,开展全县中学组、小学组讲故事、演讲比赛选拔赛,推荐40篇优秀征文参加崇左市征文活动,推荐樊巧华代表县参加了崇左市第八届"我邀明月颂中华"——喜迎党的十九大诗词诵读比赛。联合邮政公司举办"书香扶绥全民阅读"暨图书惠民巡展公益活动,展出了多类书籍供现场群众免费阅读。

【专题宣传】 开展"主流媒体看扶绥""砥砺奋进的

五年——记者走访脱贫人一线报道”大型采访活动、“记者探访双十项目建设一线”、 海外华文媒体聚焦扶绥、“二月二”龙抬头节、“三月三”花山文化节、“五月五”端午节龙舟赛、国庆姑辽文创等新闻宣传战役，邀请中央、自治区、市级主流媒体聚焦扶绥，多角度、高密度地宣传报道县委、县政府的重大决策部署，以及县经济社会发展的良好态势，集中精力、集中版面，全力宣传推介扶绥，为扶绥发展宣传造势，为争创“县域经济排头兵”“县域经济示范县”鼓劲加油。

【提升舆论引导能力】 开展以“网络安全为人民，网络安全靠人民”为主题的2017年国家网络安全宣传周系列宣传活动。配合上级部门突出转载重大重点新闻，积极管控负面新闻和信息，以及充分利用魅力扶绥这一新媒体，正确引导舆论，向大众传播先进文化，提供积极向上、健康活泼、富有吸引力的精神食粮。按照自治区和市网信办的要求对党和国家重大活动等热点焦事件进行跟踪评论引导，以诚恳平等态度和网民互动，效果良好。组织做好人民网地方领导留言板留言回复工作，共组织涉事单位回复留言35条，回复率100%，解决了很多民众迫切关心的民生问题。

【舆情研判和处置】 成立县网络评论员队伍，设置专职网络舆情信息联络员，努力化解矛盾，正确引导网上舆论。并把网评和舆情处置工作纳入年度绩效考核，加强了督查检查。健全舆情收集、研判、处置制度。安排专人负责网上舆情收集，并按要求及时收集上报相关舆情信息，及时预警并安排24小时值班制度。截至2017年11月共编发舆情快报信息32篇，成功打赢了《村民阻挠圩产业园雨水排放管道工程施工事件》《广西牧草站渠黎蕾陇村山土地清表》等网络舆论战，扎实有效地处置了《强烈要求对扶绥县长沙村低保户进行调查》等舆情事件。多部门合作，强化信息工作。通过RTX网络系统，及时掌握上级网信工作动态，积极配合上级做好网信工作任务。

【启动戏曲进校园活动】 印发《扶绥县“戏曲进校园”活动实施方案》(扶宣发〔2017〕3号)，按照“政府购买、院团演出、专家授课、学生受益”的原则，以课程化、普及化、常态化、特色化“四化”为抓手，坚持讲台、舞台、平台“三台”联动，在全市首推“戏曲进校园”工作，扎实推进戏曲进校园活动，取得阶段性成效。4月13日，崇左市“戏曲进校园”活动启动仪式暨扶绥县首场戏曲演出活动在县龙华中学举行。全年全县37所学校已100%开展“戏曲进校园”活动。

【开展部校共建】 10月20日，经中共扶绥县委宣传部与广西民族师范学院协商，双方共建实习基地，第一批实习生6人到岗实习。11月1日，县委宣传部与桂林理工大学南宁分校共建习近平新时代中国特色社会主义思想学习研究中心。《左江日报》于11月10日一版头条刊登县率先在全区县一级建立习近平新时代中国特色社会主义思想研究中心的报道，引起各界强烈反响。

文明创建工作

【概况】 2017年，县文明办严格按照中央、区、市、县文明委工作重点及部署，深入开展各项工作，取得了阶段性成效。突出重点抓社会主义核心价值观学习宣传，2017在,《今日扶绥》刊发48个版面，扶绥人民政府门户网刊播平面公益广告图片40多张。同时做好第五届全县“讲文明树新风”公益广告征集评选推荐工作工作。开展好各项评比推荐活动，组织推荐第四届崇左市道德模范、第六届全国道德模范和第四届自治区道德模范评选推荐活动。认真做好道德模范学习宣传和关爱帮扶工作，在春节等节假日期间，积极开展慰问活动。广泛开展“我推荐、我评谈身边好人”“我们的节日”“和谐建设在基层”“感恩教育”“斑马线上的文明”以及文明旅游等主题活动。传承中华优秀文化，引导人们认知传统、尊重传统、弘扬传统，增进爱党、爱国、爱社会主义情感。规范化推进志愿者服务制度化建设，各单位成立了志愿者服务队、网络文明传播志愿服务队及设置“学雷锋志愿服务岗”，组织志愿者参加了关爱空巢老人、留守儿童、困难职工、残疾人等志愿服务活动。“学雷锋”志愿服务队进入社区开展文化、医疗、法律、环保、消防等志愿服务，志愿服务活动在全县掀起了热潮。常态化开展道德讲堂总堂活动，全县累计开展道德讲堂32场，其中道德总堂5场，参加干部群众3500多人次。

【社会主义核心价值观学习宣传】 把“讲文明树新风”公益广告、“图说我们的价值观”宣传及“遵德守礼”提示牌等社会主义核心价值观宣传工作列入精神文明建设工作要点，并作为对各乡镇、县直各单位年度精神文明建设考评的重要内容。同时，结合县创建自治区文明城市工作，在进城大道、新华街、江滨路、文化广场周边沿线等县城主要街道、路口大范围悬挂或张贴“讲文明树新风”等系列宣传广告牌。要求或协调县直各企事业单位，运用单位电子显示屏滚动播放宣传标语，有独立庭院的单位，在管辖范围内悬挂宣传标语横幅等。

【实施文明创建提升工程】 凝心聚力抓创城工作，年内完成创城材料收集、整改、归档工作，高标准完成2015—2017年创城“迎评”各项工作。持续开展新一轮创城工作，实施“每周一督查”制度，形成高压创城工作态势，有力有序推进创城工作。全面深化抓好各项文明创建工作，全面按照市文明办工作部署和安排在全县开展星级文明户、文明家庭、道德模范评比活动。

【推进未成年人思想道德建设】 组织推荐“美德少年”评选活动，深入开展“清明祭英烈”“向国旗敬礼”“做一个有道德的人”网上签名寄语等主题教育实践活动。组织参加第24届青少年爱国主义读书教育活动及征稿活动、“优秀童谣”传唱活动，收集爱国主义读书征文50多篇，全面提升未成年人道德素质。稳步推进乡村学校少年宫建设，做好东门、东罗、渠黎、新宁、龙头、柳桥等6个乡村学校少年宫建设工作，成功举办第一届扶绥县乡村学校少年宫素质技能竞赛，代表崇左市参加第五届全区乡村学校少年宫素质技能竞赛荣获三等奖。做好“美德银行”“心理辅导中心”等未成年人校外活动场所建设，全县11个乡镇中心小学、新宁二小、实验学校等13所“美德银行”常态化开展各项活动。净化社会文化环境，加强对网吧和游戏场所的督查力度，结合“创城”工作规范校园周边经营秩序，对辖区内网吧、娱乐场所进行集中执法检查10余次，责令整改20余起。

纪检（监察）工作

【概况】 2017年，全县纪委监察机关在上级党委和纪委的正确领导下，全面贯彻落实中央、自治区、崇左市和县委关于落实全面从严治党战略部署，认真履行党章赋予的职责，聚焦纪检监察工作职能，扎实推进全县党风廉政建设和反腐败工作，取得明显成效，为全县加快发展营造风清气正的政治生态。组织纪检监察系统深入习近平新时代中国特色社会主义思想和党的十九大精神，认真学习深刻领会中央关于全面从严治党的部署要求和十八届中央纪委七次全会、自治区纪委十一届二次全会精神，推动全面从严治党在扶绥落地生根、开花结果。深化县委实行全面从严治党“两个责任”履职情况汇报制度，累计听取乡镇党委书记、县直单位党组书记汇报52人次，听取乡镇纪委书记、纪委派驻机构组长汇报110人次。按照中央纪委、自治区纪委部署要求，2017年6月底，按时完成派驻机构改革，县纪委派出15个派驻机构，配齐配强15个派驻机构正副组长。按照中央、自治区和市委的部署，2017年11月起，扎实有效推进监察体制改革试点工作，2018年1月18日顺利挂牌组建扶绥县监察委员会。实现了对党和国家机关及行使公权力人员的监督全覆盖。深入开展纪检监察系统“示警明纪·筑牢防线”专题教育活动，严防“灯下黑”。积极选派纪检监察干部参加区、市纪委举办的各类培训班，组织全县纪检监察干部参加复旦大学扶绥县纪检监察业务培训班，提升能力素质。组织开展“宣传党的十九大　携手脱贫奔小康”走基层迎新活动，举办以“不忘初心　牢记使命　继续前进”为主题的全县纪检监察系统个人荣誉展，激发干事创业热情。2017年全县纪检监察机关受理群众来信来访共249件次，同比下降8.1%，转立案10件。对2个乡镇和10个县直单位开展第二轮巡察，累计共开展谈话193人次，发现问题135个，已经整改完成122个，完成90.3%，移交问题线索14个。全县运用监督执纪“四种形态”中的第一种形态达到3600多人次，其中县委本级及县委常委部门提醒约谈850多人次，乡镇党委提醒约谈655人次，县直单位党委（党组）提醒约谈1193人次。全县纪检监察机关共立案183件，比上年同期160件增长14.38%；结案154件，比去年同期121件增长28.1%；给予党纪政纪处分154人，涉及乡科级案件14人；挽回经济损失89.84万元。

【作风建设】　围绕县委中心工作，加强对县委重大决策、重大部署落实情况的检查，坚决禁止有令不行、有禁不止和不作为、慢作为、乱作为的行为，确保政令畅通。加强对村（社区）“两委”换届纪律的监督检查，用铁的纪律保证换届风清气正。县纪委组织开展干部作风、玩风等8个专项整治行动，实现落实中央八项规定精神全覆盖。县纪委书记、副书记分别带队对全县11个乡镇、93个单位开展检查指导、集中自查自纠，针对存在问题，县委常委、纪委书记邓文杰约谈所有涉及的乡镇和单位党政主要领导，明确提出整改要求。县纪委还分批次对各乡镇、各单位进行集体约谈共315人次。健全完善制度机制，推动作风建设常态化、长效化。全年共组织集中开展检查22次，累计检查场所130处，印发违规违纪典型案例12期，对18人进行点名道姓通报，增强警示教育。县纪委各派驻机构加强对所监管单位的监督检查，发现问题及时要求整改，严防“四风”问题反弹回潮。按照“监督的再监督，检查的再检查”要求，县纪委对2016年脱贫摘帽的5个行政村和2017年预脱贫的10个行政村进行全覆盖再检查，对“双认定”工作不按程序、不按要求开展的2个村的第一书记、村委会干部及2个乡镇的党委书记进行约谈。全年共召开脱贫攻坚约谈、问责会议32次，诫勉提醒410人次，对2个乡镇党委、7名副科级领导干部因脱贫攻坚不力进行问责，对在脱贫攻坚“双认定”中履职不力的4名副科级领导干部、5名党员干部进行立案调查。

【防治腐败】　抓好问题线索处置工作，县纪委提出“三个优先”原则，即优先处置违反中央八项规定精神问题线索、优先处置涉及扶贫领域违纪问题线索和优先处置村屯干部违纪问题线索，全年全县纪检监察机关受理群众来信来访共249件次，同比下降8.1%，转立案10件。建立完善“四种形态”工作台账，咬耳扯袖红脸出汗成常态，轻处分和组织处理成为大多数。全县运用监督执纪“四种形态”中的第一种形态达到3600多人次，其中县委本级及县委常委部门提醒约谈850多人次，乡镇党委提醒约谈655人次，县直单位党委（党组）提醒约谈1190多人次。年内组织开展第二、第三轮巡察工作，共对2个乡镇和20个县直单位开展巡察，移交问题线索14个，发挥了巡察利剑作用。强化扶贫领域监督执纪问责工作，全县全年查处扶贫领域案件36件，涉及金额126.6万元，追回73.5万元，涉及农户2387户共8421人。创新建立运用村屯扶贫资金智能监控平台，实现对村屯扶贫资金管理使用情况的有效监控，监控平台共提供扶贫领域线索14条，立案11件，涉及金额44.90万元。充分发挥村级纪检监督小组作用，村级纪检监督员共提供举报线索83条，经核实转立案58件。创新推行建立村屯党员干部廉政档案，有效加强对村屯党员干部日常管理与监督。率先举行崇左市、县、乡三级纪委书记公开大接访暨扶贫领域违纪款清退活动，现场清退18.2673万元。全年全县纪检监察机关共立查案件186件，同比增长9.4%；结案184件，同比增长12.2%；给予党纪政纪处分184人，涉及乡科级案件14人。

【廉政宣传教育】 县纪委组织开展廉政教育讲堂12期，县委常委、纪委书记邓文杰给违纪问题多发的单位部门党员干部及全县新一届村书记（主任）上廉政党课，参加学习的党员干部达1300多人次。每个乡镇、每个单位都建立了廉政文化长廊或橱窗，县城建立了廉政文化一条街，营造浓厚的廉政文化氛围。抓好新闻宣传和信息上报工作，全县累计在国家级、自治区级、市级和县级报刊、网站等媒体发表纪检监察新闻信息达1615篇次。县委常委、纪委书记邓文杰调研撰写的《关于扶绥县村级纪检组织建设的实践与思考》，县纪委副书记、监察局局长吴生政撰写的《建立村级党员廉洁档案　推进全面从严治党向农村基层延伸》等理论文章在《左江日报》上发表。创新推行"村屯扶贫资金智能监控平台"和村屯党员干部廉政档案工作经验在《广西日报》上刊登。抓好"勤廉榜样"树立宣传，树立和宣传中东司法所司法助理周文学，县人民法院执行局局长唐光席，渠黎镇渠新村党支部书记、村委会主任覃荣校三位"勤廉榜样"。率先在全市拍摄制作"勤廉榜样"电视宣传片在市电视台播出，并组织人员编印图文并茂的《扶绥县勤廉榜样先进事迹》宣传手册1.6万本，刻录"勤廉榜样"电视宣传片光盘1000张，发放给全县各级党员干部观看、学习。加强脱贫攻坚纪律宣传，县纪委印发9300张"十不准"脱贫攻坚纪律监督卡，张贴到全县11个乡镇政府、132个行政村（社区）办公室、395位村纪检监督员、7698贫困户家中，明确扶贫纪律要求，强化群众参与监督。在县文化广场及城区主要街道、乡镇主要交通路口制作宣传展板、悬挂横幅、制作灯杆宣传广告等，打造扶贫领域工作纪律宣传一条街，让扶贫攻坚纪律入家入户入脑入心。

【重要会议】 2017年2月17日，召开中国共产党扶绥县第十三届纪律检查委员会常务委员会向第二次全体会议，县委常委、纪委书记邓文杰作《坚决贯彻落实全面从严治党要求　以党风廉政建设新成效迎接党的十九大胜利召开》的报告，县委书记出席会议并作《保持政治定力　坚持标本兼治　全力推动全面从严治党不断向纵深发展》的重要讲话。

2017年7月25日，召开2017年扶绥县纪检监察年中工作会议，学习贯彻落实中央、自治区和崇左市纪委有关会议精神，总结交流2017年上半年全县纪检监察工作，研究部署下半年纪检监察各项工作任务，县委常委、纪委书记邓文杰作会议讲话。

2017年12月22日，召开中国共产党扶绥县第十三届纪律检查委员会常务委员会向第三次全体会议，县委常委、纪委书记邓文杰作《以党的十九大精神为指引　深入推进党风廉政建设和反腐败斗争　为谱写新时代扶绥发展新篇章提供纪律保证》的报告。

【压实"两个责任"】 深化县委实行党风廉政建设主体责任和监督责任履职情况汇报制度，层层压实"两个责任"，传导压力。2017年，县纪委常委会累计听取乡镇党委书记、县直单位党组书记汇报52人次，听取乡镇纪委书记、县直单位纪检组组长汇报110人次。主要听取各乡镇各单位汇报开展中央八项规定"回头看"自查自纠及整改落实、问题线索排查处置、执纪审查工作、实践运用"四种形态"、村屯扶贫资金智能监控平台运用、开展扶贫领域监督执纪问责工作及县委县政府工作部署进展情况等方面的汇报。

【加强党内监督】 认真学习贯彻《中国共产党党内监督条例》《关于新形势下党内政治生活的若干准则》，聚焦党内政治生活突出问题，督促指导各级党委（党组）认真提高政治觉悟，保持政治定力，将"反腐斗争永远在路上"恒心和韧劲与在"在坚持中深化、在深化中坚持”这一重要思想和工作方法有机结合起来，引导各级党委（党组）靠严肃政治生活、靠加强党内监督、靠选对人用好人，深入推进全面从严治党向纵深发展。年初，县纪委会同县委组织部派出工作组，累计派出59人次，对全县11个乡镇、37个县直单位党委（党组）及农林场、企业、学校11个党委2016年度民主生活会进行全程联系指导，确保各级党委（党组）民主生活会开出高质量、取得好成效。

【党风廉政建设】 组织集中开展国有企事业单位和学校专项整治、干部作风专项整治、纵酒酗酒行为专项整治、“玩风”问题专项整治、违规发放津补贴和变相滥发各种津补贴专项检查、“小金库”专项整治、酒驾醉驾专项整治、规范单位工会专户专项整治等8个专项整治行动，实现贯彻落实中央八项规定精神全覆盖。县纪委书记、副书记分别带队到全县11个乡镇、93个单位开展检查指导、集中自查自纠，并对各单位上报的问题进行汇总，共存在共性问题10大类495个。针对存在问题，县委常委、县纪委书记邓文杰约谈所有涉及的乡镇和单位，明确了整改要求。县纪委还分四批次对各乡镇、各单位党政正职领导、纪委书记（纪检组长）进行集体约谈共315人次。县纪委印发《扶绥县贯彻落实中央八项规定精神监督卡》，紧抓元旦、春节、清明节、壮族“三月三”、五一节、端午节等关键时间节点，组织开展明察暗访，严防“四风”问题反弹回潮。全年集中开展检查22次，累计检查场所130处。强化通报曝光，增强警示教育，1月至11月共印发违规违纪典型案例11期，对17人进行点名道姓通报。

【扶贫领域监督执纪问责】 抓好主体责任落实，实行“一周一汇报、一督查、一约谈、一通报”制度，定期听取各乡镇、各单位党委（党组）汇报扶贫领域监督执纪问责开展情况。充分发挥监督职能作用，加强对脱贫攻坚工作的监督检查。全年共召开脱贫攻坚约谈、问责会议32次，诫勉提醒410人，对2个乡镇党委、7名副科级领导干部因脱贫攻坚不力进行问责，对在脱贫攻坚“双认定”中履职不力的4名副科级领导干部、5名党员干部进行立案调查。引导群众监督，印发9300张“十不准”脱贫攻坚纪律监督卡，张贴到全县11个乡镇政府、132个行政村（社区）办公室、395位村纪检监督员、7698贫困户家中，明确扶贫纪律要求，强化群众参与监督。同时，在县文化广场及城区主要街道、乡镇主要交通路口制作宣传展板、悬挂横幅、制作灯杆宣传广告等，打造扶贫领域工作纪律宣传一条街，让扶贫攻坚纪律入家入户入脑入心。严查违纪问题，按照《执纪审查工作规则》，抓好问题线索处置工作，优先处置涉及扶贫领域违纪问题线索。全年全县查处扶贫领域案件36件，涉及金额126.6万元，追回73.5万元，涉及农户2387户共8421人。主要查处了东罗镇中心卫生院54名医护人员集体虚报套取新农合医疗补助资金65.835万元；新宁镇长沙村委挪用老口库区移民安置补偿费发放村干统筹12.156万元；新宁镇上洞村委原委员、计生专干向群众收取农村危房改造好处费3.18万元；渠黎镇敬老院负责人私自支取五保救济金4.8万元用于个人开支和借予他人使用等典型案例。创新建立运用村屯扶贫资金智能监控平台，实现对村屯扶贫资金管理使用情况的有效监控，监控平台运行以来，共提供扶贫领域线索14条，立案11件，涉及金额44.90万元。充分发挥村级纪检监督小组作用，全县共聘任村级纪检监督员395名，村级纪检监督员全年共向各级纪检监察机关提供举报线索83条，经核实转立案58件。

（赵成孝）

统战工作

【概况】 中共扶绥县委统战部内设综合股、民族宗教股、县委台湾工作办公室（增挂县政府台湾事务办公室牌子）。台湾工作办公室在县委统战部挂牌，未配备主任，由县委统战部一名副部长分管。2017年，县委统战部坚持强对象、强队伍、强对焦，凝聚人心、汇聚力量，各项工作取得新突破。组织动员全县力量和资源，为189个重大项目和46家规模以上工业企业、33家培育入规企业提供“保姆式”服务，进一步加快推进项目建设，增强企业发展信心。加快建设广西非公经济服务平台，引导县三大园区、11个乡镇的非公企业认证注册平台，已完成平台注册人数588人，政务人士78人，政务人士24人，非公企业（人士）486人，已为注册的非公企业解决10个生产、经营、办证问题。建立空港政企空港政企同心群，对企业提出的问题，微信群里县长及县主要领导直接拍板部署、全程督办，倒逼职能部门快速落实。通过政企同心群已受理关于交通、用水、用电、办证等问题106件，已办结82件，正在协调解决的有24件。

【服务非公经济】 组织部分非公人士到浙江大学参加素质提升班，学习《新形势下民营经济的战略思考》等专题课程，帮助非公经济人士强化理想信念，提升企业管理水平。县委统战部、县工商业联合会每月深入扶绥空港经济区、中国—东盟青年产业园、山圩剑麻工业园、各乡镇企业一线，了解非公企业在生产经营中遇到的困难和问题，梳理出道路交通、用水、用电、办证、融资等5大类115个具体问题形成清单上报县委、县政府。把具有代表性的非公人士推荐为人大代表、政协委员，畅通政治参与渠道，提高议政建言水平。引导非公人士投身光彩事业和公益慈善事业，在县委统战部的牵线搭桥下，广西兴利混凝土有限公司，创立“兴利”教育奖学金，向扶绥中学捐赠12万元。

【推进党外人士队伍建设】 主要采取通过各级党组织选才、党派团体举才、重要活动识才等方式，从行政机关、企事业单位、新的社会阶层人士、高等院校等领域发现党外人才，纳入县党外代表人士数据库。做好党外代表人士在各阶层、各领域、各部门的实职安排，将新提拔的8名党外干部纳入党政领导干部交流总体安排，形成两部共同制定规划、共同物色人选、共同培养教育、共同考察人选、共同督促检查的工作机制。在桂林理工大学空港校区举办2017年政协委员履职能力培训班，县104名党外政协委员参了培训班，提高党外政协委员的履职能力和水平。

【少数民族村屯基础设施建设】 用好用足2017年度少数民族发展资金，优先考虑基层民族贫困村改善生产和生活条件的项目，重点用于帮助民族村加强道路、人畜饮水、改善民生的基础设施建设。2017年下达县中央和自治区第一批少数民族发展资金总共219万元，确定安排改善少数民族贫困村基础设施建设11个项目，其中农村通屯道路有8个项目，农村文化设施项目3个。通过易地扶贫搬迁，在东门镇安置小区的32套天地楼用于安置灵盘、四平屯的瑶族群众。

【开展“三月三”和民族团结进步宣传月活动】 在全县范围内开展“三月三”和民族团结进步宣传月等系列活动。利用县城集日，在县城国税小广场开展民族团结进步宣传。在渠仔村举办“三月三·祭壮祖·同心宴”民族团结进步创建活动。组队参加崇左市“三月三”少数民族观摩团观摩活动。参与开展2017年龙谷湾“三月三”风情嘉年华活动。在扶绥县文化广场举办扶绥县第六届“金投杯”歌仙故里“三月三”山歌擂台赛。

【宗教网络工作制度建设】 通过健全机构强网络，建设县、乡、村、屯四级宗教事务管理网络，完善长效管理机制。全县宗教事务管理网络逐步形成了由扶绥县委统一战线工作领导小组办公室统一领导，县委统战部、县民族和宗教事务局为具体工作机构。各乡镇成立以党委书记为组长，统战委员为副组长的宗教工作领导小组，负责本辖区的宗教事务管理，定期研究宗教工作有关问题，领导开展本乡镇宗教工作。各村（社区）乡镇挂点领导为本村（社区）宗教事务管理第一责任人,各村(社区)支书、主任为具体责任人,村民小组负责人和有关人员为工作协管员、信息员,密切配合开展好宗教事务工作。每季度组织召开全县宗教工作联席会议,及时研究部署全县宗教工作重大问题。

【开展“百企扶百村”】 引导非公有制经济人士积极参与光彩事业,协调47家企业与40个贫困村结成帮扶对子,通过产业扶贫、就业扶贫、捐赠扶贫、教育扶贫等精准有效方式助力全县脱贫攻坚。全县产业帮扶达到5000万元,惠及全县40个贫困村,全县50多家非公企业通过“春风行动”,50多家民营企业招收农民工2000多人,其中建档立卡贫困户约200人。

县直机关党建工作

【概况】 扶绥县直属机关工委下辖1个机关党委、183个党(总)支部,其中机关事业单位146个、非公有制经济组织17个、国有企业20个。现有党员3396人,其中女党员963人。2017年,在县委的正确领导下,工委认真学习领会党的十九大精神,贯彻落实习近平总书记系列重要讲话,牢牢把握“两篇大文章”“四大攻坚战”战略布局,认真开展“两学一做”学习教育和“固定党日+”活动,紧紧围绕县委的中心工作,全面推进了机关党的思想、组织、作风、廉政和制度建设,充分发挥了机关党组织的战斗堡垒作用和共产党员的先锋模范作用,为实现全面建成小康社会、建成全区县域经济示范县,提供了强有力的思想保证。在“七一”期间,代表县委开展走访慰问困难党员活动,共慰问困难党员88名,发放慰问金44400元;慰问下岗党员89名,发放慰问金44500元,体现党组织对困难党员和下岗党员的关心、爱护,送去党的关怀和温暖。通报表扬先进基层党组织18个,优秀党员65人,优秀党务工作者20人。

【思想建设】 工委认真落实好主体责任,指导各党支部推动“两学一做”学习教育与中心工作深度融合,开展“固定党日+”活动,注重典型引路,充分调动基层党组织的主动性、创造性,激发党员干部干事创业的内生动力,推进“两学一做”学习教育常态化制度化。认真学习贯彻落实党的十九大精神,围绕落实党风廉政建设责任制、开展中央八项规定“回头看”、落实工委主体责任,推进“三转”聚焦主业主责等内容,扎实推进整改工作。县直属机关工委印发了《关于排查党员违法违纪的通知》给各党支部,收集违法违纪线索,立案处理7名党员。县直属机关工委印发了《关于开好组织生活会和开展民主评议的通知》,加强督促指导工作,派出4个督导组深入各支部开展指导工作,共有171个党支部召开了专题组织生活会,党员参加了民主评议活动,特别是县级党员领导干部均以普通党员身份参加了所在支部的组织生活会,使全体党员在批评和自我批评中受到了一次深刻的党性陶冶和思想教育,经历了一次积极健康的党内政治生活洗礼,达到了增加理解、促进团结、共同提高的目的。将意识形态作为落实党支部主体责任的重要抓手,明确各党组织意识形态工作主体责任,纳入基层党组织抓党建工作的重要内容,以弘扬社会主义核心价值观为核心,以提升思想自觉和行动自觉为引领,将意识形态作为夯实党支部建设的有力保障。

【组织建设】 县工委抓好基层组织换届选举工作,列出换届选举工作台账,下发到期换届的党(总)支部提醒通知书,严格基层组织换届选举工作审批程序。2017年共有50个党(总)支部按期进行了换届、补选工作,同时把好支部书记人选关,原则要求机关党(总)支部书记由单位行政正职领导兼任,保证了各党组织工作同步进行。始终坚持发展党员的“十六字”方针,加大对入党积极分子的培养、教育和考核力度,2017年11月在县委党校举办1期入党积极分子及发展对象培训班,共有76人参加培训班。吸收预备党员19名,转正29名。党基层组织在开展

“固定党日+”活动中,把党员交纳党费作为一项重要内容来抓,在职党员都能每月足额缴纳党费,大部分退休党员也自愿足额缴纳了党费,截至2017年12月5日共收缴党费65万多元。同时向基层党组织下拨了11万元党费作为基层党组织活动经费。

【作风建设】 工委在重大事项决策上,都能坚持民主集中制原则,每项决策必须通过工委领导班子民主讨论后,才组织实施。如县工委在讨论审批新吸收党员、预备党员转正时,都召开工委会议对每一个对象进行逐一讨论审查,会上大家充分发表意见,然后进行表决通过。机关党组织认真组织党员干部学习《中国共产党纪律处分条例》和《中国共产党党内监督条例(试行)》。党员干部能认真查找自己不足之处,党员干部之间开展批评与自我批评,敢于互相揭“短”,凡有“短”的党员能及时地纠正错误。

【制度建设】 建立健全机关党建工作责任制,机关党(总)支部书记为第一责任人,其他委员分工负责,把党建工作和单位业务工作通盘考虑,统筹安排,一起布置,一起检查,一起考核,一起总结,健全完善日常党建工作制度,用制度约束党员,用制度管理党员。认真落实发展党员工作培训制、公示制和责任制,严格把好新党员的“入口关”。

信访工作

【概况】 2017年,县信访局围绕全年信访工作目标和县委、县政府的中心工作,努力打造“阳光信访”“责任信访”和“法制信访”。强化制度建设,推动源头治理,夯实基层基础,最大限度地减少不和谐因素,最大程度地提升人民群众的安全感、满意度。加强引导信访群众依法依规逐级上访提出诉求,全县信访秩序良好。2017年共受理群众来信来访141件次,与上年同期的164件次相比下降16.3%。其中,来信82件,比上年同期的58件增加29.3%;接待群众来访59批184人次,与上年同期的106批353人次相比,批次下降79.66%,人次下降了91.8%。其中,集体访6批79人次,与上年同期的18批180人次相比,批次下降20%,人次下降127.8%。网上受理投诉信访件41件,已办理41件,满意度件2件,满意度达100%。全年到自治区上访1批1人次,上年同期为0批0人次;到崇左市上访4批7人次,与上年同期2批7人次相比,批次增加100%,人次持平,2017年全县没有发生到北京非正常上访事件。2017年上级领导批办信访件12件,办结12件,按期办结率100%。自治区交办信访积案1件,崇左市交办信访积案件2件,已全部办结。

【县领导信访接待日】 按照有关规定,每月15日有1名县领导到信访局值班接待群众来访。全年共有11位县领导到信访局值班接待群众来访,共接待群众来访15批19人次,其中当场答复6件,立案转办9件,办结9件,按期办结率100%。县领导阅批群众来信来访21件,交办21件,办结21件,按期办结率100%。

【信访矛盾纠纷排查化解】 对矛盾纠纷、信访积案和信访突出问题进行排查摸底,实行每日一排查一研判制度,及时掌握情况,做到底子清、情况明。经排查梳理全县共有49个信访突出问题、11个三个敏感和7个矛盾纠纷案件,对每一个信访问题进行登记,建立工作台账,实行县领导包案,落实责任单位和责任人限期解决,切实做到隐患不积累、矛盾不激化、问题不上交、信访不上行,将信访问题化解在基层,消除在萌芽状态。大力开展信访积案化解行动,对排查出来的信访积案,落实专人负责,做到案结事了、息诉息访。通过领导包案、主动约访、部门联调等举措,综合运用法律、经济、政策等各项措施,采取会办、听证、救助、复查复核和教育疏导等多种形式,有效推动各类“骨头案”“钉子案”的彻底化解。

【信访法律援助服务】 为了拓展信访群众的法律援

助渠道，在信访过程有律师参与接待群众，提供便捷高效的法律援助服务，依法妥善处理涉法涉诉信访问题，维护信访人的合法权益，引导信访群众依法依规上访反映诉求。2017年由信访局与县司法局联手，在信访局接访大厅设立“扶绥县法律援助中心”驻信访局工作站，作为法制宣传和法制服务重要阵地。安排律师队伍每月逢星期五和每月15日（县领导到信访局接待群众来访日），安排律师到信访局值班，参与接待群众来访，更好地在信访工作中为信访群众解答法律问题，进行法治宣传教育提供法律意见和建议，信访工作更加规范，进一步维护好信访秩序。

（陶邕泽）

党史工作

【概况】 县委党史办公室内设综合股、资料征研股等，2017年，全办在职人数9人。2017年，完成《中共扶绥县历史大事记》（2016年度）、《2016年扶绥县重要文献选编》等书的资料征集、整理编辑以及出版发行工作。反复核实覃永安等几位老同志的零碎口述资料，制作形成完整的5份口述资料文件，共3750字，完成抗战时期参战者口述资料的整理制作及上报工作。集中精力将现存的1981年至2017年的党史资料，按永久、30年、10年三个保存时间档次进行整理，共整理成130多盒、共3900多份党史资料，计400多万字。2017年底完成2000多份党史资料（200多万字）的数据化工作。完成抗美援朝期间扶绥县参加志愿军人数、牺牲人数、立功受奖人数等资料的收集整理及上报工作。征集小组先后到民政局、县武装部等单位，查阅收集资料，查获扶绥县有350多名青年参加中国人民志愿军，渠黎镇渠莳村黄培能（中国人民志愿军战士）于1952年12月在朝鲜上浦房战场牺牲，追记一等功一次，渠旧镇濑滤村尹元权（中国人民志愿军战士）于1951年在朝鲜战场牺牲，立二等功一次，龙头乡坛龙村李仁光（中国人民志愿军战士）、岜盆乡岜盆村莫荣华（中国人民志愿军排长）等62名战士在朝鲜战场牺牲（或失踪）等珍贵资料。并按照崇左市党史研究室的要求，将这些资料内容整理成党史资料文件（3000多字）上报。

【党史资料征研】 2017年，全面开展党史研究基础工程工作，为党史研究深一步工作奠定基础。根据年度工作计划要求，重点完成《中国共产党扶绥历史大事记》（2016年）、《扶绥县重要文献选编》（2016年）这两本书相关资料的征集、整理及编写和出版工作。从年初开始，即组织专门人员想方设法大量征集整理这方面内容的资料，在这一基础上进行整理编辑，于11月份，完成这两本书清样稿。继续开展新民主主义革命时期扶绥县重大党史资料的抢救征集整理工作。根据县委关于深入开展扶绥县党史资料（新民主主义革命时期）抢救征集工程的通知精神，着重对前段时间抢救征集到的资料进行核查、补缺及整理，通过查阅大量的档案资料或文献资料，对抢救征集到的资料进行印证或补缺，已完成22份资料的核查、印证、补缺及整理工作，共计2万多字，基本完成抢救征集工程阶段性任务。完成新民主主义革命时期扶绥地区党组织地下交通（机要交通）史料收集整理及上报工作。按照县委关于做好新民主主义革命时期扶绥地区党组织地下交通史料收集整理工作的精神，从2017年7月份开始，在县档案局、县志办等单位的支持帮助下，按照党组织地下交通史料收集的规范要求，组织专门小组，在现有的党史资料中进行查阅搜集，同时走访个别知情的老党员，共搜（征）集到扶绥地区党组织地下交通史料77页、2.3万多字，并按照规范要求进行整理，形成《新民主主义革命时期扶绥地区党组织地下交通联络综述》以及11份附件材料，并按时上报崇左市委党史研究室。

党校工作

【概况】 中共扶绥县委党校位于空港大道东路，占地面积20亩，总建筑面积6650平方米，拥有教学办公综合楼、学员公寓楼、学员餐厅、多媒体教室、图书室和灯光球场等培训配套设施。党校实行校委负责制，下设办公室、教务室、科研室和总务室等4个科室。党校现有教职工15人，其中参公人员7人，事业编5人，工勤2人，优秀紧缺人才1人。专职教师5人，研究生学历2人，本科学历3人，中高级职称各2人。2017年，县委党校不断优化教学、科研、咨政方式，成效显著，荣获"全区理论宣讲先进单位""县普法教育先进单位"等荣誉称号，骨干教师也获得"县普法教育先进个人""优秀共产党员"等称号。

【干部培训】 采取独立办班、联合办班等方式，灵活运用讲授式、案例式等多种教学方法，对科级干部、公务员和农村(社区)基层干部进行分类集中轮训。党校贴近基层实际，积极创建"厅级+处级+科级"多层次的领导干部上讲台制度，开设"领导干部讲坛"和"专家讲坛"等授课栏目，县委书记罗彪等多位领导干部和上级党校教授专家，纷纷到党校授课，不断提高党校课堂的培训档次和水平。创新培训黑榜制度，从严管理学员，解决了有些学员培训期间随意请假的难题，得到非洲国家政党建设考察团和河北省委党校等上级领导的充分肯定。积极进行"开门培训""现场教学"，建立了"甜蜜之光"、扶绥空港经济区等10个现场教学基地，主动承接自治区党校乡(镇)长培训班和崇左市委党校中青班等培训班次的现场教学任务，不断增强培训的针对性、实效性。精心组织教师开展"送教上门"30多人次，把党的十九报告和习近平新时代中国特色社会主义思想等党的理论、决策部署、政策文件精神送进机关单位和基层农村，进入崇左市委党校和大新县委党校主体班的培训课堂。2017年，县政府划拨专项培训经费20多万元，党校共举办20期培训班，培训人数2600多人次。

【教研工作】 党校积极实施"科研兴校"战略，制定实施教研容量化考评机制，量化打分年度考评优秀等次，激励教师主动采取参与课题研究、参加征文和撰发科研论文等多种方式，自觉尽力做好科研工作，取得了良好成绩。2017年党校教师参与国家级课题研究1项、省级课题研究2项、调研报告3项和公开发表论文6篇，并荣获8项科研获奖，其中一等奖3项、二等奖2项和三等奖3项。张刚铭老师参与完成的《广西民营经济重大项目融资难问题研究对策》调研报告，荣获广西第十四次社会科学优秀成果二等级奖。这是全区县级党校唯一荣获的省部级科研奖项。

【咨政工作】 党校尽力实施"咨政强校"战略，鼓励教师积极参与由广西社科院、自治区党校等专家、教授组织的各种咨政课题研究项目，以高端咨政平台提高党校科研咨政能力，形成了教研咨一体化发展。党校教师撰写的咨政报告《关于扶绥甘蔗"双高"生产供给侧结构性改革的几点建议》得到县委副书记苏勇的肯定批示。

【师资建设】 为培养"一流的师资队伍"，党校实施"名师工程"，采取参与专项培训、参观考察和参加优质课评比等多种方式，要求全体教师和班子成员带着问题学，边学边改边做边提高，努力提升自身教学、科研、咨政业务水平与能力。2017年，党校教师参加专项培训、考察学习和优质课比赛等共20多人次，促进教师业务水平的不断提升。有的骨干教师成为"政治强、业务精、作风好"的县级党校名师，为做好教学、科研等各项工作奠坚实的业务基础，提供有利的人才支撑。

【校园建设】 为改善教学培训设施，拓展教学功能，党校认真按照县级党校独立设置办学的标准要求，奋力争取县委县政府的大力支持，加强校园基础设施建设。2017年党校争取了财政投入40多万元，整治维修教学办公楼、公寓楼等基础设施，添置一批培训设备，创造一个整洁、舒适、优美的学习培训和工作环境。

(张刚铭)

老干部工作

【概况】 2017年,扶绥县老干部局总共管理服务的老干部有39人,其中离休干部13人,县四家班子退休处级干部26人。2017年,扶绥县委老干部局坚持为党和人民的事业增添正能量的价值取向,用心用情服务老干部,着力解决新时期老干部工作遇到的新情况新问题,结合扶绥实际,通过搭建"七个平台"、实施"五大行动"扎实开展老干部"畅谈""建言"和正能量活动。2017年,共收集到老同志"畅谈"材料139篇(首、条),"建言"材料113份,分类归纳汇总后,编报党委政府作决策参考。

搭建"听"的平台,分层次召开6次离退休干部通报会,让老同志充分了解国情、区情、市情及全县经济社会发展情况。搭建"看"的平台,先后8次分批组织离退休干部280余人次参观县内重点项目建设现场及美丽乡村建设等,让他们看改革成果、看经济发展、看社会进步。搭建"谈"的平台,以学习会、座谈会、专题访谈、发放问卷等形式,组织离退休干部开展畅谈活动。搭建"讲"的平台,组织"五老"骨干深入学校、乡镇、村(社区)开展宣讲,讲扶绥新变化、话扶绥新蓝图。搭建"赞"的平台,组织引导离退休干部在各类媒体网站、各种场合发文、发图、发声,赞美新变化。搭建"颂"的平台,以喜迎党的十九大胜利召开为契机,采取举办山歌传唱会、诗词朗诵会等形式,歌十八大以来取得的成就、颂十九大新画的蓝图。搭建"为"的平台,组织引导离退休干部发挥优势,为党的事业增添正能量。开展"走基层、知实情,议发展、话蓝图"专题调研活动、"服务三农助力脱贫攻坚,扶绥老年社团在行动"专题帮扶活动、"展现夕阳情怀·绽放金秋风采"专题展示活动、"大手拉小手·携手向前行"专题帮教活动、"诗词歌党情·山歌颂党恩"专题诗词朗诵及山歌传唱等五大活动,推进"畅谈""建言"正能量活动向广度、深度拓展。

【开展"畅谈"活动】 先后7次分批次组织离退休干部深入农村社区及项目建设一线考察调研,通过座谈、访谈、撰文、写诗填诗、发帖等形式,畅谈党的十八大以来以习近平为核心的党中央带领全党全国各族人民全面建成小康社会的坚强决心和历史担当,畅谈重拳反腐、作风转变、一带一路、精准扶贫、依法治国、畅谈改革发展的新成就、新变化、新面貌,展望十九大描绘的新蓝图。在5月份,组织曾任各级党组织书记的15名老同志开展"谈党建新气象、话扶绥新发展"畅谈展望活动,以此带动全县离退休干部广泛参与到"畅谈""建言"活动中来,引导老同志积极为扶绥各项事业发展点赞加油、为争创"广西县域经济发展示范县"献计出力。

【开展专题帮扶活动】 发挥县关工委、老年科协、老年促会、老年大学、老干部志愿服务队等老年社团组织的专业、规模、组织优势,以服务"三农"助力脱贫攻坚为着力点,共组织4支由有农林畜牧、文教卫生、科技管理等具专业知识的老同志组成老干部志愿服务队,深入那宽、岽尧、坡利等贫困村,通过技能帮扶、教育帮扶、智力帮扶、健康帮扶、结对帮扶等形式,开展精准帮扶活动,助力贫困村脱贫摘帽及贫困户增智增技增收,实现脱贫致富。

【开展专题展示活动】 2017年9月至11月,举办以"唱、舞、写、展"等多种元素的"多彩金秋"文化活动,组织老同志在老年人活动中心开展大合唱、小组唱、独唱、舞蹈表演、诗朗诵、快板等形式,展示最美精神,唱响最美声音。11月14日晚在扶绥剧场举办"宣传十九大精神,夕阳为党添光彩"文艺汇演,集中展现县老年朋友的精神风貌。组织老干部诗词学会开展采风、撰写发表山歌、诗词等形式,讴歌新时代。组织老体协举行太极拳、柔力球表演活动,展示老年朋友的可敬可亲风貌。

【开展专题帮教活动】 由县关工委牵头,组织6名

"五老"骨干组成宣讲团，深入中小学校、乡镇、社区开展以社会主义核心价值观、"两史两情"、十九大精神等为主要内容的宣讲活动5场次，用青少年听得懂、喜欢听的语言，帮助青少年分析解答疑难困惑，使他们懂得新时代国家好、民族好，大家才会好的道理。开展以"关爱明天、普法先行"为主要内容的普法帮教活动，提高青少年法律意识，帮助青少年扣好人生的"第一粒扣子"。倡议社会爱心人士捐资9.5万元，资助5个贫困学生圆了上学梦，帮助1名身患白血病的小学生筹集更换骨髓手术费用。

【开展专题诗词朗诵及山歌传唱活动】 以老干部诗词学员为主体，开展多次采风活动，在"七·一"期间和十九大闭幕后，分别举行诗词朗诵会，让学员们从自己创作的作品中，挑选1~2首诗词赞美新变化、激发他们对"畅谈""建言"正能量活动的热情，同时也抒发大家内心爱国、爱党、爱家乡的情怀。以县老干部正能量山歌宣传队为主体，组织山歌手采编山歌，在二月二龙抬头节、"三月三"两大壮族节日及十九大召开后分别举行山歌传唱会，传扬十八大以来全区全市全县发展的新成就、新态势，赞颂党的领导和全面从严治党的新气象、新成效，展望十九大召开后的美好蓝图。

【提升老干部政治待遇】 结合畅谈""建言"活动，组织老干部集中学习、阅读文件、参加重要会议和重大活动，召开工作通报会、座谈会等，让老干部了解世情、国情和党情，了解县域经济社会发展和老干部工作情况。组织老干部参观龙谷湾恐龙公园、山圩产业园等重大项目建设和姑辽村等美丽乡村建设，让老干部直观了解扶绥的发展变化，参加活动的老干部对新变化都频频点赞。重视老干部来信来访，着力帮助他们解决存在的困难和问题，年内共为老干部办实事好事26件，无老干部越级上访现象。

【落实老干部生活待遇】 健全离退休干部离退休费和医疗保障机制，离退休费按时足额发放，医药费纳入县级财政预算，按规定报销。坚持重大节日、生日和病重住院走访看望老干部"三必访"制度。春节前夕，县四家班子领导分组逐一上门看望慰问历届退休的老领导。完善离休干部服务管理措施，努力提供个性化、亲情化服务，确保离休干部有特殊困难时有人管有人帮，确保无论安置何处、原单位如何变更都能得到关心照顾。积极协调医疗机构做好老干部医疗保健工作，开设老干部看病住院绿色通道，医护人员坚持每月一次登门为老干部巡诊，组织开展离休干部及县处级退休干部健康体检活动。认真落实老干部各项新政策（1949年10月1日至1950年6月30日参加革命工作的退休干部，在生活及医疗方面给予适当照顾的新政策），全县分三批办理22人，补助费已全部发放到位。离休干部每人每年6000元生活补助及退休干部每人每年4000元生活补助也按时足额发放。生活不能自理的离休干部护理费也由原来的每人每月1000元提高到2500元。

机构编制管理

【概况】 扶绥县机构编制委员会办公室具体负责全县机构编制管理工作，既是县委工作部门又是县政府工作部门。内设综合股、机构编制股2个股室。编制办编制数6名，实有人数7人，其中主任1人，副主任2人。直属机构有扶绥县事业单位登记管理局（副科级），负责全县事业单位法人登记管理及机关、群团等统一社会信用代码赋码工作。编制数为12名，实有人数10人，其中局长1人。2017年，扶绥县机构编制委员会办公室切实加大简政放权力度，协调推进"放管服"改革，清理规范中介服务事项，完善清单制度建设，协同推进国有林场改革，规范机构编制管理和事业单位登记管理，为全县经济社会发展提供体制机制保障。2017年，共调整、取消行政审批事项256项，其中调整208项，取消48项。共清理规范行政审批中介服务事项13项。

【规范行政审批行为】 根据自治区、崇左市的有关行政审批制度改革文件精神，及时做好自治区、崇左市下放、调整、取消的行政审批事项中涉及县本级审批事项的承接、取消、调整工作，清理行政审批中介服务事项、加强行政审批及服务事项事中事后的监管工作，禁止变相审批，做好行政审批改革改革“接、放、管”工作，不断规范行政审批行为。所有调整和取消的行政审批事项和行政审批中介服务事项，相关部门都制定了监管措施，县审改办对各相关部门进行了督促检查，指导加强事中事后监管，县政务办通过电子监察系统对各部门办事窗口进行监督检查，确保被清理规范的行政审批中介服务事项不再作为行政审批的受理条件。

【编制公共服务事项目录】 为进一步完善清单制度建设，积极构建清单制度体系，县编制办及时参照制定县乡两级公共服务事项目录，10月初印发通知到各单位对本级公共服务事项进行梳理，催报整理县直单位公共服务事项反馈确认材料转至市编办进行审核。经初审反馈、再审修改，初步形成全县公共服务事项目录，并在政府门户网站征求社会各界意见。

【规范执法行为】 按照自治区关于深化行政执法体制改革的有关精神和《广西壮族自治区行政执法监督办法》，2017年6月初制定了《扶绥县关于开展事业单位“双随机、一公开”监管工作的实施方案》，按照事业单位法人公示信息抽查“双随机、一公开”监管原则，对全县326家事业单位法人公示信息，按3%的比例抽取9家事业单位进行实地核查。县事业单位登记管理局在事业单位登记管理系统“事业单位名录库”中随机抽到扶绥县村镇建设管理所、扶绥县农业机械技工学校等9家事业单位，并在登记管理系统“执法人员名录库”中随机抽取3名执法人员，6月中下旬，抽取到的3名执法人员到被抽查的事业单位开展实地核查，并对核查结果进行公示。

【机构编制管理】 加强机构编制实名制管理，按规定为282名新录用公务员、机关事业单位调动人员办理编制关系，核销了46名退休、调离、辞职（聘）等人员编制，及时调整更新全县机构编制实名制数据库信息和机关事业单位在编人员名册。根据工作需要，不定期梳理统计全县机关事业单位机构编制和在编人员总额及编制空缺情况，并与2012年底统计数据进行比对，为研究确定招录（聘）人员提供决策依据。在确保财政供养人员与2012年底相关统计数相比“只减不增”前提下，先后会同组织、人社、财政等部门，合理测算填报全县2017年招考公务员和招聘事业单位工作人员用编计划。开展机构编制情况调研，就县编委领导交办或有关部门提出的有关机构编制问题及时调查了解情况，针对性地提出可行性建议供领导决策参考，并筹备召开3次编委会议，提请对成立县绩效评估中心、县纪委派驻机构及编制划转问题、将乡镇燃气管理职责划归县市政局管理问题等事项进行研究。

【统一社会信用代码工作】 为贯彻落实《国务院关于批转发展改革委等部门法人和其他组织统一社会信用代码制度建设总体方案的通知》（国发〔2015〕33号）和《中央编办关于开展机关、编办直接管理机构编制的群众团体统一社会信用代码赋码工作的通知》（中央编办发〔2016〕3号）精神，研究制定扶绥县机关、群团统一社会信用代码赋码工作方案，并印发《关于开展全县机关、县编办直接管理机构编制的群众团体统一社会信用代码赋码工作的通知》（扶编办发〔2016〕2号），按要求及时启动全县机关、群团统一社会信用代码赋码工作。县编制办加强对统一社会信用代码赋码工作后续各项管理工作，针对赋码单位法定代表人变更等事项，及时给予办理了变更登记。

【事业单位登记管理】 2017年，县编制办事业单位登记管理工作加强了舆论宣传，做到早部署早安排。1月8日就向各相关单位下发《关于做好2016年度事业单位法人年度报告有关工作的通知》,同时将《通知》发布在"扶绥县政府门户网站"和编办QQ群信息平台上,开通登记管理业务交流QQ群和专线电话,指定专人负责答复年度报告审查工作中碰到的问题。并对举办单位逐一电话通知,提高事业单位依法登记和按时提交年度报告的自觉性。截至法定期限3月31日,在县登记机关登记的事业单位有328个,2016年度需提交事业单位法人年度报告的事业单位共328个。

扶绥县人民代表大会常务委员会

综　述

扶绥县十六届人民代表大会常务委员会设立办公室、法制与内务司法委员会、财政经济委员会、农业农村与环资城建工作委员会、教科文卫与民族工作委员会、选举联络工作委员会等机构。县第十六届人大常委会组成人员31人，其中主任1人、副主任4人、委员26人。2017年9月26日，县第十六届人大常委会第九次会议，接受汪业建、张永翔、赵仁国辞去扶绥县第十六届人民代表大会常务委员会委员职务。2017年，扶绥县人大常委会紧紧围绕市委做好“两篇大文章”、打好“四大攻坚战”战略任务和县委“争创全区县域经济发展示范县、争当全区县域经济排头兵、打造南宁卫星城”战略目标，依靠全体代表的共同努力和“一府两院”及各部门的支持配合，主动担当作为，依法有效履职，为推动扶绥县改革发展稳定和民主法治建设作出了积极贡献。全年共召开1次县人民代表大会，召开6次常委会会议，组织开展执法检查2次，专题调研9次，组织代表视察2次。听取和审议教育资源配置工作、农村脱贫攻坚工作、公共文化体育设施建设、法院家事审判工作、重大项目工作、侦查监督工作等“一府两院”工作报告12项。组织对《中华人民共和国未成年人保护法》《广西壮族自治区乡村清洁条例》2部法律法规实施情况执法检查，依法作出批准2017年国民经济和社会发展计划、批准2017年预算草案、审查批准2017年财政预算调整方案等9项重大事项决议决定。先后任命和决定任命本级国家机关工作人员2人(次)，接受有关人员辞职3人(次)，免职4人(次)。2017年9月26日，县十六届人大常委会第9次会议决定任命张虎严为扶绥县人民政府副县长，2017年12月25日县第十六届人民代表大会常务委员会第11次会议决定任命何永恒为扶绥县人民政府副县长。

重要会议

【第十六届人民代表大会第二次会议】　2017年1月19日至20日，扶绥县第十六届人民代表大会第二次会议在扶绥剧场隆重召开。大会应到代表209名，列席人员154名。会议听取和审议了县人民政府县长孙国梁所作的《政府工作报告》、县人大常委会主任黄剑克所作的《扶绥县人大常委会工作报告》、县人民法院院长李子政所作的《扶绥县人民法院工作报告》、县人民检察院检察长李惠东所作的《扶绥县人民检察院工作报告》等4个工作报告，审查和批准了扶绥县2016年国民经济和社会发展计划执行情况与2017年国民经济和社会发展计划草案的报告，批准2017年国民经济和社会发展计划，审查和批准扶绥县2016年预算执行情况和2017年预算草案的报告，批准扶绥县2017年预算。会议还表决通过了关于政府工作报告等6个报告的决议草案。此次会议共收到的代表提出的建议、批评和意见共74件，全部交由县人民政府办理。

【常委会会议】 2017年，县人大常委会共召开6次会议。

第十六届人大常委会第六次会议。县十六届人大常委会第六次会议于2017年1月12日召开。会议审议通过关于召开县第十六届人民代表大会第二次会议的决定（草案）；听取和审议县人大常委会办公室关于县十六届人大二次会议筹备工作情况的报告；听取和审议县人民政府关于2017年国民经济和社会发展计划草案的报告；听取和审议县人民政府关于扶绥县2017年预算草案的报告；听取和审议县人大财政经济委员会关于扶绥县2017年财政预算审查报告（草案）；听取和审议县十六届人大常委会代表资格委员会关于代表出缺情况的报告；听取和审议县人民政府办公室关于县十六届人大一次会议代表建议办理情况报告；审议县第十六届人民代表大会第二次会议有关材料；审议县人大常委会2017年工作要点（草案）。

第十六届人大常委会第七次会议。扶绥县十六届人大常委会第七次会议于2017年5月9日召开。会议听取和审议县人民政府关于我县义务教育资源配置情况的工作报告；听取和审议县人大常委会调研组关于我县义务教育资源配置情况的调研报告；听取和审议县人民政府关于我县贯彻实施《中华人民共和国未成年人保护法》和《广西壮族自治区实施〈中华人民共和国未成年人保护法〉办法》情况的报告；听取和审议县人大常委会执法检查组关于检查我县贯彻实施《中华人民共和国未成年人保护法》和《广西壮族自治区实施〈中华人民共和国未成年人保护法〉办法》情况的报告；审议通过《扶绥县人民代表大会常务委员会规范性文件备案审查办法》（草案）。

第十六届人大常委会第八次会议。扶绥县十六届人大常委会第八次会议于2017年8月23日召开。会议听取和审议县人民政府关于我县农村脱贫攻坚工作报告；听取和审议县人大常委会调研组关于我县农村脱贫攻坚工作的调研报告；听取和审议县人民政府关于我县公共文化体育建设情况工作报告；听取和审议县人大常委会调研组关于我县公共文化体育建设情况的调研报告；听取和审议县人民政府关于我县城区建筑垃圾管理和综合利用情况的工作报告；听取和审议县人大常委会调研组关于我县城区建筑垃圾管理和综合利用情况的调研报告；听取和审议县人大常委会督查组关于县十六届人大二次会议代表建议办理情况的督查报告；表决有关人事任免事项。

第十六届人大常委会第九次会议。扶绥县十六届人大常委会第九次会议于2017年9月26日召开。会议补选崇左市第四届人民代表大会代表；表决有关人事任免事项；表决通过关于接受汪业建等辞职请求的决定（草案）；听取代表资格审查委员会关于代表出缺及补选代表的代表资格审查报告（草案）。

第十六届人大常委会第十次会议。扶绥县十六届人大常委会第十次会议于2017年10月26日召开。会议听取和审议县人民政府关于2016年财政决算的报告；听取和审议县人民政府关于2016年度预算执行和其它财政收支的审计工作报告；听取和审议县人大财政经济委员会关于2016年财政决算的审查报告；审查、批准2016年财政决算；听取和审议县人民政府关于2017年上半年国民经济和社会发展计划执行情况的报告；听取和审议县人民政府关于2017年上半年财政预算执行情况的报告；审议县人大常委会督查组关于扶绥县2017年上半年财政预算执行情况的督查报告；听取和审议县人民法院关于家事审判改革工作情况的工作报告；审议县人大常委会调研组关于县人民法院家事审判改革工作的调研报告；听取和审议县人民政府贯彻落实县人大常委会关于《我县休闲农业发展情况调研报告》审议意见情况报告；审议县人大常委会督查组关于跟踪检查县人民政府贯彻落实县人大常委会关于《我县休闲农业发展情况调研报告》审议意见整改落实情况的督查报告；审议县人大常委会关于对我县“两园一路”、南宁新江至扶绥一级公路扶绥段等重点项目建设情况的督查报告。

第十六届人大常委会第十一次会议。扶绥县十六届人大常委会第十一次会议于2017年12月25日召开。会议表决通过人事任免事项；听取和审议县人民政府关于扶绥县2017年财政预算调整方案（草案）的报告；听取和审议县人大财政经济委关于扶绥县2017年财政预算调整方案（草案）的审查报告；审查、批准扶绥县2017年财政预算调整方案；听取和审议县人民政府关于我县公立医院综合改革试点工作情况报告；听取和审议县人大常委会调研组关于我县公立医院综合改革试点工作的调研报告；听取和审议县人民检察院关于侦查监督工作的报告；听取和审议县人大常委会调研组关于县人民检察院侦查监督工作的调研报告；听取和审议县人民政府关于县十六届人大二次会议代表建设办理情况的报告；审议通过召开县第十六届人民代表大会第三次会议的决定（草案）；审议县第十六届人民代表大会第三次会议有关材料。

主要工作

【监督工作】 2017年，县人大常委会共组织开展了2次执法检查活动，分别对《中华人民共和国未成年人保护法》《广西壮族自治区乡村清洁条例》等法律法规贯彻落实情况进行检查。同时，围绕全县经济建设和社会发展目标，先后听取和审议了县人民政府教育资源配置工作、农村脱贫攻坚工作、公共文化体育设施建设、法院家事审判工作、重大项目工作、侦查监督工作建设情况等工作开展视察、专项调查和调研。

【重要活动】 3月6日，扶绥县人大常委会采取以会代训的方式举办2017年第一期乡镇人大干部业务培训会。3月9日至10日，扶绥县各乡镇依照法定程序，相继召开第十七届人民代表大会第二次会议。6月8日，县人大常委会举办2017年人大宣传工作会议暨人大新闻报道培训会。6月21日，自治区人大常委会副主任杨道喜一行到我县开展广西南国铜业项目专题调研。崇左市人大常委会副主任玉如锋，县委书记、青年产业园党工委书记罗彪，县人大常委会主任黄剑克及其他相关部门领导陪同调研。6月28日至30日，县人大常委会组成调研组，赴贺州市开展社会经济及人大业务工作专题调研活动。调研组实地考察了昭平县、平桂管理区、八步区、富川县四个县区的生态宜居乡村建设、碳酸钙开发项目、扶贫产业发展及基层人大规范化建设等情况。7月6日，县人大常委会主任黄剑克率市第四届人大代表、县十六届人大代表组成考察组共225人，前往山圩产业园、南宁市江南区吴圩镇光伏发电项目开展年中视察。7月12日，崇左市人大常委会副主任、党组副书记谭燕玲组织部分驻桂全国人大代表和驻崇左自治区人大代表一行48人，到扶绥县开展2017年年中专题调研活动。县长孙国梁，广西中国－东盟青年产业园管委会主任胡然，县人大常委会副主任程文荣、黄民志等领导陪同调研。7月17日，大新县人大常委会组织驻大新县的崇左市第四届人大代表到扶绥县开展年中专题调研，县人大常委会程文荣、饶桂胜副主任陪同调研。9月13日，全市人大代表联系人民群众履职平台建设经验交流现场会在扶绥县召开，市人大常委会副主任吴兆荣，各县（市、区）人大常委会主任、分管副主任、选联委主任以及部分乡镇人大主席共40多人参加了活动。

【代表建议和意见督办】 县十六届人大二次会议期间，共收到人大代表建议、批评和意见（以下简称建议）共74件，其中涉及道路交通21件、水利人饮18件、村镇建设14件、人力社保6件、农业4件、教育3

件、旅游3件、工业2件、消防1件、市政管理1件、糖业1件。2017年3月3日，召开十六届人大二次会议代表建议交办会，会上，扶绥县人大将县十六届人大二次会议收到的74件代表建议全部转交25个单位承办。

为强化建议的跟踪督办，进一步推动代表建议、批评、意见的办理落实，联合政府相关部门，深入代表建议办理重点承办单位水利局、交通局、住建局等开展代表建议督查工作。针对督查中发现的问题，督查组提出了针对性的建议，并要求各承办单位和协办单位认真对待代表建议，在进一步落实的基础上重新答复代表，确保代表意见、建议办理满意率达100%。县人民政府及相关职能部门按照归口负责、分级办理的原则，认真负责，积极主动做好建议办理工作。截至2017年12月，所承办的建议已全部在规定时限内办理完毕，并依法按时答复，办复率达100%。

【监督调研和执法检查】 3月21日至22日，县人大常委会组织部分组成人员和人大代表对县教育资源配置情况开展调研。4月13日至14日，县人大常委会开展贯彻执行《中华人民共和国未成年人保护法》和《广西壮族自治区实施<中华人民共和国未成年人保护法>办法》执法检查。5月16日至18日，县人大常委会组织调研组，对县农村脱贫攻坚工作开展专题调研。6月27日至28日，县人大常委会组织调研组，对县公共文化体育设施建设情况进行调研。6月29日至30日，县人大常委会组织调研组，对县建筑垃圾管理和综合利用情况开展专题调研。6月28日至30日，县人大常委会组成调研组，赴贺州市开展社会经济及人大业务工作专题调研活动。8月29日，县人大常委会主任黄剑克率调研组到县法院开展家事审判改革工作专题调研。10月10日至17日，县人大常委会组成决算初审及督查小组，对2016年县本级财政决算和有关部门决算进行初审，并对2017年上半年预算执行情况进行督查。11月3日，县人大常委会主任黄剑克率调研组到县人民检察院开展侦查监督工作专题调研。10月23日至25日，县人大常委会组成调研组对县公立医院综合改革工作情况进行专题调研。

扶绥县人民政府

综 述

【概况】 2017年，扶绥县人民政府紧紧围绕“争创全区县域经济发展示范县，争当全区县域经济排头兵，打造南宁卫星城”目标，持续深入推进“企业服务月”“项目攻坚月”活动，统筹做好稳增长、促改革、调结构、惠民生、防风险等各项工作，较好地完成经济社会发展目标任务。2017年全县完成地区生产总值187.92亿元，同比增长10.3%；实现财政收入13.96亿元，同比增长1.29%，完成年度预算任务。固定资产投资206.6亿元，同比增长21.7%。规模以上工业总产值227.9亿元，同比增长37.7%，规模以上工业增加值81.7亿元，同比增长16.3%。社会消费品零售总额24.8亿元，同比增长10%。外贸进出口总额1.85亿元，同比增长48%。城镇居民人均可支配收入达30193元，同比增长8.3%；农村居民人均可支配收入达12588元，同比增长12.6%。三次产业比重从上年的29:42:29优化为26:48:26。

【现代农业加速创新发展】 2017年种植甘蔗102万亩（1亩=666.67米^2），入厂原料蔗460万吨以上。完成甘蔗“双高”基地建设17.07万亩，占任务的117.7%。“甜蜜之光”示范区、山圩林业生态产业示范区分别获评自治区五星级、三星级示范区。中东镇三哨村被授予“中国养龟第一村”，广羊农牧、杰利皇鸽产业成为脱贫攻坚主导产业之一，晶桂蛋鸡项目竣工投产，石埠乳业观光牧场项目开工建设。土地确权登记颁证工作全市第一，公示登记可发证户数9.66万户，占总户数的95.29%。新增农民专业合作社54个、家庭农场17家，全县农民专业合作社累计达440家，家庭农场46家。

【工业经济加速提质增量】 2017年完成24家工业企业入规入统，特别是木材产业迅猛发展，新增规模以上木材加工企业16家、总数达到22家，产值达到全县规模以上工业总产值的21.7%，超越建材业成为全县第二支柱产业。建成标准厂房39万平方米。全力扶持县内东门南华公司等20家产值超亿元企业加强技术改造和工艺创新，持续抓好蔗糖、水泥建材、能源等传统优势产业生产和转型服务工作。

【现代服务业加速形成优势】 全年接待游客总人数、旅游总收入分别增长37.15%和36.54%。龙谷湾恐龙公园开园迎客，首届“魅力扶绥·欢乐姑辽”乡土文创旅游节国庆节开幕。龙谷湾恐龙公园获评为国家4A级景区，扶绥炎鑫度假村被评为五星级乡村旅游区，好乐岛休闲农庄获评四星级农家乐，东门镇六头村入选自治区重点扶持的15个旅游扶贫示范村名单。广西外国语学院、广西国土资源职业技术学院开工建设，陆路东盟智慧农业及电商科技物流园基本完成建设，荣桂物流、弘信物流、翔鸿仓储物流等项目加快推进，成功申报2017年全国电子商务进农村综合示范项目。

【空港扶绥经济区提速发展】 2017年签约落地荣桂物流、金百大、中国热带农业科学院广西分院等项目，中林食品、立特隆等项目成功签约，实现新开工产业项目4个、竣工3个。园区落户企业达48个，工业企业35家，已投产企业28家，其中规模以上企业23家、亿元企业12家。基础设施加快完善，华阳路、兴港路、空港大道、上龙大道等道路基本竣工，兴武路、尚德路、公明路北段、志成路、扬明路、双全路北段等道路开工建设，污水处理厂完成选址。全年完成工业总产值104.3亿元，同比增长25.9%；固定资产投资32.92亿元，同比增长1.7%。广西·中国糖业产业园落户空港扶绥经济区，按照“一园三区”布局进行规划建设。

【青年产业园稳步提升】 2017年签约落地沪邦建材、昌和钢结构等项目8个，对接洽谈管通塑业、万祥电线电缆等项目5个，实现琦泉生物质发电、艾克圣水处理设备等5个项目开工建设，双美电线电缆、丰塑管件管材等2个项目投产。园区入园企业达43个，其中工业企业40家，已投产的企业28家，规模以上企业7家，亿元以上企业6家。完成县城至园区供水管网、县城至园区燃气管道、变电站、污水处理厂和污水管网工程等项目建设，纵十四路、纵五路等路网基本竣工。固定资产投资完成2.37亿元，同比增长56.33%，新增规模以上企业5个。

【山圩产业园不断做大做强】 2017年完成招商引资11.7亿元，新签约产业项目22个，新开工项目18个，新投产企业11个。完成横四路排雨水管道、纵一路、纵四路、春江一路、横二路建设，园区路网日渐完善。实现工业总产值45亿元，同比增长49.2%；完成固定资产投资11.5亿元，同比增长36.74%。

【发展后劲持续增强】 2017年在全县关键领域和环节统筹推进重大项目建设221项，年度计划投资117.3亿元。南国铜业等7个项目被列为自治区级重大项目，广西青年创业创新基地等20个项目被列为市级重大项目，荣桂信息港等8个项目被列为市级“双10”项目，重大项目总数在崇左市排名第一。集中力量推进“企业服务月”和“项目攻坚月”活动，有效解决企业成长和项目建设存在的困难和问题。在全县范围内集中开展大征地大拆迁攻坚，完成征地面积1.2万多亩，兑付款约2.3亿元。大力开展融资工作，把三大园区、城区及交通基础设施建设、旅游、农业等六大领域的19个子项目分成8个项目包进行PPP项目包装，总投资约172.4亿元，累计融资55.8亿元。

【城乡面貌显著改善】 城乡规划体系进一步完善，完成县城总体规划实施评估和修编论证报告、县域乡村规划编制。与广西华蓝集团等高水平规划设计公司合作，完成秀湖公园、天堂岭公园、左江亲水栈道等多项重点城建项目规划设计，持续抓好城南城市会客厅、同正大道两侧等重点片区的城市规划设计。城南新区核心区路网框架初步形成，园湖路、广纳路、江那路、玉田路、福宁路等路网建设进入收尾阶段，扶南大道、疏港大道开工建设。江滨公园一期景观工程、城南市民休闲广场景观工程实现竣工。棚户区改造五期项目1921套保障性住房如期开工建设并顺利推进，数量规模继续保持全区领先。强力开展“两违”整治，累计拆除“两违”建筑480多间，面积3.5万平方米。乡村建设成效显著，已获得命名的自治区级生态乡镇11个、自治区级生态村23个，崇左市级生态村111个。推广农村垃圾村收镇运PPP项目，成为全区首个实现“村收镇运县处理”生活垃圾无害化、资源化综合处理的县份。大气和水污染防治、主要污染物减排、重金属污染综合治理等工作有序推进。完成植树造林3.2万亩，封山育林2.08万亩，森林覆盖率达到44.17%，比去年提高3.17个百分点。

【脱贫攻坚深入推进】 全县5014名党员干部与

7968贫困户结成对子，实现对贫困户帮扶的全覆盖。脱贫攻坚投入进一步加大，2017年全县共兑付产业奖补资金约1120万元、发放“雨露计划”资金约200万元、发放小额信贷约2.56亿元。易地扶贫搬迁顺利推进，东罗镇安置点已实现搬迁入住165户790人，东门一期、二期安置点已经完成抽号选房工作，空港经济区安置点建设加速推进。产业扶贫亮点纷呈，累计完成“双高”基地建设42万亩，凭靠甘蔗收入实现脱贫的贫困户占比达70%以上。通过引导贫困户从事水果种植、家禽养殖、经济林生产及加工等自主发展传统产业，逐步实现自我“造血”功能。全年实现10个贫困村脱贫摘帽，脱贫人口3636人，超额完成减贫任务目标。

【民生福祉明显提高】 2017年县财政年度民生支出达28.75亿元，占比达83.29%。城建惠民工程方面，城市会客厅完成初步设计和评审工作，城区江河湖库水系连通项目完成初步设计。交通惠民工程方面，积极配合上级有关部门开展南宁至崇左城际铁路规划设计工作，路线和扶绥站点基本确定，大规模征地如火如荼，新建通屯水泥路达268公里。市场惠民方面，南门市场升级改造基本完成，中都新世界商业综合体、未来城商业综合体逐步全面投入使用。教育惠民方面，民族小学实现开工，并基本完成主体工程建设，民族中学迁建完成选址和总评设计，融资4亿元投入义务教育均衡发展工作。健康惠民方面，新宁镇卫生院整体搬迁项目前期工作稳步推进，县、乡、村三级基本公共卫生服务体系建设逐步完善，县人民医院医共体分院、广西中医药大学附属瑞康医院空港院区医共体分院覆盖全县11个乡镇，新农合参合率达99.18%。社保惠民方面，实现企业职工基本养老保险参保3.27万人，基本医疗保险参保42万人，工伤保险参保1.85万人，失业保险参保1.47万人，生育保险参保1.5万人。就业惠民方面，新增城镇就业人数3462人，就业困难人员和城镇失业人员再就业738人，农村新增外出务工人数6640人，城镇登记失业率2.35%。安居惠民方面，1921套棚户区改造五期项目开工建设，完成农村危房改造1400户。文体惠民方面，扶绥县全民健身活动中心项目和6个村级公共服务中心项目主体工程建设过半。饮水惠民方面，投入资金420.36万元，实施农村安全饮水解困工程15个，解决1.4万人饮水安全问题。

重要会议

【县政府常务会议】 全年共召开县政府常务会议9次。县人民政府第十六届第8次常务会议，3月17日上午，县长孙国梁主持召开县人民政府第十六届第8次常务会议，通报扶绥县1—2月经济运行情况，审议关于上级专项资金划拨情况、有关部门申请资金用于清缴税费、规范非税专户收入入库、县财政局出具涉及融资项目有关手续、县域义务教育均衡发展建设项目采用政府购买服务模式建设等15个议题。

县人民政府第十六届第九次常务会议，3月28日晚，县长孙国梁主持召开县人民政府第十六届第九次常务会议，传达学习上级党委、政府和部门有关重要政策文件精神，审议关于《扶绥县优秀人才引进和管理办法(试行)》、关于县人民检察院采用政府购买社会化服务方式增加聘用制书记员、关于调整渠旧中心幼儿园建设用地选址等17个议题。

县人民政府第十六届第十次常务会议，5月18日晚，县长孙国梁主持召开县人民政府第十六届第十次常务会议，传达学习《广西壮族自治区脱贫攻坚责任制实施细则》文件精神，审议关于《扶绥县建设用地征地拆迁安置保障工作暂行管理办法》、关于《扶绥县东环路(原福临大道)道路工程征收土地补偿方案》等21个议题。

县人民政府第十六届第十一次常务会议，6月29日下午，县长孙国梁主持召开扶绥县人民政府第十六届第十一次常务会议，传达学习《关于崇左市木材加工产业发展情况调研的报告》等文件精神，审议关于广西扶绥县城区污水管网二期工程超招投标工程量事宜，关于确定扶绥县2017年城市棚户区改造项目用地等21个议题。

县人民政府第十六届第十二次常务会议，7月31日晚上，县长孙国梁主持召开扶绥县人民政府第十六届第十二次常务会议，传达学习《李克强总理在全国深化简政放权放管结合优化服务改革电视电话会议上的讲话》等文件精神，审议关于《扶绥县农村扶贫开发“十三五“规划（2016—2020年）》、关于《扶绥县农业农村重点项目建设工作方案》等15个议题。

县人民政府第十六届第十四次常务会议，9月29日晚，县长孙国梁主持召开县人民政府第十六届第十四次常务会议，传达学习《关于印发〈崇左市本级政府性投资建设项目前期工作招标管理规则（试行）〉的通知》和《关于对各地贯彻落实国家和自治区政策措施成效予以激励或问责措施的通知》文件精神，审议关于《广西扶绥县城市基础设施建设项目EPCM协议》等14个议题。

县人民政府第十六届第十五次常务会议，2017年10月25日晚，县长孙国梁主持召开县人民政府第十六届第十五次常务会议，传达学习《关于印发〈进一步激发社会领域投资活力工作方案〉的通知》精神，审议关于《2016年财政决算报告（草案）》及《2017年上半年预算执行情况报告》等20个议题。

县十六届人民政府第十六次常务会议，11月22日下午，县长孙国梁主持召开县十六届人民政府第十六次常务会议。会议传达学习《广西壮族自治区行政机关负责人出庭应诉工作规则》《广西壮族自治区重大行政决策合法性审查办法》《广西壮族自治区规范性文件监督管理办法》文件精神，审议关于《加强国有企业领导班子建设实施意见的报告》等18个议题。

【其他全县性会议】 2017年3月28日，扶绥县农村土地承包经营权确权登记颁证工作现场推进会在中东镇召开，会议参观学习农村土地承包经营权确权登记档案归档整理样板，研究部署下一步工作，县人民政府与各乡镇人民政府签订2017年确权工作责任状。

2017年3月28日，扶绥县招商引资工作专题分析会议在党政办公楼4楼中会议室召开。会议传达上级招商工作会议精神，汇报2016年招商引资工作情况和2017年工作设想。

2017年4月10日，扶绥县“美丽扶绥·宜居乡村”活动动员部署暨全县2017年脱贫攻坚推进大会在县剧场召开。会议学习贯彻自治区“美丽广西·宜居乡村”活动电视动员大会、崇左市“美丽崇左·宜居乡村”活动电视动员大会精神及自治区、崇左市脱贫攻坚推进会议精神，研究部署2017年乡村建设各项工作及脱贫攻坚推进工作。

2017年5月27日，扶绥县脱贫攻坚、农村土地承包经营权确权登记颁证、“美丽扶绥”乡村建设及甘蔗生产工作汇报会在县党政办公楼4楼中会议室召开。县委书记罗彪、县长孙国梁出席会议并作讲话。各乡镇分别就本乡镇2017年以来关于脱贫攻坚、土地确权、乡村建设和甘蔗生产工作方面情况进行汇报，县扶贫办、县确权办、县乡村办、县糖业办分别就各自业务作专项汇报。

2017年6月15日，扶绥县新型城市化和基础设施建设工作组座谈会在党政办公楼4楼中会议室召开。会议研究公共基础设施储备项目有关情况，研讨2017年新型城市化和基础设施工作方案。县委常委、副县长黄海瀚汇报扶绥县公共基础设施储备项目及2017年新型城市化和基础设施工作方案有关情况，各部门作交流发言，县委书记罗彪、县长孙国梁作讲话。

2017年7月6日，扶绥县融资及中央预算内资金使用情况座谈会在县党政办公大楼4楼中会议室，会议就加大对工业、城镇化、旅游发展的投入，加快项目建设和投融资工作步伐进行研究部署。县财政局汇报财政融资、财政收支、预算内资金使用情况，参会各部门汇报融资及项目推进情况。

2017年7月27日，扶绥县县域经济发展大会暨年中工作会议在县党政办公楼4楼大会议室召开。会议传达学习全区、全市县域经济发展大会暨年中工作会议精神，研究部署全县县域经济发展工作及下半年经济工作。

2017年7月28日，扶绥县重大交通基础设施项目建设推进会在县党政办公大楼7楼会议室召开。会议就县重点工程建设进度，进一步完善县交通路网建设作研究部署。

2017年8月18日，扶绥县招商引资工作推进会在县党政办公楼4楼中会议室召开。县投促局空港管委会、青年产业园、山圩产业园分别汇报2017年以来本园区招商引资工作情况。

2017年9月6日，扶绥县统筹推进自治区重大项目和市、县“双10”项目建设专题推进会在县党政大楼4楼中会议室召开。县政府副县长冯艺刚汇报县统筹推进自治区重大项目和市、县“双10”项目建设情况、存在问题以及下一步工作计划，参会人员对县推进“双10”重大项目建设过程中存在的问题和困难进行讨论，研究提出解决问题的措施和办法。

2017年11月22日，扶绥县项目建设征地和经费保障工作专题推进会在县党政办公楼4楼中会议室召开，会议就项目征地及资金保障面临的困难和问题及意见建议作交流发言。

2017年12月5日，扶绥县2017—2018年榨季生产暨“双高”基地建设工作会议在县党政办公楼4楼大会议室召开。会议通报扶绥县2016—2017年榨季工作情况，部署2017—2018年榨季及“双高”基地建设工作。

重要决策

【开展“企业服务月”和“项目攻坚月”活动】 为及时有效地解决企业成长和项目建设中存在的困难和问题，确保企业能正常高效生产和项目施工的顺利推进，从而推动我县经济持续、健康、快速发展，县委、县政府决定在全县范围内开展2017年扶绥县“企业服务月”和“项目攻坚月”活动。活动时间从2017年5月16日开始至6月16日结束。活动共分3个阶段实施，第一阶段（5月16日至20日）为收集了解企业、项目困难和问题阶段，第二阶段（5月21日至6月13日）为研究解决问题阶段，第三阶段（6月14日至16日）为“回头看”检查阶段。活动目标是利用一个月时间，集中全县力量和资源，采取有效的、超常规的措施，对全县65家企业和36个重大项目在生产经营和建设中存在的困难和问题进行全面的排查、梳理、收集和归类，逐一破解制约企业生产和项目建设中的问题。凡属于县委、县政府权责范围内能处理解决的，本活动月内，全面解决。凡属于需上报上级相关部门处理解决的，要加强与上级的对接联系，落实责任人，倒排时间节点，为企业解决实际问题，争取在最短的时间内解决审批、用地、资金、政策等方面制约问题。

【开展“双高”基地建设】 为深入贯彻落实强农惠农政策，充分调动广大群众种蔗积极性，进一步树立种蔗信心，确保完成2017年“双高”基地建设各项目标任务，县委、县人民政府决定从2017年3月开始，在全县掀起以甘蔗“双高”基地建设为重点的生产建设新高潮。活动时间为2017年3月1日至4月30日。要求县四家班子领导、县直和区市直驻县各单位主要领导要按照《中共扶绥县委员会办公室、扶绥县人民政府办公室关于印发〈扶绥县2017年甘蔗生产工作方案〉的通知》（扶办发〔2017〕2号）精神，切实深入挂点乡镇、挂点片区开展指导帮扶工作，认真履行挂点责任，积极为挂点乡镇、挂点片区解决实际问题。各挂点责任单位每15天向县委、县政府督查室报告一次所挂点乡镇、挂点片区开展双高基地建设工作的进展情况，督查室汇总报告县委、县政府主要领导。

【做好“两篇大文章”打好“四大攻坚战”“双10”重大项目建设】 为进一步发挥重大项目在促进投资增长、推动产业转型升级方面的引领作用，主动做好重大项目的协调和服务工作，确保完成2017年固定资产投资目标。根据市委、市政府关于做好“两篇大文章”打好“四大攻坚战”的战略部署和《中共扶绥县委员会办公室 扶绥县人民政府办公室关于成立扶绥县贯彻落实市委、市政府做好“两篇大文章”打好“四大攻坚战”战略项目建设工作领导小组及专项工作领导小组的通知》(扶办发〔2017〕25号)精神,实施该项工作。工作目标是紧紧围绕市委、市政府关于做好“两篇大文章”打好“四大攻坚战”的战略部署,在全县关键领域和薄弱环节统筹推进一批重大项目建设,努力保持重大项目“开工一批、在建一批、投产一批、储备一批”的良好态势,实现重大项目建设的良性循环和可持续发展。力争全县2017年100个“双10”重大项目完成投资30亿元以上,为完成2017年固定资产投资目标任务奠定坚实基础。项目方案是在2017年统筹推进“双10”重大项目共100项,概算总投资297.8亿元,年度计划投资33.4亿元,其中,在建项目50项,计划总投资83.8亿元。储备项目50项,计划总投资214.1亿元。

【重大项目征地拆迁】 2017年11月22日,中共扶绥县委员会办公室、扶绥县人民政府办公室印发《关于印发〈扶绥县重大项目征地拆迁工作实施方案〉的通知》(扶办发〔2017〕54号)。工作目标和任务:紧紧围绕市委、市政府关于做好“两篇大文章”打好“四大攻坚战”的战略部署,在全县关键领域和薄弱环节统筹推进一批重大项目建设,努力保持重大项目“开工一批、在建一批、投产一批、储备一批”的良好态势,实现重大项目建设的良性循环和可持续发展。2017年至2018年扶绥县计划征地拆迁总面积为68793亩,已征地面积22643亩,待征地面积46150亩,共需兑付款21.51亿元。项目小组划分:2017年和2018年的征地拆迁区域划为县城区城市基础设施建设、空港经济区、青年产业园、山圩产业园、文化旅游、农业农村及扶贫工作组共6个板块,具体项目征地责任分工详见附表。重点征地区域:在建项目用地、谈成项目用地、2017年底至2018年的开工项目用地是全县大征拆工作的重中之重。此外,在开展项目用地征收工作的同时,要做好项目用地周边的土地储备。主要包括空港大道两侧、五洲大道两侧、上龙大道北面;边坡平整进深60米;老城区的秀湖、城东;新城区的青龙路、上龙路、龙华中学、南湖一带区域;空港经济区、青年产业园、山圩产业园路网;交通要道的山圩产业园至中泰产业园公路、将军岭码头疏港大道等。工作要求:按照“一个重大项目一份责任清单”的工作机制,强化项目征地拆迁工作任务保障服务与激励机制,实行重大项目征地拆迁任务与领导、绩效、资源、服务“四挂钩”管理机制,切实做到前期项目促开工,开工项目促进度,在建项目促竣工,确保完成全年固定资产投资和项目建设任务。在征地手续完备后,各项前期征地工作程序已履行的项目,仍不能推进的,各征地工作组将依法执行。

【打赢脱贫攻坚战】 工作思路:深入贯彻落实习近平总书记关于扶贫开发系列重要讲话精神,按照中央“四个全面”战略布局和扶贫开发总体思路,认真贯彻自治区、崇左市党委精准脱贫的工作决定,以40个贫困村“出列”、3万多贫困人口脱贫、全县建成小康社会为目标,以精准脱贫为手段,以改革创新为动力,以整村推进、重点区域开发为主战场,大力弘扬“三严三实”精神,深入实施精准脱贫基本方略,强化机制保障,严格领导责任,凝聚社会合力,加强基层基础,坚决打赢脱贫攻坚战。基本原则是:政府推动,群众主体;定向施策,精准发力;注重实效,突出增收;特困群体,政策兜底;解放思想,创新机制。主要目标是:2016年减贫5710人,贫困村脱贫出列4个。2017年减贫6390人,贫困村脱贫出列10个。2018年减贫6420人,贫困村脱贫出列14个。扶贫对象基本实现“两不愁、三保障”(扶贫对象不愁吃、不愁穿,义务教育、基本医疗和住房安全有保障)。2019年减贫4686人,贫困村脱贫出列12个。扶贫对象稳定实现“两不愁、三保障、两高于”(扶贫对象不愁吃、不愁穿,义务教育、基本医疗和住房安全有保障,贫困村农民人均可支配收入增幅和基本公共服务主要领域指标均高于全区平均水平)。实现“五有四通”(村村有特色富民产业、有合作组织、有公共服务场所、有安全饮用水、有新村新貌,20户以上的自然屯实现屯屯通电、通路、通广播电视、通宽带网,真正让贫困群众致富有路子、住上好房子、过上好日子,安居乐业奔小康)。主要做法:加强精准识别力量、精准识别贫困村(屯)贫困户、精准识别脱贫村脱贫户、建立扶贫大数据管理平台、充分运用精准识别成果。推进脱贫攻坚“十大行动”:特色产业富民行动、扶贫移民搬迁行动、农村电商扶贫行动、教育劳务创业行动、基础设施建设行动、科技文化扶贫行动、金融扶贫行动、社会扶贫行动、生态补偿和产权收益脱贫行动、政策兜底和农村“三无”“三留守”人员、残疾人关爱服务行动。保障措施:强化组织领导、加大扶贫投入、创新社会扶贫、健全考核机制、营造浓厚氛围。

县政府办公室工作

【政务信息】 2017年,共收集各乡镇及县直各部门信息409条,上报政务信息267条,其中自治区采纳19条、市级采纳55条。荣获全区《广西经济》协办先进单位。加强应急值守和突发事件信息报送工作,及时掌握、有效处置各类突发事件,最大限度地减少各类事故带来的损失。

【文秘工作】 严把公文政策关、格式关、法律关、文字关。2017年共制发各类公文1090件,共办理上级各类文件5241件,各单位请示报告件3050余件。电子外网完成线路铺设和设备安装工作。

【督查工作】 重点围绕《政府工作报告》重点工作、重大项目及群众关心的热点难点问题开展督查,2017年共开展专项政务督查工作42次,联合开展重点工作督查13次,会议督查8次,为政府决策提供准确重要的依据。提案议案办复率100%,其中县人大代表建议73份、政协委员提案65份。

机关事务管理

【概况】 2017年,县机关事务管理局扎实做好机关后勤保障各项服务工作,较好地完成机关后勤保障各项工作任务。机关廉政食堂严格遵守食材采购、处理、制作的程序,公务接待食物的安全性得到保障。公务用车的有效管理,为县委、县政府重大活动和突发事件及开展各项中心工作提供了车辆上的保障。公共机构节能有效开展,2017年全县用电总量1170.7225万度(1度=1千瓦·时),用水总量166.0028万吨,公务车用油总量47.459万升(其中汽油44.2793万升、柴油3.1797万升),其他能源消费量1539.1029吨标准煤(柴火、和液化石油气),天然气3.0877万立方米。总用能为3534.389吨标煤,人均标煤为48.99千克/人,单位面积标煤为3.33千克/米^2,人均用水量为22.98吨/人,各项主要指标有效控制在崇左市下达的指标范围内。日常服务工作顺利开展,上半年为党政办公室维修水、电设备,电梯、电脑、空调各种故障235多次,确保各类水电设施正常运转。做好各项会议的会务工作,全年共完成423场次会场布置及车辆调配工作。

【机关廉政食堂管理】 2017年,县机关廉政食堂按照《食品卫生法》要求认真做好食堂安全卫生工作,提高饮食服务工作质量,保证菜品供应及质量。职工食堂工作日期间开设早、中、晚三餐,每天精心编制菜单,确保菜肴品种的合理搭配,职工就餐合理价格。为创造良好就餐环境,要求干部职工就餐结束后自觉将剩余食物倒进残羹回收处,餐盘放在指定点,不仅保持了食堂的环境卫生,也提高餐桌的利用率。6月1日起,职工食堂开通微信公众号订餐预约功能。凡持有食堂就餐卡的个人在饭堂就餐,均需通过微信公众号订餐预约,饭堂根据预约人数安排用餐份数。职工食堂还承接公务接待、大中型会议工作餐等任务，每月均有公务接待、会议工作餐等任务120余次。

【公车改革及平台车辆管理】 2017年，县机关事务管理局扎实做好公务用车改革工作，建立长效机制，巩固改革成果。制定《扶绥县机关事务管理局应急机要通讯用车的管理制度》，对用车范围、用车审批程序、费用结报、油耗管理、运行维护、安全管理等作了明确的规定。根据上级公务用车制度改革领导小组办公室的要求，4月份完成了公务用车服务平台62辆公务车喷涂标识字样为“扶绥公务”，更加规范了平台车辆的管理。

【新能源推广应用】 按国务院和自治区节约型公共机构示范单位创建方案和标准要求，推进全县节约型公共机构示范单位创建。按照《公共机构节能节水技术产品参考目录》，推广使用节能节水技术产品。抓好学校单位锅炉、水泵、空调、电梯、照明等高能耗部位的节能改造。2017年，争取到自治区住建委节能改造资金400万元，对县人民医院、扶绥中学、扶绥县新宁镇第二中心小学进行了既有建筑节能改造，改造面积约9.8295万平方米。改造项目综合节能率在20%以上，达到考评节能率10%以上的要求，完成了节约型示范单位创建任务。

【新能源汽车推广应用】 2017年初，县机关事务管理局与柳州特来电新能源公司签订新能源汽车充电桩安装合同，9月份完成了16个充电桩的安装。11月通过实地考察、电话联系、邮件沟通等多种形式向多家新能源汽车科技公司详细地了解有关新能源汽车品牌、使用性能、租赁等有关费用预算等具体事项，与一家新能源汽车租赁公司签订新能源汽车租赁合同，拟定12月12日前提车并投入使用。

【机关办公用房管理】 2017年，为了做好机关办公用房的统一安排和管理，县机关事务管理局对各单位搬迁后的办公用房进行统一管理，对提出新增办公用房需求的单位，在现有的房源内进行科学安排制定方案报县政府审批。

政务服务管理

【概况】 2017年，县政务服务管理办公室在编人数6名，在职6名，设主任1名、副主任1名，内设综合股、技术监督股、政务公开股。县政务服务中心设有11个服务大厅（含国税、交警、农机3个分厅），全县47个具有行政审批职能的单位全部进驻县政务服务中心集中办理业务，进驻的审批事项486项，做到了“应进必进”。2017年，县政务服务中心共受理业务36014件，办结35954件，办结率达99%，群众满意率达99.9%。

【政务公开政府信息公开】 督促县直各有关单位做好自治区政府信息公开统一平台信息内容保障工作，及时、主动通过自治区人民政府信息公开统一平台、县政府门户网站等载体向社会公开政府信息，做好重要事项、监管信息、民生信息等重点领域信息的公开工作。2017年，扶绥县在自治区政府信公开统一平台上公开政府信息37464条。建立完善查询点，建立完善县政务服务中心、图书馆、档案馆政府信息公开查阅点，同时要求各乡镇（单位）主动报送相关公开材料到上述3个查询点，方便群众查询。加强对全县政务公开工作的日常督查，落实专门人员，针对自治区政府信息公开统一平台、县政府门户网站信息公开情况的日常督查。对未按照规定栏目和时限保障相关栏目信息内容的责任单位，进行全县通报并限期整改，督查整改情况纳入各单位年终绩效考评。

【举办政务公开业务培训班】 2017年3月10日，组织举办扶绥县2017年政务公开和政府信息公开业务培训班，全县各乡镇、各有关单位的信息员共80

多人参加培训。通过培训,信息员队伍对政务公开工作有了更清晰的认识,进一步熟悉和掌握了信息公开的工作流程,促进县政务公开工作走向规范化和常规化。

【第五届"政务公开日"活动】 2017年5月26日上午,组织有关窗口单位在县城中心区举行扶绥县第五届政务公开日活动。此次活动共有35个窗口单位,93名工作人员参加,制作宣传展板22块,印制6000多份服务指南发给群众,并给群众现场宣传政策、答复疑问和互动等。通过这次活动,使广大群众对政务公开工作有了进一步的认识,同时对一些行政审批事项如何办理也得到了进一步的明了,增强人民群众参与和监督政务工作的意识,为开展政务公开工作创造了良好的氛围,为树立政府良好形象起到了积极的推动作用。

【实施"多证合一、一照一码"】 在2015年9月8日开始实施"三证合一、一照一码",2016年10月1日实施"六证合一、一照一码"的基础上,2017年,继续深化商事制度改革,于2017年9月1日正式实施"多证合一、一照一码"。通过"一窗受理、互联互通、信息共享",实现工商登记信息在各部门之间的共享传输,将35个证合为一证,多码改为一码,多次申请改为一次申请,多个部门办理改为一个窗口办理,让企业和群众少跑路、少填表、少折腾。办理相关证照的时间由原来超过100个工作日缩短至3个工作日以内,压减时限97个工作日,极大地节省了企业的时间成本和经济成本。2017年,工商局窗口共核发"多证合一,一照一码"营业执照1278本。

【优化和编制行政权力运行流程】 2017年7月,制定印发《扶绥县编制和优化县乡两级行政权力运行流程工作方案》,组织召开扶绥县编制和优化县乡两级行政权力运行流程工作动员培训会、推进会、审核工作会议,组织全县46个县直部门、11个乡镇编制和优化县乡两级行政权力运行流程工作,于2017年12月底全部完成,并报上级业务主管部门、县编制办、法制办审核通过后,在县政府门户网站进行公开。

【召开首届政务公开新闻发布会】 2017年11月15日,召开扶绥县首届政务公开新闻发布会,由县委常委、常务副县长黄海瀚就2017年全县政务公开工作情况,向新闻媒体进行发布,并针对政务公开工作现场答记者问。县直各有关单位科级领导,区、市、县各级媒体记者参加新闻发布会,为全县政务公开工作深入推进营造良好的舆论氛围。2017年,扶绥县通过自治区政府信息公开统一平台、扶绥县政府门户网站等各类渠道,公开重要事项3000多条、监管信息200多条、民生信息3000多条、执法信息600多条。

接待工作

【概况】 2017年,扶绥县政府接待办公室有职工3人,副主任1名,工作人员2名。2017年接待办以提高接待服务水平为目标,充分发挥接待"载体"功能,履行了接待部门的职能作用,为领导机关顺利开展工作、扩大对外交流,推动扶绥经济社会快速发展作支撑和铺垫。县委、县人民政府接待工作原则上由县接待办统筹安排。程序是由县四家班子领导所在办公室开具接待审批单,经四大办主任批示同意后,县接待办盖章并确定接待地点和接待标准。反流程接待一律不予安排。如有特殊情况必须在事前征得县分管领导同意后,可先按接待标准执行,事后及时补办手续。县四家班子领导进行接待时,必须按照接待办指定的接待地点和接待标准进行接待,不得随意更改接待地点或提高接待标准。县接待办要经常与县四家班子领导所在办公室沟通,建立程序规范、协调顺畅的工作关系,共同做好接待工作。

【接待服务】 县接待办针对接待工作"利害攸关、联系广泛、事无巨细"的特点,坚持服务经济建设,服务机关工作的原则。围绕县委、县政府的重大经济活动,谋划作风建设新常态下接待工作新思路,掌握接待工作的主动权,2017年,圆满完成了各项重大活动的接待工作,全年接待中央、省(自治区)、市及各兄弟县(市、区)领导检查、考察活动共910批次,14000多人次。采取热情周到、优质服务的工作方式,做到高标准、严要求,慎思慎行、细致周到,满腔热情地为客人服好务。全年对主要接待点的服务员进行了多批次的岗位培训,提高了服务质量和水平。并根据本县的实际,注重挖掘既体现了县域特色,又宣传了本地特产。如水果方面有龙眼、荔枝、上龙西瓜等;特色农业方面有稻秆画、姑辽茶等;餐饮方面有客兰水库银鱼、东门白切鸡、广羊羊扣、岜盆皇鸽等。坚决贯彻落实中央"八项规定"精神,坚持一切从实际出发,不摆阔气,不讲排场,严格按照要求办事,既保证了接待工作的圆满完成,又节省了接待支出。

招商引资

【概况】 2017年,扶绥县投资促进局贯彻"热情招商、冷静洽谈、审慎签约、全力落实"十六字方针,狠抓招商引资工作。全县招商引资区外项目到位资金完成47.26亿元人民币,完成年度任务数45亿的105.02%;全口径利用外资到位资金完成2627万美元,完成年度任务数2500万美元的105.08%。密切跟进签约项目建设进展,服务于签约项目实实在在落地。2016年,全县在市级层面以上重大招商活动新签约项目7个,已开工项目4个,开工率57%,提前完成崇左市下达的完成上年度签约项目开工率达30%的目标。

【招商工作】 更新制作了新的扶绥投资宣传册,将扶绥投资概况与招商项目区分设计制作,收集汇总了项目落地审批流程,切实从客商角度出发研究制定招商推介资料。东盟博览会期间,牵头筹备参加崇左市举办的"台商崇左行"活动,进一步将扶绥向境外宣传。同时,牵头参与筹备县委、县政府举办的扶绥县合作共赢·共创辉煌政企交流活动,切实加强当地政府与驻地企业的联系,建立了"亲"与"清"的新型政商关系。加强与商协会、企业联系,拓宽招商渠道。主动出击走访上海、广东、浙江等地拜会广西驻地商会,促成了深圳水体集团、深圳丰捷电子等公司企业到扶绥考察投资。截至2017年底,共接待来自上海、浙江、重庆、四川、北京、广东等地客商共805批次,5771人。

【项目策划包装】 围绕农业产业化、特色食品加工制造业、智能制造业等3个产业作为全县2017年重点策划包装项目,计划新储备招商引资项目40个以上。以蔗糖精深加工为主题的产业策划包装工作已获批纳入区市联动策划包装,获区级专项包装经费10万元。

【招商成果】 2017年引进广西众鑫空间建筑工程有限公司投资的SF双层钢油罐项目,进驻青年产业园,建设现代化标准钢结构的厂房4万平方米,年产2500个SF双层钢油罐。广西名嘉钢结构工程有限公司投资的年产水泥搅拌设备400台、年产钢结构8万吨的建设项目,落户山圩产业园,项目总投资2.7亿元,占地180亩,规划用地面积12万平方米,建筑占地面积57400平方米,计容建筑面积127472平方米,其中钢结构生产车间38400平方米,喷涂车间3200平方米,成品存放车间17200平方米,办公楼4608平方米,宿舍楼8064平方米。广西荣桂物流集团有限公司投资的东盟国际贸易智慧服务信息港项目进驻空港管委会,占地面积约390亩,建设大型标准仓库、冷库、高架立体库、配载信息大楼、综合服务大楼、综合性跨境贸易电子商务平台、商务办公大楼及配套设施。广东美狐科技有限公司投资6亿元的年产30万立方米新型无醛OSB项目,落地林业剑麻产业管委会,项目占地面积约600亩,主要建设年产五层结构可饰面OSB40万立方米的进口连续平压生产线。总建筑面积约10万平方米,投资建设内容包括标准厂房和生产设备。

政协扶绥县委员会

重要会议

【概况】 2017年1月18日至20日，政协扶绥县委员会第十届第二次会议在县城召开，参加会议的政协委员173人，嘉宾、列席88人。会议听取和审议政协扶绥县第十届委员会常务委员会工作报告，听取和审议政协扶绥县第十届委员会常务委员会提案工作情况的报告。中共扶绥县委书记黄云革到会并讲话，政协委员作专题发言。审议通过政协扶绥县第十届委员会第二次会议政治决议及其他决议。全体委员列席扶绥县第十六届人民代表大会第二次会议。

【政协常委会议】 2017年召开政协常委会议4次。

1月12日召开扶绥县政协十届常委会第三次会议，会议审议并原则同意政协扶绥县十届委员会二次会议有关事项。审议并原则同意2016年政协调研报告和委员发言材料，会议要求办公室按照办文程序报县委、审议并原则同意《扶绥县政协2017年工作要点》。会议原则同意增补委员事宜，县政协十届委员增补黄文涛(中共党员)、冯莉妍(中共党员)、方纯斌(中共党员)、蒙映(中共党员)、唐静(非中共党员)等5名同志为县政协十届委员。协商讨论并原则同意调研报告和委员发言材料。

6月21日召开扶绥县政协十届常委会第四次会议，会议审议通过《政协扶绥县委员会服务管理办法(草案)》，由办公室按照程序印发给各位委员以及机关干部。审议通过《关于开展2017年度民主监督活动的实施方案(草案)》。审议通过《关于2017—2018年度委派政协委员担任民主监督员的工作方案(草案)》。审议通过《关于确定扶绥县第十届委员会界别召集人的意见(草案)》。

12月14日召开扶绥县政协十届常委会第五次会议，会议组织学习党的十九大报告精神，要求统一思想，深刻认识党的十九大精神的重要历史意义，切实把思想和行动统一到十九大精神上来。听取县扶贫办、教育局主要负责人作了扶贫、义务教育均衡发展工作的情况汇报，政协常委对扶贫和义务教育均衡发展提出了意见和建议。审议通过《政协扶绥县委员会委员履职工作规则(试行)》。审议通过2017年外出调研和学习考察报告，会议要求明年结合园区建设情况，选择8~10个扶绥县重点企业进行调研，深入了解企业发展存在的问题以及解决的意见和建议，形成调研报告，报县委、县政府。

12月28日召开扶绥县政协十届常委会第六次会议，会议协商确定政协扶绥县十届委员会第三次会议有关事项，协商确定表彰2016—2017年优秀委员事宜，协商确定表彰优秀提案和承办提案先进单位的事宜，原则同意《关于禁止两轮摩托车、电动车拉客的建议的提案》等9件提案委优秀提案和扶绥县住房和城乡建设局等8个单位为承办提案先进单位。

【主席会议】 2017年，县政协主席会议每月召开1次，政协主席会议组成人员出席会议，机关室委正、副主任列席会议。县政协主席会议及时传达学习中央和自治区、市委和县委会议精神，着眼全局工作，对接阶段任务，部署政协工作。对县委、县政府出台的重要政策措施和人民政协重要问题等进行协商，提出科学合理的意见和建议。审议了《县政协2017年赴区内外开展专题考察、调研活动工作方案（草案）》，审议了《关于规划建设旅游精品示范公路的调研报告》《关于利用地方特色文化提升扶绥县城市建设品位的考察报告》《关于加大力度整治渣土车乱象的调研报告》《关于开展乡村建设考察情况的报告》《关于有效利用甘蔗“双高”基地现有水利设施的调研报告》《关于开展现代农业示范区建设的考察报告》《关于加快建设湿地公园的调研报告》《关于加强文物建筑保护和利用的调研报告》等，协商确定关于开展2018年度民主监督活动的实施方案（草案）、关于委派政协委员担任民主监督员工作方案，会议协商确定2018年度调研、视察、考察课题等。对县政协工作要点、常委会议题、重要调研报告和重要提案等进行审议并作出决定。

主要工作

【提案办理】 2017年，扶绥县政协把提案办理工作作为服务民生的重要途径，健全党政领导领办、部门协办、多方联合督办、视察调研促办的提案办理工作机制，促进提案办理工作向全程协商、多方协商、开放协商转变。县政协十届三次会议以来收到的76件提案进行整理，共立案办理70件提案，落实了承办单位和责任人，由学习提案法制委不定时地抽查和督办，对重点提案各由一名副主席亲自督办。遴选出《关于加快整治522县道18公里处至24公里处路面，减少交通事故的建议》《关于加快建设东门镇易地扶贫搬迁配套项目（一期工程）的建议》等5件重点提案，由县政协主席、副主席领衔督办，为确保提案办理质量，县政协加强与提案办理单位的联系与沟通，强化责任主体，创新办理方式，规范办理程序，完善激励机制，加强跟踪督办，立案的70件提案已全部办复。

【民主监督】 2017年县政协共选派48名政协委员作为县人民法院、住房和城乡建设局、教育局、安全生产监督管理局、交通运输局、行政服务中心、人力资源和社会保障局、公安局、民政局、卫计局、水利局、国土局等12个职能部门民主监督员，促进受监督单位转变工作作风，提高办事效率和服务水平。推荐18名委员到政法、财税等部门担任人民监督员、廉政执法监督员、家事审判调查员、人民陪审员、特邀监察员等。选择了“扶贫移民搬迁建设项目”“乡镇污水处理厂建设项目”“通屯水泥路建设情况”“民族小学、民族中学建设”等四项县政府为民办实事工作，开展民主监督。通过开展民主评议、民主议政、整改提高等步骤，推动这四项工作的顺利进行。围绕基础设施建设、农村电商建设、教育发展、医疗卫生等民生工程，集中开展社情民意视察活动80多次，现场提出建设性意见和建议30多条。

【视察调研和考察活动】 县政协分组组织各界别政协委员围绕“争创全区县域经济发展示范县，争当全区县域经济排头兵，打造南宁卫星城”战略目标，赴福建、贵州、青海、江苏和上海等省外地区以及北海、柳州、钦州、桂林、玉林、河池和贺州等县外区内城开展8个专题调研和考察活动，积极参政议政、建言献策。围绕“充分利用地方特色文化，提升城市建设品位”专题，县政协副主席甘有潭组织委员赴北海市合浦县、海城区、铁山港区，柳州市融水县、三江县、桂林市龙胜县开展调研和考察活动。围绕“充分挖掘保护传承民族文化，助推扶绥文化与旅游产业融合发展”专题，县政协副主席甘有潭组织委员赴福建省福州市、永泰县、宁德市，贵州省遵义市赤水市开展调研和考察活动。围绕“学习借鉴先进经验，加快扶绥现代农业示范园建设”专题，县政协副主席凌德重组织委员赴玉林市玉州区，河池市大化县、都安县、环江县、金城江区开展调研和考察活动。围绕“学习借鉴先进经验，提高扶绥治旱成效”专题，政协副主席凌德重组织委员赴海省西宁市湟源县、海晏县、海北藏族自治州、湟中县、大通回族土族自治县开展调研和考察活动。围绕“加大建设力度，全力打造我县宜居乡村品牌”专题，县政协副主席玉植保组织委员赴贺州市平桂区沙田镇、富川县福利镇、朝东镇、隆安县开展调研和考察活动。围绕“整治泥头车乱象，从源头上加强城市环境管理”专题，县政协副主席玉植保组织委员赴上海崇明区、江苏省常熟市开展调研和考察活动。围绕“保护传统村落，传承民俗文化”专题，县政协副主席陈春红组织委员赴桂林市灌阳县、资源县、全州县，钦州市灵山县、浦北县、钦南区开展调研和考察活动。围绕“加快建设湿地公园，打造扶绥山水文化城”专题，县政协副主席陈春红组织委员赴贵州省独山县、清镇市、贵阳市南明区、花溪区、罗甸县展调研和考察活动。结合这些专题，各组在县内开展视察活动。根据县委的点题，县政协组织委员开展“扶绥金鸡岩景区打造成桂西南旅游圣地”和“左江扶绥段河沙开采与保护工作情况”专题视察调研活动，为县委、县政府决策提供依据。

【政治协商】 围绕全县中心工作，把县委、县政府的各项决策和工作部署作为政协工作的切入点，充分开展政治协商，形成整体协商、专题协商和对口协商等多层次政治协商格局。2017年1月下旬召开的十届二次会议组织委员围绕“一府两院”工作报告以及全县经济发展、精准扶贫、社会稳定、民生工程等工作的热点、难点问题协商，讨论发言并提出协商建议，切实履行职能，发挥了参谋助手作用。会上，4位政协委员分别围绕“加快引水进城建设提升城市品位”“建设南密西路破解交通拥堵难题”“建设扶绥县第三所高级中学提高教育整体水平”“优化林业生态布局打造美丽环境”等专题作了大会发言。紧扣中心工作专题协商，围绕县委、县政府中心工作，精心选题，在扶贫攻坚、义务教育均衡发展、农业示范区建设等方面开展专题协商，有效地提高了协商效果。围绕“扶贫攻坚工作”专题提出了加大投入，重点解决特困户住房及做好扶贫攻坚档案工作等意见和建议；围绕“促进义务教育均衡发展”专题提出了加强统筹领导，明确责任主体，重点破解项目工程建设进度缓慢等意见和建议；围绕“加快扶绥现代农业示范区建设”专题提出了修订完善规划设计、高标准推进园区建设等意见和建议。把握重点工作对口协商，紧盯事关扶绥长远发展的重点问题，加强与部门的沟通联系，进行多角度、多层次对口协商，着力推进解决一批群众关注的重点、难点问题。围绕甘蔗“双高”基地水利设施水费收缴困难等“瓶颈”问题，提出了采取多元化运营模式，确保水利设施良性运行等意见和建议；围绕“专项整治渣土车乱象”专题对口协商，提出了完善管理机制，加强综合治理等意见和建议。

【政协联谊】 组织政协委员赴北海、玉林、桂林等区内城市及福建、青海和上海等地进行考察学习，加强同当地政协联系与交往。赴福建省福州市、宁德市，贵州省遵义市等地开展“委员家乡行”活动，考察委员家乡在产业优化和投资环境等方面的先进经验和做法。接待甘肃、湖北等省政协到我县开展“现代农业发展”等专题调研工作，接待自治区政协到县考察发展坚果种植工作，接待梧州市长洲区政协和崇左市政协等15个省市县(区)政协考察团320多人次，围绕精准扶贫、乡村旅游建设、甘蔗“双高”基地建设和园区建设等工作进行了交流。

【文史和宣传工作】 2017年扶绥县政协成立《扶绥文史》第十辑编纂委员会，召开座谈会，部署文史资料征集工作。配合自治区政协完成《广西传统村落纪实》史料的上报工作，配合崇左市政协完成《崇左市委员风采实录》和《崇左名人录》史料的上报工作。征集到文史资料80多篇，征集到图片30多幅。狠抓政协报刊征订和宣传工作，为每位委员订阅《广西政协报》，被自治区、市、县各级媒体采用稿件130篇，其中国家级2篇、省级26篇、市级88篇，全面报道了扶绥社会经济发展取得的可喜成绩，有力地宣传了扶绥的形象。2017年县政协被自治区政协评为全区政协报刊宣传工作先进单位一等奖。

【参与招商引资和项目建设】 县政协领导积极参与项目建设，特别是在城南市民公园、同正大道、空港大道、南国铜业、金冠食品、广西水产畜牧学院等重点项目的建设中，深入工程一线了解情况，协调解决建设过程中遇到的实际困难和问题，为项目的顺利推进尽责出力。在全县开展“双月”活动中，县政协领导深入联系的企业开展调研，及时有效地协调解决企业和项目施工建设中遇到的困难和问题，确保企业正常高效生产和项目施工。

【参与和服务中心工作】 开展“委员联村联户，聚力精准脱贫”主题实践活动，组织引导县政协委员积极投身扶贫实践，县政协机关协调筹措资金5.15万元用于扶持贫困户发展产业等工作。深入乡镇引导群众积极参与和支持甘蔗“双高”基地建设，推进甘蔗“双高”基地建设和甘蔗集约化生产工作。协调筹措资金3万元用于义务教育均衡发展工作。

（郁超云）

人民团体

扶绥县总工会

【概况】 扶绥县总工会内设办公室、财务资产管理部、保障部、组织宣传女工部、经审办、困难职工帮扶中心、维权中心。下属事业单位县工人文化宫。2017年,扶绥县总工会管辖的基层工会有554个,其中年内新组建的基层工会26个。工会会员总数达到55418人,其中年内新发展会员2000多人。2017年,扶绥县总工会围绕中心,服务大局,充分发挥工人阶级主力军作用,牢牢把握工人运动时代主题,紧紧围绕全面深化改革的目标任务,着力固基础、强服务、促创新、谋发展,突出抓好服务农民工和维护职工合法权益工作,不断创新工会组织体制、运行机制和活动方式,夯实基层基础,提升工作质量,更加自觉地把工会工作融入全县经济社会发展之中,团结动员全县广大职工在加快推进县域经济建设中充分发挥主力军作用。2017年举办工会主席、经审业务、财务业务、困难职工帮扶等业务培训共3期,参加培训的基层工会人员达1200人次,增强基层工会人员业务知识水平,提高他们为职工服务能力。组织30多位职工(农民工)参加自治区、崇左市、扶绥县举办的职工职业技能大赛,参赛的选手有获得一等奖、二等奖、三等奖者,开拓了职工(农民工)技能互相交流的视野,积累经验,提高技能水平。充分利用农民工培训阵地的作用,联合扶绥空港培训学校,大力加强农民工技能培训工作力度,开设厨师、餐厅礼仪服务、家政服务等培训班5期,完成培训500多人,实现就业350多人,实现就业率70%。

【劳模管理】 为大力弘扬劳模精神,春节期间对50位劳模进行春节慰问并发放慰问金2.5万元,为生活困难的17位劳模发放补助资金6万元,筹措1.2万元组织20位劳模健康体检,还组织劳模到桂林疗养院修养。五一期间组织15位劳模到百色开展红色教育活动,召开劳模座谈会,激发广大劳模学习革命前辈、红七军精神,开拓创新、聚力发展的能动性,使广大劳动模范以更好的精神面貌和健康体魄投身扶绥建设。

【工会维权】 2017年,县总工会加大向全县企业宣传工资集体协商制度力度,促使企业落实工资集体协商制度。由于工作落实到位,已建立工会涵盖企业1277家,全县已有1265家企业全部建立工资集体协商制度,覆盖职工20963人,建制率99.06%,超额完成市总工会的目标任务。同时深入开展“农民工入会集中行动”和“特色建会”活动,到中国—东盟南宁空港扶绥经济区、广西剑麻—林产循环科技产业园等园区发动企业农民工加入工会。截至11月底,完成农民工入会23792人,完成了市总工会下达的任务(任务数为23725人),更好地指导农民工开展工资集体协商工作，做好农民工维权咨询服务，依法调解劳资纠纷，帮助和配合农民工依法维权。加强工会维权机制建设，县总工会设有2个律师团队，律师团队及时帮助协调职工维权，切实为职工解决了社会保险、工资拖欠、劳模享受待遇等合理诉求。律师团和法律援助服务站办理职工维权案件17件，为30多个职工（农民工）挽回经济损失30多万元。主动参与当地劳动仲裁案件处理10起，积极维护职工群众合法权益。

【民主管理】 进一步提高国有及国有控股企业职代会和厂务公开运行质量。加大在小型非公企业集中的区域、行业、园区建立区域（行业）职代会制度的力度，全县国有及国有控股企业13家全部建立职代会和厂务公开制度，建制率100%；公有制事业单位65家全部建立职代会和校务院务公开，建制率为100%。已建工会组织职工人数在100人以上的非公有企业单位23家，建立职代会、厂务公开的有23家，建制率100%；已建立工会组织职工人数在100人以下的非公有制企业中已建立厂务公开、厂务公开制度的有90家，建制率93%。职工董事职工监事制度得到了发展，成为公司制企业实行民主管理的新的重要平台，职工在企业的源头参与有了新的途径和保证。

【"送温暖"慰问职工】 2017年春节"送温暖"慰问活动中，共走访慰问9家企业、50位劳模、402户困难职工，共发放慰问金27.6万元，为他们送上了慰问金、大米、食用油、面条，给企业、劳模、困难职工家庭带去党和政府及工会组织的温暖。

【困难职工帮扶救助】 组织人员，认真核查困难职工建档情况，清理不合格档案，全面摸清和掌握困难职工基本情况、致困原因和自身需求，规范建档和帮扶程序，做到准确摸底、精准帮扶，确保帮扶资金发放精准、安全、有效。以救急济难、医疗救助为重点，对基层工会上报的救助申请进行了逐户审核，对2017年符合帮扶条件的37户困难职工家庭实施了医疗（生活）救助，共发放救助款14.56万元，每户获得1000~9500元不等的救助款，以实际行动为困难职工办实事做好事。

【夏季"送清凉"】 前往扶绥县空港大道工人文化宫项目工地、南友高速扶绥出口县公安局设卡执勤点、中东镇三哨小学、山圩产业园等开展"送清凉"慰问活动，慰问了县公安局、文化宫项目工地等一线职工（农民工）800多人，给他们送去了矿泉水、冰红茶、王老吉、擦汗巾、太阳伞等夏季防暑降温用品，把党和政府以及县总工会的关怀送到职工（农民工）心坎上。

【金秋助学】 经过困难职工个人申请、基层工会推荐、审核筛选、张榜公示、工作人员到户调查核实等一系列程序，最终确认帮扶对象，筹措34万元资助全县148名困难职工（农民工）家庭子女上学，其中大学生102名、高中生46名，解决困难职工、农民工子女上学难的问题。

【职工医疗互助保障】 积极筹备职工医疗互助保障工作，组建了职工医疗互助保障活动扶绥县代办点，成立了机构，安排两位工作人员专门负责代办点工作。同时积极宣传发动基层工会参加互助保障活动，举办了3期专题培训班，发放《广西职工医疗互助保障活动宣传册》5000多份，有50个单位共4280人参加互助保障活动。遇到参保职工出险后，在第一时间为其办理相关手续，及时上报材料，及时送达赔付金。2016年为41位患病职工争取医保赔付金44.175万元，为患病职工家庭解决后顾之忧。

【职工文体活动】 2017年春节和"五一"国际劳动节期间，组织全县基层工会会员举办拔河比赛、气排球赛、游园活动，参赛单位达50多个，参加活动3000多人。五一期间，还组织劳模到百色开展红色教育活动，召开劳模座谈会。组织干部职工参加市总工会机关工会组织的迎新春晚会。12月10日，组织开展扶绥县2017年基层工会单身职工交友（相亲）联谊活动，参加活动的男女职工81人，成功牵手5对，其中2对已确定恋爱关系。

【非公企业工会组建】 2017年，县总工会按照“广普查、深组建、全覆盖”的工作要求，创新建会思路、组建形式和入会方式，加强宣传教育力度，积极依法推动企业普遍建立工会组织，提高工会组建率和职工入会率。据统计，2017年扶绥县在全国非公企业法人数据库中有1224个企业，全部建立了工会组织，组建率达100%，超额完成市总下达组建任务。

共青团扶绥县委员会

【概况】 共青团扶绥县委员会下设26个基层团委、6个团总支、402个团支部，现有共青团员7675人。团县委内有行政编制4名，其中书记1名、副书记2名、科员1名。另有西部计划志愿者1名，公益性岗位人员1名。2017年，扶绥县各级团组织共获得2016年度“广西优秀共青团员”1名，“广西优秀共青团干部”1名，“广西五四红旗团委”2个，“广西五四红旗团支部(总支)”1个。获得2016年度“崇左市优秀共青团员”6名，“崇左市优秀共青团干部”4名，“崇左市五四红旗团委”3个，“崇左市五四红旗团支部(总支)”2个。

【团组织建设】 贯彻落实《关于新形势下推进从严治团的规定》和中央党的群团工作会议精神，落实从严治团要求，通过逐级下达发展计划、调控团员数量、严把入团关口、实行发展团员编号制度、加强督查指导等方式，加强县域内各学校团委发展团员调控工作，保证团员队伍的先进性，增强团员意识。利用村（社区）“两委”换届契机，稳步推进县、乡、村三级团组织按期换届，11个乡镇、132个村（社区）均配齐了团组织班子。持续开展“青春引擎”基层团干部培训工作，全面提高扶绥县基层团干部队伍的综合素质和能力水平。深入贯彻落实《中共中央关于加强和改进党的群团工作的意见》和自治区党委《关于贯彻落实〈中共中央关于加强和改进党的群团工作的意见〉实施方案》，结合实际，制定并印发了《共青团扶绥县委改革实施方案》（扶办发〔2017〕78号），进一步推动组织体系、干部队伍、管理模式、作风建设、工作方式、运行机制和体制创新等领域改革。

【召开共青团扶绥县第十七次代表大会】 2017年11月17日，共青团扶绥县第十七次代表大会胜利召开，参会代表125名，会议选举产生共青团扶绥县第十七届委员会委员21名，候补委员9名，赵春玉当选为共青团扶绥县第十七届委员会书记，连阖任、谭茂霞当选为副书记。

【青少年思想教育】 2017年团县委始终把青少年思想道德教育作为团的工作的首要政治任务，以实践教育活动提升青少年思想素质，加强青少年思想引领，组织开展了系列活动。开展“学习雷锋，我为志愿服务代言”活动，组织县直团组织开展便民服务一条街、组织高校志愿者开展“我为创城添动力”等活动，进一步在扶绥县广大团员青年中弘扬雷锋精神，推广志愿文化，进一步推动扶绥县团员青年学雷锋志愿服务活动持续有效深入开展。团县委对2016年度在全县各行业、各战线上涌现出来的42个先进集体和优秀个人进行表彰，分别授予荣誉称号。通过表彰典型，带动全县广大基层团组织和团员青年形成敢于担当、勇争第一的浓厚氛围。以春季“开学第一课”为契机，组织全县中小学深入开展争当践行社会主义核心价值观引领者和法制宣传教育活动，通过送法进校园、举办公检法司消防开放日，带领中小学生走进看守所、拘留所、戒毒所，进行警示教育等，进一步帮助青少年树立正确的价值观，增强法制观念。在五四期间，结合扶绥县实际，开展中学组“学总书记讲话　做合格共青团员”主题演讲比赛，青年组“奋斗的青春最美丽”主题演讲比赛。参赛的青少年用生动的事例和充沛的情感表达，激发了扶绥青少年对新时代下五四精神的理解和担当。

【青年志愿服务活动】　2017年，团县委积极组织动员青年开展志愿服务活动，全面助力扶绥县创建区级文明城市工作，大力弘扬雷锋精神，广泛传播志愿服务理念，深入推进创建自治区文明城市志愿服务工作。3月，团县委联合桂林理工大学空港校区团委，组织消防、公安局、检察院、法院、审计局、地税、中威燃气、疾控、县妇幼、科技学院等140名青年志愿者，在桂林理工大学空港校区种植了火焰花、紫薇、香樟、桃树、小叶榕等树苗共计200余棵。春运期间，团县委组织志愿者100余人次在扶绥汽车站围绕返乡旅客展开了包括购票指导、出行咨询、免费提供开水和晕车药、重点旅客帮扶等便民利民服务。在服务返乡群众的同时，还向车站旅客发放了1000多份创建全区文明城市倡议书。2—6月，团县委多次联合县交警大队，共组织200余人次大中学生志愿者在县城各主要路口及繁华路段开展文明交通志愿劝导活动，为建设畅通、安全、有序的道路交通秩序作出了积极的贡献。学雷锋月期间团县委组织160余名青年志愿者在县城松江街回归园广场开展了扶绥县创建自治区文明城市志愿服务大签名、免费理发、法律宣传与咨询、假币识别、金融知识宣传、爱心义诊、用电安全知识宣传、清理违章小广告、文明交通劝导、发放创建自治区文明城市倡议书等志愿服务，以实际行动弘扬雷锋精神，践行社会主义核心价值观。在六一儿童节来临之际，团县委联合桂林理工大学空港校区团委，组织各个乡镇团委、爱心义工协会共30多名志愿者，带领20余名扶绥县事实孤儿开展庆“六一”暨带领孤儿感受城市新变化活动，以实际行动唤起全社会对残疾儿童、特殊儿童等弱势群体的关爱，在广大团员青年中弘扬雷锋精神，推广志愿文化，增强广大青年对社会的责任感和使命感。

【打造服务青年品牌】　为丰富各界青年的业余生活，搭建青年间相互学习和交流的平台，团县委创新开展了形式多样的服务青年活动，着力打造服务品牌。团县委为了更好地凝聚青年、服务青年，2017年举办了第九届“青春飞扬·缘聚扶绥”青年联谊活动，丰富扶绥县团员青年的业余生活，搭建团员青年间相互学习和交流的平台。举办暑期服务各界青年活动，该项活动旨在为机关事业单位用人搭建桥梁的同时，为大学生积累经验提供平台。2017年来自包括广西大学暑期实践团在内的区内外20余所高校的150余名优秀大学生参加了活动。并在培训结束后分赴全县60余个基层党政机关、事业单位进行为期一个月以上实岗锻炼。开展大、中学生“1+1”基层培养计划活动。大、中学生“1+1”基层培养计划，为给青年学生提供深入基层、服务群众的锻炼成长平台，2017年，扶绥县以城中绿化、走访扶贫、村(社区)两委换届、噪声影响这四个主题对参与大、中学生“1+1”基层培养计划的同学进行分组开展调研。

（廖树莹）

扶绥县妇女联合会

【概况】　2017年，扶绥县妇女联合会县妇联核定编制4名，有在职人员4名，其中主席1名、副主席2名、主任科员1名，退休干部5名。全县乡(镇)妇联组织11个，村(居)级妇联组织132个，机关、企事业单位妇委会109个，“两新”组织妇委会17个。2017年县妇联围绕县委县政府中心工作，凝心聚力统筹城乡妇女发展，民本为先增进妇女儿童福祉，促进全县妇女儿童事业新发展。2017年，县妇联围绕脱贫攻坚工作大局，深入实施“产业到家　牵手妈妈”巾帼脱贫行动，以巾帼脱贫示范基地为依托，带动贫困妇女脱贫增收，利用基地资源面向贫困妇女开展免费技术培训，2017年共培训妇女500多人次，扶绥广羊农牧有限公司黑山羊养殖基地被自治区妇联命名为“自治区巾帼脱贫示范基地”。深入实施为民办实事工程，争取到上级奖补资金和本级财政投入共计56万元，创建28所为农村留守儿童及其家庭提供游戏、娱乐、教育、卫生、社会心理支持和转介等服务的儿童家园，其中脱贫摘帽村“儿童家园”9所。实施妇女小额担保贷款，全年累计发放贷款196万元，获贷妇女25人。实施政府购买“儿童家园”和“妇女之家”服务项目，与扶绥县爱心义工协会合作，以项目化运作方式，在那宽、碧謇、岜伦、弄洞姑辽、那贵5个村实施政府购买服务项目试点。实施困境妇女儿童关爱工程，与县卫计委联合实施农村妇女“两癌”（乳腺癌和宫颈癌）免费筛查项目，2017年共有7751名妇女参加免费检查。争取到全国妇联“贫困母亲两癌救助专项基金”31万元，为31名农村贫困“两癌”妇女给予每人1万元救助。协调社会各界开展关爱困境儿童活动，2017年共慰问贫困及留守儿童75人，发放慰问金及慰问品累计2.25万元。

【组织建设】 2017年，利用村（社区）“两委”换届契机，同步推进村级妇联组织改换届暨妇代会改建妇联工作，共选举产生村（社区）妇联主席132名，村（社区）妇联副主席658名，村（社区）妇联执委922名；共有196名妇女进入村（社区）“两委”，占“两委”成员总数的22.3%；有17名女性担任正职，其中7名支书、主任一肩挑。实施乡镇妇联组织区域化建设，11个乡镇新增执委82人，新增兼职副主席34名。2017年11月28—29日，县妇女第十二次代表大会胜利召开，凌娟当选为第十二届妇联执委主席，李少玲、唐燕新当选为副主席。

【主要活动】 2017年3月3日，在扶绥县体育馆举行扶绥县2017年“三八”妇女节“农商行”杯女子气排球比赛，并同时启动扶绥县“争做文明女性　共创文明城市”主题实践活动，号召全县广大妇女参与自治区文明城市创建活动。3月16日，在扶绥县水厂三楼会议室举办“巾帼花开别样红”女性专场道德讲堂，来自全县各行各业的6名优秀典型女性代表登台演说，用她们自己的故事传承榜样精神，传播敬业奉献的精神力量。3月28日，组织100多名巾帼志愿者开展“共植百年巾帼树　创建山水园林城”义务植树活动，通过活动激发广大妇女和家庭环保意识，共建美丽扶绥。深入开展寻找“最美家庭”活动，以“争做最美女司机·文明礼让斑马线”倡议活动和“好媳妇”“好婆婆”评选活动为载体，延伸和拓展寻找“最美家庭”活动形式和内涵。经由县妇联推荐的潘建德家庭荣获2017年广西“最美家庭”荣誉称号，潘建德和莫乃军家庭荣获崇左市“最美家庭”荣誉称号。2017年，县妇联继续深入开展“争做合格家长、培养合格人才”家庭教育活动，全年共举办教育家庭讲座4场次，受益群众300多人。

【女干部培训】 2017年5月26日至27日，在扶绥县党政大楼四楼会议室举办科级女领导干部能力提升研讨班。县委常委、纪委书记对参加培训班的学员就“廉洁从政与廉洁家风建设”为主题进行授课。还邀请中共广西区党校教师苏曼丽就女性领导干部心理健康与调适这一课题对学员进行授课。27日，到渠黎镇吴西故居开展“不忘初心跟党走，争做党的好女儿”为主题的户外素质拓展训练，在吴西故居前重温入党誓词。到县青年产业园考察学习炎鑫度假村非公经济党组建设工作。11月27日，在扶绥县职业技术学校举办全县基层妇女干部培训班，轮训村“两委”女干部。广西妇女干部学校校长赵迪琼就《党的十九大精神及男女平等基本国策》对学员进行授课，图文并茂的授课方式让大家深刻领会党的十九大精神，进一步提高她们的综合素质和参与村级事务管理的能力。

【维权服务】 2017年，县妇联加强与公、检、法、司部门合作，以“建设法制中国　巾帼在行动”为载体，利用“三八”维权周、6·26国际禁毒日、12·4法制宣传日，进校园、进机关、进农村，开展一系列丰富多彩的法治宣传活动，全年共开展开展普法、禁毒防艾宣传活动11场次，有效促进社会和谐稳定。推动县法院、公安局等执法部门合力开展对家庭暴力的预防、打击工作。参与县人民法院家事审判改革工作，多元化解家庭矛盾纠纷。2017年3月，县妇联推荐县人民法院参评并被全国妇联授于“全国维护妇女儿童权益先进集体”荣誉称号。

文学艺术界联合会

【概况】 扶绥县文联现有编制4人，在职4人。设主席1名，副主席1名，《甜乡》编辑1名。县文联下设8个协会，会员人数500多人。2017年，县文联充分发挥联系、协调、服务职能，团结带领各文艺家协会和广大文艺工作者，围绕中心，服务大局，积极主动，开拓创新，较好地完成上级安排的各项工作任务。2017年坚持把《甜乡》作为文艺主阵地，把提高《甜乡》质量作为培养文艺人才切入点，扎实做好各项文艺工作。通过认真执行编辑责任制，严把稿件质量关，进一步提高《甜乡》办刊质量，增强所设栏目的可读性，在刊物质量上、时效上取得新突破，提高刊物的影响力和知名度。通过开展作品评选、培训、交流，发现了一批新人，鼓励了一批新人，培养了一批新人。以举办文艺活动为载体，引导更多文艺人才深入生活、深入实际、深入群众，为文艺人才提供切磋技艺、展示作品的平台。以“中国梦”为主题，积极组织广大会员深入群众、深入生活，采集鲜活的创作素材，通过举办各种创作培训、讲座、沙龙等活动，为培育精品和人才创造催生环境，激发文艺爱好者创作出优秀作品，以文艺的形式讴歌时代主旋律，反映扶绥县新变化。通过举办各类文艺征稿和展览比赛、各种文艺采风活动、实施“文化惠民”活动等，为精品创作积累素材，丰富群众文化生活，全力促进文艺发展。

【文化阵地建设】《甜乡》是扶绥县委宣传部主管，县文联主办的文艺刊物，是文艺爱好者创作交流的平台，主要刊发名家和扶绥作者较为优秀的文学作品以及书法、美术和摄影等作品。2017年，县文联共组织编辑出版4期《甜乡》文艺内刊，并对《甜乡》进行全面改版，版面由原来的A4开版本改为小十六开版本，共刊登文艺作品240多篇（幅），50多万字。继续开设的“小说之窗”“散文随笔”“诗海拾贝”“扶绥天地”“校园花蕾”等专栏，得到广大读者认可，成为刊物的品牌专栏。

【文化惠民活动】 2017年1月，组织书法家协会会员与广西书画研究院书画家到渠黎镇笃邦村联合开展“书画迎春·文艺进基层”义务书写春联活动，为群众免费书写了1000余幅春联、福字及年画。春节期间，在扶绥县剧院举办扶绥县“文明创城迎春”书画摄影作品展，共展出作品90多幅，其中书法作品41幅、美术15幅、摄影39幅，参展人数达2000余人次。3月4日在县文化广场开展“龙行天下　聚扶绥”扶绥县2017年二月初二龙抬头节活动中，组织12名书法家共同在50米长卷上书写“龙”字为二月二“龙抬头”助兴。4月26日至5月1日，在县文化艺术展览馆举办2017年“精彩三月·活力扶绥”三月三书画摄影作品展，共展出作品93幅。10月12日，在县剧场组织举办“扶绥县喜迎十九大·文艺惠民工程文艺展演”，来自全县各乡镇的14个文艺队的15个节目参加了展演。

【组织会员参展参赛】 2017年3月，组织选送19幅书画摄影作品参加“崇左市三月三”书画摄影展。5月，组织山圩镇山圩社区文艺队和中东镇中东社区文艺队参加崇左市文艺村展演活动，并取得了优异成绩。山圩社区文艺队的采茶话剧《外婆送背带》获得最佳创作奖，中东社区文艺队的山歌《精准扶贫结硕果》获得优秀奖。9月，组织选送3幅摄影作品参加崇左市文联和防城港市文联举办的“山海之韵”摄影作品联展。10月，选送马云芳的美术作品《暖冬》参加崇左市文联和来宾市文联举办的“庆祝十九大胜利召开”书画作品联展。10月至11月，成功承办了“梦境姑辽”首届手机摄影大赛。该次活动共收到239幅作品，按组别相机组和手机组，分别评选出一等奖1幅、二等奖2幅、三等奖3幅和优秀奖10幅，为姑辽屯打响乡村旅游品牌名声奠定了良好基础。

【采风创作活动】 根据区、市文联“深入生活，深入群众”文艺创作要求，开展结合实际、思考生活、深入群众进行采风创作活动。4月10—13日，组织会员10余人到崇左市广西中国—东盟青年产业园、昌平乡、中东镇和东门镇开展文艺采风创作活动。11月30日，组织县摄影家协会会员13人到中东镇开展采风创作活动，以真实的镜头记录中东镇在经济建设中涌现出来的新变化、新面貌、新景象、新风尚。

【文艺创作及获奖情况】 2017年5月，在崇左市文艺村展演活动中，山圩社区文艺队的采茶话剧《外婆送背带》获得最佳创作奖，中东社区文艺队的山歌《精准扶贫结硕果》获得优秀奖。9月，陆居平的作品《丰收的喜悦》《扶绥龙头社区游神节》、黄红宁的作品《红棉报春》入选崇左市文联和防城港市文联合举办的“山海之韵”摄影作品联展。10月，马云芳的美术作品《暖冬》入选崇左市文联和来宾市文联举办的“庆祝十九大胜利召开”书画作品联展。12月7日，山圩社区和中东社区被广西文联命名为“‘千村万户文艺惠民工程’文艺村”。县文联在2017年全市文联系统工作中荣获优秀奖。组织编撰了编辑出版诗歌集《龙乡韵》，此诗集共收录现代诗歌、格律诗等375首。组织编辑出版了散文集《笔架逸墨》，散文集共收录扶绥籍作者散文作品51篇。

扶绥县科学技术协会

【概况】 扶绥县科学技术协会（以下简称县科协）是扶绥县科学技术工作者的群众组织，正科级参公单位，科协机关人员编制为4名行政编制（其中主席1名，副主席2名，综合办公室负责人1名）。下设扶绥县科学技术咨询服务中心（二层单位，事业编制），人员编制2名（其中主任1名）。2017年，县科协围绕年初制定的目标任务和全县中心工作，积极服务基层、服务“三农”，取得了较好的工作成效。先后组织成立扶绥县古茶树保护协会和扶绥县富利竹鼠养殖协会。继续多方面扎实推进全民科学素质纲要建设，印发扶绥县全民科学素质行动计划纲要实施方案（2016—2020年），突出重点，推进公务员、农民、青少年、进城务工人员等“四大重点人群科普素质行动计划”，实施“四项基础工程”建设，针对薄弱环节和突出问题，提出并落实相关措施，落实政策、投入、队伍等相关保障条件，探索、研究加强公民科学素质建设的工作模式和机制，总结经验，指导各乡镇、各部门推进实施工作。承办2017年“全国科技工作者日”崇左活动暨广西城市职业学院“第五届技能活动月”活动，充分利用广西城市职业学院科普设施为扶绥县广大中小学生开展无人机、机器人演示以及大学生职业技能比赛等，丰富中小学生节日活动内容。

【开展技术培训】 广泛开展各类技术培训，协调新宁、东门、龙头等乡镇和县直有关部门，邀请区、市、县有关专家举办“甘蔗、坚果种植管理技术”“蛇、龟特种养殖”等5期农村适用技术培训班，培训群众800多人次，发放科普资料3800多份。5月7日、5月24日分别邀请广西医科大学及县医学专家共13人分别到柳桥镇、东门镇为当地群众进行义诊活动，群众踊跃参加活动，达750人次，发放资料826份，免费发放药品680元。7月14日在渠黎镇开展柑橘秋梢促梢保果管理技术培训班，培训80多人次人，发放资料300多份。9月18—19日在扶绥县广羊农牧有限公司举办2期山羊养殖技术培训班，培训人数260多人次，发放资料700多份。10月12日邀请广西兽医专家陈梦林教授到中东镇百域村举办竹鼠养殖培训班，参加培训群众70人，发放资料230多份。10月23日邀请广西龟鳖协会副会长（兼秘书长）、水产高级工程师黄艳阳同志到县举办名龟养殖核心技术培训班，参加培训103人，发放资料300多份。

【"全国科普惠农兴村"项目申报】 2017年2月，县科协组织推荐扶绥县马志农牧有限公司肉牛圈养科普示范基地、广西扶绥县城石子岭蛇场基地、科普带头人黄林、谢文颖等参加全国、全区"科普惠农兴村计划"先进单位、先进个人评选，各种材料及时报送中国科协、广西科协评审。科普带头人黄林在3月荣获广西"科普惠农兴村计划"先进个人，奖补资金2万。扶绥县黑山羊养殖基地荣获"基层科普行动计划"科普示范基地项目，投入15万建设广羊黑山羊养殖基地，建设培训室、科普中国农村科普e站等科普设施。

【举行科普教育基地揭牌仪式】 2017年1月23日上午，扶绥县在龙谷湾旅游休闲度假区举行市、县科普教育基地揭牌仪式。市科协主席田芳颖，县委副书记苏勇，县委常委、宣传部部长、副县长陈英，县委常委、副县长苏明以及市科协、县旅游局、县科协、县教育局等单位相关人员和扶绥县龙华中学部分学生代表参加了揭牌仪式，市、县科普教育基地的成立将推动崇左市、扶绥科普事业的发展。

【开展"科技活动周"活动】 5月24日，广西少数民族科普工作队、县科协在东门镇举办2017年扶绥县"科技活动周"系列活动暨科普大篷车进集镇活动，参加这次活动的单位有广西少数民族科普工作队、广西地质博物馆、县科协、县农业局、县国土局、县科技局、县水产畜牧兽医局、县地震局、县糖业办。活动的内容有文艺表演、展板、报刊、杂志、画册资料发放、科普知识有奖问答、专家现场技术咨询、免费义诊看病、农业新技术新产品推介、车载展教具操作演示等。活动期间，共为群众免费义诊250人次，发放科普资料1560份，科普咨询1300人次。

扶绥县残疾人联合会

【概况】 扶绥县残疾人联合会属参照公务员管理单位，性质为人民团体机构，有事业编制5人，实有在职在编人员4人，内设综合股，下设残疾人就业服务管理站和残疾人康复站，均为财政全额拨款事业单位。扶绥县残疾人劳动就业服务管理站事业编制3人，在职在编人员4人。扶绥县残疾人康复指导站事业编制3人，在职在编人员3人。全县形成了以县残联为主导、乡镇残联为骨干、村（社区）残协为依托的残疾人组织网络，"机构健全规范、队伍稳定实干、服务功能完善"的基层残疾人组织"三级网络"体系基本形成。各乡镇均设立了残联办公室，并按要求进行了换届选举，选举产生了乡镇残联理事长。落实好专职委员145人，其中乡镇11人、社区17人、村117人。截至2017年12月31日，全县已办理第二代残疾人证的持证残疾人11421人，其中视力残疾人2320人，占办证残疾人总数20.3%；听力残疾人913人，占办证残疾人总数8%；言语残疾人131人，占办证残疾人总数1.1%；肢体残疾人5544人，占办证残疾人总数48.5%；智力残疾人875人，占办证残疾人总数7.7%；精神残疾906人，占办证残疾人总数7.9%；多重732人，占办证残疾人总数6.4%。县残联　2017年1月获广西壮族自治区残疾人工作委员会授予的"全区残疾人工作先进单位"称号。

【落实残疾人关爱政策】 联合县民政局落实《广西困难残疾人生活补贴和重度残疾人护理补贴实施办法》，做好残疾人"两项补贴"审批核实工作，为2628名残疾人发放生活困难补贴，为4056名重度残疾人发放护理补贴，每人每月分别发放50元，共发放补贴资金312.85万元。推进落实重度残疾人和贫困残疾人参加城乡居民基本养老保险个人缴费部分由政府全额代缴优惠政策和城镇重度残疾人参加城镇居民基本医疗保险由政府全额补助优惠政策，城镇重度残疾人1483人获得参加城乡居民基本养老保险个人缴费部分补贴，1223人获得参加城镇居民基本医疗保全额补贴。继续抓好农村建档立卡贫困户残疾人和农村重度残疾人参加城乡居民基本医疗保险补助政策，全县1483名重度残疾人享受新农保个人缴费政府补贴，共补贴资金19.896万元。其中，316名农村贫困残疾人争取县民政局加大困难残疾人“应保尽保”政策的落实，扩大困难残疾人生活困难保障覆盖面，2664名困难残疾人纳入最低生活保障。通过低保兜底、残疾人“两项补贴”、新农保个人缴费政府补贴等社会救助措施，困难残疾人的基本生活进一步得到改善。抓好残疾人证审核发放工作，全年共核发残疾人证1174人，保障了残疾人获得普惠和特惠政策的权益。落实《落实严重精神障碍患者监管护理责任实施以奖代补再差的暂行办法》和《加强肇事肇祸等严重精神障碍患者救治救助工作实施意见》，228名严重精神患者获得监管护理补贴。加大《残疾人就业条例》宣传力度，推动残疾人按比例就业，全县残疾人按比例就业83人，比上年增加10人；征收残疾人保障金656万元，比上年增收535万元。抓好“扶残维权工程”，为51户贫困残疾人家庭实施无障碍改造，为132户贫困残疾人家庭实施危房改造，为134辆残疾人机动轮椅车发放燃油补贴。

【推进残疾人脱贫攻坚】 实施《扶绥县脱贫攻坚农村“三留守”人员和残疾人关爱工作实施方案》，实施“党员扶残温暖同行”项目，对150名就业年龄段建档立卡贫困户残疾人给予每人1000元扶助资金扶持生产，并由乡镇和村党组织指定责任心强、扶持带动能力强、有爱心的党员干部与帮扶对象结对帮扶。实施“阳光家园计划”——智力、精神和重度肢体残疾人托养服务项目，为199名智力、精神和重度肢体残疾人实施居家托养服务，每人补贴1500元；为82名住院治疗精神残疾人实施机构托养服务，每人补贴1500元。实施“阳光助残扶贫基地”建设项目，继续与扶绥县瑞笔坚果种植农民专业合作社合作，扶持该合作社20万元，再由该合作社为100户贫困残疾人免费提供每户55株坚果苗，辐射带动全县残疾人家庭发展坚果种植。实施“阳光助学计划”——特殊教育学校学生资助项目，资助170名在县特殊学校就读的残疾学生，每人资助400元。开展农村贫困残疾人实用技术培训，为205名就业年龄段建档立卡贫困户残疾人免费开展农村残疾人实用技术培训，使接受培训的残疾人都掌握1~2门实用技术。抓好残疾人自主创业扶持工作，为32名贫困残疾人自主创业进行扶持。其中，自治区财政资金扶持12人，每人扶持5000元，县财政资金扶持20人，每人扶持2000元。落实《自治区残联关于进一步推动建档立卡贫困残疾人办理残疾人证的通知》精神，开展为出门困难的贫困残疾人免费上门评残服务活动，共为139名贫困残疾人免费评残发放残疾人证，让他们及时享受国家各种优惠政策。

【精准康复服务】 县残联协调有关部门，整合资源，创新工作思路，狠抓工作落实，完成基本康复服务1739人，完成自治区残联下达任务104%，完成基本辅具适配服务949人，完成自治区残联下达任务201%。巩固“全国白内障无障碍县”成果，继续对白内障患者提供复明手术救助，共为674名白内障患者提供康复服务救助。实施“复明18号”复明扶贫项目，为299名白内障患者提供复明手术救助。依托康复中心，继续开展0~6岁残疾儿童抢救性康复服务，全县29名0~6岁残疾儿童接受康复训练。精准康复服务工作走在全市、全区前列，2017年9月6日，县残联作为全区6个典型发言的市县之一，在自治区残联召开的全区残疾人精准康复服务工作推进电视电话会议上作了典型发言，自治区残联还将扶绥县的工作经验作为全区精准康复服务工作经验交流材料之一以文件形式印发在全区推广。

【开展助残扶残活动】 积极开展第二十七次全国助残日活动。5月22日，在县城回归园开展义诊及助残宣传一条街活动，发放宣传资料2000份，接受残疾人体检和咨询服务200多人。活动当天，还组织扶绥县笔架山爱心协会的志愿者们到县特殊学校和县康复中心慰问特殊残疾儿童，在县残联康复中心开展集中假肢安装取模服务活动，为13名有安装假肢需求的肢体残疾人安装假肢取模服务。开展免费评残活动，组织评残医生和工作人员深入到各村屯为出门困难的贫困户重度肢体残疾人免费办理残疾人证服务，共为139名出门困难残疾人免费评残定级。举行“集善工程——(澳门基金会)助听行动”广西项目捐赠仪式，为100名县特殊学校听障学生和听障老人捐赠助听器。开展“爱心助残肥料发放”活动，为80名建档立卡贫困户残疾人发放爱心肥料，每人10包，总价值14万元。全年在人民网、新华网、《广西日报》《左江日报》《今日扶绥》等媒体刊发稿件23篇(条)，及时报道县残疾人工作新举措、新成就和残疾人自强不息感人事迹，为残疾人事业发展营造了良好的社会氛围。

扶绥县工商联

扶绥县工商业联合会成立于1953年6月，1981年，县工商联恢复活动，2016年12月，举行第十一次会员代表大会，选举产生新的一届执委会。扶绥县工商联下设11个乡镇商会和1个异地商会，会员1073个，其中企业会员259个。2000年11月，县工商联在原址新建两层办公楼，有在职在编员工5人，党员人数为3人。县工商联是具有统战性、经济性、民间性的群众团体，是党委联系非公有制经济的桥梁和纽带，是政府管理非公有制经济的助手，是统一战线性质的组织，是中国人民政治协商会议扶绥县委员会的组成单位。工商联的基本任务是引导非公有制经济人士健康成长，促进非公有制经济健康发展。主要职能是发挥组织非公有制经济人士参与政治和社会事务，开展非公有制经济人士思想政治工作，协助政府管理非公有制经济，构建和谐劳动关系。

扶绥县归国华侨联合会

【概况】 扶绥县一届侨联成立于1993年7月，一届主席由时任县政协主席陈齐玉(印度尼西亚归侨)兼任。二届侨联一次会议于2000年3月召开，调整了侨联新班子，主席由时任县人大民族华侨工作委员会主任莫建安兼任，副主席由时任扶绥县华侨麻纺厂侨联主席兼任。一、二届侨联人员均是兼职，有牌无编，自从莫建安主席于2002年4月提前退休后，县侨联工作基本处于停顿状态，相关业务均由县侨办代行。2017年3月2日，扶绥县归国华侨联合会第三次归侨侨眷代表大会胜利召开，会议成功选举出了第三届县侨联班子，县侨联属全额拨款事业单位，编制3人，有专职主席1人、专职副主席1人，缺编1人。

【邀请海外侨领共庆“三月三”活动】 2017年3月29日，邀请到在南宁参加第十八届世界广西同乡联谊大会的来自美国、法国、澳大利亚等8个国家共40多名海外侨领代表，到扶绥县开展壮乡侨领共庆“三月三”活动。活动主要是参观县空港经济区和渠黎华侨林场归侨侨眷新居小区。通过活动，侨领们感受到了家乡日新月异地发展，各国侨领代表们充分感受到家乡人民浓浓的亲情、友情和乡情，纷纷表示回去后多多宣传扶绥，让更多的海外华人华侨认识扶绥，走进扶绥。通过细致了解，侨领们感受到了家乡日新月异的发展，纷纷表示要充分发挥海外华人华侨的积极作用，为祖国和家乡的建设奉献一己之力。

【关注侨界民生】 开展2017年春节“送温暖、献爱心”慰问活动，慰问7户困难归侨侨眷和困难三侨学生，6户患大病、归侨空巢老人、留守儿童等特殊困难归侨侨眷。开展建档立卡归侨侨眷贫困户慰问活动。2017年6月27日，慰问西长华侨林场各分场建档立卡的17户困难归侨侨眷。帮助扶绥华侨麻纺织厂困难学生申报金秋助学金15000元，其中大学生5人获助学金10000元、高中生4人获助学金5000元。

【侨资企业调研】 2017年5月至7月，县侨联深入广西扶绥县兴利混凝土有限公司、扶绥县闽台商贸城等侨资企业，通过对侨资企业发放“广西华商企业调研提纲”和“广西华商企业调查问卷”、召开侨资企业座谈会、对侨资企业开展实地考察调研等方式开展调研活动，较为全面地了解全县7家侨资企业的基本经营情况和企业存在的困难并提出相关建议。

【开展侨情调查】 为准确掌握侨情资源，夯实工作基础，县侨联深入到县城各安置单位和散居归侨侨眷家中进行侨情调查工作，已入户调查76户，并将调查数据录入电脑。在走访慰问中，每户都发放情况调查表，详细了解归侨侨眷及侨胞生活及工作情况，了解他们海外亲人工作、学习情况，与归侨侨眷、侨胞架起“连心桥”，把了解侨情、增进感情紧密结合起来。

法 治

政府法制工作

【概况】 扶绥县法制办公室的前身是扶绥县法制局，成立于1991年5月31日。1995年9月20日，成立扶绥县人民政府行政复议办公室，与扶绥县法制局合署办公，实行一套人马两块牌子。1996年12月9日，扶绥县法制局正式改名为扶绥县法制办公室。2011年扶绥县法制办公室在县政府办公室挂牌，行政编制4名，设主任1名、副主任1名、2016年8月，县法制办由原来核定编制的4名增加到5名。2016年12月30日成立了崇左市第一个法制系统公职律师办公室。县法制办承办行政复议案件、“三大纠纷”案件及其他案件的受理、审理工作。2017年报送县法制办备案的规范性文件共有1件，完成审查县委、县政府决策性文件、各类合同协议共228件。县政府行政复议办收到行政复议申请案件22件，经审查后，依法立案受理21件，不符立案范围不予受理1件。在符合立案受理的21件案件中，9件经审查已作出行政复议决定，11件已拟订行政复议决定且呈文报县政府审批，1件处于立案受理阶段。

【“三大纠纷”案件审查】 主要通过书面审查、实地调研考察、召集双方当事人进行调解、听取当事双方的意见的方式，在规定期限内完成对案件材料进行审查并提交审委会讨论通过后，作出最终的处理决定报县政府审核确定。2017年，“三大纠纷”案件承办单位送审案件共20件，其中，县政府已作出处理决定10件，1件因程序违法、事实认定不清，自行撤销原处理决定，其余9个案件，已经过审委会讨论并形成书面决定，待县政府审核批准后即可下达权属纠纷处理决定。

【行政应诉】 法制办认真贯彻和执行《行政诉讼法》的相关规定，严格依法行政，努力将行政争议化解在基层，化解在初发阶段，化解在行政系统内，并以行政诉讼倒逼行政复议工作，对于违法、不当行政行为坚决予以纠正。2017年县本级共发生行政诉讼（含上诉）案件14件，为做好这些案件的应诉工作，法制办代县政府做好答辩、举证、出庭等相关应诉工作，协调县政府机关负责人出庭参加应诉，并注重与司法机关加强沟通进行良性互动，对人民法院的生效判决和裁定自觉履行。

【案卷评查与行政执法监督检查】 2017年11月13日，县法制办印发《关于开展2017年度行政执法监督检查和案卷评查的通知》，要求各行政执法部门对行政执法过程中存在的主要问题进行自查自纠，并将本年度已结的行政处罚、行政征收、行政强制、行政许可案件目录报送法制办备案。2017年12月4日，法制办联合县监察局以抽查的方式对各行政执法单位开展监督检查，并对被抽查的行政执法单位档案案卷材料及案卷材料归档整理情况进行评查。

【规范性文件清理】 2017年8月4日，县法制办以县政府办名义印发《扶绥县人民政府办公室关于做好“放管服”改革涉及的规范性文件清理工作的通知》针对“放管服”改革及“生态文明”建设改革涉及的规范性文件进行了专项清理。截至2017年6月30日，“放管服”改革和生态文明建设涉及全县职能工作的规范性文件共印发15个，其中已废止1个规范性文件、拟废止2个文件、拟保留11个文件、拟修改1个文件。为了保障社会主义法制统一，法制办于2017年12月1日以县政府办名义印发《扶绥县人民政府办公室关于印发开展规范性文件清理工作的通知》对全县规范性文件进行二次清理，清理结果未公布。

政法工作

【概况】 2017年，扶绥县以扎实开展“打造过硬政法队伍”活动和全面从严治警“五查五整顿”专项行动为抓手，围绕中央巡视组“回头看”反馈意见、“两学一做”学习教育等活动，牢牢把握“五个过硬”要求，全面加强全县政法队伍的思想政治建设、纪律作风建设、业务能力建设，通过认真抓好学习培训、实战化训练、自查自纠等活动，全县政法干警牢固树立“四个意识”，思想、纪律、作风、担当和责任意识明显增强，切实打牢了信念坚定、忠诚使命的思想基础。2017年，县政法委围绕全面依法治县的总目标，扎实推进全县法治扶绥建设和司法体制改革各项工作。县公安局以全面深化公安改革工作为契机，结合“四项建设”工作的有关要求，创新公安局打击犯罪机制，积极适应信息化条件下打击刑事犯罪工作需要，探索建立大刑侦工作格局，全面提升刑侦部门的实战打击能力。县法院以司法改革为契机，创新规范审判权运行机制，明确法官、合议庭、审判委员会的权责，让审理者裁判，由裁判者负责。成立“速裁团队”，快速审理简单案件，简化立案手续、送达程序、庭审程序、裁判文书，实现“简案快审、繁案精审”。2017年速裁案件平均审理天数为17天，比改革前缩短了24天，达到换档提速的效果。县检察院认真完成首批员额内检察官遴选工作，确定了17名首批员额内检察官入额人员。严格执行员额检察官办案模式，严格按照新的办案模式进行案件审批，严格落实人员分类管理制度。县司法局扎实推进人民监督员制度改革工作，依法依规、严格规范地在全县范围选任人民监督员，积极推动人民监督员工作健康发展。通过设置AB岗推进村级法律顾问全覆盖，由一村一名律师受聘担任法律顾问的形式向两村两名律师轮岗协助的方式转变，有效缓解基层群众对法律服务需求量大、律师队伍偏少的供需矛盾。全县132个行政村(社区)已聘请32名律师担任村级法律顾问。

【维护社会稳定】 组织开展反恐防暴专业队伍培训和实战演练，提高队伍反恐处突能力。加大反恐防暴宣传力度，营造反恐防暴人人有责、维护公共安全大家出力的良好社会氛围。进一步健全和完善处置突发性群体性事件工作预案，加强应急备勤，确保及时有效应对可能出现的突发情况，迅速平息事态。在全国、全区和全市“两会”以及“一带一路”国际合作高峰论坛、第九次金砖国家领导人会晤、第十四届中国—东盟博览会、环广西公路自行车世界巡回赛、中秋国庆及党的十九大等重要节假日和节点期间，加强和完善情报信息互通机制，增强情报信息收集、分析、研判能力，实现零上访、零聚集、零插播、零政治谣言、零极端事件的工作目标。建立健全了信息员队伍和保密制度，将国家安全人民防线工作纳入到全县社会管理综合治理工作中、纳入到平安建设目标考核责任状中，与综治工作同安排、同部署、同检查、同考核、同奖惩，实现了与综治工作同步进行。

【社会治安综合治理】 不断加强群众安全感业务培训，分批次组织县政法部门、各乡镇综治领导、乡镇派出所所长到自治区统计局社情民意统计中心进行考察学习,进一步了解在群众安全感工作方面存在的问题和短板。坚持开展县级每月一次和乡镇每周一次的社会矛盾排查和形势分析,严格落实矛盾纠纷精准排查周报制度,加强对重点地区、重点工程、特殊群体、敏感时期的排查,实行属地管理,分级负责,限期化解。2017年各级各部门共排查调解各类矛盾纠纷821起,调解成功率达97%,在全市化解矛盾纠纷工作方面名列前茅。全县共立刑事案件270起,审结230件,判处罪犯287人,共查处行政案件1233起2670人,其中查处黄赌毒案件1109起2335人。全年破获毒品案件44起,逮捕50人,缴获各种毒品3.29千克,查处吸毒人员656人,收戒吸毒人员145人,5项指标同比分别上升了126%、52%、2253%、62%和28%,均排名全市第一或第二位。

【公共安全管理】 加大对重点地区、场所的排查整治力度,组织警力对全县47家重点单位、要害部位开展安全检查工作。加强对学校、幼儿园等重点部位和城乡接合部、公共复杂场所、重点要害部位的治安防范,提高见警率,增强管控力,集中整治治安混乱的村屯、场所。升级改造"天网"工程,共升级改造安装了300个高清摄像头,不断完善了立体化防控体系。全面加强对易燃易爆物品的安全检查,对全县6家涉危涉爆单位、29家个体户石场、3个民爆储存仓库和1个烟花爆竹储库进行检查。对辖区寄递、物流行业门面进行实名化核实登记,共登记辖区寄递业、物流业35家,从业人员50余人,及时消除各类不安全隐患。深入开展冬春火灾防控、夏季消防检查等一系列专项行动,先后圆满完成了广西"中国—东盟博览会"、党的"十九大"等重大活动、节日的消防安全保卫任务。

【社会管理创新】 创新特殊人群服务管理方式,依法加强刑满释放人员、社区服刑人员、不良行为青少年、吸毒人员、艾滋病病人、严重精神障碍患者等服务管理,建立健全政府、社会、家庭三位一体的关怀帮扶体系。整合卫计、民政、残联、人社等各种社会资源,建立专门基金,确定多家定点医院,通过基金支付、县财政兜底的模式,对全县83名在册的精神病人落实了帮扶救治工作,救治资金纳入财政预算,彻底解决易肇事肇祸精神病人"没钱治"或"没人管"的社会难题。

【网格化管理与信息化建设】 积极推行村网格化管理服务工作,形成"村村有网、网中有格、格中定人"的管理新模式。全县11个乡镇、132个村(社区)全部实施了网格化服务管理,共划分网格850个,落实专职网格员850人,覆盖率达100%。加强综治信访维稳中心等基层综合服务管理平台建设,乡镇综治办规范化建设全部达到"六有"标准。建立综治信息处理系统平台,提高信息化水平,全县已经开通综治e通电脑账号89个,开通综治e通手机账号167个,正常使用率均达100%。

【铁路护路联防】 将铁路护路联防工作纳入平安建设和社会治安防控体系总体规划,做到同部署、同落实、同检查,强化线路巡查和对铁路道口、桥梁、涵洞、河流等重点部位的排查和防控措施,对排查出来的安全隐患进行彻底整治,消除安全隐患。

(凌彦妮)

公 安

【概况】 2017年,扶绥县公安局以狠抓过硬队伍建设为载体,不断推动公安工作和队伍建设发展进步,辖区公众安全感满意度持续上升,由于各项成绩突出,被自治区公安厅评为全区公安机关2017年度集体二等功公安局。2017年,共排查各种矛盾纠纷400余起,化解350余起,收集矛盾纠纷情报信息150条,排查化解可能引发群体性事件矛盾纠纷80起,处置群体性闹事苗头35起。破获刑事案件441起,逮捕犯罪嫌疑人324人,起诉357人。共破获毒品案件48起，抓获涉案人员53名，查处吸毒人员680人次，强制戒毒145人，4项指标同比分别上升了85%、61%、68%和26%，缴获毒品量同比上升了2263%。禁毒社会化工作也取得了长足进步，实现了禁毒办实体化，落实了“6·27”禁毒宣传和“8·31”社区禁毒工作各项措施。

【维护社会稳定】 突出重点维稳管控，加强反恐专业队伍建设，进一步完善各种预案，组织开展反恐防暴实战演练，提高了队伍反恐处突能力。狠抓全国、全区和全市“两会”以及春节、三月三、清明节、博鳌亚洲论坛、“一带一路”国际合作高峰论坛、第十四届中国—东盟博览会、中国—东盟商务与投资峰会、党的十九大等重要会议、节日的各项安保维稳工作措施落实，确保了敏感节点和重大活动期间我县赴邕进京“零上访、零非访”和“五不发生”的目标。深入开展矛盾纠纷精准排查和精细化解，全年共排查各种矛盾纠纷400余起，化解350余起。收集矛盾纠纷情报信息150条，排查化解可能引发群体性事件矛盾纠纷80起，处置群体性闹事苗头35起，特别是有效处置渠黎镇蕾陇村部分村民阻挠广西牧草工作站依法收复被强占土地等事件。在册的65名涉稳重点人员和356名三级以上精神病人全部落实了管控措施。

【打击违法犯罪】 坚持专项打击与整体防控相结合，进一步探索和深化公安刑侦改革和打击犯罪工作新机制，不断推进“地网”工程、“微察系统”等信息化应用实战体系建设，不断创新打击犯罪机制，深入开展“神剑·打黑除恶”以及“三打击一整治”系列专项行动，及时打击整治本地突出违法犯罪活动，大力压缩犯罪空间，不断提升人民群众的安全感。2017年，全县可防性犯罪（侵财类）案件同比下降24.3%，“两抢”（抢劫、抢夺）犯罪案件则下降了60%，有13万人口的县城辖区更是保持了全年“两抢”零发案。全县发生命案4起，破4起。破获刑事案件441起，逮捕犯罪嫌疑人324人，起诉357人，逮捕、起诉两项指标同比分别上升了36.1%和49.3%。抓获网逃48人，摧毁犯罪团伙25个121人，首次破获新型电信诈骗犯罪案件，成功打掉了由广东电白籍人员组成的9人犯罪团伙和由宾阳籍人员组成的4人犯罪团伙，破获区内外电信诈骗案件100多起。共破获毒品案件48起，抓获涉案人员53名，查处吸毒人员680人次，强制戒毒145人，缴获毒品3.29千克。全年查处“黄赌”刑事和治安案件数同比分别增长128%和333%。

【社会治安治理】 投入700多万元用于扩建完善看守所功能室和关押场所视频监控系统换代升级，投入1800多万元用于“天网”工程建设更新监控探头300多个，不断推进“地网”工程、“微察系统”等信息化应用实战体系建设。整合卫计、民政、残联、人社等各种社会资源，建立专门基金，确定多家定点医院，通过基金支付、县财政兜底的模式，对全县356名在册的精神病人落实了帮扶救治工作，救治资金纳入财政预算,彻底解决易肇事肇祸精神病人“没钱治”或“没人管”的社会难题。通过网格化管理方式，落实专门力量，对县城、山圩等重点区域流动人口警民开展了信息采集和实时服务管理。先后创立了坛佑村矛盾纠纷一线化解、城厢社区警民互联互动、重大节点志愿者义务巡防等工作模式。同时，在城厢派出所实施“4+2+1+1”的警务模式改革，基础工作和打击违法犯罪并重，效能显著提高。继续深化“一村一警务助理”工作新模式，充分发挥驻村警务助理“家门口的警务室”作用，夯实了公安基层基础工作。警务助理全年提供违法犯罪线索50余条，提供线索侦破案件40余起，收集治安信息500余条，协助社区民警化解各类矛盾纠纷220起，服务群众700余人次（其中为群众代办户口业务50起，发放身份证600余张），帮教工作对象320人次，发放各类防范宣传材料5万余份。

【落实各项便民利民措施】 认真落实公安部简化优

化服务流程方便群众办事创业28项措施,围绕新型城镇化建设,加强户籍制度改革和驾考制度、出入境等改革政策措施的实施。启动跨省异地换领、补领二代身份证业务,对居住在县内的流动人口推行居住证明制度。户政部门全年共受理42966份户口业务,办理第二代居民身份证42810张,制作临时身份证4685张。

【加强道路交通安全管理】 交警部门紧紧围绕"降事故、保安全、促畅通"的目标,积极开展事故预防和各项管理服务,确保了全县道路安全畅通,全年共发生道路交通事故328起,死亡14人,受伤122人,同比分别下降10.14%、6.67%、37.76%,直接经济损失470200元,同比上升8.68%,无一次死亡3人以上特大交通事故发生。继续推行农村交通安全"两站两员"工作机制,在中东、山圩建成两个交通安全执法服务站,在县城和东门镇建立了公路和农村地区道路交通事故快处快赔点。

【加强消防安全管理】 不断加强消防设施建设,建立了广西中国—东盟青年产业园公安消防站等多个站点,投资800多万元实现城区二级普通消防站升一级消防站工程。同时依托派出所加快建立乡镇一级的专业消防队,认真落实火灾隐患排查整改常态化措施,全年共检查单位2782家,发现火灾隐患3870处,督促整改火灾隐患3571处,下发责令改正通知书1459份,责令"三停"26家,确保了全县不发生较大以上火灾事故。

【加强行业场所和重点部位管理】 加强对全县28家重点单位安全检查,督促重点单位加强防范工作,完善安全保卫规章制度,落实人防,物防,技防等措施。加强行业场所清查,定期、不定期组织警力排查涉爆单位,集中清查宾馆、公共娱乐、人员密集等场所,检查行业场所550家(次),发现消除安全隐患60处。

(吕苇欣)

检 察

【概况】 2017年,县检察院忠诚履行宪法法律赋予的职责,积极服务中心工作,检察工作取得新进展,为经济和社会持续健康发展提供强有力的司法保障和优质法律服务。2017年办理两抢一盗、诈骗案件74件105人,依法批准逮捕毒品类犯罪案件25件27人。依法提前介入和快捕、快诉, 共派员介入重大案件13次,听取意见26次。共受理提请批准逮捕案件223件319人,批准逮捕172件246人,不批准逮捕45件64人。共受理移送审查起诉案件231件308人,审查后决定起诉290件231人,不起诉17件18人。

【结合办案化解社会矛盾】 在办案工作中认真贯彻宽严相济刑事政策,减少社会对立面,化解社会矛盾,促进社会和谐。对过失犯罪、轻微刑事犯罪,贯彻教育、感化、挽救方针,综合评价犯罪情节,对涉嫌犯罪但无逮捕必要的犯罪嫌疑人34人依法不批准逮捕;对犯罪情节轻微的17件17人依法不起诉。通过刑事和解方式办理案件1件1人。完善"一站式"综合检务服务中心工作机制建设,开通远程视频接访系统,有效提高初信初访办结率,努力把问题解决在基层,把矛盾解决在萌芽阶段。共依法妥善处理群众控告申诉98件次,办结刑事申诉案件3件,化解重点信访案件8件。加强刑事被害人救助工作,共救助7人,发放司法救助金5万元,传递司法人文关怀,密切了检民关系。

【推动检察环节社会治理创新】 与其他部门密切配合,共同推进立体化社会治安防控体系建设,积极参与重点地区和重点部位的专项整治。积极推进"破坏环境资源和危害食品药品安全犯罪"专项立案监督活动,监督公安机关立案查处滥伐林木案件3件3人。加强未成年人刑事检察工作,实行未成年人犯罪附条件不起诉、犯罪记录封存等制度，探索建立亲情会见、心理疏导、案后帮教等机制，开展未成年犯罪嫌疑人社会调查3件6人。开展"关爱未来，法治护航"法制教育活动，先后到渠黎三中、东罗镇中学、龙头乡小学等中小学校开展法制教育活动， 以法制宣传教育为主题的"开学第一课"活动，邀请实验学校、龙华中学、新宁一中、新宁二小、新宁三小学生到我院检务服务中心、未成年人心理疏导室和办案区进行参观。

【查办职务犯罪】 按照中央、各级党委、上级检察机关的决策部署，积极回应人民群众对反腐倡廉的新期待，坚决惩治发生在群众身边、损害群众利益的职务犯罪，重点查办发生在社会保障、支农惠农等民生领域的职务犯罪。共立查职务犯罪案件11件17人，均为大要案。其中立查贿赂案件8件10人，贪污案件1件1人，挪用公款案件1件2人。同时，围绕人民群众反映强烈的"为官不为""为官乱为"问题立查渎职侵权案件2件4人。法院已经作出有罪生效判决10件13人，为国家挽回经济损失200多万元。

【预防职务犯罪】 综合运用开展警示教育、预防调查、检察建议等措施，向党委、政府和有关部门提供完善管理的参考建议。结合查办的职务犯罪案件，开展预防调查17件；进行职务犯罪案例分析16件；针对调查中发现的隐患和问题，提出预防检察建议9件。开展警示宣传教育12次。受理行贿犯罪档案查询5121次。

【刑事诉讼活动监督】 坚持监督数量、质量和效果相统一，全面加强对审判活动的监督，强化刑事立案监督和侦查活动监督，依法纠正违法立案、刑讯逼供、超期羁押等侵犯人权的问题，严格执行罪刑法定、疑罪从无、非法证据排除等制度，坚守防止冤假错案底线，努力让人民群众在每一个司法案件中感受到公平正义。共办理刑事立案监督10件10人；纠正漏捕犯罪嫌疑人8人；向侦查机关发出书面纠正违法5件次；纠正漏诉同案犯11人，提出抗诉1件1人。

【刑事执行检察】 开展羁押必要性审查18件18人。书面监督纠正监管活动违法3件，书面纠正监外执行履职不当3件。突出对特殊人群的服务管理，强化社区矫正法律监督，先后2次对辖区内全部监外执行罪犯进行全面考察、核查，考察、核查率达100%，有效防止出现脱管、漏管以及重新犯罪现象。

【民事行政检察】 有效推进生效裁判监督、审判程序监督和执行活动监督，共办理各类民事行政检察监督案件19件。其中，办理执行违法监督和审判违法监督11件，发出检察建议书10份，均得到采纳。办理督促国家行政机关履行职责5件，办理支持农民工弱势群体起诉案件2件，办理服务非公经济案10件。

【控申检察】 深入推进涉法涉诉信访工作机制改革，不断完善"一站式"综合检务服务中心工作机制建设，开通远程视频接访系统，有效提高初信初访办结率，努力把问题解决在基层，把矛盾解决在萌芽阶段。共依法妥善处理群众控告申诉98件次，办结刑事申诉案件3件，化解重点信访案件8件。加强刑事被害人救助工作，共救助7人，发放司法救助金5万元，传递司法人文关怀，密切了检民关系。

【监所检察】 全年开展羁押必要性审查18件18人。书面监督纠正监管活动违法3件，书面纠正监外执行履职不当3件。突出对特殊人群的服务管理，强化社区矫正法律监督，先后2次对辖区内全部监外执行罪犯进行全面考察、核查，考察、核查率达100%，有效防止出现脱管、漏管以及重新犯罪现象。

【未成年人刑事检察】 实行未成年人犯罪附条件不

起诉、犯罪记录封存等制度，探索建立亲情会见、心理疏导、案后帮教等机制。开展未成年犯罪嫌疑人社会调查3件6人；开展“关爱未来，法治护航”法制教育活动，先后到渠黎三中、东罗镇中学、龙头乡小学等中小学校开展法制教育活动。以法制宣传教育为主题的“开学第一课”活动。邀请实验学校、龙华中学、新宁一中、新宁二小、新宁三小学生到检察院检务服务中心、未成年人心理疏导室和办案区进行参观。

【检察人员归类定岗】 认真按照自治区检察院《关于推进人员分类管理工作的通知》要求，进行归类定岗，方案已经院党组讨论通过并上报崇左市检察院审核。归类定岗后，共有员额检察官17人、检察辅助人员20人、司法行政人员7人、工勤人员3人、新入职未定岗人员2人、明确为县纪委派驻检察院纪检组人员1人。

【执行办案责任制】 从2017年2月15日起，严格执行的新办案模式，不再沿用原办案模式即实行三级审批方式办理案件。员额检察官对办案质量终身负责，同时，入额的4名院领导均按要求办理一定数量的案件，并带头办理大案要案及复杂疑难案件。截至11月份，17名员额检察官共办理各类案件541件738人，人均办案32件44人。在入额院领导办案方面，入额的4名院领导共办理各类案件64件92人，占案件总数的12%。

审 判

【概况】 2017年，扶绥县人民法院紧紧围绕“让人民群众在每一个司法案件中感受到公平正义”的目标，坚持以人民为中心，坚持以改革创新为动力，牢牢把握司法为民、公正司法主线，忠实履职，在服务大局中彰显作为，各项工作取得新进展。2017年共受理各类案件3107件，同比上升0.75%；审、执结各类案件2929件，同比增长4.8%；结案率为94.27%，同比增长3.53%，法定审限内结案率达99.9%。在广西中国—东盟青年产业园派驻巡回法庭，诉前化解及多元化解纠纷共86件，受理诉讼案件13件，审结9件，调撤6件，调撤率达66.7%，帮助企业挽回经济损失2687.15万元；走访服务企业37家，发放法律服务企业手册300多册，提供法律咨询108人次，征求企业的意见建议18条，为“一带一路”建设提供有力司法服务。全年共12项次工作、16人次荣获县级以上表彰，其中3项工作荣获国家级表彰。执行局局长唐光席荣获最高人民法院授予“全国法院办案标兵”荣誉称号，县法院荣获全国妇联授予“全国维护妇女儿童权益先进集体”称号，县法院被最高法院评为“在司法宣传工作中作出突出成绩的人民法院”。

【刑事审判】 2017年依法严厉打击各类刑事犯罪，实行宽严相济惩治刑事犯罪，加大对“两抢一盗”、危害社会公共安全、毒品犯罪以及贪污、贿赂案件的惩治力度，不断增强人民群众安全感，全年共受理刑事案件290件，审结279件，结案率为96.21%，判处罪犯336人，其中判处5年以上有期徒刑11人。

【民商事审判】 2017年，适应经济发展新常态，运用法治手段保障经济有序健康发展，依法妥善审理家事纠纷、土地征用、拆迁补偿、农村土地承包经营权流转、医患纠纷、劳动争议、金融借款合同等纠纷案件，采取调判结合化解民商纠纷。全年共受理民商事案件1921件，审结1833件，结案率为95.42%，简易程序适用率74.91%，调撤率为63.1%。

【行政审判】 2017年，加强对审判中发现的新情况、新问题进行研判，及时提出司法建议，为县委、政府决策当好参谋，积极稳妥化解行政纠纷。全年共受理行政诉讼案件20件，审结20件，结案率为100%。

【案件执行】 2017年，扶绥县法院用好用尽用活法律赋予强制措施这把“利剑”,依法打好限制出境、限制高消费、公开曝光、罚款、司法拘留、打击拒执罪等“组合拳”,让“老赖”无处可逃。同时向信息化要效率,充分利用好执行指挥中心平台,完成山林土地及房屋财物搬迁等重大案件执行的在线远程执行指挥5次。配备8台高清执法记录仪对执法过程全程录音录像。推进网络查控系统建设,注重与国土、房产、公安等部门的网络对接,实现找人、找车、找房的信息化、网络化,实现信息共享。促使被执行人自觉履行义务,坚决打好基本解决执行难攻坚战。全年共受理执行案件865件,涉案标的总额3.04亿元,结案775件,执行结案率为90%,结案标的总额2.07亿元。

【司法为民】 加强诉前化解的力度,与公安、司法、人社等部门联动多元化解矛盾纠纷,诉前成功化解690件纠纷。交通巡回法庭实行快立、快调、快审、快结、快赔,为诉讼当事人提供“常驻式”司法服务,全年共受理交通事故赔偿纠纷案件124件,100%调解结案,结案标的404.14万元,自动履行金额380.26万元。在春种秋收等农忙季节大力推进流动巡回法庭,巡回办案法官携卷到田间地头或当事人家中就地开庭、就地审案,审结案件276件,让群众真正感受到方便、温暖和公正。充分关注困难群众的司法需求,切实保护老人、儿童、妇女、退休职工、企业下岗职工、失业人员、残疾人员等困难群体的合法权益,真正让确有困难的群众打得起官司,让有理有据的群众打得赢官司。共为91件案件中的159名困难群众缓减免诉讼费22.07万元。实行院长接待日、日常接访、远程视频接访、带案下访等制度,加强诉前指导、诉中释法、诉后答疑工作,领导包案、带案下访,让群众真正感受到方便、温暖和公正。共接待群众来访17人次。处理群众来信9件次,无因涉诉信访工作处理不妥引发当事人越级上访的事件。创新阳光司法机制,推进立案、审理、裁判、执行信息网上全程公开,及时全面地公开审判流程节点信息。开展“法院开放日”活动,积极邀请人大代表、政协委员和社会各界人士参观法院、旁听庭审。将应该公开的裁判文书上传至“中国裁判文书网”,全年共公开裁判文书2450份,公开率100%。

【改革创新】 扎实推进司法改革,规范审判权运行机制,明确法官、合议庭、审判委员会的权责,让审理者裁判,由裁判者负责,发挥院庭领导的带头办案、率先垂范作用,新的审判权运行机制和监督管理体系运行良好。全院28名入额法官全年共审结案件2507件,占全院结案总数的87.64%,其中院庭长办案1779件,占入额法官结案总数的70.96%。深化繁简分流改革,成立“速裁团队”,快速审理简单案件,简化立案手续、送达程序、庭审程序、裁判文书,实现“简案快审、繁案精审”。速裁团队全年共受理民商事速裁案件1368件,占同期民商事案件70.27%,速裁案件结案1350件,结案率98.68%,调撤率72.5%,平均审理天数15天,比改革前缩短26天,审判效率显著提升,真正实现“换挡提速”的目标。推进家事审判工作,始终坚持调解优先原则,以消除对抗作为出发点,以亲情和情感为纽带,把心理疏导作为重要途径。完善家事审判多元化解机制,强化与妇联联动,探索建立家事案件婚姻冷静期、心理测试干预、情况调查、案后跟踪回访等制度。全年共审理家事案件259件,审结250件,结案率为96.53%,以调解、撤诉方式结案164件,调撤率达65.6%。

司法行政

【概况】 2017年,扶绥县司法局把维护社会和谐稳定作为主线,扎实推进“八个全面”工作,市厅合作共建“法治崇左”,狠抓队伍建设,全县司法行政各项工作取得较好成效。全年开展法治专题讲座72场次,解答法律咨询800多人次,印发宣传资料3万份,受教育群众10万余人次。新接收社区矫正人员71人,解除矫正62人,在矫人员实施手机定位,实现无脱管漏管、无参与群体性事件、无参与非法上访、无重新犯罪的目标。每月组织开展一次矛盾纠纷排查化解工作，共调解矛盾纠纷1560起，调解成功1516起，成功率97.2%。法律援助中心遵循“应援尽援”的原则，共办理法律援助案件92件。全面推进公证机构改革，2017年11月底，县公证处由行政体制改制为事业体制，全年办理公证613件，其中提供上门公证服务48人次。2017年，扶绥县司法局被评为全市法治宣传教育先进集体，龙头司法所所长黄福平被授予全国模范人民调解员称号。

【法治建设】 2017年5月，县委办公室印发了依法治县领导小组更名并调整成员的通知文件，将依法治县领导小组更名为法治建设领导小组，领导小组办公室设在县司法局，领导小组成员增加到38个单位。大力推进依法执政，加快建设法治政府，着力保证公正司法，以“三大主体”为根本，努力形成科学民主、公正公平的工作格局。全面推进依法治理，保障平安建设。深入开展基层自治、社会信用诚信体系建设、矛盾纠纷排查化解和专项整治。各行政执法部门认真贯彻落实“谁执法谁普法，谁主管谁负责”的普任责任制，积极发挥职能作用和专业优势，将执法办案与普法宣传相结合，日常宣传和集中宣传相结合，属地管理和上下联动相结合，形成各部门协同联动的工作合力。积极推进一村一法律顾问、企业法律顾问等制度的落实，提高法治创建的针对性和实效性。

【普法教育】 以领导干部、青少年和农民为重点对象，扎实开展“法律六进”活动。2017年，全县共举办公务员主体培训班6期，其中设置国家法律法规、党章党规专题课程8个，受教育公务员达840余人次，切实增强了各级领导干部学法、守法、用法意识。抓好“开学第一课”法治宣传教育活动，在春季开学后第一个月，公检法司等各部门深入到各中小学开展“模拟法庭”、法治讲座和法治主题班会等学法用法活动30多场次，受教育师生达6000多人次。同时，充分利用传统节假日深入到集镇、村屯，通过以文艺汇演、歌坡和播放电影等群众喜闻乐见的形式开展各类法治宣传教育活动。2017年全县共举办法治文艺晚会13场次、歌坡7场次、放映电影200多场次，受教育群众达4万多人次。在《今日扶绥》、政府门户网站以及微信公众号及时、主动推送法治知识，积极探索运用新媒体加强法治宣传教育的手段和措施。

【律师管理】 建立完善一村(社区)一法律顾问工作制度和村级法律援助联系点和联络员工作制度。2017年全县律师事务所共开展法律宣讲72场次，协助基层政府处理矛盾纠纷326起,全县4个律师事务所的32名律师到各乡镇共70个示范点和贫困村开展法律服务工作。法律顾问律师结合农村实际，以自身丰富的经验以案说法，讲解《土地法》《土地承包法》等农村相关的法律知识。通过开展法律进村，法律进社区等宣传活动，为村民提供法律咨询800多人次，代写法律文书19份，发放《与法同行》等宣传小册子、法制宣传笔、宣传袋等5000余份。

【公证管理】 按照区司法厅和市司法局的统一部署，扶绥县公证处2017年11月底从行政体制改制为公益二类事业单位，核定编制5人。公证员始终牢固树立“为民便民、奉献社会”的服务理念，凡是涉及到老、弱、病、残等弱势困难群体的申请人，主动优先受理，优先指派公证员提供上门服务，对符合条件的当事人减免公证费，全年提供公证法律援助46件，上门公证服务48人次。

【基层工作】 2017年上半年，县司法局结合崇左市在扶绥县岜盆乡岜伦村开展村“两委”换届选举试点工作的契机，主动与县委组织部、基层办、民政局等部门对接工作，成立工作组专门全程负责指导新一届村人民调解委员会推选试点工作，为下半年全县村（社区）“两委”换届工作全面铺开奠定坚实的基础。采取模拟现场调解的方式举办人民调解员业务培训班2期，邀请律师全程参与并点评，有效地提升了人民调解员队伍整体素质。抓好矛盾纠纷大排查大化解，重点排查征地补偿、拆迁安置、土地纠纷、建筑领域拖欠农民工工资、医患纠纷等可能引发的不稳定因素和群体性事件苗头隐患，坚持重大矛盾纠纷上报及重大矛盾纠纷信息预警处置工作制度，及时妥善化解矛盾纠纷。

【法律援助】 制定扶绥县法律援助工作联席会议制度，联席会议成员单位由县人民法院、县人民检察院、县公安局、县司法局、县民政局、县财政局、县人社局、县国土局、县住建局、县卫计局、县工商局、县教育局、县档案局、团县委、县总工会、县残联、县妇联、县老龄办等18个单位组成，联席会议办公室设在县司法局，负责联席会议日常工作，办公室主任由县司法局分管领导担任。加强法律服务军人军属工作，新增建立75181部队、扶绥县武警中队等2个涉军法律援助工作站。在县人民法院、看守所、信访局派驻法律援助值班律师，进一步构建全县法律援助工作网络，建立健全法律援助接待、受理、回访、档案、学习、奖惩等各项管理制度。

【社区矫正】 强化对社区服刑人员监管工作，利用指纹考勤机、执法记录仪对社区服刑人员的报到、教育情况等进行考勤记录，防止代签、造假现象发生。将新宁镇社区服刑人员纳入县社区矫正中心“半小时监管”范围，在县社区矫正中心统一接受教育和管理。2017年11月，扶绥县司法局根据社区服刑人员的特点，结合手机监控会出现人机分离的缺陷，通过网上查询鉴别，决定与深圳中科健安公司进行合作，投入资金14.5万元，采购了110只电子定位防拆卸腕表，用于社区服刑人员定位监管，实现社区矫正工作信息化终端全覆盖。2017年12月，根据区司法厅的工作要求，县社区矫正中心指挥中心、宣告室、报到室，会议室、渠黎所及龙头所等11个司法所共安装26个高清摄像视频头及拾音器，接入崇左市司法局视频主机，完成与区司法厅的对接，实现了市局、区厅直接远程视频监督社区矫正执法的全过程。

纠纷调处工作

【概况】 2017年扶绥县调处办和有关职能部门各负其责，在坚持属地管理、分级调处原则的同时，加强部门之间的合作，齐抓共管，使纠纷调查取证和调解处理形成统一度、统一指挥、统一研究对策、统一处理方案的综合调处工作机制。2017年全县共立案受理23起，结案21起，结案率达91.3%。其中土地纠纷15起，结案14起，山林纠纷8起，结案7起。处理群众来信8件，接待群众来访33人次。

【强化排查机制】 县调处办和有关职能部门在调处纠纷工作中，不断强化排查新机制，建立健全了“五个制度”（坚持一月一排查、月上报、督促检查、督办结案制度；坚持把排查工作纵向到底，横向到边的排查摸底制度，确保不漏一起纠纷案件，不漏一个当事人；实行领导包案，挂牌督办制度，坚持排查出来的“三大纠纷”明确责任领导、责任单位和责任人负责调处；坚持排查与防控、宣传一体化制度，做到“早排查、早发现、早报告、早处理和早稳定”；坚持用“一起纠纷案件、一名领导负责、一个调处工作组、一套化解方案、一包案结事了”落实排查结果。

军 事

人民武装

【思想政治建设】 扶绥县始终坚持党管武装工作，各乡镇武装部长参加同级班子会议，乡镇主官带头筹划研究重要武装工作，定期听取武装工作汇报，乡镇党委书记亲自深入村屯动员适龄青年参军。扶绥县人民武装部持续推进“两学一做”学习教育常态化制度化，坚持落实“三会一课”制度，高标准召开党委民主生活会。突出抓好“维护核心、听从指挥”专题教育，深入学习主席系列重要讲话、习主席“7·26”讲话、建军90周年大会上的讲话，跟进学习党的十九大精神和新党章内容，干部职工坚持参与上级辅导和个人自学相结合，定期交流促学。

【战备训练】 2017年扶绥县人民武装部指导县国防动员委员会各专业办公室，及时修订各类应急预案，与上级精准对接，各乡镇结合驻地特点，拟制本辖区防恐防暴应急预案。采取驻训与分训相结合的方式扎实开展民兵军事训练。应急队伍和支援队伍训练严格“四落实”要求，各乡镇严密组织分训，多名乡镇武装部长带头参加县部民兵应急连集中训练。各乡镇民兵应急分队常态备勤，积极协助县委政法委开展全县社会面群防群治巡防工作，确保了福建金砖会议期间和十九大前后等重要敏感时节的社会稳定。

【征兵工作】 扶绥县坚持把征兵工作纳入县委政府议事日程，2017年6月，县长孙国梁亲自组织召开征兵工作推进会，县人民武装部党委认真研判形势，确立“阶段征兵、全年准备”的总思路，各乡镇党委强力推进，及时分流专武干部工作，专门划拨补充征兵工作经费。7月，各乡镇根据武装部统一计划，全面铺开征兵宣传活动，在村屯街道、路口分别悬挂横幅、张贴标语、发放宣传单，进村入户搞宣传，营造了良好的氛围。坚持阳光征兵、廉洁征兵，组织全体征兵工作人员学习廉洁征兵“十不准”，签定廉洁征兵责任状，各乡镇严格把控初检关，武装部依托县人民医院规范设置体检站。崇左军分区领导现场指导，县人武部科学制定“三优先、三排除”原则，联合体检、政审、乡镇四方共同定兵，面向社会公示。2017年全县高标准完成年度征兵任务。

【后备力量建设】 2017年，县人民武装部按照上级《关于做好民兵整组前期准备工作的通知》有序开展工作，严格工作标准，加强各阶段的督促指导和交流互鉴，充分发挥乡镇积极性主动性，协调县公安局给予有力支持，全年18岁青年兵役登记率达到100%。积极做好退伍军人服务保障工作，完成预备役登记，整理归档退伍军人档案，为退伍军人查档并出具证明。以军委国防动员部“十三五”时期民兵组织规模为依据，基于省军区系统职能定位和辖区安全形势分析，以遂行应急应战任务为牵引，对照各分队编配需求标准，精准确定应急力量、专业力量、特殊力量等分队编配需求数量。按照《民兵组织整顿工作实施办法(试行)》要求和民兵结构布局调整需要，深入一线和基层，开展大调查、大摸底，采取通过公安、统计等部门获取相关信息、数据和上门了解或电话联系相结合的方式，联系所有企业事业单位，完成辖区行政机构和国有及国有控股企业、非公有制经济组织的数量规模、员工数量年龄结构等情况统计，潜力底数掌握精准。

【国防教育】 2017年扶绥县人民武装部以县全民国防教育计划为统揽，积极发挥武装系统优势，部长徐开君分别到桂林理工大学和城市职业学院开展国防知识讲座。政治工作科协调驻军单位开展国防教育进课堂活动，军事科组织县四家班子和县委办开展军事日活动，强化党政领导干部国防意识，指导全县高中以上院校开展军训活动，强化学生爱国意识，增强师生爱国热情，结合全民国防教育日活动，走上街头发放国防常识宣传册，宣传国防知识。

【双拥共建】 扶绥县人民武装部积极参与脱贫攻坚战，深入贫困村户调查了解情况，上门开展扶贫政策宣讲，派驻第一书记驻村扶贫；建立健全涉军维稳工作机制，充分发挥各乡镇前沿预警作用，及时掌握上报涉军维稳信息，全年妥善处置涉军信访事件1起，有效化解涉军上访苗头1起。充分发挥县涉军维权工作领导小组职能作用，协调处理涉军案件4起，为军人军属挽回经济缺失26万余元。积极开展拥军优属工作，指导各乡镇结合新兵入伍和八一、春节等时机，组织开展给军人家庭挂光荣军属牌和给功臣家庭送喜报活动，全年发放优抚慰问金近300万元，挂光荣军属牌123块，给28名功臣家庭上门送喜报。

人民防空

【概况】 2017年，县人防办深入贯彻年初市人防工作会议精神和县委、县政府的工作部署，紧密结合实际，认清人防工作面临的新任务、新情况，切实增强责任感和使命感，认真努力开展人防宣传、工程建设、行政审批、挂点扶贫等各项工作，充分发挥人民防空的职能作用。全年审批人防工程项目2个，在建人防工程项目8个，未出现违规批准免建、少建防空地下室或者降低防空地下室防护等级的现象，人防工程建设符合战术技术要求和行业标准规范。审批防空地下室易地建设项目31个(其中减免项目7个)，所有征缴款项全部缴入县财政专户，专项用于人民防空建设，没有截留现象。按照人防疏散地域规范化建设标准，进一步完善已建疏散基地人防工作站建设，配备了办公设备，完善了工作制度牌和标识牌，促进了基层人防工作的开展。

【人防宣传教育】 不断更新政府信息公开平台内容，对县人防工作状态、政策法规、办事流程等内容进行公开、宣传。将订购的《人民防空及应急防灾知识》《人防科普知识宣传挂图》和《人防科普知识宣传手册》及自治区人防办制作的《17集人民防空知识宣传动漫片》等资料免费发放到各部门、各群体，开展“五进”(进机关、进学校、进企业、进社区、进网络)人防宣传教育活动。在5月26日县政务公开日活动中，制作人防知识展板1块，发放宣传资料500多份，通过设立宣传咨询台，采取现场咨询解答、发放宣传资料和宣传袋、宣传围裙等形式，向广大群众宣传人防法律法规和办事指南。主动约请项目建设单位，向建设单位讲解人防法律法规及人防工作要求，在工程建设技术、审批材料上进行严格把关并给予指导，让各个项目建设单位自觉遵守人防政策，积极修建防空地下室或缴纳防空地下室易地建设费。继续与县教育局联合开展宣传工作，在县城区学校普及防空防灾知识和技能，营造人防宣传教育工作的良好氛围，切实增强在校学生的国防观念和防空防灾意识，提高应急避险和自救互救能力。

【人防工程质量监督管理】 对于新报建的、在建的、已完工但尚未办理竣工验收手续的人防工程，根据自治区人防办《关于进一步加强人民防空工程质量监督管理工作的通知》要求，严格办理人防工程质量监督登记手续，组织人员到施工现场开展质量监督工作，认真落实国家规定标准和自治区要求。2017年，重点对未来城项目防空地下室项目（三期）、腾龙新华广场防空地下室项目（二期）、东信华府项目防空地下室（一期）、东盟国际长旺商贸城项目防空地下室（一期）等房地产的人防建设项目进行现场核查和监督，确保工程质量。

【人防工程执法检查】 聘用常年法律顾问，参与日常依法行政工作，为重大决策、重大工程项目提供法律意见。根据人防法规要求，在法律顾问的指导下，组织对缓缴的人防易地建设费或人防手续不完善的工程项目进行清理，选派人员深入各项目单位、各工地开展工作，既维护人防的合法权益，又宣传人防法规，加快县人防执法工作的推进。

【实行警报器管理责任制】 加强各单位管理员的责任意识，平时不定期地对防空警报器各设置单位维护管理情况进行检查，并对进行现场检查和检测，确保每台防空警报器均处于良好的备战状态，不断提高防空警报器响鸣的时效性和可靠性。在“9·18”防空警报试鸣前期，利用半个月左右的时间，组织对所有警报器进行一次全面调试、维护检测。同时，采取边调试边学习的方式，由技术员对各设置单位的管理员进行业务培训，进一步提高他们对防空警报设备的操作和维护管理水平。

【人防警报试鸣】 为进一步增强广大人民群众的国防观念和防空意识，检验全县防空警报系统的可靠性和预警报知能力，广泛宣传人民防空警报试鸣的重大意义，根据《中华人民共和国人民防空法》《广西壮族自治区实施〈中华人民共和国人民防空法〉办法》有关规定和2017年全区、全市防空警报统一试鸣方案的要求，县人防办于9月18日上午组织开展县城区内防空警报试鸣。全县12台警报器同步响鸣，准确无误地依次鸣放预先警报、空袭警报、解除警报3种信号，每种警报信号间隔3分钟，响率达100%，音响覆盖率达100%，圆满完成全县警报试鸣任务。

武警中队

武警扶绥中队，主要担负扶绥县看守所外围武装警戒，参与驻地反恐、维稳、处突及抢险救灾等任务，是一个忠诚可靠、敢打硬仗、底蕴厚实的中队。

自组建以来，在支队党委的正确领导下，中队坚持用党的创新理论灌注官兵，深入学习贯彻习主席系列重要讲话精神，把强军目标要求落实到中队的各项工作、各项建设当中，狠抓执勤处突，严格正规管理，扎实打牢基础，持续转改作风，中队的战斗力凝聚力不断提升，无论在担负临时押解、刑场警戒、涉疆人员审判警戒等处突维稳战斗中，还是在参加2008年抗击台风“黑格比”，参加驻地抗旱救灾等抢险救援战场上，中队官兵都勇上一线、敢打头阵，夺取一次又一次的胜利，圆满完成各项任务。已经实现30年执勤安全无事故。

城乡建设·环境保护

城乡建设

【概况】 2017年,扶绥县住房和城乡建设局(简称住建局)内设办公室、规划管理股、住房保障管理股、建设工程监管股、市政建设管理股、村镇建设管理股、行政审批股。下设二级机构有12个,其中参公单位有扶绥县拆迁安置办公室、扶绥县建筑工程质量安全监督站;财政全额拨款事业单位有扶绥县建筑工程招标投标站、扶绥县建筑工程监管站、扶绥县房产管理所、扶绥县村镇建设管理所;自收自支单位有崇左市建筑设计院扶绥分院、扶绥县墙体材料改革办公室、扶绥县建筑安装工程劳动保险费管理站;集体企业有扶绥县建筑公司、扶绥县房地产开发公司、扶绥县城镇规划技术服务中心。在职干部职工82人,设局长1名、副局长3名。2017年行政审批事项共723项,其中行政许可类395项、便民服务类328项。在实施的行政许可事项中,共办理《建设用地规划许可证》103件,用地面积930万平方米;《建设工程规划许可证》121件,建筑面积253万平方米;《建筑工程施工许可证》24件,建筑面积105万平方米。2017年,市政工程计划投资15.4亿元,实际完成投资13.6亿元。2017年全县棚户区改造3493套,其中国家任务2893套。分别建设城市棚户区改造建设项目(四期)1117套、城市棚户区改造建设项目(五期)1321套、秀湖扶麻棚户区改造项目(二期)455套。2893套住房任务全部实现当年开工建设,完成开工建设任务100%,完成投资5.3亿元。

【县城规划实施】 实施《扶绥县县城总体规划修编论证报告、评估报告》《扶绥县旧城区控制性详细规划初步设计方案》《扶绥县规划整合战略性发展规划编制》《扶绥县群众文化艺术中心初步规划设计方案》《扶绥县江滨公园、白虎岭公园规划中期设计方案》《扶绥县城市会客厅周边及城南市民休闲公园旁道路地形图测绘》《扶绥县城慢行系统专项规划及引水入城景观工程规划》《扶绥县秀湖公园规划设计、扶绥县天堂岭公园景观规划设计》《扶绥县左江沿岸亲水步道工程规划设计、扶绥县南湖公园初步设计》及《扶绥县南宁至崇左城际铁路(扶绥南站)规划选址》以及龙华路、绥渌大道(原公明路)南段(福宁路—上龙大道)、广纳路(银岭路—兴武路)等13条道路的设计,总投资4200万元。

【村镇规划实施】 实施《扶绥县县域乡村建设规划初步设计方案》、扶绥县岜盆乡弄洞村岜堪屯、扶绥县渠黎镇碧髻村、扶绥县渠黎镇大陵村渠芦屯、扶绥县渠黎镇联绥村渠仔屯、扶绥县昌平乡赛仁村岜炭屯等5个乡土特色示范村建设规划编制。总投资350万元。

【城区道路建设】 新建设秀湖道路,道路西始铁路桥，东至火车站，道路宽30米、长300米，柏油铺筑。新建设规划路，道路西始育才学校，东至建筑公司交叉路口，道路长400米，柏油铺筑。实施秀峰社区（职校至麻纺厂区大门口）路面改造，铺筑混凝土路面约1000平方米。实施南密路东一、四、五巷，祥和路及民建街路面改造，铺筑柏油路面约6900平方米。实施城厢社区四条巷道混凝土路面改造工程，铺筑混凝土路面约2920平方米。此外，还实施了思贤路原南密路东三巷路口至月畔湾路段沥青路面改造工程、岜晓路育才学校至南密路口路段沥青路面改造工程、临江路县水厂至糖厂路口路段沥青路面改造工程等，共改造沥青路面约26185平方米，总投资6400万元。实施人行道改造工程，主要实施城东区各主要街道、巷道以及同正大道两旁人行道的改造，改造的人行道路面全部使用花岗岩铺设，约15万平方米。

【城区道路路灯改造】 新安装思贤路、龙乐路、民生路等路段路灯，共安装LED路灯330套、秀湖路互换LED路灯、高钠灯20套，规划路共安装LED路灯30套。全年共维修路灯770余盏，更换故障电缆约1580米，投资600万元。

【城区排水排污建设】 实施扶绥县食品公司家畜定点屠宰厂厂外污水管网工程，铺设管径为DN400~500mm的污水管道约2104米。城区排水沟、排污管建设共1645米，更换雨、污水井盖板约1421块，总投资约650万元。

【城区通信线路改造】 实施新华路、新宁路、松江路、永宁路线路改造，使城区主要道路的电信网络由杆线架设全部改造为地下埋设。改造长度约为10公里，总投资约544万元。

【市政公厕建设】 新建市政公厕10座，其中3座为旅游公厕、7座为市政公厕。具体为龙谷湾公园3座、金猴湾1座、城南休闲广场2座、回归园1座、国土局大门旁1座、南门市场1座、岜盆乡姑辽屯2座。以上公厕均“有水冲洗、有人管理”，投资108万元。

【公共建筑节能改造】 实施扶绥县2017—2018年节能改造示范项目一期项目和二期项目。一期项目为扶绥县实验学校等4所学校改造项目，二期项目为扶绥县职业技术学校改造项目。共安装空调智能节能器约139台，LEDT5/T8灯管约7048套，节能路灯约27套，太阳能集热板174平方米，空气能热泵4台等，改造面积约12万平方米，投资400万元。

【建筑市场管理】 启用与住建厅联网的建筑市场监管和诚信信息一体化平台系统，全面运行了房建和市政工程电子化招投标。全年实行电子化招标投标项目82个，电子化率98.8%。2017年，全县共招标项目129个，中标锁卡117个，“开标刷卡”制度执行率达到100%，“中标锁卡”制度执行率达到90%以上。运用一体化平台系统，完成工程报建办理68个，施工图审查备案90项，施工图合同备案12项，施工许可证24项。符合核发施工许可证条件的新开工工程质量监督项目30个，覆盖率达100%。受监工程竣工验收34个，合格率100%。监督工程质量终身责任承诺制、永久性质量责任标牌制度和终身责任信息档案制度执行率100%。

【保障性安居工程建设】 2017年崇左市下达扶绥县基本建成历年保障住房建设任务1120套，当年实现基本建设任务2347套，完成率209.55%。具体为：2014年扶绥县东门镇政府公共租赁住房建设项目基本建成24套，2014年扶绥县东门中心卫生院公共租赁住房项目基本建成24套，2014年扶绥县渠黎镇卫生院公共租赁住房建设项目基本建成36套，2014年扶绥县岜盆乡卫生院公共租赁住房项目基本建成20套，2014年广西壮族自治区国营渠黎华侨林场公共租赁住房项目基本建成200套，2015年扶绥县空港经济区公共租赁住房项目基本建成438套，2014年扶绥县东罗镇初级中学公共租赁住房教师项目基本建成40套，2014年扶绥县山圩镇第二小学公共租赁住房建设项目基本建成20套，2014年扶绥县鑫地矿山设备有限公司公共租赁住房项目基本建成75套，2015年广西南塑管业科技有限公司扶绥工业厂区公共租赁住房基本建成128套。2014年扶绥县渠黎镇同福街旧住宅区综合整治项目基本建成262套，2014年扶绥县新宁镇南密开发区旧住宅区综合整治项目基本建成300套，2014年自治区扶绥种畜场棚户区改造项目基本建成232套，2014年扶绥县城市棚户区改造项目二期基本建成500套，扶绥县东门镇居委会棚户区改造城中村项目基本建成48套。

【保障性住房分配】 2017年崇左市下达扶绥县保障性住房分配入住任务1082套，当年完成1787套保障房分配入住任务，完成率165.16%。具体为：2014年扶绥县东门镇政府公共租赁住房项目完成分配入住共24套，2014年广西壮族自治区国营渠黎华侨林场公共租赁住房项目完成分配入住共200套，2014年扶绥县矿粉厂安置区公共租赁住房项目完成分配入住共54套，2014年广西青年创业创新基地项目公共租赁住房建设项目完成分配入住共248套，2014年扶绥县东门中心卫生院公共租赁住房项目完成分配入住共24套，2014年扶绥县渠黎镇卫生院公共租赁住房项目完成分配入住共36套，2014年扶绥县岜盆乡卫生院公共租赁住房项目完成分配入住共20套，2014年扶绥县东门镇第二小学公共租赁住房项目完成分配入住共24套，2014年扶绥县东罗镇初级中学公共租赁住房项目完成分配入住共40套，2014年扶绥县山圩镇第二小学公共租赁住房项目完成分配入住共20套，2015年扶绥县空港经济区公共租赁住房建设项目完成分配入住共161套，2013年扶绥县东罗镇政府公共租赁住房项目完成分配入住共5套，2013年扶绥县渠黎镇政府公共租赁住房项目完成分配入住共3套，2014年扶绥县鑫地矿山设备有限公司公共租赁住房项目完成分配入住共75套，广西南塑管业科技有限公司扶绥工业厂区公共租赁住房项目完成分配入住128套，2014年自治区扶绥种畜场棚户区改造项目完成分配入住共206套，2015年扶绥县东门镇居委会棚户区改造城中村项目完成分配入住共48套，2011年扶绥县东罗矿棚户区改造一期项目完成分配入住共5套，扶绥县城市棚户区改造项目二期完成分配入住共455套，扶绥县城市棚户区改造建设项目（五期）完成货币化补偿安置共11户。

【房地产开发】 2017年无新的房地产开发项目。房地产业主要有碧园房地产（未来城）、巨景房地产（祥和新城）、扶绥正大（格林春天）、实德房地产（中都·新世界）、恒信房地产（书香华府）、汇龙房地产（空港大厦）、盛城房地产（盛城·绥尚居）、桂林理工房地产（白岭家园）、世纪房地产（世纪花园）、腾龙房地产（新华腾龙广场）、东信置业（东信华府）、扶绥县城市开发（福花小区）等房地产项目建设。2017年房地产投资10亿元，与2016年基本持平。2017年，全县商品房累计可售38.44万平方米，比2016年底的43.57万平方米减少5.13万平方米，同比下降11.8%；累计可售套数4880套，比2016年底的5518套减少638套，同比下降11.6%。商品房住房销售均价3479元/米^2，同比增长8.9%。二手住房成交3.37万平方米。

【工程安全生产管理】 2017年全县在建企业40家，在建工程54项，建筑面积81.4万平方米。全年开展专项大检查6次，综合整治检查4次，共发各类建设工程整改或停工通知书21份，整改率100%。执行对房屋建筑和市政基础设施工程安全生产动态扣分的行政执法案件20件，行政处罚主体4个，行政处罚人员13次，扣分合计147分，全年无安全生产责任事故。

（农　奇）

城市供水

【扶绥县自来水厂】 扶绥县自来水厂创建于1965年，是一家具有公用事业性质的规模以上国有企业，内设办公室、财务股、监察股、生技股、经营股、供水股、安装队等7个部门。实行自主经营、自收自支、自负盈亏的经营模式。现有供水能力为5万米³/日，供水管道DN100以上170多公里，用水户2.7万多户，供水范围包括县城老城区、城南新区、空港经济区、青年产业园以及昌平、龙头、渠黎、岜盆等4个乡镇集镇及周边村屯，服务人口约15万。

以左江为水源，仅有一座产水量为300米³/日的脉冲澄清池，主要供县政府大院及附近居民生活用水。1982年进行全面技术改造，利用河床沙层的有利条件，采取大口井自然净化工艺，使供水能力达到了8000米³/日。随着县城经济的发展和人口的增加，用水需求不断加大，2000年7月，投资1700多万元的扩建工程竣工投产，建成了拥有一级泵站、过江源水管、管道混合器、折板反应池、斜管沉淀池、虹吸滤池、清水池及二级泵站等常规水处理系统，供水能力达2.5万米³/日。

一级泵房位于江西岸屯西面的左江河岸，占地约4100平方米，设计取水能力为5万米³/日（目前因水源保护区调整已停用）。净水厂位于临江路新宁镇政府对面，占地面积16200平方米。

随着城南新区、空港经济区的不断开发建设，用水供求矛盾逐渐显现。2009年12月，开始实施扶绥县城区给水改造扩建工程项目，该扩建工程项目投资8000多万元，项目建设规模内容为：新建取水泵房（位于充禾村龙寨屯）取水规模10万米³/日、近期装机规模5万米³/日；配套建设dn800原水管5.6千米；净水能力从2万米³/日扩建至5万米³/日；进行旧城管网改造DN300~600，5.85公里；配套1.5万米³/日加压站建设。该项目的城南加压站已于2010年10月即先运行投产；2017年12月整个项目全部建成投产，日供水能力已提高至5万立方米。

【城区供水】 根据县城总体规划，实施县城供水"北延、中改、南扩"的发展战略。北延——供水尽可能向北（龙头二级路、昌平乡方向等）不断延伸，2017年1月已开通至昌平乡DN400供水主管道，县城至将军岭码头DN400主管道工程已开工建设。中改——中间调整优化，老城区随着路网建设、改造进行供水管网的优化改造，给水系统扩容改造。南扩——供水向南不断扩展：往城南新区、空港经济区、糖果休闲食品产业园延伸扩展，临时加压站已投入使用，空港第二加压站已开工建设；往青年产业园、岜盆乡、渠黎镇方向扩展。2015年10月已向青年产业园供水，岜盆乡管道工程已竣工，渠黎镇工程正在推进当中。

市政管理

【概况】 2017年扶绥县市政管理局在委县政府的正确领导下，在上级业务部门的大力支持下，创造性开展各项工作，各项工作成效明显。组织队伍建设得到加强，2017年9月，成立共扶绥县市政管理局总支部委员会，并于10月27日召开了中共扶绥县市政管理局总支部委员会第一届选举会议，选举出第一届党总支部委员会委员，并明确了党总支部委员的责任分工。2017年7月，在城管队、环卫站、园林所3个二层单位进行中层干部选拔，通过民主推荐、民主测评、个别谈话等方式，考察在职在编干部职工的德、能、勤、绩、廉等综合表现。按照公平、公正、公开的原则，选拔出了一批新的中层干部，进一步加强了干部队伍建设。正式将城区环卫作业、园林绿化养护推向市场化运作。通过市场化运作，引进发达地区先进管理团队和经验，采取政府购买服务的形式承包给环卫公司，实现了以费养事、管干分离的管理新机制。将市政设施的管理维护推向市场化，与具有资质和实力的建筑维修公司签订管护承包协议，通过局工作微信平台及时发布损坏的市政设施信息，由管护企业立即派人进行更换维修，维修时间一般不超过1天的时间，降低管理成本，提高管理效率。全年环卫收费突破300万元，同比增长了8%。清理流动摊点1000多个，整治店外经营、占道经营1300多个，清理乱堆乱放杂物49车，清理乱贴乱画广告790处，纠正车辆乱停乱放800多辆，教育960多人次。共规范夜宵摊点250多个，纠正广告牌摆放130多块，发放整改通知20多份。加强对旧城区铺设管网挖掘城市道路的监察，要求施工方做到完成一段清理一段，尽量做到当天开挖当天回填，全年共发整改通知30多份，责令当场整改的26处，限期整改12处。对私人在建工地进行监察，纠正工地围挡不规范的共21家，纠正工地建筑材料乱堆乱放的26家，对私搭乱建下发限期拆除通知8家，已自行拆除的7家，制止私搭乱建行为6家，拆除报刊亭3家，拆除城南区破损广告牌30多块。

【完善环卫作业设施设备】 2017年第一季度，投入资金约15万元，对环城路中转站、大景城中转站共3000平方米地板进行硬化，同时搭建停车棚1500平方米，解决城南新区环卫作业车辆无场地停放难题。2017年1月，淘汰3部装卸翻斗车后，新投入使用3部机械化侧装车，专门收集沿街、各居住小区等垃圾桶垃圾。新增1部机械清扫车和1部新水车对城南新区全方位清扫洒水，减少人工作业，减轻一线工人劳动强度。

【实施错时管理模式】 针对上下班时段，街道秩序管理缺失，南门市场周边、主要街道路口流动摊点、占道经营、乱摆乱卖反弹、小广告乱贴乱画等问题，结合城区实际，城管队创新管理模式，实行错时管理制度，重新整合队员，科学合理安排人员错时上下班，分白天时段和夜间时段。白天错时段早上7:30至8:30，中午11:30至下午3:00，夜间错时段晚上5:30至次日凌晨。重点监控主要街道、繁华路段和重点区域的乱摆乱卖、流动摊点、夜间广告乱贴，规范夜市摊点等违规违章行为，实现上下班无缝隙对接。实行错时管理，在城区范围内，从早上7:30至次日凌晨，都有城管队员在街道上巡逻上班，有效防止了反弹。

【实行岗位轮换制】 2017年3月起，城管队从加大管理力度、强化职责入手，在行政执法过程中实行岗位轮换制，每季度进行一次轮换，各中队轮流管理不同的片区。为了做好交接工作，实行中队学习制度，轮换前做好季度计划、总结，每周一召开中队例会，对上周的管理工作进行总结，布置本周工作任务。自实行轮换管理制度后，各项工作有序开展，管理工作越来越规范，有效排除了说情风、顾面子的干扰，还打破了多年来形成的“专营界限”，真正做到了依法行政、秉公执法、严格执法，真正做到了领导和群众双满意，激发了执法队伍的新活力。

【工程车辆污染路面监管】 严查工地工程车辆抛洒物污染城市道路行为，实施全天候监控，发现一起，惩处一起。督促施工企业按施工规范要求建立健全各种冲洗设施，要求工地车辆清洗干净后方可进入城区道路，从源头遏制车辆带泥污染路面。同时进一步加大执法检查力度，加强与交警部门协调联动，严厉查处泥头车带泥进城污染城市道路行为。2017年对工地泥头车发放整改通知书80多份，发放《关于城区工程车辆规范管理的通知》1000多份，共查处车辆运泥进城污染城市道路的85起，处罚13起，责令当事人清扫被污染路面72起。

【城区园林绿化】 完成旧城区永宁路、新华路、新兴路及部分街道及小巷的树木修剪180多株，修剪遮挡治安摄像头树枝26处。完成城区花带修剪5.3万平方米，完成苗木、绿地施肥、喷药、除草3.2万平方米。同时，根据县政府工作部署，协助东门镇政府完成该镇道路绿化树修剪工作，共修剪榕树170多株，清理树枝50多车。今年共完成600多株低矮树枝修剪工作及8棵枯树的处理工作，消除了因枯树、枯枝等倒伏或掉落产生的安全隐患。完成丽园休闲小广场4000平方米绿地提升改造工程，其中新植绿篱1800多平方米、栽植红花继木球50株，栽植非洲茉莉球80多株。完成城东区五小巷197株榕树木迁移及300多株苹婆的新植及回种。建成区街道绿化达90%以上，绿化面积462.95公顷，县城区绿化覆盖率提高到43.5%，绿地率达到38.9%，人均公园绿地面积11平方米。

【市场环境整治】 2017年，底南门市场封闭式楼层更换光灯管250盏荧，更换安全出口批示灯116套、应急照明灯130套、卫生间指示灯35套，吊扇42台。在市场4个出入口都设置综合整治值班岗，同时组织市场中心全体干部职工52人次夜晚加班对南门市场一楼及周边进行冲洗，期间共出动人员300多人次，清理卫生死角垃圾约30车，疏通清淤市场排污沟约40多米，开凿排水明沟30多米。针对市场内水产品、肉类、蔬菜等三个卫生重点区域的清扫保洁，给各行业配发垃圾桶共计500个，要求经营户统一按指定地点摆放垃圾桶，做到摊内达标摊前三包。对南门市场周边86间门店下发责令整改通知书，禁止压线跨线经营，同时在创城办的协调下，与综合执法组对周边门店跨线经营进行强力整治，清除乱搭乱建6处，清除饮食灶台1个。

中国—东盟南宁空港扶绥经济区

【概况】 中国—东盟南宁空港扶绥经济区于2010年10月成立，东连南宁吴圩国际机场，西临扶绥县城，南接南友高速，北靠左江，规划面积60.38平方公里。2012年，被确认为自治区A类园区，2014年，空港经济区成为自治区产城互动试点园区，2016年，空港经济区被列为凭祥重点开放开发试验区的重要组成部分。扶绥空港区位交通优势突出，距南宁市45公里，距吴圩国际机场23公里，距友谊关口岸150公里，距钦州港170公里。有南友高速、南扶二级路、湘桂铁路、左江航道穿园而过。规划建设中的南凭高铁、南宁轻轨5号线也在园区设站，兼具面向东盟、毗邻南宁、紧靠机场、通边达海优势。园区配套设施基本完善，道路、供水、供电、天然气、通信、标准厂房、污水厂一应俱全。园区已成功引进金冠食品、弘信物流、桂林理工大学、广西城市职业学院等知名的企业和高校落户，签约项目48个，投产28个，已有规模以上企业25家，亿元企业12家。2017年园区工业总产值完成104.3亿元，同比增长25.66%，规模以上工业总产值104亿元，工业增加值36.44亿元，税收完成6.3亿元，全年固定资产投资完成32.92亿元。

【园区项目建设稳步推进】 2017年园区主要完成了金冠、南塑、长寿奥秘、桂和堂、广拓新能源、青创基地、金百大、华星玻璃等8个项目16栋厂房的建设工作。国土学院（一期）完成530亩的土方平整，并完成一期主体工程。水产学院、外国语学院空港校区（一期）项目已完成前期工作，外国语学院也于12月18日举行开工仪式，青少年活动中心正在开展前期工作，公安反恐基地(一期)于2017年底投入使用。荣桂物流、弘信物流完成总平设计，西江将军岭码头物流等现代物流项目也在稳步开展项目前期工作。

【基础设施建设基本完成】 2017年，园区共投入100902万元用于完善基础设施及配套建设。主要建设了华阳路、兴港路、公明路、贵仓路等道路工程，以及完成同正大道提升改造工程、广纳、高新路给水工程等基础设施建设，并完成了370亩共投资954万元的土方平整工作，青创基地总建筑面积129996.89平方米的新建5栋标准厂房和一套配套管理用房建设，完成配套基础设施投资161万元。

【投融资工作再创新高】 2017年获得中央预算内投资、上级专项补助资金共4050万元，通过融资平台，港投公司获得银行授信资金共12.7亿元，并且积极主动联系各政策银行、开发银行、商业银行等，为园区企业融资提供服务，通过向“惠企贷”合作银行推荐园区企业9家，最终南塑获得贷款授信900万元。通过向工业新兴产业融资担保基金合作方广西金融投资公司推荐园区企业9家。

【征地工作稳步推进】 完成征地共3104.427亩，兑付补偿款5788.315万元。完成林地变更171.25亩（指各项目内的林地变更面积），分别是太阳星城71.25亩、万源城60亩、长寿奥秘40亩，正在办理智合、外国语学院及水产学院的林地变更的相关手续。完成项目清表1370亩，分别是荣桂物流360亩、弘信30亩、万源城300亩、水产学院680亩。

【项目宣传与包装】 园区积极策划包装中国糖业产业园落户空港扶绥经济区的申报材料，已明确中国糖业产业园落户崇左市，以“一园三区”布局，空港扶绥经济区为其中之一。招商服务部积极协助开展中国糖业产业园规划编制工作，结合实际对中国糖业产业园落户空港扶绥经济区后的功能布局及范围提出了建议，目前相关材料已报中国糖业产业园总体规划编制课题组。同时根据县域经济发展大会暨年中工作会议精神，结合空港经济区的定位和中国糖业产业园的功能布局及范围，精准包装一批临空轻工制造、糖果休闲食品、现代物流等28个项目。制作空港宣传片及空港宣传册。

【项目服务工作】 园区加强与各级政府及环保、国土、住建、工信等部门的沟通和联系，积极开展“双月活动”，千方百计为企业破瓶颈解难题，争指标、寻资金，全年园区项目共获下达用地指标约393亩，使土地和融资问题得到较好的解决，为加快项目建设打下良好基础。同时，做到了为企业提供店小二全程代办服，积极主动为外国语学院、长寿奥秘、智合包装、荣桂贸易等项目的前期八大审批工作。协助金冠食品办理了生产许可证。协助金百大办理了土地使用权的转让手续。协助广西外国语学院申报自治区统筹推进重大项目，并已列入第一批增补重大项目。

【推进园区项目建设】 园区建立“政企同心”微信群，群里成员包括县委、县政府主要领导，各职能部门主要领导及园区内各个企业家。企业遇到什么问题可以直接发布到微信群里，相应部门给予回应。如丰源钢构公司反映二期项目用地还有林木未砍伐，县委、县政府主要领导亲自到现场督办，责令空港征地部负责林木砍伐事宜，并限期三日内完成，及时解决了企业发展遇到的实际问题。微信群的建立拉近了政府与企业间的沟通，提高了办事效率，提升了政府的整体形象。

【创新服务机制】 采取“服务+审批”模式，有专人负责办理企业审批手续的工作人员，该工作人员协调相关部门的业务人员到园区企业进行培训指导，指导企业办理审批手续需要准备的报批材料及相关程序，以便及时解决企业业务不熟的情形，减少中间错漏环节，提高行政效率。采取科学规范化管理，合理制定园区路网前期工作需要规范化管理的工作推进表及倒排工期表，使道路建设能够按时按质完成工程进度。

崇左市广西中国—东盟青年产业园

【概况】 崇左市广西中国—东盟青年产业园于2004年1月8日挂牌成立，同年9月，在首届中国—东盟青年事务部长会议上获得成功推介，“东盟各国支持青年产业园建设”作为大会重要成果写入会议通过的《中国—东盟青年合作北京宣言》。青年产业园是全国第一个，也是唯一一个得到东盟各国政府部门认可的青年产业园，是共青团中央青年就业创业见习基地，是自治区A类园区，是崇左市三大工业园区之一。园区规划面积34.8平方公里，以“华侨”“东盟”“共青团”为依托，重点发展铜循环经济、文化体育休闲旅游、建材、机械制造等优势产业集群。2017年，园区实现生产总值24.5亿元，同比增长44.97%；固定资产投资完成23.79亿元，同比增长56.93%。新增规模以上企业5个，同比增长400%。签订合同落户园区的项目有48个，投资总额达120多亿元，项目涉及冶金、化工、建材、机电等，已投产的项目有28个，规模以上企业12家，在建项目13个。

【基础设施建设】 2017年，进一步夯实园区基础，污水处理工程历时7年建设，于2017年9月30日实现配套管网全线贯通，成为崇左市工业园区中第一个投入运营的污水处理厂，为园区企业的正常生产提供了运行条件。标准厂房建设完成约11.58万平方米。路网工程横一路、纵五路、纵十二路、纵十三路、纵十四路及其延长线等路网正在全面施工，山圩至中泰一级路经园区路段已全线开工建设。园区幼儿园、小学、中学教学楼已完成主体结构施工，正在进行装饰工程的施工。岜邦新村建设已完成主体工程14栋，完成主体总工程量的90%，还有5栋安置楼正在基础开挖。

【招商引资】 2017年，园区招商小分队立足园区总体规划布局的总体要求，通过联合招商、以商招商、以会招商等多种形式，分期、分批十多次前往深圳、山东、北京、天津、福建等外出招商，并取得较好的成绩。2017年，签约引进5000万元以上项目9个，其中亿元以上项目6个，5亿元以上项目1个，投资总额达15.49亿元。区外到位资金9.14亿元，同比增长69.67%；境外到位资金4337万美元，同比增长981.34%。聚焦铜核心产业招商，与市工信委、扶绥县多次赴北京、天津及安徽省铜陵市、江西省鹰潭市等铜业发展先进地区进行考察，对接编制铜业循环经济产业园规划，了解其他园区编制铜循环经济规划过程，并与中国瑞林工程技术有限公司（中国有色行业设计领域处于国内领先地位）达成合作意向。通过以商招商的形式，成功引进广西桂缆电线电缆有限公司在园区投资建设电线电缆项目、扶南综合物流园及广西润雄电线电缆项目。

【工业项目建设】 广西南国铜业30万吨铜冶炼项目累计完成投资131457.52万元，完成土建总工程量的80%。丰塑管业、双美电线电缆等2个项目已实现竣工投产。总投资8亿元的琦泉生物质发电项目全面开工建设。瑞业电缆二期、沪邦建材、鼎臻木业、怡兴麻业二期、昌和桥梁钢结构等项目将于2018年开工建设。

【征地拆迁】 2017年，园区继续组织精干力量加大征地工作力度，发扬“白加黑”“五加二”的精神，突破尾水管网及琦泉生物质发电等项目的征地工作瓶颈，为项目建设提供了先决条件。截至2017年12月31日，园区共完成征地约2903亩，迁坟16处，成功调处各种征地拆迁纠纷矛盾9件，兑付各类征地拆迁费用约1.1亿元，极大地推动了园区的各项目建设进程。

【扶贫攻坚】 2017年，共争取到上级财政、交通、移民、民族、林业、水利、教育等部门一系列项目资金990多万元，先后修建了思同村三造屯、枯樟屯、琴旺屯的巷道、三造屯至枯樟屯的屯级道路等共9.3公里。修建新安水库灌溉节水配套改造三面光工程7公里。种植绿化树550多棵，安装了25盏太阳能路灯，修建了思同小学新的教学楼综合楼，给驮寺屯安装了饮用水净化设备。思同村扶贫产业项目——皇鸽养殖基地一期工程已正常投产，每月出栏乳鸽6000多只，每月销售额超过9万元，销售利润达3万多元。再次投入20万元建设完成养鸽（二期）工程。在养鸽基地附近建养猪场，养殖土猪100多头，直接为贫困户增加收益300元/(年·户)，思同村顺利完成脱贫42户179人。

【广西南国铜业铜冶炼项目】 项目是广西中国-东盟青年产业园铜循环生态科技示范园的重要项目之

一，由广西南国铜业有限责任公司投资建设，项目选址于广西中国—东盟青年产业园工业区三类工业用地内，一期项目投资额35.9亿元，二期项目投资额58.2亿元，配套建设的工业旅游项目投资额14.3亿元。该项目总占地面积达8000亩，自2013年起被列入自治区重大项目。自2016年10月以来，项目进展明显加快，相继开工建设熔炼、制氧、净水站、选矿车间、二号原料库、硫酸主控室、综合仓库、机修厂房等子项工程。项目一期已完成专家楼、办公楼建设，精矿库、电解车间工程已完成过半，累计投资金额近13亿元。广西南国铜业项目采用世界先进工艺富氧侧吹熔炼、卡多尔炉熔炼等技术，在技术装备、综合能耗、环保节能、资源综合利用等方面都达到或优于国内先进水平。水经处理实现100%循环利用，副产品硫酸就近供锰、钛等企业使用，固废水淬渣供水泥厂作配料。项目一期投产后年销售收入可达76亿元，年缴税6亿多元，可安排600多人就业。到2020年项目全部建成投产后，可形成年产60万吨电解铜、20万吨铜材深加工、以及综合回收黄金3吨、白银1500吨、硫酸250万吨的产业规模，年销售收入超200亿元，各项税费近20亿元，解决就业2000多人，具有显著的经济和社会效益。

（黄　培）

住房制度改革

【概况】 2017年，扶绥县住房制度改革委员会办公室内设综合股、财务股和业务股，有在职干部职工12人。2017年，扶绥县采取有力措施，全力开展计算核定拆迁安置房个人房价款、集资建房款，推进已售公有住房上市交易、已售公有住房共用设备设施维修管理、危旧房改住房改造、审核干部职工购买政策性住房资格等住房制度改革各项工作，不断解决干部群众住房困难，进一步改善干部职工住房条件。全年完成办理核发干部职工个人政策性住房产权证86套，计9460平方米，房改房上市交易60套，计建筑面积4500平方米。审核申购政策性住房资格2070户，其中不符合申购条件560户。审批回拨房改房公用设备设施维修费43万元，回拨建房款388万元。县人民医院危旧房改住房改造项目德馨园小区建设顺利进行，第一期项目累计投资15185万元，建设住宅楼8栋，每栋18层，主体建设已竣工，已完成外墙装饰施工，城市配套设施设备完善后即可分房入住。

【计算核定拆迁安置房个人房价款】 2017年，扶绥县以解决干部职工住房困难为主线，切实抓好拆迁安置房办理个人产权证工作，加强住房权属管理，保障住房权利人合法权益。明确专人全程办理，逐户逐套核定计算房价款，出具购房意见书，并及时将相关材料转送不动产部门办理个人产权证，切实保障了个人住房产权合法权益。全年共计算核定县水厂、汽车大修厂、复合肥料厂3个拆迁安置单位的个人房价款86宗（套），建筑面积6460平方米，建立个人住房档案53户。

【已售公有住房上市交易】 2017年，扶绥县不断深化住房制度改革，规范已购公有住房上市交易行为，搞活房改房二级市场，不断改善干部职工住房条件。通过住房上市交易，家庭户初步实现卖小房买大房，不断提高干部群众住房幸福指数。办理过程中，向业主发放一次性告知材料，凡是违反政策规定多购政策性住房的，不予审批上市交易。已购公有住房上市交易后，不能再按房改或其他优惠政策购买或租用公有住房。全年共审批已购房改住房上市交易60套，建筑面积4500平方米。

【已售公有住房共用设备设施维修管理】 2017年，扶绥县加强已售公有住房共用设备设施维修管理，把房改住房维修养护管理当作一项重要的民生工程抓实抓好，建立住宅共用设备设施维修基金，专项用于住宅共用设备设施保修期满后的大修、更新、改造，维护住房产权人和使用人共同利益，提升了干部职工居住质量。售房单位要求维修改造已售公有住房共用设备设施，县房改部门评估员与售房单位人员到现场共同核实评估住房共用设备设施情况，单项维修项目维修资金超过10000元及以上的，需经审计部门审核，严格管控维修基金，确保资金专项用于共用设备设施维修改造项目。2017年主要维修改造项目是水电维修改造、天面渗漏水防水维修改造、公共排污管维修改造、清理化粪池等，共审批回拨43万元维修房改房公用设备设施，受益单位21个。

【回拨集资建房款】 2017年，扶绥县切实加强集资建房组织和管理，严格审核购房资格、建筑面积、集资标准、资金来源等内容，重点抓好集资建房款管理和审批，并纳入专户集中统一管理，坚持做到一支笔审批，按建房工程进度回拨建房款，避免建房款挪作他用，确保专款专用。全年回拨县职业技术学校、特殊学校等单位建房款388万元，比上年的176万元增加了212万元。

【推进危旧房改住房改造】 2017年，扶绥县紧紧围绕改善居住条件和环境，有效提升城市品位，解决城镇中低收入家庭住房困难这条主线，全力推进危旧房改住房改造工作，切实抓好为民服务实事工程。年内重点抓好3个项目：县人民医院职工住宅楼1~7号楼危旧房改住房改造。为消除房屋安全隐患，改善住户居住条件，提高医院医务水平，组织县人民医院危旧房改住房改造项目，建设德馨园小区，总投资29683.18万元。分两期建设，第一期项目投资16142万元，建设住宅楼8栋，每栋18层，项目建设进展顺利。到年底1~8号楼主体建设已全部竣工和全部完成外墙装饰施工，累计投资15185万元。建设510户(套)，其中还建住房148户(套)，非还建住房362户(套)。新宁财政所危旧房改住房改造项目已竣工验收交付使用，建设1栋8层28套住房，其中还建住房16户(套)，非还建住房12户(套)，总建筑面积4386平方米，完成投资561.98万元。扶南糖厂正在申请职工住宅楼危旧房改住房改造。经鉴定，第6、9、10、11栋符合改造条件，正加强政策指导，归集相关材料，填写有关报表。下一步还要送政策上门，简化程序，全力推进项目建设。

【审核干部职工申购政策性住房资格】 2017年，扶绥县根据自治区党委办公厅、自治区人民政府办公厅《关于在全区开展干部职工违规多占住房清退专项整治活动的通知》(厅发〔2014〕6号)和崇左市委办公室、市人民政府办公室《关于印发<崇左市干部职工违规多占住房清退处理实施细则>的通知》以及房改政策规定精神，全面抓好干部职工申购政策性住房资格审核，充分利用已有房改住房档案数据信息，对全县干部职工申请购买公有住房、拆迁安置住房、经济适用住房、危旧房改住房、集资建房、限价商品住房等政策性住房资格进行审核。全年共审核申购非还建住房和拆迁安置住房等政策性住房资格2070户，比上年的1813户增加了257户，不符合资格560户，有效避免非安置对象纳入安置范围。

(梁任飞)

环境保护

【概况】 2017年，扶绥县环保局突出项目审批促发展，强化环境监管保安全，推进生态建，取得了较明显的成效。全年全县环境质量总体平稳，县城区环境空气质量达到，饮用水源水质达标率100%。2017年依法对39个建设项目进行了环境影响评价审批工作，进行环评登记表备案的建设项目15个，依法对13个建设项目进行了竣工环保验收工作。共下达《责令改正违法行为决定书》25份，下达《责令限期改正通知书》18份，立案处罚4件，罚款金额27万元。全县排污申报企业36家，共计征收排污费637.7万元(包括企业补缴2015、2016年度的排污费用)。共接到各类环境投诉案件68起，其中来电38起，来访19

起,部门转办(包括网上平台)11起,处理率达100%。

【企业监管】 以“双随机”抽查工作制度为基础,结合秋冬季大气污染综合治理攻坚行动、工业污染源执法检查、砖瓦行业环保专项执法检查、纳污坑塘排查整治、汛期环境安全保障和环境风险隐患专项检查、危险化学品环境安全综合治理等环保专项执法行动,深入开展环境安全隐患排查整治。全年共出动环境监察执法人员500余人次,检查企业200余家,发现存在环境安全隐患企业24家,督促完成整改23家,正在整改1家。

【中央环保督查反馈问题整改销号】 对涉及扶绥县的6个问题,制定具体整改方案,加强部门联动,狠抓整改,切实推进中央环保督察组反馈意见问题整改落实到位。完成了建材行业环境问题、环保工作不够重视、空气环境质量下降、局部地区生态破坏问题突出、监管工作部署不力、全区在册尾矿库存在环境安全隐患等6个问题的整改验收销号申请工作。

【大气和水污染防治】 根据上级部门下达的任务,编制并下发了《扶绥县大气污染防治2017年度实施计划》《扶绥县水污染防治行动2017年度工作计划》。完成里昂生物、扶南精糖、扶南东亚脱硝减排及烟尘治理工程,完成县级空气自动站PPP项目建设及中石油扶绥隆中加油站油气回收改造工程,渠旧镇污水处理站已通水试运行,山圩镇、中东镇污水处理站主体工程已完工。

【黄标车和老旧车淘汰工作】 制定并印发《2017年扶绥县淘汰黄标车及老旧车工作方案》,并组织公安、工信、交通、环保、各乡镇等有关部门根据责任分工开展黄标车淘汰工作。对全县2107辆黄标车、600多辆老旧车进行入户、电话调查,并在县城各街道、各小区、各单位大院,查找老旧车、僵尸车,掌握车辆信息。对运德等客运公司进行约谈,对区直单位、国有企业进行约见,督促车主尽快办理车辆报废手续。在电视、报纸、网站等重要媒介宣传淘汰黄标车政策,在县城、各乡镇集镇、三大产业园、各重要道路及岔路拉宣传标语、制宣传版,在县城、各乡镇集镇发宣传单。对黄标车不得办理车辆道路运输证,对达到报废标准上路行驶机动车,一律予以扣留并强制报废。把黄标车淘汰工作列入各责任单位2017年度绩效考核,并对各责任单位进行督查。在各有关部门的紧密协作下,完成了年度淘汰1285辆黄标车和老旧车的任务。

【主要污染物减排】 2017年扶绥县减排任务为化学需氧量30.5吨、氨氮4.8吨、氮氧化物22吨,减排项目为县城、东门镇、东罗镇污水处理厂、东亚糖厂脱硝项目。经过努力,县城污水处理厂进水量及主要污染物浓度同比降低,东门镇、东罗镇污水处理厂进水量同比增加,进水主要污染物浓度不高,东亚糖厂脱硝工程正常有效运行。根据减排核算估计减排化学需氧量30.5吨、氨氮4.8吨、氮氧化物22吨。

【环境质量监测】 按照相关监测技术规范,全年共开展县城大气环境质量监测4次,开展城镇集中式生活饮用水源地——龙寨取水点水质监测4次,县城环境噪声监测1次,其中县城大气环境质量、城镇集中式生活饮用水源地——龙寨取水点每季度开展全年共监测4次。监测结果表明,城区环境空气质量达到国家《环境空气质量标准》(GB3095—2002)二级标准;县城集中式生活饮用水源地水质达到或好于《地表水环境质量标准》(GB3838—2002)Ⅲ类标准,水质达标率均为100%;城区各点位昼夜间噪声均达到国家标准。

【环保宣传】 以第46个世界环境日为契机,围绕“大力营造山清水秀的自然环境”主题,组织开展2017年“六·五”世界环境日现场宣传活动、环保进企业、环保进乡村、环保进学园、公众评污、环保志愿者

"户外清洁日"等系列宣传教育活动，利用中国联通公司平台向市民发送"六·五"世界环境日环保公益短信，营造了浓厚的舆论氛围。共发放各类宣传资料3000余份，各类环保购物袋、围裙等宣传物品800余份，悬挂横额30余条，张贴海报70多张，环保宣传短信6500条。

工 业

综 述

【概况】 2017年,扶绥县大力推动工业强县战略,做好产业转型升级等工作,全县在工业稳增长、工业转型升级方面均取得了重大进展和突破。2017年,全县规模以上工业总产值完成227.9亿元,同比增长37.67%,比全区13.9%高23.8个百分点。全县规模以上工业增加值完成77.96亿元,同比增长15%,比全区7.1%高7.9个百分点。全县完成工业投资66.78亿元,完成总量排崇左市第一,同比增长27.59%,比全区6.7%高20.9个百分点。全年共组织24家工业企业完成上规入统,是全区县域年内工业企业入规最多的县份。全县建成标准厂房40.1万平方米,占年度任务17万平方米的235.8%。全年园区基础设施建设完成17.8亿元,完成崇左市下达目标12.1亿元的147.1%。全县规模以上工业万元增加值能耗比同比下降13.9%,超额完成下降3%的目标。全年完成外贸进出口2.33亿元,占年度目标1.6亿元的145.71%,同比增长86.4%。

【服务企业】 2017年,积极做好"百名干部入百企"活动,各帮扶责任人积极深入企业开展服务活动,建立了服务工业企业工作台账,完成填写25本《全市工信系统"百名干部入百企"2017年服务企业工作手册》,切实为企业解决生产难题。同时,为深化开展企业服务,实现重点企业和项目服务全覆盖。在全县范围内开展"企业服务月"和"项目攻坚月"活动,过程中,排查、收集和解决扶绥县65家企业和36个重大项目生产经营和建设中存在的困难和问题。在活动期间,扶绥县对2014年至2016年在扶绥工业发展作出贡献的56家企业予以表彰奖励,奖励金额达582万元,通过活动的开展,增强了企业发展信心,密切了政企关系,营造了合力攻坚氛围。

制糖企业

【广西南宁东亚糖业集团】 广西南宁东亚糖业集团总部设在广西首府南宁市,下属公司有广西扶南东亚糖业有限公司、广西东亚扶南精糖有限公司、广西扶南生物能源有限公司。该集团的3家公司独立核算,以扶南公司为母公司,互为关联,一套班子,统一管理。3家公司共有员工1077人,占地900多亩,拥有固定资产20亿元,在生产、财务、甘蔗砍运等方面统一采用计算机系统管理,其中广西扶南东亚糖业有限公司和广西东亚扶南精糖有限公司共有蔗区59.5万亩,涵盖新宁镇、渠黎镇、渠旧镇、中东镇、东罗镇、昌平乡、龙头乡和岜盆乡8个乡镇,分7个蔗区进行管理。

广西南宁东亚糖业集团是由泰国两仪集团在1993年开始与崇左市的5家国营糖厂合资成立的,是中国糖业最早的外资企业,也是广西最早的非公有制企业之一。广西扶南东亚糖业有限公司组建于1993年10月，由扶绥县扶南糖厂和香港东亚置业有限公司合资组建而成，拥有17000吨/日亚硫酸法甘蔗制糖线一条，每榨季可压榨甘蔗170万吨，生产白砂糖22万吨，配套4.1万千瓦热电站，采用亚硫酸磷酸上浮法生产工艺。2003年4月通过ISO9001:2000国际质量体系认证，生产产品“山蜜”牌白砂糖在国家质检总局开展的质量监督产品抽查活动中荣登“红榜”。2007年9月11日，“山蜜”牌蔗糖被国家质量监督检验检疫总局评为“中国名牌产品”。

广西东亚扶南精糖有限公司成立于2007年5月，由广西扶南东亚糖业有限公司投资兴建，拥有12000吨/日甘蔗制糖线一条，是国内首家采取“二步法”生产线工艺生产精制糖的企业，广泛采用DCS自动控制系统，自动化程度较高，该项目总投资额5亿元，每榨季可榨甘蔗120万吨，生产高等级原糖15万吨，年生产精制糖20万吨。并利用蔗渣进行厂内自备电站发电，满足二步法糖厂用电的需要，从而形成资源循环利用的经济链，2013年被授予广西循环经济示范性企业。

广西扶南生物能源有限公司（简称生物能源公司）成立于2010年1月，由广西扶南东亚糖业有限公司、MP ENERGY CO.LTD（泰国）和广西东亚扶南精糖有限公司共同投资建设，总用地面积173亩。项目装机容量3万千瓦，年上网发电量1.7亿千瓦时，总投资2.97亿元，主要以广西南宁东亚糖业集团下属糖厂生产过程中产生的甘蔗渣作为燃料。积极发展清洁能源和循环经济，年消耗甘蔗渣燃料约37万吨，折合标准煤9.7万吨，折合碳排量7.2万吨CO_2，相当于3000亩森林碳吸收量，SO_2减排2000吨，降减酸雨危害，保护环境。

【广西东门南华糖业有限责任公司】 广西东门南华糖业有限责任公司位于广西崇左市扶绥县东门镇322国道旁，距离首府南宁80公里，系中国最大的糖业集团洋浦南华糖业集团下属生产能力最大的制糖公司。其前身为广西扶绥县东门糖厂，始建于1987年，2001年8月由原扶绥县东门糖厂与洋浦南华糖业有限公司组建而成，2004年全部改制成民营企业，是一家集蔗糖生产经营、甘蔗种植为一体的大型民营制糖企业。公司在岗员工1165人，其中具有大专以上文化的182人、中专文化的199人，具有专业技术职称的56人、持有各种技能技术等级证书的538人。资产总额18.81亿元，现拥有四条亚硫酸法工艺的白砂糖生产线，生产设备先进，生产能力为最高日处理甘蔗24000吨。2012—2013榨季榨蔗量为227.37万吨，产糖28.02万吨，销售收入达18亿元，利税总额2亿元，是全国特大型制糖生产企业。公司总经理为凌一津先生。

公司坚持严格的产品质量管理，通过了ISO9001:2008（质量管理体系）、ISO22000:2005（食品安全管理体系）、ISO14001:2004（环境管理体系）、GB/T28001－2001（职业健康安全管理体系）和测量管理体系认证。公司主要产品“木棉花”牌白砂糖执行国家标准GB317—2006及食糖卫生标准GB13104—2005，产品质量稳定。

东罗矿区管理处

【概况】 扶绥东罗矿区管理处位于扶绥县东罗镇，前身是广西东罗矿务局。原东罗矿务局于2000年11月实行政策性关闭破产，同年12月，经广西壮族自治区煤炭结构调整领导小组批准，成立广西东罗矿区留守工作处，负责东罗矿区的管理工作。2006年12月，根据广西壮族自治区编委、崇左市编委的批复，扶绥县编委决定成立扶绥东罗矿区管理处，列入自治区财政全额拨款事业单位，由扶绥县人民政府管理。人员编制40人，现在册人员23人，下设综合科、社会保障科、财务科、保卫科、离退休管理科、人口计划生育办公室和3个管理区（第一、第二和第三管理区），主要负责东罗矿区的日常管理工作。矿区居民有5000多户，人口约1.6万人。2017年共办理城镇居民低保1809户，总人数4606人，发放低保金1828.8572万元。办理城镇居民医疗保险7517人，办理离退休人员医保1879人。共安置廉租房8批次1696套，申购经适房354套，其中已领钥匙295套，使原居住在危房中的矿区职工家属实现住有所居。

【综治维稳】 抓好原44名退休中小学教师移交地方工作，做好困难党员和失业党员的慰问工作。春节及“七一”期间，共慰问困难党员40名，发放慰问金2万元，慰问失业党员49名，发放慰问金2.45万元。实行重大节假日领导带班值日制度，党员干部做好矿区不稳定因素和突出矛盾纠纷隐患排查，及时化解各种矛盾，并做好群众的来访信访工作，促进了矿区治安环境的良好发展。年内，矿区没有发生重大社会治安案件和职工家属群体上访事件。

【计生工作】 2017年，管理处计生办积极配合上级计生部门落实有关计生政策，根据上级对人口计生工作的要求和部署，狠抓贯彻落实，向矿区职工群众发放宣传册2000多份，发放关爱流动人口慰问品20人次，协助中心卫生院发放避孕药剂，征收社会抚养费20万元。抓好孕前优生优育检查服务工作，积极宣传计生政策，积极做好每月计生报表，计生信息录入及时、准确。

（叶爱青）

建材企业

【扶绥新宁海螺水泥有限责任公司】 扶绥新宁海螺水泥有限责任公司位于广西壮族自治区崇左市扶绥县，系亚洲和中国最大的水泥生产和余热发电的建材企业集团安徽海螺集团（国有控股上市企业，中国500强第165位，销售收入和总资产双双突破千亿）的下属水泥生产企业，是一家集水泥、发电、骨料等生产经营为一体的大型国有水泥制造企业，也是广西单一最大的水泥建材生产企业之一。公司现有3条日产5000吨新型干法水泥熟料生产线，配套7台水泥联合粉磨系统、27兆瓦余热发电机组、铁路专用线以及千吨级左江码头。最大生产能力为日产水泥熟料18000吨，水泥20000吨。公司主导产品为“海螺牌”高等级水泥，生产通用水泥中的普通、酸盐水泥和复合硅酸盐水泥，以及适合高层建筑、重点工程项目用的特种水泥。产品主要销往广西区内的南宁市、北部湾、百色市、崇左市等地区，远销至广东、云南、贵州、海南等省区，并出口东南亚等国家。产品被广泛地使用在各类重点工程上，如平果铝业、驮娘江水电站、防城港10万吨级港口码头、南百高速、南宁电厂、防城港武钢项目、红沙核电、钦崇高速、南海海军基地等重大工程项目。

【广西南塑管业科技有限公司】 广西南塑管业科技有限公司是一家专业从事塑料管道生产制造的高科技企业，坐落于风景秀丽的中国—东盟南宁空港扶绥经济区，地理位置优越、交通运输便利。公司创立于2013年，公司占地面积5万多平方米，员工300余人，拥有一批高素质的职工队伍和专业技术开发研究人才。公司引进国际先进的HDPE钢带增强聚乙烯（PE）螺旋波纹管、给水用聚乙烯（PE）、硬聚乙烯（PVC-U）给排水等塑料管材、管件生产线。具备年产6万吨塑料管道、管件的生产能力，产品规格齐全，口径覆盖Φ16~Φ2400㎜，产品严格执行国家标准，相关产品均通过国家级检测机构的检验，并始终以ISO9001:2008质量体系贯穿整个企业管理的各项工作中。公司产品广泛应用于市政工程、建筑工程、电力电网改造工程、高速公路、农村安全饮用水工程、农林排灌、工矿燃气污水处理等几大建设领域、家装设施等基础工程。

【广西伟程混凝土有限公司】 广西伟程混凝土有限公司成立于2012年1月9日，主要生产经营预拌商品混凝土。位于广西省扶绥县新宁镇南北街(原轻化厂旧址),与扶绥县海螺水泥厂相邻,紧靠扶绥县城,南友高速公路距公司5公里,距首府南宁76公里,距南宁国际机场35公里,占地面积40000平方米,总投资4500万元。拥有中联重科2HZS180型预拌混凝土生产线两条,智能化微机自动控制生产配料计量管理系统。每小时生产量120立方米,拥有16台9立方米混凝土搅拌运输车,4台12立方米混凝土搅拌运输车,47米中联重科泵车两台,车载泵1台等机械设备。设有混凝土试件标准养护室、水泥化学分析室,配备了一套高尖端、高精度的检验、检测仪器设备,并制定了行之有效的规范试验操作管理制度。生产运输设备实行统一管理和调配,可以满足大小客户的需要。

公司领导班子由多年从事建筑行业的管理人员组成。现有职工60名,其中工程技术人员20名、中级职称4人、高级职称1人,大中专毕业生占公司职工总人数的20%,驾驶员、操作人员全部经严格培训上岗。公司建立了以公司领导和总工负责制的质量管理体系,质量管理制度健全。拥有一支管理经验丰富、生产质量技术过硬、熟练掌握混凝土生产的技术骨干队伍,并制定了混凝土生产、质量监控等规范管理制度,能满足目前市场各强度等级和特种混凝土的需求。

【广西丰源钢结构有限公司】 广西丰源钢结构有限公司位于广西扶绥县空港经济区,距离南宁吴圩国际机场40分钟车程,距离南宁市区约1小时车程,是华南地区大型的钢结构制造公司。加工基地占地面积22万平方米,现年产能3万吨。公司主营钢结构项目的技术研发、项目设计策划、优化设计、加工制造、现场安装、施工管理及材料贸易。公司具有钢结构制造及安装资质,通过ISO9001质量体系认证,ISO14001环境管理体系认证,OHSMS18001职业环境健康体系认证。公司自成立以来,承接了国内外大量钢结构制作项目。

供电企业

【广西电网有限责任公司崇左扶绥供电局】 崇左扶绥供电局前身是成立于1965年8月的扶绥县供电所,1992年10月改制成立扶绥县供电公司,1999年4月由扶绥县人民政府委托广西电力有限公司代管,南宁供电局行使代管职能,2003年底崇左供电局成立后,由崇左供电局行使代管职能。2007年6月27日,作为广西电网公司代管县体制改革的一个试点,由广西电网公司及扶绥县人民政府共同出资组建,挂牌成立扶绥供电有限公司。2008年8月8日,扶绥县人民政府与广西电网公司签订整体上划协议,同意将扶绥供电有限公司整体划转广西电网公司直接管理,2009年8月28日,挂牌成立扶绥供电公司。2017年4月,扶绥供电公司加入广西电网公司"子改分"第二批改制单位,2017年5月无偿划转至广西电网有限责任公司的县级分公司,2017年8月,工商登记注册为"广西电网有限责任公司崇左扶绥供电局"(以下简称"崇左扶绥供电局")。2017年11月,广西电网公司正式撤销"扶绥供电公司",成立"广西电网有限责任公司崇左扶绥供电局"。崇左扶绥供电局内设办公室、计划建设部、人力资源部、财务部、市场营销部、生产设备管理部、监察审计部、党群工作部、安全监管部9个职能部室。下设输变电管理所、电力调度控制中心、城关供电所、渠黎供电所、东门供电所、昌平供电所等6个二层机构,全局共27个班组。崇左扶绥供电局共有员工300余人,其中专业技术类员工44人、技能类员工296人、离退休职工93人、现有助理级技能专家1名。

2017年,崇左扶绥供电局供电区域包括11个乡镇132个行政村,供电面积2836平方公里,服务人口46万,拥有客户14万户。2017年,扶绥电网最高负荷107.96MW,同比上升8.48%;最低负荷10.04MW,同比减少6.6%;平均负荷60.61MW,同比上升15.93%;负荷率56.14%,同比上升6.87%。第一、二、三产业和城乡居民生活用电所占比重分别为61.24%、38.76%，同比增长分别为-1.02%、16.2%。

崇左扶绥供电局共有35千瓦变电站16座，主变29台，总容量188.3兆瓦时。在运35千瓦公用线路34回，总长度342.835千米。35千瓦用户专用线路3回，总长度13.607千米。10千瓦公用线路71条，总长度1876.09千米。10千瓦专用线路9条，总长度44.48千米。10千瓦公用配变共1150台，总容量194.03MVA。10千瓦专用配变共1523台，总容量341.93MVA。

2017年完成固定资产新投产10千瓦公用线路93.48千米，配电台区218个，容量4.13万千瓦时。2017年售电量完成4.93亿千瓦时，同比增长1.4%。当年电费回收率100%，综合线损率5.38%，同比下降0.14个百分点。2017年新增客户数5927户，总客户数达到14万客户。第三方客户满意度85分，同比提高10分。综合电压合格率98.86%，同比下降0.89个百分点，客户年平均停电时间30.61小时/户。未发生五级及以上人身、电力安全及设备事故事件，安全生产风险管理体系年度评级得分78.18分，优于网局下达目标0.63分。信息化水平评级达到A级水平。

【扶绥县东罗水电管理所】 东罗水电管理所原系东罗矿务局的下属单位。1997年12月，东罗矿务局为精简机构，把当时的水厂和供电所合二为一，成立了东罗水电管理所。2001年，东罗矿务局政策性关闭破产后，根据桂政发〔2000〕35号文精神，东罗水电所成建制移交扶绥县人民政府政府，归口县工信局管理。移交前，考虑到矿区供水系统存在的诸多困难，为维持矿区正常供水，保证企业平稳过渡，自治区人民政府确定了水电所以电养水，水电合并的运作模式。2017年，东罗水电管理所内设办公室、财务部、运行部、客户部等4个部室，建立有工会、党支部等组织。企业在册员工74人（在岗46人，退休28人），注册资金173万元，固定资产950万元。主要担负东罗矿区、东罗镇及周边居民3万余人的供水供电服务并负责东罗地区生产、生活用水用电设施的管理。东罗水电所供电营业区面积约170平方公里，范围包括东罗镇、东罗矿区及那练、都充等26个村屯和单位。营业区内供电等级为6千瓦，供电台区80个，主要供电线路13条，总长约80公里。趸售区电源来自崇左供电局东罗110千瓦变电站。

东罗水厂始建于1984年2月，由原东罗矿务局投资建造，设计生产能力400万米³/年，厂址位于东罗客兰水库东南面的都充村附近。东罗水厂有两套供水系统，第一套由广西工业设计院设计，日生产能力9000立方米，于1985年4月建成投产。第二套供水系统由县水利局设计，是扶绥县人民政府为解决矿区周边农村人畜饮水投资建造，日生产能力也是9000米³/日，于1988年9月建成投产。水厂供水系统主要由水源泵船、投药车间、清水池、沉淀过滤池、输水机房、南山加压站、局加压站、那练高位水池、局山顶蓄水池及管网系统构成，总装机容量995千瓦。水厂供水范围包括东罗矿区、东罗集镇及周边村屯，有用户6000户。2017年，水厂实际供水量为110.7万立方米。

农林水利

种植业

【概况】 2017年,扶绥县有乡镇11个,132个村(社区),823个自然屯,农业人口33万人。年末全县耕地面积198.75万亩,其中水田28.47万亩、旱地170.00万亩。全年化肥施用量94294吨,其中氮肥12486吨、磷肥4564吨、钾肥9048吨、复合肥68196吨。农用塑料薄膜使用量2847吨,其中地膜使用量2672吨。农药使用量(实物量)78.29吨。2017年,农业生产以狠抓结构调整为龙头,各项工作取得较好成效。

加大"菜篮子"工程建设力度,抓好龙头乡那贵村、岜盆乡岜盆村、中东镇瓶山村等蔬菜生产示范基地建设12000多亩,辐射带动全县蔬菜种植面积21.34万亩,总产量28.17万吨。稳定水果种植面积,全年柑橘、龙眼、荔枝、大青枣、香蕉、火龙果等水果种植面积23.81万亩,总产量达21万吨。发展壮大姑辽茶产业,扩大"壮乡红"姑辽茶品牌影响力,继续抓好东门镇姑辽村500亩姑辽茶标准化生产示范基地建设,指导繁育推广无性系苗木,全县姑辽茶种植面积已达1.32万亩,年产量约18吨。扩大澳洲坚果种植面积,以昌平澳洲坚果示范基地为依托,辐射带动全县发展澳洲坚果种植,全县坚果种植面积达1.5万亩,产量1300多吨。

推进农村综合改革,激发农业农村发展活力,全县共完成发包方调查公示742个,完成率100%;完成承包方关系调查10.20万户,占总户数100.70%;完成地块测量170.16万亩,占集体耕地面积的97.69%;完成二轮审核公示的二轮承包耕地面积77.60万亩,占1995年登记面积的108.96%,公示登记可发证户数9.66万户,占总户数的95.29%。加快新型职业农民培育工作,累计举办培训班3期共计7个培训班,累计培训人数202人。通过评审专家小组第一次认定会,对甘蔗、水果、蔬菜产业128名学员进行认定,有123名学员通过了认定并在各乡镇进行了公示。

整县推进现代农业示范区建设,要求每个乡镇在"十三五"时期要建成1个乡级以上的现代特色农业示范区,大力发展壮大澳洲坚果、野生姑辽茶、龟鳖养殖、肉牛羊养殖等优势特色产业,优化产业结构和区域布局。2017年,申报创建自治区级示范区1个,市级示范区1个,县级2个,乡级4个。"甜蜜之光"现代特色农业核心示范区通过自治区的核验,荣获自治区五星级现代特色农业(核心)示范区荣誉称号。扶绥县果满山坡澳洲坚果产业(核心)示范区已顺利通过了市级示范区的验收,荣获崇左市现代特色农业(核心)示范区荣誉称号。崇左市扶绥县广羊农牧黑山羊养殖示范区荣获县级示范区称号,东门镇天仙茶韵姑辽茶产业示范区、渠黎镇炎鑫度假休闲农业示范区、岜盆乡金猴湾森林生态文化旅游示范区均获得乡级示范区称号。

【农业信息服务体系建设】 做好农业宣传报道和信息报送工作。2017年向《广西农业信息网》报送各类农业信息352条，在《今日扶绥》报发表关于农业生产的报道19条，在党政信息刊物发表农业领导方面的信息36条。做好本单位政务公开工作，全年在自治区政府信息公开统一平台、扶绥县政府门户网站发布和更新政务信息96条，确保政务信息及时公开。做好"12316三农热线"电话咨询服务工作，随时为全县农民电话用户提供全天候及时、全面、权威的三农信息服务，全年共接农户咨询电话23次以上。

【农业产业化经营】 2017年，扶绥县积极鼓励发展专业合作、股份合作、家庭农场、农村经纪人等新型农业经营组织，培育更多有文化、懂技术、会经营的新型职业农民发展家庭农场。开展家庭农场登记和示范创建活动，支持农户联合成立合作农场，支持符合条件的新型主体优先承担涉农项目。全年新增农民专业合作社54个、家庭农场17家，全县农民专业合作社累计达440家，家庭农场46家。其中，当年荣获崇左市农民合作社示范社10个，荣获崇左市家庭农场示范场1家。

【农业执法】 加大宣传和培训力度，提高安全生产意识，2017年共出版宣传板报2期次，印发宣传资料3000多份，接待群众咨询100多人次。加强和完善安全生产监管，净化农资市场，配合协助种子站开展了2次种子专项检查活动，重点开展了3次以农药、肥料为主要内容的农资检查活动。全年累计共出动农业执法人员900多人次，检查各类农资经营摊点150多户，对经营不太规范的2个摊点进行了整顿，查处农业违法案件2起，罚没款0.55万元，有效净化了农产品的安全生产源头。

【农业资源调查】 按照自治区区划办的统一部署，继续完善广西农业资源信息系统数据库的采集，收集2016年有关农业生产数据。此项工作的完成能实现区、市、县农业资源信息共享，能为各级党委、政府科学决策提供准确的农业信息依据，也为经营者发展农业产业提供有效的数据参考。开展富硒资源调查，完成全县11个乡镇22个土壤样品采集登记工作，进一步摸清全县规模耕地、园地硒资源含量及分布情况，加快全区富硒农产品的开发利用，实现农业增效，农民增收。开展广西休闲农业资源调查研究，摸清全区休闲农业资源数量、分布、规模、主要类型和内容特点。参加全区休闲农业APP景区、景点评选，分析存在问题、发展潜力、发展方向与模式，提出休闲农业发展方式的对策措施。

【粮食生产】 2017年，粮食播种面积23.61万亩，平均亩产271.87公斤，粮食总产量64201吨。其中水稻播种面积16.60万亩，总产量49374吨；玉米播种面积5.48万亩，总产量13183吨；黑豆、绿饭豆和红薯等杂粮种植面1.53万亩，总产量1644吨。

2010—2017年扶绥县粮食生产统计

单位：亩、吨

年份	粮食作物									
	总计		水稻		玉米		豆类		红薯	
	面积	产量	面积	产量	面积	产量	面积	产量	面积	产量
2010	237210	63479	177870	52244	41640	9703	12930	1002	4770	530
2011	237645	61193	175680	49411	44895	10281	12570	961	4500	540
2012	236655	62867	173655	50357	47325	11087	11280	882	3885	449
2013	238245	66031	173655	52239	49800	12402	10170	808	4620	582
2014	239400	64668	173310	50808	51420	12440	9930	803	4740	617
2015	233400	64116	166740	49784	51480	12834	10125	832	4125	2555
2016	237075	64236	167580	49733	53940	12931	10455	875	4260	2739
2017	236145	64201	165990	49374	54795	13183	10200	922	4275	565

【经济作物种植】 2017年，全县经济作物种植面积211.48亩，其中：甘蔗种植面积118.71万亩，入厂原料蔗486.70万吨。果树种植面积22.55万亩，总产量21.29万吨。蔬菜种植面积22.92万亩，平均亩产1972.86公斤，总产量45.21万吨。西香瓜种植面积32.42万亩，总产量42.84万吨。花生油料作物播种面积7.64万亩，总产量1098.8万公斤。

2010—2017年扶绥县主要经济作物生产统计

单位：亩、吨

年份	花生		黄红麻		糖蔗		木薯		红瓜籽		蔬菜		西香瓜	
	面积	产量	面积	产量	面积	产量	面积	产量	面积	产量	面积	产量	面积	产量
2010	48645	6228	17355	2140	1225620	6094704	32820	13784	4620	303	175920	294203	190275	230393
2011	55845	7133	15765	1944	1237995	6399101	36150	15304	4110	235	182070	312738	250320	307322
2012	60225	8090	14055	1766	1248930	5941526	41295	18024	3645	212	188985	329000	271995	329281
2013	63255	8978	12735	1661	1268835	6082537	41790	18661	3375	207	191820	339298	294960	357709
2014	67590	9305	11550	1560	1250100	6198329	44010	19986	3405	215	201120	360380	310020	385341
2015	72240	9812	11100	1517	1208025	6215807	46260	21518	3390	214	209385	385516	344460	427094
2016	75735	10815	11250	1651	1183515	6233968	48255	22986	3345	216	222150	419942	316230	405804
2017	76380	10988	10665	1732	1187100	6660027	48075	25239	2400	212	229170	452118	324210	428360

2010—2017年扶绥县水果生产统计

单位：亩、吨

年份	合计		蕉类		柑橙		荔枝		龙眼	
	面积	产量	面积	产量	面积	产量	面积	产量	面积	产量
2010	185520	120384	77295	58456	36795	33081	7155	2003	33270	9466
2011	208005	143043	108210	80351	29355	26394	7050	2072	33270	10252
2012	188610	153287	97215	99619	25830	22844	6480	1937	29610	10631
2013	195465	164428	109170	111728	23970	22352	6030	1624	26355	10302
2014	202575	157543	118035	98382	22725	21878	5790	1508	25305	9478
2015	211200	169750	124215	108207	23625	23024	5910	1537	25500	9583
2016	233385	198560	135750	135830	30270	29333	6210	1609	26550	9921
2017	225525	212916	121800	143257	31650	31017	5625	1682	23985	10256

蔗业生产

【概况】 2017年，县糖业发展办公室以"保面积、保产量"为核心狠抓蔗糖生产中心工作。2016—2017榨季（跨年度）砍运秩序正常、"双高"基地建设超额完成新建指标任务、甘蔗保面积、保产量工作初现成效，全县甘蔗生产呈现良好发展局面。2017年县甘蔗"双高"基地建设任务14.5万亩，实际实施16.87万亩，完成任务的116.34%。实际完成地膜79.3万亩，占市下达任务78.37万亩的101.18%。2017年全县甘蔗种植面积113万亩，其中新植甘蔗面积52.53万亩，宿根蔗面积60.48万亩，实际有收面积102万亩。据第一次理论估产，预计2017—2018年榨季甘蔗总产约510万吨，入厂原料蔗460万吨以上，比上个榨季入厂393.47万吨增加66.53万吨。

【甘蔗病虫害绿色防控统防统治】 建立主要虫害预警监测网点，利用甘蔗螟虫性引诱剂对甘蔗条螟和二点螟进行测报。在全县设8个测报点，测报时间从3月初开始，每天定期开展测报。根据测报点的虫情发布甘蔗条螟、二点螟害虫预测预报4期。在东门、渠黎镇建立应用“性诱剂诱杀（或迷向）+释放赤眼蜂”绿色综合防控模式示范区40000亩。通过在全县建立甘蔗病虫害绿色统防统治示范片，引导农户或甘蔗种植大户、专业公司改变以往病虫害防控过度依赖化学农药的被动局面，改善蔗田生态环境，提高蔗田生态环境的自我调控能力。

【甘蔗良种推广及示范基地】 2017年，重点推广桂糖43号、桂糖42号、柳城05/136等早熟高产高糖甘蔗良种。全县共调运扩繁种植早熟高糖甘蔗良种3.1万吨，推广面积约4万亩，全县甘蔗早、中、晚熟品种搭配得到进一步优化。全县落实2017年优质“双高”糖料蔗示范基地建设面积16.87万亩，完成任务的116.34%。

【甘蔗保面积保产量】 制定保甘蔗面积专项整治工作方案，明确各部门、各乡镇的工作任务职责。县蔗糖生产指挥部成立的甘蔗流动服务稽查组深入各乡镇开展苗木整治及督查工作，同时对各乡镇开展保甘蔗面积专项整治工作的情况进行通报，在全县上下形成遏制速生按保甘蔗种植面积的高压态势。全县累计整治速丰桉1771亩，罚没桉苗16600株。全县共完成甘蔗改扩种面积103320亩（其中“桉改蔗”7650亩、蕉改蔗22916亩，其他作物改蔗72754亩）。使速丰桉、香蕉等其他作物与甘蔗抢面积的局面得到有效控制，全县甘蔗生产局面呈现面积稳中有升的良好态势。

【推广甘蔗生产全程机械化】 通过实施土地整合“小块并大块”“家庭农场式土地流转经营”等方式，引导广大蔗农在不改变土地所有权的情况下，将分散、不规则的土地整合成连片，按机械化作业要求对土地进行重新平整和改造，为甘蔗生产机械化创造有利条件。积极组织开展农机社会化服务，为广大蔗农提供周到的服务。全县共有8个农机专业合作社，295个农机作业服务队，每年参加农机社会化服务的农机具均达7500台套以上。通过召开甘蔗生产现场会、组织村干、农户参观示范片等形式，进行甘蔗生产机械化现场演示，提高群众对甘蔗生产机械的认知度、掌握度，从而主动参与、自愿支持。

畜牧水产

【概况】 2017年，县水产畜牧兽医局围绕“稳定生猪生产，促进畜禽发展，大力发展牛羊产业，着力打造特色产业”的发展思路，突出重点、强化措施、狠抓落实，全县养殖业保持了良好的发展势头。2017年，全县水产品产量19679吨，同比增长2.94%，渔业产值21519万元。全县生猪出栏12.96万头，家禽出栏153.99万羽，牛出栏1.65万头，羊出栏1.46万只，禽蛋产量1119吨，肉类总产量15225吨，畜牧业总产值43120万元。

【推进牛羊养殖业】 成立牛羊养殖业发展工作领导小组，由县分管领导担任办公室主任，成员从各相关单位中抽调，统筹推进牛羊产业工作。及时调整经费预算，把牛羊养殖业发展专项资金500万元纳入本级财政预算。严格绩效考核，将牛羊养殖任务分解到各乡镇，并将此项工作纳入乡镇政府年度绩效考核。加强养殖技术培训，区市县畜牧站联合举办牛人工授精技术培训班，培训人员40人。深入指导开展现代生态养殖场创建工作。广西肉用山羊种羊场已通过现代生态养殖场五星级认证,重点打造广西肉用山羊种养场、广西扶绥马志农牧有限公司牛场为自治区级标准化示范场。指导广西扶绥广羊农牧有限公司创建成为县级广西现代特色农业(核心)示范区。引进广西石埠乳业有限责任公司进驻渠黎镇“甜蜜之光”现代农业示范区,该项目总投资2.2亿元,规划占地面积822.34亩,饲养奶牛3000头。

【龟鳖特色养殖】 以扶绥县龟鳖产业协会、百龟园专业合作社、扶绥县黄仕政龟鳖养殖专业合作社、扶绥县荣兴龟鳖养殖专业合作社、扶绥旺松龟鳖养殖基地、扶绥县中东镇三哨村那索龟鳖养殖基地等为依托,中东镇、新宁镇、东罗镇一带为主的龟鳖庭院养殖区域已初步形成。特别是中东镇三哨村已显现“一村一品”的格局,2017年3月份荣获“中国养龟第一村”荣誉称号。2017,全县有龟鳖养殖户6830户,龟鳖养殖数量160多万只,产值1.2亿元,同比增长2.6%。

【渔业监督执法】 加强对扶绥县江河湖泊水域渔业等资源的管护,严厉打击各种电、毒、炸鱼等违法行为,维护好渔业资源生态平衡,进一步促进渔业协调可持续发展。2017年共开展渔业执法巡航32次,发放宣传资料1000多份,立案查处非法电鱼案件6起。与渔船户主签订了安全生产承诺书,组织船员180人进行业务培训。加强水产品质量安全监管,全县水产品质量安全检测任务20份,已完成22份,完成任务的110%,检测全部符合抽样规范及要求,检测合格率达100%。

【畜牧产品质量安全】 开展畜牧产品质量安全监管工作,坚持过程监管和风险防范管理并重,依法开展动物检疫。2017年完成生猪产地检疫345549头、禽类820071羽、牛718头、羊2363头;屠宰检疫生猪109814头、牛562头。申报检疫的动物和动物产品均由检疫人员严格按照检疫规程进行检疫出证,申报受理率均达到100%。加大动物卫生监督执法力度,2017年共出动执法车辆112次,出动监督检查人员465人次,办理案件14起,处罚金额10244元。开展畜牧产品质量安全检测,2017年畜牧产品质量安全快速检测猪尿任务为340份(其中屠宰环节240份,养殖环节100份),磺胺类药物任务为20份。已完成屠宰环节“瘦肉精”(莱克多巴胺、沙丁胺醇和盐酸克伦特罗)猪尿样检测240份,养殖环节“瘦肉精”(莱克多巴胺、沙丁胺醇和盐酸克伦特罗)猪尿样检测116份,屠宰环节磺胺类药物残留检测20份,检测全部符合抽样规范及要求,检测合格率达100%。

【项目引进】 2017年引入广西石埠乳业生态牧场项目、肉牛产业扶贫基地建设项目、晶桂蛋鸡养殖项目、正大集团蛋鸡养殖场项目等项目,项目计划总投资约5亿多元,其中晶桂蛋鸡养殖项目于9月正式投产,鸡蛋正式上市销售。对其他已签约落户的几个项目,实施“一对一”“店小二”式的服务,强化与投资方的沟通联系,了解掌握项目推进过程中碰到的困难和问题,并及时帮助解决,确保项目审批、开工、建设“一路畅通”。正在对接选址的项目有鳗鱼生态园项目、东盟名龟园生态旅游项目等。

【动物疫病综合防控】 以防控高致病性禽流感、口蹄疫、高致病性猪蓝耳病、猪瘟等重大动物疫病为重点,制定工作方案,强化动物防疫工作目标责任制的落实,同村级防治员签订村级动物防治承包协议书,把动物防疫工作任务层层分解、分片包干、职责明确、任务到人。2017年春防应免畜禽免疫密度均达100%,免疫抗体也达70%以上。加强动物疫情监测,重点加强对高致病性禽流感、牲畜口蹄疫和牲猪高致病性蓝耳病的监测,各乡镇分别设立了监测点进行定期监测。对大型养殖场也实行定点定期监测,及时了解疫情信息,掌握疫情动态。2017年,全县血清学检测共采集动物血清2976份,抗体合格率均达70%以上,其中猪血清256份、牛血清195份、羊血清1608份、禽血清917份。病原学检测共采集羊棉拭子271份,禽棉拭子321份。

【鱼病防治服务】 坚持“预防为主,防治结合”的原则,组织技术骨干深入养鱼户比较集中的村屯,推广无公害鱼病防治技术,提高养殖户的技术管理水平。2017年,共组织水产技术人员下乡出诊和指导养殖户安全用药90多人次,为养殖户诊治水产养殖动物疾病230多例,挽回经济损失约10多万元。举办养殖技术培训班12期,培训人数1150多人次,并安排技术人员下乡现场技术指导300多人次。

林　业

【概况】 2017年,县内共有6家林场,其中县管林场3家,分别是光西林场、西长华侨林场、渠黎华侨林场。凤凰山林场为市管林场,区直林场2家分别是七坡林场、东门林场。全县林业用地面积124133公顷,有林面积62898.6公顷,灌木林地面积42432.8公顷,森林蓄积量517.0152万立方米,森林覆盖率44.17%。2017年县林业局采取强有力措施,立足实际,开拓创新真抓实干,全县林业各项工作有序开展。2017年,完成年度植树造林3.2万亩,实际完成3.7万亩,完成率116%。完成生态公益林补偿资金发放631.39万元,兑现完成率89.52%。完成5000亩造林任务并兑现第一轮补助资金360万元。全年共受理林政刑事案件25起,破22起,起诉22人。查处各类林业行政案件181起,共处罚181人次,案件侦破率排在崇左市前列。实现林业总产值23.68亿元,森林覆盖率达44.17%。完成建设1个自治区级现代林业(核心)示范区,2个乡级现代特色林业(核心)示范区已经通过验收,申报创建自治区森林县城,已顺利通过验收。

【林业生产】 积极开展植树造林活动,完成造林3.7万亩。2016年计划2017年实施的石漠化治理工程封山育林任务为2.08万亩,主要在渠黎镇的大陵村和蕾陇村实施,已完成全部建设任务。继续加大珍贵树种的种植力度,完成种植0.5万亩。

【林业扶贫】 充分发挥退耕还林、生态效益补偿、聘请生态护林员等惠民资金在扶贫中的作用,全年共有40个贫困村2454户贫困户享受有关惠民资金252.28万元。带领完成柳桥镇的“双高”基地建设和脱贫攻坚任务,精准帮扶坡龛村和扶岜村144户贫困户,2017年实现脱贫19户。

【森林防火】 2017年全县投入森林防火经费59.2万元,加强设施设备的购置、消防队伍的供养及管理及防火宣传等。全县共发生森林火灾2起,其中一般森林火灾1起,较大森林火灾1起,总过火面积11.53公顷,受害面积3.8公顷,森林受害率0.03‰。与上年同期相比,火灾次数减少了4起,森林过火面积减少了21.1公顷,森林受害面积增加了0.56公顷。

【林业有害生物防治】 全县林业有害生物防治率100%,有害生物成灾率为0。预测林业有害生物发生准确率99.62%,监测覆盖率为100%。种苗产地检疫率100%,木材和苗木检疫率100%。

【林下经济】 全县完成林下经济发展面积30.36万亩,实现产值3.89亿元,惠及林农人数8.3万人。建设“产业富民”林下经济示范基地1个,完成种植面积2589亩,主要发展林下种植砂仁、茶树、粽叶等。

【政策性森林保险】 2017年政策性森林保险任务是125万亩,其中生态公益林50万亩,商品林75万亩。完成投保72.96万亩,占任务的58.37%,其中生态公益林50.02万亩,占任务的100.04%,商品林22.94万亩,占任务的30.59%。

【山林权属纠纷调处】 全县共发生山林纠纷案件65

宗，涉及林地面积约46571亩，其中跨市案件5宗，县内处理的案件58宗。在65宗案件中，未立案22宗，已立案43宗(其中2017年新立案2宗150亩)。在已立案的43宗案件中，已结案（指已发生法律效力）6宗，县政府已确权但案件还没生效的7宗，完成调查未下文确权的2宗，调解成功2宗，未完成调查进行冷处理的22宗。

【农村能源建设】 完成山圩镇木薯岭及岜特岭两个粪污处理项目工程沼气池主体建设。完成山圩镇平搞村下妙屯太阳能路灯安装27杆，并通过县级验收。西长华侨林场粪污处理项目已完成招标采购工作，施工队已进场开工建设。东罗镇厚寨村厚寨屯有机垃圾沼气化处理项目正在进行项目招投标工作。

农业机械化

【概况】 县农机局机关及下属农机安全监理站、农机技术推广站、农业机械技工学校共有在职职工43人，全县各乡镇农业服务中心从事（专职或兼职）农机工作人员20人，合计共63人，其中农机专业技术人员36人。2017年，县农机局认真落实农机化扶持政策，加大新机具、新技术的推广力度，不断强化农机安全监理和农机科技培训，成效明显。2017年，扶绥县拥有农机原值5.4979亿元，总动力42.12万千瓦，拥有各类拖拉机11022台（其中大中型拖拉机2495台）、大中型机引农具4070套、小型机引农具3853套。拥有各类农业动力机械5.5348万台，其中农用排灌动力机械2.07万台，水稻联合收割机24台，甘蔗联合收割机40台。全年完成农机作业值3.898亿元，完成农机作业面积264.22万亩，其中机耕作业面积151.662万亩（机械深耕深松面积45.42万亩），水稻机收面积15.13万亩，动力机械脱粒面积30.85万亩，水稻生产机械化水平达76.7%，甘蔗生产机械化水平达66.18%，农作物耕种收综合机械化水平达60.60%。实际机电灌溉（包括抗灾排灌）面积26.73万亩。共补贴购买农机具460台，受益农户或农机组织290户（个）。共检验拖拉机2562台，占全年任务的102.4%。实施甘蔗深耕深松技术面积45.4万亩，机械化种植41万亩，甘蔗收获机械化面积3.68万亩。完成水稻机械化插秧面积5.8万亩，机械化收割面积15.1万亩。年内新增各种农机具590台，其中甘蔗种植机7台、收割机15台、水稻联合收割机8台。

【农机服务】 针对季节特点积极组织农机职工开展送政策、送技术、送安全下乡和新机具新技术推广演示活动。全年共组织干部下乡1206人次。以30个农机专业合作社为龙头，累计共投入作业拖拉机9780台，水稻联合收割机135台，甘蔗收割机83台，修理农机具1110台（套），完成机耕面积151.66万亩，水稻机械收割15.13万亩、甘蔗机械收割3.696万亩。

【农机补贴】 2017年，农机部门按补贴规定程序操作，遵循“公开、公正、农民直接受益”的原则，实行“全价购机，县级决算，直补到卡（户）”的补贴模式，保证农机补贴的公正性，使补贴资金切实补到农民身上，使补贴机具在农业生产中发挥更大的作用。全年共落实农机补贴资金1670.55万元，其中中央资金1261.33万元，自治区资金409.22万元，共补贴机具555台，受益农户（或农机服务组织）349户（个）。

【拖拉机年检（审）】 通过到各乡镇及拖拉机拥有量较多的村屯开展“二保”、检测和检验工作，方便群众。对参检的拖拉机严格把关，凡技术性能不合格的，不发放检验合格标志。2017年，全县共完成拖拉机年检2562台，占任务的102.4%。全县拖拉机安全性能及挂牌率进一步提高。

【农机安全整治】 重点加强对乡村屯道路农机安全

检查，对容易发生事故的重点区域、危险路段、拖拉机作业较为聚集的场所进行监控，做到不留死角、不走过场。农机安全监理站积极与安监、交警、交通等部门开展联合上路执法，并基本形成常态化，共同加强对重大节假日期间的农机安全监管工作。重点加大对甘蔗砍运期间拖拉机违法搭人行为的整治力度，同时对农机合作社、田间地头、集市等场所开展农机安全生产监控，从源头上消除农机安全隐患。年内选定新宁镇、新宁镇大塘村、新宁镇第三小学为打造“一镇、一村、一校”平安农机示范点。全年共出动执法车辆162辆次，人员653人次，检查拖拉机1376台次，纠正违章243起。下发整改通知书120份，发放农机安全生产宣传资料5000多份，群发短信21000多条，和乡镇农业服务中心签订责任状11份，和机手签订安全生产责任状3360份。

【农机培训与推广】 县农机校坚持每月办班一期，实行“随报名，随受理”的招生办法，以方便机手报名学习。针对重大农作物农机化技术及重点推广机具开展培训活动，召开甘蔗机械化种植、中耕、收割等现场演示会，促进全县农机培训工作的开展。以渠芦甘蔗“双高”基地机械化区域服务中心为依托，积极开展甘蔗种植、中耕、收割等机手培训活动。着力突破甘蔗收获机械化技术和推广瓶颈，推进甘蔗生产全程机械化发展，与中国农业大学、自治区农机局合作，建立中国农业大学新农村发展研究院广西扶绥教授工作站。2017年，以推广甘蔗种植、收获机械化为重点，共举办农机操作技术培训班13期，全县完成各种拖拉机培训192人，培训甘蔗种植、中耕、收割等机械化操作人员760人。全年组织大型甘蔗种植机87台，实施甘蔗机械化种植41万亩。针对缺乏甘蔗收割机的现状，农机部门积极引进11家公司共62台甘蔗收割机到岜盆、新宁、渠黎、东门、柳桥、昌平、龙头等乡镇开展示范作业，全年实施甘蔗机械化收割2.63万亩。全县共完成化肥深施技术推广42.45万亩，节水技术推广30.65万亩，完成水稻机械收割面积15.13万亩，完成水稻机插面积5.8万亩。

（玉秀辉）

水 利

【概况】 扶绥县水利局是扶绥县人民政府水行政管理部门，内设办公室、计划财务股（行政审批办公室）、法制宣传和安全生产监督股。下设扶绥县水利工程管理站、扶绥县农田水利工作管理站、扶绥县防汛抗旱指挥部办公室、扶绥县水土保持站、扶绥县水政水资源站、扶绥县水政监察大队、扶绥县水利局水利水电工程质量与安全监督站7个二级单位。下辖扶绥县抗旱排涝工程管理站、扶绥县电灌工程管理站、扶绥县客兰水库工程管理处、扶绥县那江水库工程管理所、扶绥县新安水库工程管理所、扶绥县那加水库工程管理处、扶绥县姑龙水库工程管理所、扶绥县丁欧水库工程管理所、扶绥县伯俺水库工程管理所、扶绥县汪庄水库工程管理所、扶绥县大栏水利工程管理所11个国营水利工程管理单位。2017年，扶绥县水利局落实推进各项水利工程建设，较好地完成全年工作任务。2017年实施高效节水灌溉工程3100亩。实施人饮工程15个，总投资为420.36万元，其中中央投资37万元，自治区补助资金185万元，县级配套198.36万元，共解决1.408万人饮水安全问题。“双高”基地水利化建设92片9.19万亩。贯彻落实2017年度崇左市实行最严格水资源管理制度考核工作方案，严格按照取水许可制度开展取水许可论证工作，年内完成水资源费征收65.91万元。

【防汛备汛】 全面落实防汛抗旱的各项措施，汛前储备各类抢险物资有编织袋共5万只，铁铲、锄各300把，彩条布4800平方米、发电机6台、救生衣500件、冲锋舟3艘等。各乡镇均能按照上级有关要求做好抢险救灾物资储备。汛前落实抢险队伍，成立由民兵应急队伍为主的防汛抢险队伍12个。未出现高水位及超警水位(警戒水位为81.8米)。全县现有水库52座,未受强降雨天气和台风影响,没有水库出现溢洪,无险情,县城区防洪排涝水利工程运行总体平稳。

【冬春水利建设】 2016—2017年度,全县冬春水利建设计划投资32450万元,截至2017年3月底,全县累计完成投资计划的100%。主要实施中央财政小农水第六批重点县项目、农村人饮工程、新安灌区节水配套改造项目、抗旱应急供水工程、山洪灾害防治、"双高"水利化建设等,共投入工日294.5万个,机械台班26.5万个,完成土石方量276.2万立方米,渠道防渗182千米,渠道清淤662千米,新增恢复改善灌溉面积26.53万亩等。受益人口3.04万人,解决贫困人口饮水7183人。2017—2018年实施方案于2017年10月编制完成,计划实施任务为24725万元,其中常规项目为11078万元,涉农项目为13647万元。计划总投入工日109.67万个,机械台班10.51万个,计划完成土石方量96.67万立方米,渠道防渗53千米,渠道清淤340千米,新增恢复改善灌溉面积11万亩,新增供水受益人口1.4083万人等。截至11月30日已完成投资16010万元,占投资计划的64.75%。

【小型农田水利设施建设补助专项资金项目】 2017年3月13日,扶绥县在全区2017年度小型农田水利设施建设项目竞争中获取投资项目,争取到中央和自治区补助资金1150万元。主要分为岜盆乡岜盆村特色农业蔬菜瓜果基地、龙头乡龙鼎特色农业科普示范区、渠黎镇牧草工作站科研示范基地3个项目点,已敷设管道26千米,新建渠道8.85千米,完成渠道防渗衬砌总长7.12千米,田头水池(水塘)工程4座,修建泵房3座,机井3口。

【中央财政小型农田水利建设资金项目】 2017年中央财政小型农田水利建设资金(第三批)概算总投资650万元,实施高效节水灌溉工程3100亩,实施扶绥县昌平乡四和农场坚果种植基地农田水利化项目、扶绥县昌平乡四和村蜜桔种植基地农田水利化项目。其中,扶绥县昌平乡四和农场坚果种植基地农田水利化项目,计划实施坚果高效节水灌溉工程600亩,工程概算总投资157.82万元,其中申请中央财政补助投资120.00万元,受益群众自筹37.82万元;扶绥县昌平乡四和村蜜橘种植基地农田水利化项目,计划实施蜜橘高效节水灌溉工程2500亩,工程概算总投资为652.64万元,其中申请中央财政补助投资530.00万元,受益企业自筹122.64万元。

【"双高"基地水利化】 2017年任务数14.5万亩,全县实施220个片区共17.07万亩。水利化项目已提交初步设计报告166片共13万亩,已完成设计评审141片共11.48万亩,已批复67片共6.97万亩。开工建设61个片区共6.2万亩,开工率36.4%。共铺设管道611.05千米,修建泵站61座、蓄水池36座,成立用水协会(管护组织)97个。已完工3.91万亩,完工率23%。

【那巴河防洪整治】 批复概算投资906.33万元,整治河段长约5.4千米,新建护岸总长8071.9米(左岸4350.3米、右岸3721.6米),拆除废弃拦河堰坝2座,护岸沿线设置必要的排水涵管及适当的下河步级等,施工工期为6个月。该工程2016年12月进场施工,因征地问题影响工程施工,至2017年11月初,工程才正常施工,工程施工进展顺利。

【郁江县城区充禾至县政府段治理工程】 批复概算投资4061.68万元,主要建设防洪护岸工程,工程布置于左江扶绥县城区河段右岸,新建防洪堤总长1870米,新建护岸总长2265米,沿堤(岸)共布设4座排水涵、12座下河步级等,施工工期为12个月。按20年一遇洪水标准设防,核定本工程为Ⅳ等工程,防洪堤、护岸等主要建筑物按4级建筑物设计。工程建成后,可完善扶绥县城区防洪体系、提高防洪减灾能力，为经济社会发展提供防洪安全保障，同时改善河流改善生态环境等。累计下达资金3249万元(其中中央资金2437万元，自治区812万元)。2015年4月进场施工，工程施工过程中，由于征地工作未能及时解决，受群众阻挠施工，导致项目停工，严重影响工程建设进度。经各有关部门协调2017年项目征地工作已逐步得到有效解决，工程局部已于2017年11月恢复施工。

【渌吝水库工程】 工程位于扶绥县中东镇渌吝屯下游约700米处，是一座以供水为主，结合灌溉等综合利用的小(一)型水库。批复概算总投资为9483.16万元，其中工程部分投资7230.36万元、水库淹没及工程征地补偿费2007.07万元，水土保持与环境保护工程费245.73万元。项目已下达资金6131万元，其中中央资金5390万元，自治区本级配套资金741万元。工程于2016年3月30月开标，2016年4月15日与施工单位签订工程施工合同。2016年11月17日工程开工，2016年12月底完成施工临时道路基础施工，因主体工程用地没有完成征地，主体工程无法开工，工程暂时停工,工程已完成资金支付1369.671万元。工程永久征用土地面积369.01亩中，完成征地测量面积127亩，其中那吝屯面积90亩，渌吝屯37亩，还有242亩未完成征地测量，土地权属为渌吝屯，主要原因是渌吝屯群众以本屯人均土地少、征地补偿标准低、工程用地指标未批复等为由，不同意征地，征地工作遇到阻碍。

【全面推行河长制】 扶绥县于2017年9月10日完成辖区内面积50平方公里以上江河湖库名录信息调查编制工作，10月底完成辖区内50平方公里以下江河湖库名录信息调查编制工作。县级河长制工作方案于10月19日印发，乡级工作方案于10月底全部印发。县级河长制六项工作制度于10月27日出台，乡级河长制六项工作制度于11月13日全部出台。11月24日完成制作并安装河长制公示牌71块，其中，县级公示牌24块，乡镇级公示牌47块。县河长办于11月24日印发了《扶绥县河长巡河工作方案》，县、乡(镇)、村三级河长按要求开展联合巡河，县长孙国梁巡视客兰河干流及左江干流，常务副县长黄海瀚巡视汪庄河干流，副县长梁媚巡视双侠河干流。县河长在巡河的过程中，对江河存在的问题提出了整改的要求，县河长办工作人员按照巡河的工作要求作了详细的记录。

【水利改革试点】 农田水利设施产权制度改革和创新运行管护机制试点工作，如期完成渠黎镇渠芦屯等11个先行先试试点8项改革任务并通过自验收。全县成功创新形成了以农民专业合作社实行建管一体化、发展扶持用水合作组织、企业搞活经营权等三种改革模式，12月初顺利通过崇左市水利、财政、发改等部门组织的市级验收。农业水价综合改革试点工作，农业水价综合改革方案已委托设计单位编制，渠黎镇渠芦、渠凤2个试点灌区供水计量设施已经基本完善，扶持成立渠凤村兴民农灌专业合作社以及渠芦现代农业专业合作社作为试点项目区用水管护组织，经到2个试点灌区召开农业综合水价改革征求意见会，暂定水价为0.96元。于2017年底完成试点各项目标任务。深化小型水利工程管理体制改革工作，扶绥县于2017年12月出台了《扶绥县小型水利工程确权发证暂行办法》《扶绥县河道堤防(涵闸)管理制度》《扶绥县农村饮水安全工程管理办法》《扶绥县农民用水者协会规范化建设和管理暂行办法》《扶绥县小型水库管理人员聘用及管理办法》《扶绥县小型水库管理暂行办法》《扶绥县小型水库巡查值守工作制度》《扶绥县小型水利工程管理量化考核暂行办法》《扶绥县小型水利工程维修养护经费管理办法》《扶绥县农业水费征收管理办法(试行)》共10个配套文件。2017年开展权属调查工程2122处，其中：小型水库48座，堤防(涵闸)5座，农村人饮工程631处，引水工程37处，泵站197处，机井498个，山塘269处，灌区工程437处。

【水土保持】 2017年完成审批水土保持项目3个，分别是扶绥福临大道工程(未开工、未缴纳补偿费)、腾龙·新华广场项目(已开工、未缴纳补偿费)、广西扶绥桂能气体有限公司工业气体及民用液化气项目(未开工、未缴纳补偿费)。2017年审批的3个项目共防治责任范围82公顷，设计拦挡弃土弃渣13万立方米。2017年征收水土保持补偿费3771700元，共有8个项目缴纳了水土保持补偿费，其中生产类的项目为2个，开发生产项目6个。

扶贫工作

【概况】 2017年，扶绥县集全县之力开展脱贫攻坚工作，组织保障、项目实施及资金筹措等工作更加扎实，脱贫成效更加明显。2017年初，全县还有35个贫困村，分别是龙头乡滕广村、林旺村、新宁镇那宽村、上洞村、塘岸村、岜盆乡那标村、那坡村、渠黎镇大陵村、新安村、那勒村、渠旧镇弄卜村、崇边村、三合村、东罗客兰村、那练村、桥镇渠齐村、雷大村、坡龛村、那加村、东门镇那江村、那巴村、板包村、卜葛村、江边村、山圩镇平搞村、那白村、那派村、昌平乡四和村、赛仁村、中华村、中东镇百域村、思同村、旧县村、新灵村、维旧村，共有贫困人口20029人。2017年12月，经自治区核验组对扶绥县开展脱贫摘帽工作核验，认定完成10个贫困村脱贫摘帽，分别是新宁镇那宽村、渠黎镇大陵村、渠旧镇三合村、东罗镇那练村、客兰村、柳桥镇渠齐村、山圩镇平搞村、昌平乡四和村、赛仁村、中东镇百域村，认定减贫人口3626人。全县贫困村降至25个，贫困人口降至1.64万人，贫困发生率降至4.62%，扶绥县2017年度脱贫攻坚工作考核获得自治区考核非贫困县一等次。

【落实脱贫攻坚责任】 县委、县政府将脱贫攻坚工作列入中心工作，不断充实县扶贫开发领导小组和县脱贫攻坚指挥部领导力量。县委书记、县长担任领导小组组长和指挥部指挥长，领导小组下设综合协调、资金政策、基础设施、产业开发、移民搬迁、公共服务、电商扶贫、金融扶贫、组织保障、宣传和督查等11个专责小组，均由1名县领导担任组长，副组长由行业部门主要领导担任，每个小组有3~5人驻组干部集中办公，负责协调相关部门共同开展扶贫帮困工作。县四家领导班子成员各自负责挂点联系1个乡镇、1个贫困村及3户以上贫困户，协调解决乡镇及贫困村脱贫攻坚存在的困难和问题。落实以各乡镇党委书记、乡镇长作为乡镇一级脱贫攻坚工作第一责任人，并向县委、县政府递交年度脱贫攻坚责任书，脱贫攻坚工作主体责任扎实到位。建立健全结对帮扶机制，实现行政村帮扶单位挂点联系全覆盖、贫困户帮扶全覆盖。

【产业扶贫】 扶绥县始终把甘蔗列为扶贫第一产业，全县种植甘蔗面积达115万亩，甘蔗“双高”基地就完成42万亩建设，仅2017年建成10.7万亩甘蔗“双高”基地，带动扶贫产业效果明显，依靠甘蔗收入实现脱贫的贫困户占比达70%以上。围绕甘蔗产业链，引进了一批畜牧业项目，拉动肉牛、肉羊等新兴畜牧业发展，逐渐形成规模和品牌。全县累计发展坚果种植面积1.5万亩，姑辽茶种植面积5000多亩，龟鳖、蛇、肉鸽等特色优势产业保持平稳发展，带动贫困户实现增收。全县贫困户种植水果2786户，覆盖率为40.4%；养殖家禽4960户，覆盖率为71.9%；经济林生产及加工3802户，覆盖率为55.1%，贫困户通过自主发展传统产业，逐步实现自我“造血”功能。

【就业扶贫】 扶绥县利用县内三大工业园区的优势，积极开展“就地就近就业”工作，动员贫困群众在本地就业。共动员贫困劳动力就地就业3187人，完成技能培训874人，企业录用253人，平均每人年有稳定收入近2.4万元，就业促增收、促脱贫工作成效显著。

【电商扶贫】 2017年，扶绥县通过苏宁易购、京东集团和“村邮乐购”合作网点平台共安排贫困劳动力创业就业62人。“互联网+特色农业”产业模式发展迅猛，拉动农村产业发展、特色产品销售作用明显，获得了国家商务部、财政部、扶贫办授予“2017年电子商务进农村综合示范县”称号，奖励资金2000万元。

【易地扶贫移民搬迁】 易地扶贫移民搬迁东罗安置小区已建成并实现了部分搬迁户搬迁入住。东门一期主体工程已全部竣工，并于2017年11月8日完成抽号选房工作。二期工程共建设20栋楼，现有19栋住宅楼完成主体封顶任务，正在进行水电安装等配套设施建设，空港安置点也在高速有效推进工程建设任务。同时，扎实做好农村危房改造工作，对贫困户危房改造补助给予大力倾斜，在一般农户补助28000元的基础上，贫困贫困户增加2200元，补助达到30200元。2017年，全县完成380户贫困户危房改造。

【项目扶贫】 扶绥县建立扶贫项目数据库，统筹整合全县涉农资金，将有限的资金聚集到贫困村，贫困群众最关心、最迫切的饮水、行路、用电、通网络等民生基础设施项目上。建设贫困村通屯道路31条36.8公里。实施小型人饮净化工程40个，实施光伏发电项目，项目涉及16个贫困村。建设20户以上自然屯通屯道路159条268公里。有效解决贫困群众行路难、饮水卫生差、人居环境恶劣等问题，突破阻碍脱贫的瓶颈。在具体实施过程中，还大力推行“以奖代补”“民办公助”的扶贫项目推进新模式，调动基层干部、贫困村群众建设家乡的积极性，用较短时间、较少资金补齐“通屯道路、农村安全饮水”的短板。

【落实惠民政策】 扶绥县高度重视惠民政策的落实，尤其在教育扶贫、农村低保、健康扶贫、公共文化设施惠民等方面较往年有较大的提高。2017年，共落实教育扶贫资金3303万元，54691人次获得普惠政策资助，4047名贫困户学生获得贫困生资助，没有一名适龄儿童贫困学生因贫困而辍助。因病致贫、因病返贫贫困户1644户，占贫困户26%，与2016年的26.22%相比略有下降。获得及时治疗因病致贫、因病返贫2835人，治疗比例达100%。实施通过医疗救助、民政保障及商业保险等保障政策措施后，住院费用报销比例达90%以上，患有国家集中救治9种大病的贫困户共86人，获得及时救治85人，救治比例98.84%。申请“雨露计划”补助1898人次，共发放196.7万元补助资金。获得贫困残疾人补助150人，占任务105人的142.85%。

【党建力促脱贫】 扶绥县大力推行“支部+党员+能人+贫困户”党建促脱贫攻坚模式，共创建“党群致富合作社”162个，社员2.1万人，其中贫困人口1.1万人，党群合作社助推脱贫攻坚作用明显。2017年，共完成新宁那宽、渠黎那勒和昌平中华等3个软弱涣散贫困村党组织的整顿工作。柳桥坡利、昌平赛仁等2个贫困村获得崇左市五星级村党组织称号，新宁塘岸、东罗都充等2个贫困村获得了崇左市四星级党组织称号，渠旧三合、崇边、东罗那练、东门江边和昌平四和等5个贫困村获得了崇左市三星级党组织称号。

水库移民工作

【概况】 扶绥县水库移民工作管理局为正科级参照公务员管理事业单位，履行全县水库移民安置工作的管理、协调、监督、检查、指导工作，内设综合股和业务股2个职能股室，现有编制8个，在岗职工13人，其中正职领导1人、副职领导2人。2017年，县水库移民工作管理局围绕全县社会经济发展大局，以增加水库移民收入、维护社会和谐稳定为目标，开创了水库移民工作新局面。2017年，扶绥县水库移民工作管理局全面落实信访工作责任制，稳控工作责任，做到勤排查、重化解，安排专人下基层会同各相关乡镇，对库区不稳定因素进行一一排查，现场复核处理5个乡镇24个村71个村民小组共14个老口遗留问题，调处化解移民矛盾。接待和办理移民来信来访4件6人次，承办派驻纪检组交办涉及水库移民信访问题1件，受理率达100%，办结率达100%。全年信访量较去年有大幅下降，为库区和移民安置区社会稳定提供了强有力的保障。全年共组织4批50多人次水库移民骨干代表到玉林、柳州、南宁等职业技术学院参加实用技术和职业技能培训，提高了移民群众的创业及就业技能，有效地转移移民劳动力。

【水库移民后期扶持】 按照自治区、崇左市的统一部署，扶绥县水库移民工作管理局认真做好大中型水库移民后期扶持政策工作，对水库移民后期扶持人口实行动态管理，及时足额发放水库移民后期扶持资金。2017年初核减2016年以前享受后扶直补资金死亡人共81人，全年指标任务500多万元已通过县农商行按季度及时足额发放完毕，受益移民群众9000多人，有效改善了库区移民生产生活条件。

【水库移民项目建设】 2017年，自治区移民工作管理局向扶绥县水库移民工作管理局下达库区及移民安置村屯基础设施建设项目共14个，总投资300多万元，包括农田水利项目1个，道路硬化项目4个，太阳能路灯工程9个，受益移民4000多人，为当地水库移民解决了生产条件不完善、移民群众出行不便、及农村文化活动单一等一系列问题。通过基础设施项目的逐步深入，缩小了水库移民与当地村民的收入差距，为移民安置区社会稳定、可持续发展和新农村建设打下了坚实基础。

【水库移民安置】 为确保左、右江千吨级航道的顺利开通及老口航运枢纽工程顺利通过验收，扶绥县水库移民工作管理局多次召开老口航运枢纽工程专项工作推进会，并协调有关单位到现场考察，渠黎镇咘尧桥老口专项工程遗留项目正稳步推进。同时积极做好老口库区受淹土地征地补偿问题，推进了辖区内涉及的5宗总共56.36亩土地的调处工作。

交通运输

扶绥县交通运输局

【概况】 2017年县交通运输部门主动适应经济发展新常态，按照年初确定的交通发展目标任务，以推进项目建设为中心，积极加快交通基础设施建设，以做好运输服务为重点，着力规范运输市场管理，以强化安全监管为保障，全面加强交通行业自身建设，各项重点工作稳步推进，较好地完成了全年各项目标任务。2017年全县农村公路里程达到948.80公里，其中县道188.14公里、乡道347.667公里、村道412.994公里。路网密度达到4418公里/公里^2。全县119个行政村，通水泥路率100%，确保公路养护与公路建设的协同发展。全年共采备路料1.8万立方米，修整水沟6000米，整修路面21.2万平方米，铲路肩48.46万平方米。开展4次桥梁专项大检查，经排查，所管养的公路桥梁38座均无重大安全隐患。全年共出动路政人员1026多人次，巡查公路里程23026多公里，建筑控制区内违章建筑发现率达100%，查处率达100%。共清理非公路标志18块，清理堆积物11处98立方米，清理临时搭棚2处102平方米，疏通人为水沟310米。县道好路率达85%以上，乡道好路率达70%以上，村道晴雨通车率达到100%。整治公路货车违法超限超载行为成效显著，全年共投入执法人员3197人次，执法车辆608台次，查处车辆121台次，结案121起，卸载货物1825.9吨，共处罚没款912949元。

2017年，全县开通客运班线48条，其中，跨省班线5条、省内跨市班线5条、农村客运班线38条，行政村通班车率达92%以上。拥有营运机动车辆1470辆，其中客车120辆4479客位。营运货车1351辆11513载重吨，出租车91辆，公交车110辆。全县完成道路旅客运输量199万人，旅客周转量22563万人，与上年同期相比分别下降3.5%和4.6%。完成道路货运量780万吨，货运周转量116480万吨公里，与上年同期相比分别增长9.8%和9.9%。新增普通货物运输车辆390辆，载货量为3872.7吨，与上年同期相比分别增长58.46%和25.5%。全年港口累计完成货物吞吐量150万吨，较上年同比增长20%。新增客船1艘共50客位，货船5艘共2650载重吨，水运客货运输周转量达到271万吨公里，同比增长8.6%。

【路网工程建设】 南宁新江经吴圩至崇左扶绥一级公路(扶绥段)道路全长24.171公里，分为10个标段建设，总投资19.5151亿元。累计完成投资10亿元，占总投资的52%。路基工程完成约95%，桥梁工程完成85%，完成级配碎石层铺设100%，完成水稳层100%，完成沥青混凝土路面铺设62%。扶绥县将军岭码头疏港大道全长约9.921公里，项目工可阶段工作已基本完成，初步设计和施工图设计正在有序开展。扶绥山圩至中泰产业园公路全长54.804公里，总投资约18亿元。该项目分3个路段，渠黎至中泰产业园段项目建议书已报市发改委，工程可行性报告编制已完成，环评送审稿已编制完成，立项批复后即可送审，水保、用地预审报告已编制完成，地灾、压矿已完成内审。青年产业园区至山圩段项目建议书已获市发改委批复，项目选址意见书已批复，可研报告送审稿已编制完成，环评报告、水保、地灾、用地预审已送审，压矿报告已编制完成。绕青年产业园段正在推进各项前期工作。省道S212扶绥中东至柳桥西长公路全长59.332公里，总投资5.34亿元，项目各项前期工作已经完成，正在逐级报批。推进全县三级公路建设，投资7420万元开工建设岜盆至东门、东门至上思、扶绥至渠黎等3条三级公路。合计建设里程50公里。其中岜盆至东门三级公路全长17公里，投资2720万元，已完成全部路基土石方工程、挡土墙、涵洞，正在进行级配碎石基层铺设，完成约50%工程量。东门至上思三级公路全长17公里，投资3500万元。正在进行路基土石方、涵洞和挡土墙的施工，已完成路基土石方约50000立方、挡土墙约600立方、涵洞120米。共完成约40%工程量。扶绥至渠黎三级公路全长16公里，投资1200万元，已完工。推进通建制村水泥路工程项目建设，共完工西长—新村、蕾陇—绿达、旧城—卜葛、将军岭—那贵等4条通建制村四级公路，完成建设里程21.8公里，完成投资1418万元。推进屯级道路建设，屯级道路建设项目分为二批进行建设，第一批通屯公路项目总建设里程268公里，计划投资1.56亿元，分20个标段进行建设，大部分标段已完成路基施工，完成路面施工105公里，完成年度任务目标的39%。第二批总建设里程280公里，计划投资1.4亿元，已经完成施工图设计。渠培至渠黎安保工程，长20.4公里，投资96万元，于2017年9月完成所有的建设项目，11月24日已进行交工验收。

【水运项目建设】 左江崇左至南宁(宋村三江口)Ⅲ级航道工程，工程整治航道约206公里，2017年累计完成概算投资3.92亿元，占工程概算总投资4.6亿元的85.2%。航道主体工程已完成，完成航道整治、航标工程的所有标段的交工验收。左江崇左至南宁(宋村三江口)Ⅲ级航道工程指挥部已将航道工程交付崇左市交通运输局与南宁市港航管理处，配套工程(船舶工程)完成并已移交崇左市交通运输局，信息系统工程已全部安装完毕。崇左港扶绥将军岭作业区工程，一期工程已完成投资18150万元，一期工程码头作业区于2016年9月30日获得试运行许可。二期工程项目总投资103131万元，至2017年底累计完成投资1280万元。截至2017年12月31日，二期工程完成防洪报告、水土保持报告、通航安全报告、通航条件论证报告、环境影响评估报告、工程项目社会稳定风险评估报告的批复工作。完成建设用地地质灾害危险性评估、工程压矿的备案和批复，完成林地的评审工作待批复。崇左港扶绥港区扶绥新宁海螺水泥有限责任公司专用码头工程。工程(2#至4#泊位)于2014年12月建成并通过自治区的交工验收，2017年11月13日获得试运行许可。山秀船闸改建工程。拟建山秀船闸扩能工程船闸等级为Ⅲ级(1000吨级兼顾2000吨级)，初拟船闸主尺度：190米×23米×5.5米(长×宽×门槛水深)，总投资约14.68亿元。2017年1月已开展项目可行性研究报告及有关专题报告编制工作，6月份已完成项目可行性研究报告(送审稿)编制。

【规范道路运输秩序】 开展“打非治违”专项整治活动，共出动稽查人员3760人次，共检查各类车辆8200辆次，查扣无道路运输证车辆72辆(其中非法载客小轿车、面包车29辆，教练车7辆，货车36辆)，查扣无从业资格证车辆36辆，查扣非法改装车辆153辆，暂扣营运证、资格证140多本，线路牌5块。加强对辖区内的客运企业、公交、出租车运输企业的监督检查，全年开展专项检查7次，下达限期整改通知书33份，纠正各类违章行为46次。对不按批准的站点停靠等长途客车违章经营行为进行了有效的治理和整顿。

【开展联合治超】 牵头组织县公安局交警大队、扶绥公路管理局、广西南宁高速公路管理处扶绥路政大队等执法部门组成联合治超工作组全面启动新一轮治超攻坚行动。在全县范围内重点区域、路段共设立了6个联合治超执法站点,入企业开展座谈会3次,开展"路政宣传月"活动,发放宣传资料约400余份。年共投入执法人员3197人次,执法车辆608台次,查处车辆121台次,结案121起,卸载货物1825.9吨,共处罚没款912949元。

【水上交通安全整治】 加强对全县水域所管辖的客(渡)船、作业船,渡口、码头进行排查。全年对客(渡)船进行了6次大排查,对货船、工程吸沙船、运沙船进行了2次拉网式排查,排查活动出动执法车船192次,执法人员750人次,检查客渡船280艘次,渡口80道次,发现隐患30处,纠正违章船舶22艘次,下发整改通知书22份。对渠旧、金鸡岩、凤庄、龙头等渡口、码头进行严密监控,严防超载现象发生,检查到的客圩渡船证件都在有效期内,各种救生设备齐全,无超载现象。

【道路运输管理】 加强源头管理,严格检查客运经营和维修企业从业资格、营运证件、二级维护和技术性能检测等,查堵不符合要求的企业和无证无牌运营的车辆。坚持经常性巡查,全年共出动稽查人员3760人次,查扣无证非法车辆29辆,违章营运客车5辆、教练车7辆、货车36辆、无从业资格证车辆36辆、非法改装车辆153辆。暂扣营运证、资格证140多本,线路牌5块。下达限期整改通知书33份,纠正各类违章行为46次。

扶绥公路管理局

【公路养护】 2017年,县公路管理局管养里程共241.644公里(含国道128.73公里、省道112.914公里),其中参与检评总里程165.725公里。截至2017年11月,共完成路况指标优等路2000公里,良等路135.450公里,中等路21.88公里,次等路8公里,差等路0公里,完成优良路率81.97%,差路率0%。累计完成折算成沥青罩面厚1厘米面积为264425.05平方米,占全年修补计划的182.21%(全年计划铺补面积为145125平方米)。完成5个路面维修工程项目,累计总投资250.7834万元,其中混凝土路面维修投资129.4975万元,沥青路面维修投资121.2859万元。其中S311线南宁—硕龙K21+550~K26+435选段混凝土路面破碎板维修,共124159.62平方米。X019苏罗线(新编S212线)K31+600~K31+708、K32~K35,K40~K41、K43~K45、K47~K48.615沥青路面维修,共50027.09平方米。X006中中线沥青路面维修,沥青碎石罩面厚3厘米共200.6平方米。X521西大线(新编S212线)K0~K2.4、(新编311线)K37~K53沥青路面维修,共16607.02平方米。X526线(新编G359线)K0~K1沥青路面维修,共8996.78平方米。

【桥梁日常养护】 2017年累计共投资7.55万元,重点开展新接养的下沙河桥伸缩缝橡胶密封条及4个锥坡高草清除,截水沟的疏通及岜河中桥锥坡4个锥坡高草清除,同时还完成了6座中小桥检查小道共142米的铺筑。更换山圩小桥、渠荣中桥、中东中桥、下沙河桥伸缩缝橡胶密封条101米。渠荣中桥浆砌片石护岸挡土墙62.28立方米,完成桥修费投资计划的100%。

【水毁工程修复】 完成X530线崇左至岜美(新编G359)K21+300至K24+945分段砼路面的维修,该工程凿除砼土路面厚22厘米214.5立方米。沥清表处封层厚1.0厘米厚975米^2/225米,C30砼路面墙厚22厘米975米^2/225米。工程投资20.000万元。完成新编S212线(原西大线K10+550)涵洞改建工程维修,该工程拆除旧涵砌体59.46立方米、新建1–Φ0.75圆管涵8米/1道、厚30厘米级配碎石基层18平方米、厚

3.5厘米沥青碎石面层16.5平方米。工程投资1.4604万元。完成X013线邕江二桥-扶绥(新编S311线南宁—硕龙)K21+700~K25+535段混凝土路面维修的工程,该工程凿除厚28厘米旧混凝土路面1534.2平方米,回填厚23.5厘米级配碎石垫层1534.2平方米,厚1.5厘米沥青表处封层1534.2平方米,厚3厘米沥青碎石面层1534.2平方米,工程投资20万元。投资7.10万元,完成Z506线中东—六井K37+200~K43+107路段清理边坡塌方1777立方米、重建浆砌片石挡土墙37立方米。

【路政管理】 2017年扶绥公路管理局路政大队执法全年共投入执法人员1341人次,查处超限运输车辆89辆,卸载或分装89辆,卸货2346.5吨,处罚97.4万元(含参与地方主导的联合治超行动,其中单独开展稽查处理的超限运输车辆28辆)。共清理非公路标志74块,清理堆积物28处480.1立方米,清理临时搭棚13处570.4平方米。疏通人为水沟2245米,取缔公路用地内各类摆设摊11处。截至2017年11月,共查处路政赔偿案件7起,办理路政许可31起,其中延期使用21起,新增10起,共挽回路产赔补偿费14.9万元。

【公路安全管理】 2017年为4个养护站、1个应急小组更新及购置了施工牌、导向牌、限速(解除)、路栏牌等共134块,购买锥形交通路标260个、购网格反光标志服100件、安全帽20顶、灭火器40个,太阳能爆闪灯20盏,养护车6台后驱动养护车加装上双闪爆闪灯,确保道路养护作业中安全标志更加醒目、安全。截至11月底,开展安全生产检查41次,组织安全生产检查投人员累计150人,排查出隐患18件,全部整改到位。扶正G322线、S315线、X013线、X006线、X019线、X521线歪倒轮廓桩,完善埋设缺失的示警桩1377根,确保了沿线设施的完好。先后两次组织开展公路枯死危树的排查,共排查出存在安全隐患的枯死路树86棵,砍伐枯死危树86棵。

扶绥汽车总站

【概况】 扶绥汽车总站建于1975年,隶属广西运德汽车运输集团有限公司,企业性质为民营,地址位于扶绥县新宁镇新宁路399号,占地面积60亩。下辖有扶绥汽车客运站、东门客运站、中东客运站、扶绥运德公共交通有限公司、广西运德国际旅行社有限公司扶绥分社、广西运德汽车租赁有限公司扶绥分公司。主要经营项目有客货运输、旅游业务、汽车租赁、公共交通运输、汽车修理(乙类)、保险兼业代理(机动车辆保险)等业务。其中由广西运德集团投资7000万元兴建的扶绥汽车客运站于2015年12月投入营运,现有进站经营客车124辆,营运班线18条,日发班次216班。

2017年,扶绥汽车总站严格按照"三优"(优质服务、优良秩序、优美环境)"三化"(服务质量标准化、服务管理规范化、服务过程程序化)的要求,深入开展"两微(微笑脸上常挂,微小事情常做)""四有(进站有亲切感、候车有舒适感、乘车有安全感、离站有留恋感)"活动,继续推进"诚信服务"。通过加强工作和服务质量考核不断提高服务人员的工作责任心、事业心及工作效率。年内,为方便旅客购票乘车,先后在各乡镇、各院校设立客票代售点28个。根据市场需求,投入348万元更新6辆营运客车,为旅客提供更为舒适、安全的服务。4月,开通微信公众号,使旅客购票、乘车更为便捷。

【安全生产】 2017年,扶绥汽车总站不断完善安全生产管理制度,落实安全责任制,采取行之有效的安全防范措施,利用高科技手段配备安全管理系统和GPS监控系统加大对安全工作的管理。组织广大司乘人员、驾驶员、安全管理人员及从业人员学习《道路交通安全法》和《道路运输条例》及相关道路运输安全法律法规,认真执行"三不进站、六不出站"规定,增强安全意识。加强车主、司乘人员的安全教育，开展以反“超速行车、强行超车、违章超车、疲劳开车”为主要内容的宣传教育活动，确保不发生任何责任事故。加强源头管理，以“人病不驾车、车病不上路”等安全警示语为行为准则，做好严防监控杜绝违章，消除隐患。严格执行车辆技术检验合格报班制度，加强对发车现场的监控，在车辆出站口设立检查点，对车辆出站进行严格检查，严禁车辆带病或超载出站。严禁客车晚上10时至早上6时在三级(含三级)以下山区公路上载客行驶，确保不发生任何责任事故。严格执行凌晨2时至5时休息制度。

扶绥火车站

【概况】 2017年，扶绥站认真抓好好各项工作的落实，严格安全管理，加强职工队伍素质教育及业务培训工作，认真开展各项安全专项整治活动，按时按质完成上级下达的各项工作任务。截至12月31日，车站实现安全生产7537天，无从业人员责任死亡、无责任重伤事故、无责任轻伤事24131天。2017年，车站结合工作实际，组织协调装卸车作业及车辆挂运工作，努力提升客运员的服务质量，加强节假日的客运营销，完成装车365辆(21.3万吨)，卸车1458辆(93903吨)。旅客发送247296人，收入5554738元。

【职工业务培训】 车站对职工的业务素质，除按照车务段、车间职教工作要求按时进行培训及组织学习外，结合车站实际情况，特别是对海专用线开通前培训，以及对职工在现场作业中提出的问题及时进行解析，对作业中各班存在的标准差异进行统一协调，规范作业标准。对外站来助勤的职工，作业前进行业务指导，提出作业安全重点，同时加强现场作业指导，确保各岗作业标准化落实到位。

【现场安全管控】 在施工作业中，车站认真组织相关施工单位开好施工准备会、总结会，提前做好施工作业安全预想，组织协调好施工作业中各单位作业关键节点，严格施工现场安全卡控措施的落实。对施工作业中存在的问题及时进行处置并上报，并督促施工单位进行整改，确保了施工作业安全。

信息业

扶绥县邮政分公司

【概况】 中国邮政集团公司广西壮族自治区扶绥县分公司是一家拥有实物流、信息流、资金流“三流合一”功能的全民所有制的经营邮政业务的公用企业。主要经营的业务种类有函件业务、集邮业务、报刊发行业务、包裹快递业务、分销业务、金融业务、增值业务等。2017年，公司内设市场营销部、综合办公室。领导岗位设置一正一副。市场营销部下设金融业务中心、集邮与文化传媒中心、包裹快递中心、渠道平台中心。下辖有中东支局、昌平所、龙头所、渠旧所、柳桥支局、山圩所、岜盆所、东罗支局、渠黎支局、东门支局等10个乡镇邮政支局(所)和县城松江路支局、南密路支局、封投班以及邮储银行扶绥县中东镇营业所、邮储银行扶绥县昌平乡营业所、邮储银行扶绥县龙头乡营业所、邮储银行扶绥县渠黎镇营业所、邮储银行扶绥县渠旧镇营业所、邮储银行扶绥县岜盆乡营业所、邮储银行扶绥县山圩镇营业所、邮储银行扶绥县东门镇营业所、邮储银行扶绥县柳桥镇营业所、邮储银行扶绥县南密路营业所10个金融网点。共有员工182人(含退休职工)。2017年，邮政业务总收入完成2823.12万元，完成年计划的105.03%0%，同比增长23.63%%。

【邮政通信服务】 2017年，扶绥县有信箱信筒15个，邮运车4辆。中国邮政集团公司广西壮族自治区扶绥县分公司坚持人民邮政为人民的服务宗旨，牢固树立“用户是亲人”的服务理念。重视抓好邮政通信服务工作，通过深入开展“提高服务质量，让用户满意”专项活动，加强邮政通信服务质量管理，强化邮政通信服务质量监督检查，不断增强邮政员工的服务意识。定期或不定期散发用户征询函，及时了解并妥善处理服务工作中的热点、难点问题。认真处理用户来电来访，不断改善邮政服务，促进邮政服务质量和服务水平和邮政用户综合满意度的不断提高，邮政服务用户评价综合满意度90分以上。

【函件业务】 函件业务是邮政最重要的核心业务。中国邮政集团公司广西壮族自治区扶绥县分公司以“随包贴”“政讯通”、LED屏及户外广告为函件业务发展重点，以政务类市场、房地产开发商、中小企业为切入点，积极做好客户开发与维系。同时积极组织开展钱币展营销工作，促进了函件业务的新发展。2017年，函件业务收入完成29.57万元，完成年计划的64.29%，同比下降21.17%。

【包裹快递业务】 中国邮政集团公司广西壮族自治区扶绥县分公司认真落实包快事业部制改革工作，及时成立包裹快递部，把“营揽投”合一的工作落实好，宣传贯彻人人当老板的理念，把县城区域分为3个区管理发展。加大协议客户、代投代揽点的开发力度。以社区、学校等为发展重点，加大代投代揽点的发展。认真抓好窗口收寄，通过政策引导，动员员工积极引导用户使用快递业务。认真抓好造包项目营销和校园、部队退伍包裹上门揽收、抢包工作，促进了包裹快递业务较快发展。2017年，包裹快递业务收入完成212.76万元，完成年计划的131.33%，同比增长85.10%。

【代理金融业务】 代理金融业务是邮政吃饭业务。中国邮政集团公司广西壮族自治区扶绥县分公司以储蓄余额、代理保险业务为发展重点，通过强化组织领导，扎实有效开展跨年度代理金融业务竞赛活动。抓住节假日及学校开学时机，加大代理金融业务宣传营销。以本地特色经济为抓手，积极组织开展瓜果蔬项目营销。积极开展代扣电费、金融知识进村、邮惠联盟等项目营销工作。认真抓好网点转型和网点服务，促进代理金融业务发展。2017年实现代理金融总资产新增1.6371亿元，其中余额净增10494万元，新增保费5877万元。代理金融业务收入完成2045.31万元，完成年计划的103.48%，同比增长19.29%。

【集邮业务】 中国邮政集团公司广西壮族自治区扶绥县分公司在认真做好集邮品销售工作的同时，积极举办集邮品展销会和精心组织开展好2017年新邮预订，实现集邮业务的稳健发展。2017年，集邮业务收入完成47.55万元，完成年计划的100%，同比增长57.23%。

【报刊发行】 中国邮政集团公司广西壮族自治区扶绥县分公司在认真抓好报刊收订工作的同时，积极组织客户部营销员深入到各中小学校做好教辅类报刊营销工作，大力拓展校园市场。积极举办全民阅读书展活动和精心组织2017年度报刊大收订，报刊业务发展取得了新突破。2017年报刊业务收入完成106.43万元，完成年计划的105.37%，同比增长9.43%。

【分销业务】 中国邮政集团公司广西壮族自治区扶绥县分公司扎实推进"村邮乐购"站点建设，2017年"共建村邮乐购"站点146个，并为"村邮乐购"运营管理做好服务支撑和通过举办快销产品订货会，实现与店主合作双赢。同时积极做好农资产品宣传销售工作，以及强化分销业务风险管控，规范分销产品进货审批流程，严格审批手续，尽可能减少产品库存积压，分销业务取得新了发展。2017年，分销业务收入完成199.73万元， 完成年计划的113.48%，同比增长149.42%。

【增值业务】 中国邮政集团公司广西壮族自治区扶绥县分公司积极发展代理车险业务和认真抓好代征税款项目，业务发展良好。2017年，增值业务收入完成37.5万元，完成年计划的87.22%，同比下降32.19%。

中国电信股份有限公司扶绥分公司

【概况】 2017年，中国电信股份有限公司扶绥分公司在全县设立11个营业网点，东门、渠黎、东罗、中东等4个支局所。围绕"改善服务、规范管理、促进发展、推动转型"的工作方针，加快扶绥信息化建设步伐，满足"三网"融合、智慧城市、信息化农村、云计算、大数据等需求。2017年，中国电信扶绥分公司完善4G网络覆盖，推进4G加快发展。建成C网、LTE基站、LTE微站、直放站、室分等共计265个站点，AP站点75个。通过4G、3G信号覆盖也能实现无线宽带高速上网，行政村信号覆盖125个，覆盖率为97.65%；自然屯信号覆盖781个，覆盖率为91.99%。

【网络建设】 2017年，中国电信扶绥分公司FTTH工程共完成建设151个村屯及小区，总投资约276.02万元，共新增端口7048个。其中城区FTTH宽带点完成6个小区建设共投资37.52万元,新增端口2480个。乡镇FTTH宽带点完成145个村屯及小区建设共投资238.68万元,新增端口4568个。完成该项城市职业学院FTTH宽带线路改造建设,新增端FTTH端口2560个,投资102.75万元。全县共128个行政村,FTTH到达为127个,覆盖率为99.22%;共809个自然村屯,FTTH到达为529个,覆盖率为65.38%。

中国移动广西扶绥分公司

【概况】 2017年,中国移动广西扶绥分公司按照区、市公司年初工作会议确定的目标和要求,坚持以移动市场、集客市场、家庭市场和新业务的“四轮驱动”发展为着力点,持续开展精准网络建设、推进改革发展和党风廉政建设。截至2017年11月25日,宽带新增2673户,入网2569个,终端236台,C、D类单位走访876次,末端渠道走访1263次,家庭宽带用户到达数16949户。集团信息化收入累计完成903.5万元,物联网业务累计完成4327户。和校园完成净增4630户,CP业务完成31827户。IMS业务累计完成1655线,签订农商行专线40条。

【市场类KPI指标】 截至2017年11月25日,日均通话客户市场份额74.89%,在年度目标考核值范围内。4G客户渗透率61.67%,较上年底提升9.59%。标准和业务累计新增发展11.27万户。11月当月新客户发展3977户。

【客户服务类指标】 截至2017年11月25日,累计十万客户投诉率232.81%。累计十万客户投诉率13.51%,累计手机上网十万客户投诉率11.13%,当月集团产品投诉率14.63%。

【框架劳动竞赛】 2017年一季度框架劳动竞赛,得分58.97分,全市排名第二。二季度框架劳动竞赛,得分99.12分,全市排名第一。三季度框架劳动竞赛,得分94.31分,全市排名第一。

【工程建设】 截至2017年11月25日,累计手机上网十万客户投诉率11.13,网元日均退服各项指标均控制在考核值内。宏站建设历年骨头站26个,完成谈点21个;取消建设需求3个,剩余2个。4G五期宏站规模78个,全部完成谈点。微站建设4G五期微站规模44个,全部完成谈点44个。室分4G五期室分规模18个,全部完成谈点18个。

【市场营销】 坚持以宽带客户新增发展,互联网电视(魔百和)业务发展和带宽提速工作为主线,其他业务为辅的全业务发展模式,以聚类市场、微区域营销等方式,积极开展市场末端营销。持续巩固4G客户发展优势,以4G业务捆绑提升4G客户渗透率作为全年重点工作来抓,全面挖掘客户流量需求,激发流量价值提升。积极优化集客市场运营模式,拓展集团客户重大项目,推进集团客户满意度,多渠道发展小微宽带,完善村村网点建设,大力发展和提升创富平台网点效能,加强属地互联网渠道的合作与效能提升。

中国联合网络通信有限公司扶绥县分公司

【概况】 中国联合网络通信有限公司扶绥县分公司是广西联通的县级分支机构,主要负责扶绥县行政区域内联通通信网络的规划建设和经营管理。分公司设有综合支撑中心、政企中心、固网中心、移网中心、东门拓展中心、渠黎拓展中心、中东拓展中心7个部门,在编员工33人。下辖新宁、龙头、中东、昌平、岜盘、山圩、东门、柳桥、渠黎、东罗、渠旧11个乡镇。县城及乡镇服务厅14个,授权代办服务点210个。截至2017年发展移动用户6.5万户,宽带用户1.5万户。

【品牌产品】 2017年,中国联合网络通信有限公司推出3G品牌产品有:沃服务、沃商务、沃家庭。2G品牌产品有:流量卡、如意通,一站式信息化服务。以敢为天下先的精神,在业内首创了多项管理模式:3G语音资费“长、市、漫一体化”结构、单向收费模式;全国品牌、业务、包装、资费、终端政策、服务标准“六统一”政策;4G智慧沃家、全国套餐。贴心服务联通10010。

【130/131/132/155/156/186/185/176 业务】 2017年,中国联通130/131/132/155/156/186/185/176数字移动电话采用先进全球数字移动GSM蜂窝通信系统技术体制,提供自动漫游、来电显示、短信息、语音信箱、呼叫转移、三方通话、呼叫等待等功能。

【10193长途电话】 2017年,中国联通10193长途网是中国联通数字移动电话、数据业务之后开展的一项新业务,国际长途电话通达200个以上国家和地区。用户使用联通10193长途电话,能轻松拨通长途电话,享受清晰稳定的语音服务。

【IP电话和光纤互联网】 2017年,中国联通认真经营IP电话业务和光纤互联网业务。中国联通IP电话可向社会公众提供国内、国际长途IP电话及IP传真服务。IP电话服务主要采取记账方式(17910)和一次直拨业务(17911),中国联通IP电话覆盖全国300多个城市,通达200多个国家和地区,IP卡可在40多个国家和地区漫游。中国联通公用计算机互联网(CNUNINET)面向全国公众提供计算机互联网服务,可提供传统Internet信息发布和浏览、E-mail等业务。

【网络建设】 2017年中国联通扶绥分公司加快网络建设步伐,致力于建设“精品网络”。通过以市场需求为导向,改善区域G网、W网网络质量,2017年基站累计建设情况:2G基站185个;3G基站102个;4G基站75个。宽带在县城区域覆盖率达90%,山圩、东门、岜盆、中东、柳桥、昌平、龙头、渠黎、东罗覆盖部分街道、村屯。

商贸服务·旅游业

服务业

截至2017年12月31日，在扶绥县注册登记的商贸服务业共有3135户，注册资金9058414.4万元，从业人员5211人。其中旅馆、餐饮业共1414户，注册资金11697.44万元，从业人员2827人。理发、美容业共255户，注册资金929.3万元，从业人员399人。修鞋、缝补业共10户，注册资金7.8万元，从业人员12人。其他服务业1456户，注册资金9045779.86万元，从业人员1973人。

供销合作

【概况】 2017年，县供销社内设理事会、监事会，下设办公室、财会股、综合业务股、合作指导股，核定编制8人，在职9人，聘用2人。全系统商品购进总额25655万元，比上年同期增长10%；商品销售总额31052万元，比上年同期增长16%；农副产品购进2379万元，比上年同期增长12.7%；消费品零售额19002万元，比上年同期增长39.1%；农业生产资料销售额12050万元，比上年同期增长12.3%。

【基层社改造】 2017年，县供销社引进社会资金实施综合改造。东门供销社引进资金20万，改造旧商业楼办幼儿园，岜盆供销社新建3层600平方米综合服务站大楼，渠旧供销社在已闲置20年的土地上兴建一栋3层1000平方米的幼儿园大楼。筹措资金，维修村级闲置的老经营阵地5处，新建2处，与村委会联建1处。完成岜盆乡那标村、龙头乡旧庄村、山圩那白村、新宁大塘村、渠旧镇弄卜村、东门镇那江村、东门镇旧城村、龙头乡坛龙村等8个村级综合服务社建设。新增龙头乡、昌平乡、岜盆乡3个乡镇级综合服务站。

【农资支农】 扶绥县供销社发挥农资经营阵地的作用，做好农资商品的组织供应工作。春耕时节，各经营企业和网点积极组织货源，推广高品质的、适合全县土壤和种植结构的农资商品，实行配送连锁经营，把农民急需的商品送到农户或田间地头。不定时地组织人员对全县供销社所属经营网点进行农资商品检查，对于资金缺乏的农户实行农资赊销。

粮食经营

【概况】 2017年，县粮食局内设办公室、调控股、监督检查股，下属单位为县储备粮管理公司、军粮供应站、金龙粮食购销有限公司。县粮食局高度重视粮食安全工作，全力做好粮食购销、地方储备粮管理、粮食宏观调控、粮食质量安全保障等工作，积极推广粮食仓储机械通风降温、仓外电子监控、低温保粮等科学储粮新技术新方法，推动粮食安全保管上水平。2017年为解决重点产粮乡镇储粮仓库残旧、仓容不足现状，在昌平、龙头2个网点建设粮食收纳仓，仓容各为1200吨，为2017年的粮食直补订单收购工作发挥了巨大作用，确保全县粮食仓容1.4万吨任务顺利完成。

【军粮仓储设施建设】 扶绥县军粮供应仓储设施项目占地面积约3.8亩，项目建设业务综合楼1栋（包括军人休息室、检验室、办公室等），成品粮油低温仓库1栋，总建筑面积1203平方米。项目总投资金额为320万元，项目自2016年6月动工建设以来，进展顺利。各项建设任务都能按时、按质、按量完成，经验收，工程各项指标均符合建设要求及仓储技术标准和建筑质量标准，质量达标率100%。2017年10月，业务综合楼和成品粮油低温仓库同时顺利投入使用，保证了军粮储藏安全，对做好全县军粮供应工作将发挥重要作用。

【粮食购销】 2017年自治区继续确定扶绥县为实施对种粮农民实行直接补贴与储备粮订单粮食收购挂钩县。全县直补订单粮食收购任务为3500吨，经全系统干部职工的努力，完成直补订单粮食收购3500吨，兑付粮食销售款917万元，配合财政部门发放直补资金84万元，占全年任务100%。粮食销售主要是县级与区级储备粮出库销售、军粮销售和放心粮油配送中心及各门店销售的粮油产品，2017年共完成粮食销售1.13万吨，完成崇左市下达指标的176%。军粮供应主要是加强与驻军的联系与沟通，不断提高服务水平，加强成品粮油的安全保管，确保供应质量，确保不发生断供现象。以扶绥县储备粮管理公司为实施主体，紧紧围绕放心粮油这条主线，以放心粮油店为窗口，打造放心粮油工程，使放心粮油工程建设取得了较好的经济效益和社会效益，2017放心粮油配送中心销售收入250万元，实现毛利润18万元。

【粮食流通监督】 2017年，县粮食局按照《粮食流通管理条例》和《粮食流通监督检查暂行办法》规定，认真开展监督检查工作。为了使粮食有关政策家喻户晓，深入人心，制作了横额15条、宣传材料5000份、群发政策宣传短信5.6万条、安排了3辆政策宣传车进行宣传。积极开展粮食收购资格检查、统计制度检查和质量检查，建立统计台账。组织工作组到7个粮食收购点检查，没有发现违法、违规收粮情况。

2017年4月，县粮食局组织开展粮食库存检查工作。检查结果为粮食库存账实相符、账账相符；库存粮食品质指标全部为宜存粮，宜存率为100%，各类粮食的卫生安全均达到安全指标；各级储备粮的轮换、出库都有上级的批准文件，轮换的品种、数量、时间没有违反储备粮的管理规定。轮换粮食的货款能及时回笼并归还农发行贷款，未出现粮食贷款挤占挪用现象。同时及时轮入同等数量的粮食，轮入的粮食质量符合国家入库质量标准；粮食购销企业能严格按照粮食企业规范化建设各项具体要求，对各级储备粮实行“一符、三专、四落实”管理，认真执行粮食收购政策和储备粮管理规定，资格条件符合各项规定要求，库区及仓房符合要求，建立健全了安全生产管理制度和应急处理预案。

【粮食轮换】 在2017年粮食市场价格低迷的情况下，县粮食局创新工作方法，通过委托南宁（中国—东盟）商品交易所和南宁国家粮食交易中心实行电子竞价销售的方式进行网上公开拍卖，顺利完成县级储备粮轮换出库，占任务100%，并于当年直补订单粮食收购结束后顺利完成县级储备粮补库任务。

烟草专卖

【概况】 扶绥县烟草专卖局（营销部）内设综合管理办公室、专卖监督管理股、市场部、崇左市烟草专卖局派驻扶绥县局内部专卖管理监督工作组等4个部门，有在岗职工50人。2017年县烟草专卖局（营销部)围绕县委县政府和崇左市烟草局的总体工作要求,以稳销量提结构、打假打私为重点,挖掘新潜力,争创新业绩,努力推进各项工作有效开展。全年共查获涉烟违法案件158起(万元以上案件10起),其中假非私烟案件77起。查扣影响辖区市场的各类涉案卷烟42.25万支,其中假非私烟9.792万支。共销售卷烟14948.01箱,同比减少598.71箱;销售一二类卷烟3322.52箱,同比增长302.67箱;销售10元以上真龙卷烟3943.99箱,同比增长29.4箱。

【市场清理整顿】 联合公安、工商部门开展元旦春节、清明五一行动和飓风行动、百日行动等大型专项行动,共查获假非私烟案件58起。重点打击县城南门市场、龙头、中东等乡镇圩市非法销售烟丝、白皮烟的行为,共查处白皮烟51.5条。联合公安对物流快递营业点及仓库进行检查,对涉嫌违法销售卷烟的人员住所进行检查,共检查420户次,出动840人次,共查处寄递案件50起,查获卷烟197.4条。联合工商、公安定期对无证户进行集中整治,共查获无证经营案件78起。对县城乡镇自律互助小组进行重新划分组建,县城组建33个自律小组,乡镇有31组。借助自律互助小平台,推进共管市场,示范小组成员提供线索查获涉烟违法案件18起,通过案件倒查惩戒违约客户43户。严格逐层审核、审批行政许可申请,2017年,新办准予许可167户,不予许可59户;准予延续356户,不予延续2户。对停业超期、超6个月不购进、有效期届满不延续的零售户进行清理,共注销83户。

【卷烟营销】 深入挖掘甘蔗榨季、瓜果蔬菜收购季节、传统节日流动人口增多带来的消费增长点,做好总量及重点培育品牌商定工作。做好零售户购进执行进度跟踪,引导农村中小零售户增加卷烟销量。深入挖掘桂林理工大学、广西城市职业学院等高校的消费群体的特点,以及国土学院、南国铜业一期等重点项目工地的消费增长点,通过新品、重点品牌宣传促销等,扩大卷烟消费增量点。通过深挖卷烟消费增长点,尽量弥补卷烟销量的欠量缺口,特别是在9月份实现卷烟销售2063箱的历史新高,把销量时间进度差距缩小到了2.09个百分点。抓好真龙品牌培育,按照“稳中端、增高端”的思路,稳定10元、13元价位增长,稳步提升真龙品牌市场占有率。抓好示范线路零售户店面形象维护、系统使用等的补短,抓好示范小组“四众”、共建终端和品牌培育等活动,进一步提升卷零售户的销售能力和盈利水平。

【企业管理】 以开展精益课题和QC课题为主要抓手,坚持问题导向,将精益思维和管理工具运用到业务工作中。对办公场所进行6S现场管理,排查制度和管理流程中的冗余环节,进一步提升工作效率。围绕年度中心工作任务,补充完善员工绩效考核管理内容,严格实行层级考核,强化责任追究制,进一步增强全员工作责任心。加强工作任务督办任务跟踪,并列入月度考核范畴,进一步提升了工作执行率。以安全生产标准化建设体系为重点,认真抓好日常安全管理与教育培训工作,强化安全设施建设,为各项经营管理工作加强安全保障。加强预算管理,严格按照预算定额执行各项费用,强化固定资产管理,进一步提高财务管理水平。严格落实中央八项规定等制度,严控各项费用支出,实现各项费用同比下降。认真贯彻落实上级烟草部门《关于全面深入推进法治烟草建设的意见》,扎实有序推进法律风险防控体系建设,加强法律风险评估和合法性审查,有效防控专卖执法、合同管埋、信息公开、卷烟营销等领域的法律风险。

石油经营

【概况】 2017年,中国石化广西崇左扶绥石油分公司隶属中国石化广西崇左石油分公司,现有16座在营加油站,其中城区6座、国道4座、省道1座,农网5座。16座站已全面完成油气回收改造并加大双层罐改造进度。有在职职工86人，其中办公室人员8人，设有1个党支部，11名党员。公司积极开展员工技能培训，提高员工业务操作能力和服务意识，多措并举，创新发展，经济效益连年实现持续增长势态。2017年，完成成品油销售4.17万吨，同比增长10.32%；非油品销售1150万元，同比增长47%。

【严把质量关】 严格监控进、销、存环节。坚持每月开展机油机校验自查，主动邀请扶绥县技术监督局到各加油站开展加油机（计量器出油量）检定工作，积极配合县工商局、食品药品监督管理局开展油品、便利店商品的质量检查和监督，确保所销售的油品、便利店商品商品质优量足，明码标价，顾客满意。

【落实安全生产】 公司与领导、加油站站长、加油员逐级签订《HSE安全承诺书》，进一步明确和落实安全生产责任制。加强安全生产教育和培训。深入宣传贯彻国家安全生产法律法规，举办安全消防技能竞赛，全员每月参加一次关于QHSE知识考试。积极开展安全生产自查自纠，查改隐患保安全等活动。将监督检查与落实预防措施、安全隐患整改有机结合，有效保证了安全生产。

个体工商业

2017年，全县共有个体工商户13195户，注册资金147912.03万元，从业人员18094人。其中农、林、牧、渔业150户，注册资金6295.8万元，从业人员288人。采矿业4户，注册资金79万元，从业人员16人。制造业356户，注册资金3291.23万元，从业人员678人。电力、热力、燃气及水生产和供应业3户，注册资金19万元，从业人员6人。建筑业8户，注册资金28万元，从业人员9人。批发零售业8652户，注册资金31696.34万元，从业人员11157人。交通运输、仓储和邮政业879户，注册资金5106.11万元，从业人员948人。住宿、餐饮业共1388户，注册资金8371.44万元，从业人员2696人。信息传输、软件和信息技术服务业19户，注册资金56.1万元，从业人员23人。房地产中介服务业3户，注册资金8万元，从业人员3人。租赁和商务服务业95户，注册资金1135.01万元，从业人员148人。科学研究和技术服务业21户，注册资金66.2万元，从业人员31人。居民服务、修理和其他服务业1058户，注册资金5221.4万元，从业人员1868人。卫生和社会工作72户，注册资金464.9万元，从业人员121人。文化、体育和娱乐业36户，注册资金588.5万元，从业人员94人。

（吴雪莲）

旅游管理

【概况】 2017年，县旅游事业局贯彻落实崇左市委、市政府提出的发展文化旅游大文章的战略部署，大力推动全县旅游产业加快发展。2017年多次联合执法部门对旅行社市场开展联合执法检查，做好旅游投诉处理工作，全年今年共受理旅游投诉8起，结案8起，结案率100%。开展“安全生产月”活动，举办龙谷湾景区消防培训，全年开展旅游行业安全生产监督检查9次，共出动检查人员27人次，检查旅游企业88家次。龙谷湾景区成功获评国家4A级旅游景区，龙谷湾酒店评定成功获评三星级旅游饭店，推进天宝龙酒店按照四星级饭店标准建设，好乐岛休闲农庄获评四星级农家乐，涡田生态农庄、桃缘生态农庄、竹子林滨水休闲农庄获评三星级农家乐。全年接待游客总人数220.95万人次，比上年同比增长37.16%；实现旅游总收入21.71亿元，比上年同比增长36.54%。

【旅游重点项目建设】 龙谷湾旅游休闲度假区项目一期恐龙公园顺利开园迎客，全年累计接待游客52万人次，成功获评为国家4A级旅游景区。中国—东盟国际文化影视城项目以影视类文化旅游为核心，影视文化体验为主，休闲旅游为辅，融合互动体验、娱乐、餐饮、住宿等于一体的文化主题产业园，正在洽谈签订合同。上龙文化旅游特色小镇项目以服务龙谷湾项目并形成产品互补的模式进行打造，计划采取PPP或“EPC+PPP”模式进行开发。东门镇六头村姑辽茶生态文化旅游区是自治区旅游扶贫示范项目，已基本完成基础设施建设。左江花山岩画渠旧文化旅游区项目主要建设游客集散中心、生态停车场、旅游厕所等旅游基础设施。盟展鳄鱼旅游项目、寒舍民宿项目、梦想田园项目、上美龙湾东盟果蔬产业示范区等一批重点旅游项目正在加快推进，为扶绥县文化旅游产业加速发展打下坚实基础。

【打造特色旅游】 做好“中国恐龙之乡”文章，围绕龙谷湾恐龙公园，配套开发一批精品乡村旅游区、农家乐等，打造环龙谷湾旅游集聚区。打造扶绥民俗文化“一台戏”，深入挖掘县民俗文化内涵，对雀舞、采茶剧等非物质文化遗产进行新策划、新包装，让传统文化释放新活力。深入挖掘我县壮乡文化内涵，融入扶绥文化元素，建设扶绥特色美食街、左江滨江风情街、南密古街等，让扶绥丰富的民族内涵、多彩的民族风情与城镇规划建设有机结合起来，形成独特靓丽的旅游风景线。

财政税务

财 政

【概况】 2017年,扶绥县财政局充分发挥财政职能作用,主动服务稳增长、促改革、调结构、惠民生、防风险等各项工作,实现了全县财政平稳有序运行。2017年,全县组织财政收入完成139565万元,占年度预算的101.06%,比上年完成数增长1.29%(以下“比上年完成数”简称“同比”)。其中一般公共预算收入完成96119万元,占年度预算的101.09%,同比减少9089万元,下降8.64%。在一般公共预算收入中,税收收入完成57856万元,同比减少2712万元,下降4.48%;非税收入完成38263万元,同比减少6377万元,下降14.29%;非税收入占一般公共预算收入的39.81%,同比下降2.62个百分点。2017年,全县一般公共预算支出345188万元,占年度预算的97.76%,同比增长0.68%,其中教育支出67773万元,同比增长0.05%;科学技术支出2217万元,同比下降32.47%;农林水支出64775万元,同比增长0.26 %;社会保障和就业支出28403万元,同比下降16.81%;医疗卫生与计划生育支出37335万元,同比增长14.92%;城乡社区支出40552万元,同比增长85.85%;住房保障支出18452万元,同比下降26.97%。

【财政收入】 面对经济持续下行、财源结构不够合理以及政策性减收等各种因素叠加的影响,扶绥县财政局积极协调,主动出击,努力化解下行压力,规范非税收入管理,大力组织财政收入。2017年,全县组织财政收入完成139565万元,占年度预算的101.06%,同比增长1.29%。其中一般公共预算收入完成96119万元,占年度预算的101.09%,同比减少9089万元,下降8.64%。在一般公共预算收入中,税收收入完成57856万元,同比减少2712万元,下降4.48%;非税收入完成38263万元,同比减少6377万元,下降14.29%,非税收入占一般公共预算收入的39.81%,同比下降2.62个百分点。

【财政支出】 在支出方面,县财政局严格预算执行管理,加快财政支出进度,重点保障和改善民生,促进经济社会全面发展。2017年,全县一般公共预算支出345188万元,占年度预算的97.76%,同比增长0.68%,其中教育支出67773万元,同比增长0.05%;科学技术支出2217万元,同比下降32.47%;农林水支出64775万元,同比增长0.26%;社会保障和就业支出28403万元,同比下降16.81%;医疗卫生与计划生育支出37335万元,同比增长14.92%;城乡社区支出40552万元,同比增长85.85%;住房保障支出18452万元,同比下降26.97%。

【统筹推进社会事业】 社会方面,2017年上缴了县2016年企业职工养老保险收支缺口分担资金5945.4万元,为全县8689名80周岁以上老人拨付高龄补贴共计672.33万元。完善并提高低保对象的生活保障工作，按照平均每人每月提高30元的补助标准，及时拨付补发1—6月城乡低保资金281.56万元，全年累计支出城乡低保5439.5万元，惠及24753人，实现困难群众生活兜底。筹集就业、再就业资金693万元，支出445万元。教育方面，县财政局多投入教育基础设施建设共计59721万元，主要用于龙华中学、新宁二小、民族小学等义务教育学校的校园校舍改造，进一步落实义务教育均衡发展政策，其中筹融资5亿元，安排政府债券资金6169.8万元，上级专项资金1983万元等，办学条件得到有效改善，校园面貌焕然一新。同时拨付教育补助资金8942.85万元，其中义务教育公用经费补助资金3881万元，寄宿制生活补助资金2791.63万元，营养改善计划补助资金1548.94万元，农村义务教师特设岗位补助资金157.33万元等，极大地支持了全县教育事业的发展。公共卫生方面，县财政局按照广覆盖、保基本、多层次、可持续的原则，完善全民医保体系建设，医疗保险覆盖人口达42万人，占全县户籍总人口的91.3%。同时提高城乡居民医疗保险的住院费用报销比例，在乡镇卫生院住院报销比例由80%提高到90%，在县级医院住院报销比例由60%提高到75%，进一步缓解了群众看病难、看病贵等问题。惠农补贴方面，全县按每亩66.64元的补贴标准，提前完成了3220.89万元的农业支持保护补贴发放工作，补贴面积达48.33万亩，受益农户为83959户。同时，县财政局采取不同形式广泛宣传农业保险和保险保费补贴政策，引导和鼓励农户积极参加保险，推动政策性农业保险业务的开展。截至11月30日，已承保糖料蔗69.09万亩、水稻0.25万亩、能繁母猪1.12万头、育肥猪2.78万头、公益林48.09万亩，拨付各级政策性农业保险保费补贴资金406.67万元。人居生活环境方面，截至11月30日，共筹集各类保障性住房资金24820万元，其中落实棚户区改造资金4833.5万元，开工建设棚户区改造1921套。筹集“以购代建”项目资金19263万元，收储在建商品房1572套，满足棚户区居民多元化的安置需求。投入1497.2万元完成农村危房改造任务1400户，投入234.14万元开展“美丽广西·宜居乡村”农村改厕改厨项目建设，完成改厕改厨4291户。

【贫困村基础设施建设投入】 县财政局充分发挥财政职能作用，突出资金使用重点，2017年，共投入全县扶贫基础设施建设资金5182.25万元。完成贫困村基础设施道路建设项目93个，其中竣工89个，进一步改善了农村生产生活条件。安排“一事一议”项目财政奖补资金2270万元，实施奖补项目201个，惠及全县105个行政村，提升乡村宜居水平。投入资金276万元，开展美丽乡村项目建设，对东罗镇岜香屯等村屯进行景观改造，打造兼具景观性、文化性、生态性的旅游乡村。县财政还积极协调同正投融资集团向农发行贷款，筹集617.6万元用于开展农村污水处理设施建设、村级垃圾处理设施建设、乡土特色建设示范工程、百镇示范建设工程等项目建设，进一步推进乡村生态文明建设。

【用活用好精准扶贫各项政策】 在产业帮扶方面，2017年共兑付奖补资金1119.7万元，扶持5600户贫困户发展产业项目。其中种植特色产业3500亩、家禽养殖15万羽、家畜养殖2100头，支持40个贫困村发展特色产业项目，包括3个牛羊养殖基地、3个中药种植基地、17个预脱贫村建设光伏发电项目等。在雨露计划方面，兑付2017年春季学期助学补助资金134.45万元，受惠贫困学生达1098人。在易地扶贫搬迁方面，落实易地扶贫搬迁上级专项资金3580万元，建设空港经济区、东门镇和东罗镇3个易地扶贫搬迁安置点，循序渐进地落实全县7527人的易地扶贫搬迁集中安置工作。在小额信贷方面，截至11月30日，县财政落实2017年度小额信贷风险资金2556.16万元，引导金融机构对贫困户进行评级授信并发放小额信贷共25660万元，发放率达80%，累计支付扶贫小额信贷贴息资金1210万元。2017年扶绥县获上级下达扶贫专项资金共14746万元，支出14452万元，支出进度为98.01%，支出进度在全区105个县(市、区)中排名第13。

【实施项目拉动战略】 全力支持蔗糖支柱产业，截至2018年1月30日，县财政局累计拨付“双高”建设资金20383.14万元，完成建设面积17.07万亩。累计投入现代农业糖料蔗项目和农业综合开发项目建设2595.29万元，为实现农作物稳定增产、农民持续增收发挥重要作用。筹集资金1274.61万元支持扶南东亚公司和东门南华公司两家制糖企业技术改造，延长蔗糖产业链，提高蔗糖产业附加值和综合效益，直接推动县财政的增长。加大对园区建设的支持力度，县财政累计筹集52128万元投入园区基础设施建设，进一步完成标准厂房、路网、供水管网、污水处理等项目建设，健全园区功能和运行机制，确保工业园区平稳发展。随着众鑫空间、翰苑化工、沪邦建材等一批投资超亿元的大公司陆续落户并投产，新建项目对财政收入的拉动作用明显增强。挖掘优势项目推进项目库建设，投入工作经费82.43万元大力开展招商引资工作，全县共引进189个投资1000万元以上的重点项目。其中南国铜业等12个项目被列为自治区级重大项目，广西公安反恐实战综合训练基地等20个项目被列为市级重大项目，荣桂信息港等8个项目被列为市级“双10”项目，重大项目总数在崇左市排名第一。大力支持旅游文化产业发展，截至11月30日，累计投入旅游发展项目资金2733.53万元。重点支持龙谷湾旅游休闲度假区、左江花山岩画、姑辽屯文化旅游乡村等项目建设，打造“双周”旅游经济带。加快建设长寿康乐产业集聚区，利用“长寿之乡”品牌，大力宣传、挖掘长寿文化，依托中国乐养城、中国—东盟龙湖体育休闲园等重点项目，逐步培养高端健康养老产业集聚区。扶绥县财政局还筹集旅游发展专项资金1006.83万元，加快完善旅游配套基础设施，加强旅游商品开发，进一步推进扶绥县特色旅游产业发展。加快提升第三产业发展水平，投入项目建设资金31.9万元，发展口岸+现代物流，加快建设将军岭码头工业物流园、空港经济区临空物流园、青年产业园和渠黎商贸产业物流等大型专业物流中心。深入推进新型城镇化建设，截至11月30日，县财政累计筹集17533.22万元，用于江滨公园、市民公园、秀湖公园等一大批城市公共休闲场所建设。筹集36286万元用于扶绥——南宁二级路、环城路、福临大道等城区路网建设，加快完善交通网络，与首府“三横一环”公路大融合。累计投入5581.36万元用于“创城”建设，进一步加快创建自治区文明城市步伐，规范城市管理。

【财政改革】 稳步推进国库改革，继续深化国库集中支付制度改革，严格控制现金支出，提高公务卡刷卡率，截至11月30日，全县公务卡刷卡4089笔，报销金额821万元，现金领取516万元，比2016年同期减少803万元，公务卡刷卡率达61.41%。深入推进预算改革，县财政局严格执行《预算法》以及财政部、自治区财政厅有关预算公开工作要求，于3月上旬完成了2017年度财政预算、部门预算及“三公”经费预算公开。预算公开程序、公开内容进一步健全、规范。深化政府采购改革，县财政局在深化政府采购备案制改革的基础上，进一步细化采购预算编制，扩大采购范围，完善采购程序，加强资金管理，推进政府采购活动规范化、制度化，采购能力和采购水平进一步提升。截至11月30日，全县申请政府采购的工程类、货物类、服务类项目516笔，采购预算资金67155.53万元，其中已完成政府采购业务445笔，采购预算资金64059.7万元，成交资金62932.7万元，节约资金1127万元，节资率1.8%。

【财政财务监管】 扶贫领域监督执纪，县财政以加强扶贫资金监督检查为抓手，建立健全分工明确、权责匹配、运行规范、管理到位的扶贫资金监管长效机制。组织印发了《扶绥县财政专项扶贫资金管理办法》，实行扶贫资金全面公开、全程审计、全覆盖绩效评价的办法，积极督促各有关部门进一步提高扶贫资金管理使用效益。预算执行动态监控，县财政局依托动态监控系统，加强数据统计和信息分析，动态反映国库集中支付问题和态势。全年共发现预算单位疑似违规支付总预警资金2898笔，金额7123万元；审核通过预警资金2877笔，金额7107万元；已阻止疑似违规资金21笔，金额16万元，有效防范了财政资金支付风险，开创了财政监督管理新模式。财政投资评审，截至11月30日，评审中心累计完成各类财政投资评审项目150个，评审金额202940.65万元，审定金额182306.73万元，为财政节约资金20633.92万元，平均审减率10.17%。与上年同期相比，送审资金同比增长80.04%，审减资金同比增长134.09%。"小金库"专项检查，县财政局派出3个小分组对全县33个预算单位2013—2017年3月的会计账簿、会计凭证以及相关会计资料展开重点检查。经查，发现3个单位存在违规发放津补贴问题。已移交县纪委并责令相关单位按要求整改完毕，"小金库"专项检查取得了明显成效。

（甘　璐）

国家税务

【概况】　扶绥县国税局成立于1994年，下设14个部门（含机关工会），负责扶绥县境内归属国家税务局管辖的税收征收、管理、稽查等工作。2017年有在职干部职工68人，其中党员39人，占57.35%。本科学历36人，大专学历31人，中专学历1人。辖区内有纳税人11293户，其中2017年纳税额超过百万元以上的企业有35户。2017年，扶绥县国税局面对较大的经济下行压力和日益繁重的"放管服"改革重任，始终坚持狠抓主业不松劲、狠抓学习不断档、狠抓创新不停步，各项工作取得了显著的成绩。2017年，扶绥县国税局共组织各项税收（总局口径）收入5.5亿元，同比增收2.18亿元，增长54.17%。共办理退税3532万元，占组织收入的6.4%。

【税收征管】　2017年，扶绥县国税局积极探索风险管理新模式。加强纳税人管理。主动对销售额达到一般纳税人标准的小规模纳税人进行核查和提醒。运用大数据助力个体户"双定"，对申报和开票金额超过原核定定额的纳税人进行了调整，做好发票管理工作。加强部门协调与配合，对纳税人发票领购异常情况进行核查，重点关注风险企业发票开具情况，努力化解增值税专用发票虚开隐患。强化税收风险应对，充分利用第三方数据（电耗）对林木加工企业进行有效控管，建立行业管理预警指标。

【税务稽查】　严格执法、堵漏增收，拓宽案源，引导纳税人提高税法的遵从度。务实开展稽查工作。稽查局积极贯彻稽查新规范，认真落实"双随机一公开"工作，开展"打虚、打骗、打假"三项行动。全年稽查查补收入2879万元，同比增收2073万元，增长257.20%。

【税收服务】　2017年，扶绥县国税局坚持营造良好的税务营商环境，在网上申报的基础上，积极推广"互联网+税务""预约+延时"等特色办税方式。不断拓展网上办税功能，让纳税人办税"痛点"变亮点、办税"堵点"变通途。认真开展"企业服务月"和"项目攻坚月"活动，局领导带队到三大经济园区举办业务培训班4期，分6组开展业务大走访240户次，实地了解企业发展过程中遇到的新情况、新问题，想方设法在职权范围内帮助解决，排除企业发展过程中各种障碍。落实各项税收优惠政策，让符合条件的纳税人都能及时享受到税收优惠政策的红利。

地方税务

【概况】　2017年，县地税局遵循"干好税务、带好队伍，深化改革、注重集成"的主线，积极展现新作为，团结拼搏，扎实工作，奋发进取，地税各项工作取得了明显成绩。全年共组织区级考核口径税收收入62890万元，完成市局下达的区级考核口径任务60000万元的104.82%。共组织县级口径税收收入63283万元，完成县政府下达的63000万元任务的100.45%。完成13户总局监控重点税源企业确认工作，共认定2户千户集团企业，13户总局监控纳税人共组织入库6624.39万元，追缴入库欠税金额229.31万元。全年完成对94户纳税人风险应对工作，其中40户纳税人存在税收风险问题，风险应对组织入库税金及滞纳金299.51万元。2017年共办理各类税收优惠减免4677户次，减免税额5802.54万元。其中企业所得税减免税额2443.51万元，个人所得税减免税额299.04万元，房产税减免税额15.52万元，契税减免税额1146.66万元，土地增值税减免税额734.08万元，印花税减免税额17.75万元，城镇土地使用税减免税额18.05万元。与国税部门联合办理设立登记1015户，变更登记1578户，协同注销登记326户，采集财务报表2208份，核查纳税人基本信息近1000户，开展税收宣传4次，开展纳税人培训100人次，联合评价A级纳税人49户。

【组织税源收入】 围绕重大项目、重点园区寻找税源突破口，加强对建筑业、房地产业、金融业、生活服务业四大行业的分析测算和监控，查缺补漏应收尽收，13户总局监控纳税人共组织入库6624.39万元。开展2016年度年所得12万元以上个人自行纳税申报工作，共受理辖区内2016年度所得12万元以上自行申报452人，同比增加100人，完成市局下达任务人数420人的107.62%，超额完成市局下达的专项管理工作目标。已缴纳税额1043.70万元，同比增长54.22%，补缴15.76万元，应退税额0.56万元，减免税额2.25万元。县地税局所辖2016年符合汇算清缴条件的259户纳税人，全部通过网上税务局申报，应汇算清缴户完成率达到100%，共补缴企业所得税1387.08万元。全年共组织各项收入50754万元，其中区级考核口径收入49015万元，同口径同比减收6400万元，减幅11.55%；县级收入50107万元，同口径同比减收6571万元，减幅11.59%。

【落实税收优惠政策】 2017年，县地税局共办理各类税收优惠减免5607户次，减免税额6282.79万元。其中50户次享受企业所得税减免，减免税额2514万元；184户次享受个人所得税减免，减免税额341万元；510户次享受房产税减免，减免税额19万元；2469户次纳税人享受契税减免，减免税额1265万元；277户次享受土地增值税减免，减免税额859.9万元；1331户次享受印花税减免，减免税额22万元；84户次享受城镇土地使用税减免，减免税额68万元。

【联合办税】 县地税局与县国税部门共建联合办税服务厅，联合办理设立登记1214户，变更登记1739户，协同注销登记348户，采集财务报表2208份，核查纳税人基本信息近1000户，开展税收宣传4次，开展纳税人培训100人次，通过联合培训辅导为税务机关节约了成本3万元，联合评价A级纳税人49户。共受理代开代征业务233笔，其中二手房交易67笔，代开增值税发票67份，发票金额2974.83万元，减免增值税税额211.80万元。经营租赁交易166笔，代开增值税发票金额276.58万元。国税局代地税局累计征收入库各项税款47万元，县地税局代国税局累计征收入库增值税56万元，并联合委托邮政部门代征入库税款27.9万元。

【税收管理】 做好税收风险管理工作，2017年区局总下发税收风险任务9批次，涉及15类风险模型，1户高风险，41户中风险，52户低风险共94户纳税人，已按要求把风险任务全部分配给相应税收管理员。全年完成对91户纳税人风险应对工作，其中40户纳税人存在税收风险问题，风险应对组织入库税金及滞纳金299.51万元。做好重点税源管理工作，完成13户总局监控重点税源企业确认工作，完成4台计算机重点税源华宇系统IP设置工作。共认定2户千户集团企业，已经完成2016年度财务报表及2017年1—4季度财务报表的上报。同时做好重大项目动态管理表及重大项目管理情况汇报，为市局征管决策提供参考。全年13户总局监控纳税人共组织入库6624.39万元。

做好数据质量修正工作，对下发的纳税人数据问题进行修正，共涉及近3000户纳税人，提高了基础数据质量。做好纳税人分类分级管理，针对“营改增”后税源变化情况，各分局对纳税人管理员重新进行分配，开展有差别化管理，提高税源监控能力。做好金三税收管理系统运维工作，共举办金三培训6期，做到培训全员覆盖。上报区局问题平台30个问题，已解决30个，各部门上报并解决问题近千个，保障了金三税收管理系统平稳运行。加强欠税清理工作，年初共有3户累计欠税合计为667.86万元，本年新欠94.29万元，追缴入库欠税金额229.31万元，尚有欠税532.34万元。做好纳税人各类核定认定工作，完成2017年度27户企业所得税核定征收认定，91户个体户生产经营所得的核定应纳税所得率征收，完成6752户个体工商户纳税人的“双定”工作。

【提升纳税服务质效】 提速减负，打造效能税务，当场即办涉税事项由原来的48项增加到110项。非即办涉税事项则压缩到了3项，办理时间由20个工作日压缩到5个工作日。创新服务，积聚智慧税务，实行网上申报、同城通办、自助办税等服务方式，大力推广和落实税务文书预填单、免填单服务，推动纳税服务减负增效，纳税无须填制表单，即可办理所有的涉税事项。全年共通过金三等系统为纳税人办理涉税事项免填制表单共计7555份，预约服务27人次。精准发力，唱响便民税务。对于事实明确、资料齐备，并且可将实地核查手续后置的事项实施“先审批后审核”管理的工作机制。按照规范要求，先后调整主要业务流程10余项，简并资料报送20余项，纳税人报送资料数量、办税时间平均减少50%以上。

金融·保险

工商银行扶绥县支行

【概况】 中国工商银行股份有限公司扶绥县支行成立于1986年8月6日,办公地址位于扶绥县新宁镇南密路94号。2017年扶绥县支行内设信贷部、行长室、办公室,下设2个营业网点,全行共有职工35人。支行2个网点均设有智能化体验区,其中支行营业厅设有自助终端3台,产品发卡机1台、智能终端3台,共设有4个现金区、3个非现金区。支行经营范围主要是办理人民币存、贷款、结算及各类中间业务等。2017年底,扶绥支行全部存款时点达15.87亿元,比年初增长4.92亿元,同比增长4.92亿元。日均存款11.68亿元,比年初增长0.7亿元,同比增长1.55亿元。贷款余额为125281万元,比年初增加2746万元。全口径不良率0.09%,个人贷款不良率0.15%。2017年,扶绥支行个人贷款业务突破11亿元大关,达11.34亿元,比年初增长1.04亿元,同比增长1.05亿元。

【其他业务】 2017年扶绥支行安排专人开展扶贫工作,累计向贫困村东门镇驮达村捐赠4.5万元,资助驮达村修建公路。2017年,工行扶绥支行成功与国开行广西分行、广西空港投资开发公司签订《广西壮族自治区棚户区改造贷款资金监管协议》,成为扶绥县城市棚户区改造安置房"以购代建"采购商品房项目的结算监管行。2017年,工行扶绥支行抓住作为崇左分行党廉示范教育基地的契机,配合上级行纪检监察部门成功举办廉洁文化工作经验座谈会和"学规定、守纪律、从我做起"内控合规执行强化年的主题教育活动演讲比赛,促进了支行党廉案防的正常开展。2017年,工行扶绥支行是崇左分行辖内首个取得办理政府购买服务贷款资格县域支行,前期通过两级行上下联动积极争取,取得区行审批通过扶绥县交通投资有限责任公司承接"扶绥县福临大道工程"项目贷款5.1亿元,截至2017年12月末成功发放7500万元项目贷款。

农业银行扶绥县支行

【概况】 农业银行扶绥县支行内设有综合管理部、运营财会部、公司业务部、个人金融部和风险管理部。营业网点设有县城3个、乡镇3个(东门、渠黎、山圩)、轻型网点2个(新宁分理处和新华分理处)。2017年,农业银行扶绥县支行全行在职员工90人。2017年,农行扶绥县支行存款余额为24.13亿元,比年初增长2.45亿元。其中,对公存款余额为6.54亿元,比年初增长1.02亿元;个人存款余额为17.52亿元,比年初增长1.43亿元。至2017年底,农行扶绥支行各项贷款余额为10.92亿元。其中对公贷款余额为6.64亿元,个人贷款余额为3.54亿元。

【服务地方经济建设】 支持政府购买服务业务及当地实体经济发展。2017年,累计受理审批包括义务教育均衡发展项目、扶绥县同正大道提升改造工程、崇左市广西中国—东盟青年产业园龙湖路和纵十四路项目在内的政府购买服务贷款业务6.37亿元,其中成功发放7500万元。支持蔗糖业的发展。累计向广西东门南华糖业有限责任公司发放40296万元贷款,向广西扶南东亚糖业有限公司发放7600万元贷款,广西东亚扶南精糖有限公司发放7300万元贷款。支持农林牧渔业的发展。分别向广西壮族自治区国有东门林场发放贷款金额2800万元,向广西东正木业有限公司发放贷款金额3360万元,为企业正常生产经营提供了资金保障。

【服务"三农"】 支持"三农"县域发展,普及惠农服务点,增强惠农服务功能。至2017年底,农行扶绥县支行农户贷款余额为2220万元,惠农卡存量约5.7万张,比年初新增发放惠农卡2015张,设立116个惠农服务点,共覆盖47个行政村。让农民可足不出户享受到便捷安全的"转账汇款、小额取现、小额存现"等惠农金融服务。

中国建设银行股份有限公司扶绥支行

【概况】 建行扶绥支行内设综合部,下辖扶绥支行营业部、扶绥空港经济开发区支行2个网点,全行员工25人。2017年中国建设银行扶绥支行以增存稳存为工作核心,全力提升市场份额,通过圈链式综合金融服务方案的推进,不断挖掘客户潜力,实现提升存款份额。2017年全口径存款余额为191895万元,比年初增长76694万元。其中企业存款余额为120036万元,比年初增长68913万元;个人存款余额为71859万元,比年初增长7781万元,日均增长7997万元。全年各项贷款余额128962万元,比年初增长46802万元。

【提升市场份额】 明确目标客户抓重点,突出抓好三大经济园区重点项目,对于重大项目资金,行领导亲自出面与当地政府协调,同时网点做好服务,保持与客户的联系与沟通,通过圈链式综合金融服务方案的推进,不断挖掘客户潜力,实现账户在建行开立,提升存款份额。积极开展个人业务旺季营销专项活动,精心组织,突出重点,抓住岁末年初筹资增存的旺季,早计划、早部署、早行动,打好稳存攻坚战。紧抓批量业务不放,通过代发业务引入行外资金,夯实业务基础。与国家开发银行、农业发展银行签署了资金监管协议书,为下一步资金承接工作打下良好基础。

【推进资产业务】 通过银医项目积极与扶绥县人民医院达成合作共识,结合医院实际情况,为扶绥县人民医院提供个性化的综合金融服务方案。与农业局及南华糖厂和东亚糖厂农户部实现对接。前期双高企业合作意向以及蔗农代发业务进行了沟通,通过联合几家种植大户和农业局、糖业办跟进双高业务。与政府部门协调沟通,继续跟进中国—东盟南宁空港扶绥经济区园区基础路网设施建设项目和广西糖果休闲食品产业园项目进程,确保贷款落实到位。做好中国—东盟南宁空港扶绥经济区园区基础路网设施建设项目和广西糖果休闲食品产业园项目的前期贷款贷后管理工作。在确保风险可控的前提下加快个人按揭贷款的投放。加强逾期个贷催收,对难以催收户实行追收担保公司,或提起诉讼,超额完成压制不良贷款任务,有效降低不良率。

【发展中收业务】 通过"手机银行+"的综合营销模式,大力开展重点个人金融产品营销,有效增强客户体验,提升客户满意度和依附度。抓好厚利产品营销,以产品为依托,明确目标,加强对信用卡、分期、收单商户、贵金属、电子银行、保险、基金等产品营销,实行每日通报督导制度,确保及时督导管理,激发员工你追我赶的营销激情。

【风险防范和案件防控】 加强对员工的合规教育，组织全体员工学习总行印发的《中国建设银行员工违规处理办法》，增强依法合规意识，进一步规范员工行为，时刻绷紧风险这根弦。认真开展业务检查，加强业务操作风险的管理，发现问题及时整改。开展员工飞单行为排查、“加强柜面人员管理，防范案件风险”专项整治行动排查、员工违规违纪行为排查，杜绝各类违规操作行为。深化“平安建行”创建工作，加强对自助设备和自助银行网点监控报警、消防等检查力度，开展防抢劫、防火灾等演练，提高安防技能。

（曾　蓉）

扶绥农村商业银行

【概况】 2017年，扶绥农村商业银行努力打造“扶绥人自己的银行”，立足金融窗口服务，充分发挥农村金融主力军和县域金融主力军的作用，加大对“三农”和县域经济建设的信贷投入，为广大客户提供优质便捷的金融服务。2017年各项存款余额56.42亿元，比年初增长6.28亿元，增长12.53%，完成区联社下达全年任务3.9亿元的161.13%，存款余额及增量继续保持全县银行业第一位。2017年末，各项贷款余额40.51亿元，比年初增长5.17亿元，增长14.63%，贷款余额及增量继续保持全县银行业第一位。其中，涉农贷款余额37.72亿元，比年初增长5.17亿元。年度直接计缴税金2381万元。

【存款业务】 储蓄存款抓重点、补短板，抓好重点项目资金业务，强化外出务工人员劳务收入吸存及优质个人客户存款等营销工作。年度内，代理兑付易地扶贫搬迁款和各类土地征用补偿款，总计2.4亿元，代发行政事业单位工资3.15亿元，乡镇一级行政事业单位在职员工工资代发面100%全覆盖，代发2017/2018榨季甘蔗款1.5亿元。对公存款落实“存贷同比”原则，强化系统营销、突出抓好行政事业单位和国库集中支付业务、重点项目资金等营销，加强与行业系统客户和优质政府企业合作，截至2017年末，全行财政及机关团体存款5.54亿元，其中包含社保资金留存总计2.18亿元，另获得同正集团等政府平台公司存入资金达4.2亿元。

【贷款业务】 持续加强涉农领域支持，积极拓展农户、种养大户、农民专业合作社、产业化龙头企业等涉农领域优质客户，做大做优涉农客户群体。至年末，全行存量农户贷款20082户，余额122174万元，比年初增加12408万元，增长11.3%，全县10.75万农户贷款覆盖面由去年同期的15.35%提高到18.68%。持续加强对县内重点支柱产业和小微企业的支持，积极做好县内各工业园区优质企业(项目)贷款的营销与对接，为县重点项目提供信贷服务。至年末，共支持园区内27家中小微企业贷款，累放金额7.6亿元，小微企业贷款余额18.12亿元，比年初增加2.69亿元，增长17.44%，高于各项贷款平均增速2.81个百分点，实现“三个不低于”的目标。持续优化信贷结构，加大对新能源、节能环保、旅游、教育等重点领域支持力度，大力拓展个人住房按揭贷款、个体工商户、公职人员信用贷款和信用大额分期业务等信贷业务。个人类贷款余额19.10亿元，比年初增加2.91亿元，占各项贷款余额47.15%，高于全区个人贷款平均占比45%的水平，其中公职人员贷款余额11688万元，比年初增加4279万元，较好实现了全年调结构目标任务。

【风险防控】 强化贷款风险管控，以全面风险管理机制建设为契机，按照区联社和监管部门要求，健全风险管理机制和风险监测、预警及评价报告机制，加强新增贷款质量、存量不良贷款等重点风险防控，及时防范和化解各类风险，资产质量不断改善，抗风险能力持续增强。2017年末拨备覆盖率177.52%，比年初提升了11.65个百分点。加强不良贷款风险处置，切实加强不良贷款、尤其是500万元以上大额不良贷款的监测和管理,综合运用多种手段,制定"一户一策"清收措施,全力清收处置不良信贷资产。对困难企业,在符合信贷政策的前提下,按照风险可控、商业可持续原则,继续予以信贷支持,想方设法减少、缓释存量风险,严控增量风险。不断完善不良贷款清收处置激励约束考核机制,切实增强各支行(部)工作的主体责任和担当精神,确保清收压降工作成效。2017年末,五级分类不良贷款率2.78%,比年初下降0.05个百分点;本金及利息逾期90天以上不良贷款占五级不良贷款余额的223.92%,同比下降35.58%,均能较好控制在监管要求内。

【经营效益】 通过做大信贷总量,合理规划收息目标,全力清收表外利息,年度内实现利息收入20468万元,同比增加1840万元,同比增长9.88%。盘活闲置资产,存放同业,增加收入,年度金融机构往来收入6332万元,同比增加2196万元,同比增长53.09%,经营效益实现稳步提升。渠道拓宽中间业务,不断开拓新的收入增长点。通过及早制定和出台了车险、员工POS刷卡消费、人寿激活卡等考核方案,号召全行员工共同参与。年度内,全行中间业务收入546.85万元,完成区联社下达全年任务的160.84%。

【普惠金融】 完善业务渠道,优化营业网点建设1个,新增离行式自助服务点1个,使广大人民群众可以享受到更好的金融服务。提升服务水平,顺利开创了与扶绥中学"一卡通"业务,填补了商业银行在县辖内未开办"一卡通"业务的空白,提高了桂盛卡的知名度和服务功能。转变服务思路,结合签约代扣医疗保险工作共办理"存折换卡"35946户,有效减轻了柜台压力,为电子银行业务的进一步转型升级奠定了良好基础。解决融资难问题,推广田东金改经验,打造金融服务无缝对接,扎实推动农村信用体系建设,截至年末,共评定信用户21875户,创建信用村32个,信用乡镇3个,平均创建面达24.17%。

【电子银行业务】 全面配置"e挎包"移动银行,辖区21家网点均配置"e挎包"两台,并主动走出去,大力推广V盾手机银行,截至2017年末,共新增电子银行有效户10974户。狠抓信用卡(公务卡)发卡工作,实行全员营销战略,仅用6个月的时间,快速抢占了扶绥县信用卡市场,全行公务卡发卡量及增长速度双双跃居全县银行业第一位。年度内,发行信用卡5631张(其中易臻宝2629张),比年初增加5519张,比6月末308张增加5323张,总授信额度为49636.5万元,用信余额10421万元,公务卡客户为3370户,覆盖全县在职在编行政事业单位、国企职工约9000人的37%。2017年8月,参与代扣辖内财政统发工资人员4605人的养老保险、医疗保险金、个人年金等款项,代扣金额792.82万元,占全辖份额的58.05%。2017年10月,参与城乡居民医疗保险的代扣代缴业务。精心组织全辖员工分批按照县政府和社保局的工作计划,进村入屯逐户发放医保卡39708张,完成全县医保代扣133702人,代扣代管金额达2406.64万元。

【内控管理】 大力推进法律合规与案防建设,组织全辖开展案防风险排查工作,业务量、风险点的检查面达到100%,整改到位率100%,问责到位率100%,达到了"深挖问题、全面整改、惩戒违规、完善管控"的目的,合规风险源头治理与防控水平明显提升。强化审计监督,着力提升审计能力和水平,为全行稳健运行持续保驾护航,全年开展审计项目28个,发现问题147个(条),提出整改意见书76份,整改建议56个,已整改问题132个,稽核累计处罚人员916人次,处罚金额50.39万元。认真抓好安全生产工作,投入347万元加快推进"远程监控、异地值守"建设工作,重点对总行监控中心、基层网点业务库、自助服务区、运钞车等物防技防进行新建或全面改造升级,安全防范设施明显改善,全年没有"盗窃、抢劫、涉枪、诈骗"四类恶性案件和安全生产重大责任事故发生。

【党建工作】 “党建+学习教育”。推行学习教育常态化，强化理论武装，深入学习贯彻党的十九大和习近平总书记系列重要讲话精神，积极参与各种形式的十九大精神宣讲报告会，年度内共组织党员理论学习10次，学习的理论文章和篇目10篇以上，党员干部参加学习率达90%以上。“党建+完善制度”。制定印发了《扶绥农村商业银行党委会议事规则》《扶绥农村商业银行党委2017年理论学习实施方案》《扶绥农村商业银行党委2017年党建工作要点》《领导班子全面从严治党责任清单》等文件，确保党建工作落到实处。“党建+组织优化”。严格按照党章要求，针对辖区党员分布情况，增设2个党支部，由原5个党支部优化调整为7个党支部，并完成了6个党支部的选举工作。另外，调整优化总行内设部门，新增设党群办公室、信用卡管理部，进一步完善优化管理职能。“党建+干部队伍建设”。年度新发展党员5名，提拔干部7人，员工轮换75人，各支行员工年龄结构偏高的问题得以缓解，另外先后组织开展各类学习培训班18期，参训员工达727人次，内容涵盖手机银行、移动银行、信贷业务、防范职务犯罪等业务条线，员工职业素质明显提高。“党建+两个责任”。切实加强党风廉政建设。明确行党委主体责任、纪委监督责任的职责范围及责任清单，构建横向到边、纵向到底的责任分工体系。党委书记认真履行第一责任人职责，做到“六个亲自”“六个主动”，带好班子、管好队伍，当好廉洁从业的表率。坚持“请进来”，邀请县纪委书记到行开展党风廉政建设警示性教育。坚持“走出去”，组织20多名党员到龙州县爱国主义教育基地开展以“党员活动日”为主题的革命传统教育活动。组织干部员工集中观看《巡视利剑》《永远在路上》等系列警示专题片，不断提升教育效果。持续纠正“四风”，进一步落实中央八项规定精神，行纪委书记创新形式，带队深入辖内机关办公室、基层所有网点对相关人员进行廉政谈话，实现廉政谈话全覆盖。积极开展扶贫领域的监督执纪问责，采取明察暗访、查阅资料、个别谈话、随机抽查的方式，走村入户进行监督检查，总共走访4个乡镇，16个村屯，谈话贫困户187人次，实地走访查看项目经营地25个，有效预防腐败问题发生。“党建+员工关怀”。积极组织开展慰问老党员、困难员工的送温暖工作，年内共走访慰问12人次，送去慰问金及贺年应节物品一批。

【企业文化建设】 注重员工业余文化生活，开展形式多样的文娱文体活动7场，增进员工沟通交流，增强了员工向心力与凝聚力。在各类媒体开展全方位宣传报道，在利用好报刊、杂志、电视等传媒的基础上，利用LED显示屏、标语、墙报、微信平台等开展宣传。2017年共被区联社0A机构动态、门户网站、崇左《左江日报》及《今日扶绥》报采用信息宣传稿件8篇，悬挂标语50余幅，制作宣传专栏48个，印制宣传折页、手册10万余份，到基层开展农村金融知识普及活动等。利用区联社各项存款余额突破6000亿元的契机，举办送金融知识下乡文艺晚会活动11场，得到社会各界的一致好评，树立了良好的社会形象，进一步提高了扶绥农村商业银行的知名度和影响力。

中国人民财产保险股份有限公司扶绥支公司

【概况】 中国人民财产保险股份有限公司扶绥支公司始终坚持以发展为第一要务，立足经济新常态，在社会经济发展转型中把握机遇和政策，加快自身的转型发展，全力打造区域精品保险公司。2017年，人保财险扶绥支公司整体业务累计毛保费收入5125万元，同比增长26.5%，赔付率为43.5%，2017年缴纳税款总额达518.3万元，始终保持扶绥县财产保险市场领先地位，有力支持扶绥县保险事业发展和社会经济建设。

【提升服务能力建设】 2017年，公司坚持以市场为导向、以客户为中心,实现线上线下创新服务战略,推出微信理赔、人保之友客户俱乐部等创新服务举措,立足民生与经济,不断扩大保险服务领域和保障覆盖面,开办的业务险种覆盖各行各业和千家万户,三农保险网点实现了全覆盖。公司努力提升服务质量和服务水平,全面推出4001234567电话投保服务,并建立专网,为客户提供网上投保、信息查询等便捷、省时省力的高效服务功能。全天24小时开通95518服务专线,随时随地为客户提供报案、咨询、投诉、车辆救援、预约投保和客户回访等多功能、个性化服务,竭力为客户提供更为优质便捷的服务,全力打造客户满意的电子商务服务第一品牌。

【参与美丽乡村脱贫攻坚】 2017年,人保财险扶绥支公司积极响应政府号召,参与政府的美丽乡村脱贫攻坚工作,挂点帮扶新宁镇上洞村,帮扶上洞村4户贫困户,每户贫困户获扶贫奖补资金3500元。积极参与上洞村美丽乡村工作,公司捐资8000元,购买了2台电动三轮车,用于村里宜居乡村建设,年底时还捐资10000元,用于上洞村迎新活动费用。

人寿保险扶绥支公司

【概况】 2017年,中国人寿保险扶绥支公司实现保险费收入1.01亿元,比上年增长30%。寿险新单保费收入10159万元,增长40%。其中长期寿险3321万元,增长89%;短期险保费收入1157万元,增长17%;赔付金额334万元,增长赔付率为1%。2017年,人寿保险扶绥支公司共发生赔付案件1814件,赔付金额334万元,赔付率为28.4%。其中意外险1740件,赔付金额230.3万元,赔付率19.9%;健康险74件,赔付金额103.7万元,赔付率8.97%。

【柜面服务】 2017年,人寿保险扶绥支公司努力打造公司柜面服务品牌,开展柜面服务升级达标活动。针对2016年度检查中存在的柜面形象、服务态度等薄弱环节,从规范服务礼仪、强化制度执行和服务监督检查、开展服务(投诉)案例大讨论等10个方面做起,抓细节、抓落实,扎实推进柜面标准规范落地,切实提升柜员用心服务意识。通过分析排查影响服务时效的问题与环节,有效提高柜面人员的时效控制意识及操作技能水平,通过咨询引导服务、柜面现场管理、优化流程设计、提升柜员技能等手段,减少柜面排队等候时间和业务办理时间,严守投诉反馈时效,实现柜面服务提升。充分挖掘资源,发挥平台作用,推进柜面求真务实的自省文化、创先争优的阳光文化、落地生根的传播文化等创建,实现柜面团队凝聚力、向心力、竞争力的提升。整合有效资源,因地制宜地开展创新或自选性活动项目,确保活动开展有特色、有针对、有亮点、有成效。通过开展柜面服务升级达标活动,达到了柜面服务短板切实改善、时效管理跨越瓶颈、服务文化落地生根、服务宣传初显成效、柜面客户满意度不断提高的目标。

【大病二次报销】 2017年,中国人寿保险扶绥支公司继续承办拓展“大病二次报销”,支持政府落实国家有关民生政策,为全县家庭提供较好的保障服务。全年大病二次报销保险保费收入15.37万元,比上年增3.28万元,增长27%;全年赔付67件,赔付金额23.04万元,赔付率149.90%。

（黄滟琳）

鸣谢　中国银行扶绥支行

综合管理

发展和改革

【概况】 2017年，县发展改革局紧紧围绕“争创全区县域经济发展示范县，争当全区县域经济发展排头兵，打造南宁卫星城”为目标，坚持以提高发展质量和效益为中心，充分发挥经济部门的综合作用，统筹做好全县经济运行监测工作，全力做好各项规划和方案编制工作，加大力度协调推进重大项目和中央预算内投资项目建设，积极做好项目申报、审批、节能减排等监督管理，各项工作均取得了良好成效。深化公立医院改革，完成城乡居民基本医疗保险整合工作，协调推进县级公立医院综合改革的各项工作。完成第二批车辆公开拍卖，2017年共公开拍卖车辆33辆，成交31辆，流拍1辆，弃权1辆。成交车辆的底价总额19万元，最终成交总价为47.14万元。深入推进易地扶贫搬迁工作，深入推进东罗镇、东门镇一期、东门镇二期、空港经济区等4个易地扶贫搬迁安置点项目建设。其中，东罗镇安置点和东门镇安置点一期工程实现搬迁入住，东门镇二期工程完成抽房工作，18栋楼实现封顶，空港经济区安置点建设加速推进。2017年，全县固定资产投资206.57亿元，同比增长21.7%。其中，5000万以上在库项目47个，完成投资85.42亿元，同比增长60.9%；500~5000万元项目498个，完成投资111.54亿元，同比增长15.5%；房地产项目25个，完成投资9.60亿元。

【规划目标管理】 2017年经济社会发展主要预期目标是：全县地区生产总值增长8%左右，财政收入增长4.5%，固定资产投资增长15%，规模以上工业增加值增长8%，社会消费品零售总额增长10%，外贸进出口总额增长10%，城镇居民人均可支配收入增长8%以上，农村居民人均可支配收入增长8%以上，城镇登记失业率控制在4.2%以内，万元生产总值能耗、万元生产总值二氧化碳排放量、主要污染物排放量等节能减排指标控制在自治区下达的目标范围内。2017年，全县地区生产总值完成183.69亿元，同比增长10.3%，比目标任务高2.3个百分点；固定资产投资完成206.57亿元，同比增长21.7%，比目标任务高6.7个百分点；财政收入完成13.96亿元，同比增长1.3%，比目标任务低3.2个百分点；规模以上工业增加值完成77.96亿元，同比增长15%，比目标任务高7个百分点；社会消费品零售总额完成24.76亿元，同比增长10.2%，比目标任务高0.2个百分点；城镇居民人均可支配收入达到30193元，同比增长8.3%，比目标任务高0.3个百分点；农村居民人均可支配收入达到12487元，同比增长11.7%，比目标任务高3.7个百分点；城镇登记失业率2.35%，比控制目标任务低1.85个百分点；万元生产总值能耗、万元生产总值二氧化碳排放量、主要污染物排放量等节能减排指标均控制在自治区下达的目标范围内。

【经济运行监测】 2017年，县发展改革局加强对全县国民经济和社会发展情况的监测与分析，组织编报《扶绥县2016年国民经济和社会发展计划执行情况与2017年国民经济和社会发展计划草案》，并由县十六届人大二次会议审定通过。加强宏观经济形势分析，完成县一季度、上半年、三季度、全年经济形势分析，深度剖析研究破解热点、难点问题，并提出促进经济社会发展的对策建议。组织开展2016年自治区县域经济发展分类考核工作，积极参与2017年考核准备工作。同时，主动对接和积极开展国家临空经济示范区申报各项工作。

【重大项目前期准备】 2017年全县列入崇左市层面统筹推进的项目前期工作共6个项目，34个项目前期节点，分别为崇左港扶绥港区将军岭作业区二期工程的规划选址、用地预审、可研审批、占用林地、用地审批；渠黎至中泰产业园一级公路的规划选址、用地预审、水土保持、可研审批、占用林地、用地审批；S212扶绥中东至柳桥西长公路的规划选址、用地预审、水土保持、环评审批、可研审批、占用林地、用地审批；鼎龙国际旅游度假区一期工程的项目备案、规划选址、用地预审、水土保持、环评审批、占用林地；广西荣桂集团东盟国际贸易智慧服务信息港项目的规划选址、用地预审、水土保持、环评审批、占用林地；扶绥空港经济区正大绿色无公害饲料、蛋鸡一体化生产项目的项目备案、用地预审、水土保持、环评审批、占用林地。至2017年底完成崇左港扶绥港区将军岭作业区二期工程规划选址、用地预审，S212扶绥中东至柳桥西长公路规划选址，渠黎至中泰产业园一级公路规划选址共4个节点，鼎龙国际旅游度假区工程、扶绥空港经济区正大绿色无公害饲料、蛋鸡一体化生产项目等2个项目因项目业主撤资不再继续开展，其他节点均已上报崇左市。

【资金筹措】 在资金筹措方面，县发展改革局加强与上级沟通和衔接，积极与各有关单位协商、筛选前期工作做得较好的项目进行申报，争取上级补助资金。2017年全县获得上级补助资金项目下达投资计划13项，共获得中央投资19126万元，主要涉及有易地扶贫搬迁工程、农村饮水安全工程、石漠化综合治理工程、保障性安居工程和医疗卫生项目等。

【节能减排】 2017年扶绥县主要污染物减排任务为减排化学需氧量30.5吨、氨氮4.8吨、二氧化硫0吨、氮氧化物22吨。减排项目为县城污水处理厂、东门镇污水处理厂、东罗镇污水处理厂、东亚糖厂脱硝项目、广西金光农垦集团中意养猪场。至2017年底，县城污水处理厂、东门镇污水处理厂、东罗镇污水处理厂、东亚糖厂脱硝项目均按要求完成减排任务。广西金光农垦集团中意养猪场完成污染治理设施建设，完成黄标车淘汰量为1285辆。根据减排核算估计减排化学需氧量30.5吨、氨氮4.8吨、氮氧化物22吨。2017年度全县单位地区生产总值能耗强度降低目标任务为下降2.00%，2017年扶绥县单位地区生产总值能耗强度降低3.14%，完成2017年度单位地区生产总值能耗降低率目标。

审计监督

【概况】 扶绥县审计局认真履行审计监督职责，为全县经济健康发展作出了积极贡献。2017年度，扶绥县审计局完成年度审计项目计划12个，查出主要问题金额34718万元，其中应上缴财政293万元，应归还原渠道资金215万元，应调账处理金额785万元；共完成643个政府性投资建设项目竣工结算审计（其中100万元以上投资项目134个），送审工程造价6.42亿元，经审计核减工程价款4445.43万元，平均审减率6.92%。

【财政审计】 实施完成扶绥县2016年度本级财政预算执行情况审计和县发改局、扶绥龙华中学两个部门预算执行审计，查出主要问题金额27784万元。审计过程中重点关注财政存量资金盘活、专项资金使用，以及加强中央八项规定精神落实情况、"三公"经费和会议费使用情况的审计，确保财政资金高效安全使用。共出具审计报告和审计结果报告3份，提出审计建议10条。其中"同级审"项目在延伸调查扶贫专项资金时发现案件线索1件，涉及资金2万多元，已移送纪检监察机关进一步查处。

【经济责任审计】 根据县委组织部委托对扶绥县龙华中学、扶绥县发展改革局、广西壮族自治区国营西长华侨林场等单位的行政正职领导进行经济责任审计，围绕国家重大政策措施和宏观调控部署落实情况、科学决策情况、重大项目完成情况及财政收支情况进行审计监督。审计查出管理不规范金额6433万元，其中被审计领导负有主管责任的问题金额2471万元，负有领导责任的问题金额3962万元，针对存在的问题，提出规范财政财务收支行为的建议8条。审计综合评价等次为"好"的1人，"良好"的1人，"一般"的1人。

【专项资金审计】 2017年，扶绥县审计局共完成专项资金审计(调查)项目2个，即2015年城镇保障性安居工程跟踪审计(全市交叉审计)、扶绥县2013年至2016年新型农村合作医疗基金调查。其中新农合审计查出主要问题金额236万元，发现并移送县纪检监察机关案件线索2件，涉及资金64.1万元，为筑牢民生资金管理使用的安全防线发挥了积极作用。

【建设项目审计】 2017年，扶绥县审计局共完成政府性投资建设项目结算审计643项(其中投资100万元以上项目134个)，涉及公共租赁住房建设、土地整治、高效节水灌溉、市政道路等项目。送审工程造价6.42亿元，经审计核减工程造价4445.43万元，平均审减率6.92%。

(凌天秀)

统计管理

【概况】 扶绥县统计局属行政全额拨款单位，有在职职工27人(其中二级机构15人)，内设办公室、综合统计股、工交能源投资统计股、农村统计股，下辖扶绥县农村社会经济调查队、扶绥县统计局普查中心2个二级机构参公事业单位。2017，县统计局进一步加强统计基础、统计信息化和统计队伍建设，认真开展各项统计工作，充分发挥统计服务功能，较好地完成了各项工作任务。连续第7年荣获扶绥县绩效考评综合一等奖，在崇左市统计系统的各县考评中局获得了较好的名次，为扶绥县荣获自治区县域经济发展考评进步县、崇左市绩效考评一等奖、经济指标绩效奖提供了强有力的统计数据保障。2017年第三次全国农业普查，全县共完成了11个乡镇、2个农林场、94811户普查农户表、770家规模农业户表及656个农业经营单位表的登记上报工作。

【统计信息服务】 2017年，县统计局共精心编印了《扶绥县统计月报》11期、《统计动态》29期和《统计分析》29期。同时为县委县政府提供经济运行分析15篇，对扶绥县的经济发展情况，提出了合理的意见和建议。为县委、县政府做出社会经济发展决策提供及时、完整、准确的统计数据参考。并积极为全县的扶贫工作、规划编制、项目申报、工作调研、相关会议提供统计数据资料，为社会各界解人士提供咨询服务。

【统计信息化建设】 为确保统计名录库信息不断充实，扶绥县名录库系统能及时正常维护和进一步增强服务功能。县统计局收集和整理了编制、民政部门提供的上年新增、变更、消亡单位的基本信息，并指导乡镇，对名录库信息进行更新维护。全年共处理了1640家单位信息，其中新增618家，变更870家，注销152家。严格执行"要有数，先入库"的红线要求，为企业一套表的实施奠定坚实基础。加强与工信、工商、税务、编办、住建、固投办等相关部门的沟通协调，深入企业开展调研工作，积极做好准“四上”企业的申报指导工作，2017年累计上规入库22家企业和22个5000万元以上投资项目。

【县域经济发展分析】 为创建全区县域经济排头兵，争创县域经济发展示范县。县统计局收集全区各县，尤其是33个农产品主产区县域经济指标发展情况，仔细对比存在优势、不足，寻找存在的问题。多次就扶绥县的经济运行情况提出合理的意见和建议，为县委、县政府做出社会经济发展决策提供及时、完整、准确的统计数据参考。

（张世吉）

工商行政管理

【概况】 2017年，扶绥县工商行政管理局内设办公室、法制股、反不正当竞争执法与商标广告监督管理股、消费者权益保护股（12315消费者申诉举报中心）、市场规范管理股、企业与个体私营经济监督管理股、人事股、财务股、企业登记注册管理股和监察室。下辖新宁工商行政管理所、扶南工商行政管理所、龙头工商行政管理所、岜盆工商行政管理所、东门工商行政管理所、柳桥工商行政管理所、山圩工商行政管理所、渠黎工商行政管理所、渠旧工商行政管理所、东罗工商行政管理所、中东工商行政管理所、昌平工商行政管理所12个派出机构及经济检查大队1个直属机构。有在编公务员57人，工勤人员2人。2017年，扶绥县工商局全面落实商事制度改革，聚焦聚力推改革、强监管，全力以赴抓执法、促维权，各项工作有序推进，取得实效。全年检查农资经营户775户次，立案调查农资类案件5件，没收不合格化肥26.72吨。在旅游市场监管中，检查各类企业、个体工商户335户次，建立景区12315消费维权工作站1个。查处无照经营工作中，检查经营户2552户次，发放《责令整改通知书》64份，立案48起，案值共计21.89万元，罚没款共计6.02万元。2017年，全县共受理消费者申诉（举报）94件，办结率100%，涉案金额105万元，为消费者挽回各类经济损失42.6万元。创建“诚信经营、放心消费”示范店40家。

【企业登记管理】 落实开展“先照后证”改革监管，建立扶绥县事中事后监管联席会议制度，加强市场主体信用信息监管，强化执法检查，推进“双随机”抽查，严格执行国务院有关取消和调整行政审批及工商登记前置改后置的政策规定。严格落实“双告知”职责（在办理登记注册时，工商部门根据省级人民政府公布的工商登记后置审批事项目，录告知申请人需要申请审批的经营项目和相应的审批部门，并由申请人书面承诺在取得审批前不擅自从事相关经营活动。在办理登记注册后，工商部门要运用信息化手段，对经营项目的审批部门明确的，将市场主体登记注册信息及时告知同级相关审批部门；对经营项目的审批部门不明确或不涉及审批的，将市场主体登记注册信息及时在企业信息共享平台上发布，相关审批部门或行业主管部门应及时查询，根据职责做好后续监管工作），实现“双告知”全覆盖。2017年，共核发“多证合一、一照一码”营业执照1066本，推送“双告知”信息1171条。工商综合业务管理系统开通办理个体工商户营业执照“两证整合”功能，即个体工商户营业执照和税务登记证“两证整合”。2017年，全局登记窗口共发出“两证整合”的营业执照2897本。

【市场主体年报】 依托全国企业信用信息公示系统，积极推进扶绥县市场主体信用体系建设，构建“一处违法、处处受限”的企业信用公示机制。全县企业年报率92.28%，个体工商户年报率77.98%，农民专业合作社年报率92.59%。共在全国企业信用信息公示系统上录入行政处罚案件信息84起，案值33.374万元。对未按要求公示年报信息的3259户市场主体列入经营异常名录并在公示系统上向社会公示。“双随机一公开”(在监管过程中随机抽取检查对象,随机选派执法检查人员,抽查情况及查处结果及时向社会公开)工作全面推进,健全全县“双随机一公开”工作机制。建立健全“一单、两库、一细则”(随机抽查事项清单;市场主体名录库、执法检查人员名录库;规范“双随机”抽查工作细则),积极组织推进推广应用企业信用信息公示系统或企业信息共享平台,实现工商部门、审批部门、行业主管部门及其他部门之间的信息实时传递和无障碍交换。2017年对被自治区工商局随机摇号抽查到的526户市场主体,开展双随机抽查工作。对被崇左市工商局随机抽取的24家农资经营户开展联合抽查工作。抽查结果,均通过企业信用信息公示网站向社会公示,接受群众监督,公示率达100%。

【商标广告管理】 深入开展“商标兴县”工程,2017年全县商标注册申请157件,注册成功40件。截至2017年底,全县商标注册量总数265件,累计认定广西著名商标6件。2017年9月初,组织东门镇“姑辽茶”、昌平镇“广澳”夏果等扶绥县知名商标参加在桂林举办的中国国际商标品牌展,扩大了扶绥县商标品牌的知名度。2017年,查封冒充注册商标的磷肥26.3吨,扣押仿冒注册商标洗发露32瓶。

【非公有制经济管理】 2017年全县内资企业310户,注册资本1296442.51万元,分别比上年同比增长3.7%、69.3%。私营企业2262户,注册资本889267万元,分别比上年同比增长16.2%、18.3%。个体工商户12953户,注册资金63339.89万元,分别比上年同比增长18.6%、30%。农民专业合作社442户,出资总额80803万元,分别比上年同比增长16%、13.9%。微型企业333户,注册资本3302万元。家庭农场38户,注册资本2869万元,分别比上年同比增长31%、14.1%。办理股权出质登记144件,累计借贷金额124006.2万元,办理动产抵押备案登记8件,累计借贷金额4048万元,累计抵押物价值12508.24万元,为相关企业发展提供了有力支持。

价格管理

【概况】 县物价局内设价格综合股、农本调查股、成本监审股、价格监测股、收费管理股、商品价格股、价调办、财务股等8个股室,下属机构有扶绥县价格认证中心、扶绥县物价检查所。2017年,县物价局认真解决民生关注的热点、难点问题,积极工作,为经济平稳较快发展和社会和谐稳定营造了良好价格环境。2017年全县CPI累计上涨0.9%,涨幅在全区范围内较低,累计涨幅从低到高排在全区第2位。实行收费单位网上审验,2017年,按时完成81个收费单位的收费年审网上申报系统的审验工作,审验上报率达100%,全年收费项目共314项,收费总额2400多万元,通过收费网上审验,有效地对收费事中事后监管。

【价格改革】 在电力、供水体制改革方面,落实自治区输配电价政策,推进电力直接交易,废止新建住宅小区供配电设施建设维护费政策。在全县范围内,继续推进完善居民阶梯电价、水价政策。在资源环保价格改革方面,按照国家规定调整县城区和重点建制镇东门镇污水处理收费标准,县城区污水处理费收费调整为:居民1.10元/米^3,非居民1.20元/米^3;重点建制镇东门镇污水处理收费为:居民0.85元/米^3,非居民1.20元/米^3。有力地促进了企业主动治污减排,为改善全县水环境质量打下坚实的基础。在商品住房价格管理方面,取消商品住房价格备案制度,加强事中事后监督检查。在完善停车收费政策方面,召开听证会并上报县政府审定,为落实和健全实施主要由市场决定停车收费机制,促进停车设施建设,缓解城市交通拥堵打下了基础。在推进县城区出租汽车运价及结构改革方面,结合出租汽车行业市场供求、经营情况以及社会承受能力、行业可持续发展等因素,对出租汽车运营成本测算。召开听证会并上报县政府审定,为完善客运出租车价格形成机制,促进行业健康平稳发展,形成了共识,打下了基础。在医疗服务价格改革方面,结合公立医院实际,以扶价医〔2017〕2号文件调整县公立医疗机构服务项目价格(第一批),调整医疗服务项目价格共243项,对理顺县医疗服务比价、药占比和高值耗材占比有着重要意义。根据桂价医〔2017〕76号、崇价医〔2017〕28号文件精神,稳步推进按病种收付费工作,127种疾病实行"一口价",同时实现了按病种收费与医保支付的有机衔接。

【清费降本增效】 降低一般工商业,大工业电价0.72分/千瓦时,管道燃气价格实施临时降价措施,由原来的4.60元/米^{3}降为3.80元/米^3,非居民用气价格则统一降价到4.80元/米^{3}以下。全面清理涉企收费,取消和停征白蚁防治费、环境监测服务费等行政事业性收费8项,取消、暂停、免收城市规划综合技术服务费等2项,降低税控系统产品及维护服务价格2项。继续贯彻执行鲜活农产品运输车辆减免等绿色通道政策。2017年,县物价局在全面清理涉企收费基础上,建立和实施涉企收费、涉企经营服务性收费目录清单制度。对涉企行政事业性收费、政府性基金和实施政府定价或指导价的经营服务性收费,实行目录清单管理,通过在政务公开网站公开执收单位的收费信息等公开方式,便于社会公众、企业的查询和监督。据不完全统计,通过上述措施2017年全县减轻企业和社会负担约6000多万元。

【民生价费管理】 从2017年2月起,按照自治区和崇左市的部署,对县2016—2017年榨季糖料蔗收购价格实行提前联动,糖料蔗收购价格在原来480元/吨的基础上提高20元/吨,仅此项全县蔗农共增收近1亿元。经过决策研究、成本调查、风险评估、公众参与、合法性审查等程序,出台《关于扶绥县直属机关第一幼儿园教育收费问题的批复》《关于临时降低管道燃气价格问题的通知》《扶绥县物价局关于调整扶绥县城区污水处理费标准的通知》《关于扶绥县人民防空办公室地下室易地建设收费问题的复函》等8个收费文件,规范相关行业和单位的收费行为。公布了一批新增医疗服务项目价格,审核了8家申报医保定点零售的药店报告。

【价格监管】 组织开展元旦、春节、"三月三"、清明、公务员考试期间、五一、中秋、国庆等节假日和重要时段的市场价格监管工作。开展涉企、电力、商品房、涉农、医疗机构、药品、景区门票和物业收费等价格专项整治。做好价格投诉举报案件的受理和查处,切实维护群众的合法权益。2017年,共出动检查人员85人次,有效地规范市场价格秩序,遏制乱收费行为。全年共查处价格违法案件3件,实行经济制裁104.25万元,其中退还消费者94万元,没收违法所得7.92万元,罚款2.33万元。

【开展价格服务进万家活动】 2017年,组织执法人员25人次到旅游景区、宾馆酒店等宣传价格法律法规,发放《价格提醒告诫书》800多份。在"3·15消费者权益日"和"12358价格宣传周"宣传活动期间,分别在县城南门市场和闽台商贸城广场开展价格维权宣传活动。通过价格宣传版报、发放价格宣传册、明码标价宣传单、现场剖析讲解真实案例和现场受理举报投诉,增强经营者价格自律和群众维权意识。在价格维权宣传活动中,制作价格宣传版报3块,发放价格宣传册和明码标价宣传单共300份,现场受理价格举报投诉2件。2017年4月公务员考试期间,县物价局在县电视台《扶绥新闻》播放《关于公务员考试期间市场价格行为提醒告诫书》,告诫酒店住宿、餐饮等行业不得利用考试期间趁机乱涨价、变相涨价、哄抬价格等不正当价格行为,违者依法查处,确保了公务员考试的顺利进行。

【成本调查与监审】 完成县城区出租车运营成本、中医院病房床位成本、生猪机械化屠宰成本等测算及成本调查。累计核减成本37万余元,完成2016—

2017年甘蔗种植成本调查、2017年早籼稻、晚籼稻种植成本调查、2017年农户存粮情况专项调查、2017年粮食和农资询价专项调查等5项调查任务。2017年,全县甘蔗调查品种的种植成本平均每亩2158.78元,平均每亩收益401.53元。早籼稻调查品种的种植成本平均每亩1297.64元,平均每亩收益58.28元。晚籼稻调查品种的种植成本平均每亩1245.67元,平均每亩收益32.90元。

【价格监测】 重点加强元旦、春节、“三月三”等重大节日期间的生活必需品,交通客运,景区门票和住宿等价格监测预警。根据区、市物价局市场价格监测要求,定期到蔬菜市场、粮油交易市场、服装市场、电器市场、超市、气站等10个采价点,对蔬菜类、粮油类、服装类、电器类等13类100种商品价格信息进行采集并按规定上报。共上报各类监测报表136份,发布价格分析12期。

【价格认定】 2017年,价格认证中心按照广西区价格认证中心有关文件精神,修订价格认定工作程序和流程图,明确价格认定协助书及材料的填写规范和要求以及相应文书内容和行为规范,启用新版价格认定协助书。在办案过程中,严格程序,规范鉴证行为,始终坚持“公正、公平、公开”的原则。从委托受理、现场勘察、市场调查、鉴证结论、归档立卷等5个方面严格把关,确保认定结论真实、准确、合理。全年共受理各类价格认定案件260件,标的总额380多万元,出具的价格鉴定结论客观公正,为行政部门和政法机关提供了可靠的价格依据,没有发生重大失误以及由此引起的投诉、上访和诉讼事件。

安全生产监督

【概况】 2017年,扶绥县安全生产监督管理局贯彻“安全第一、预防为主、综合治理”的工作方针,围绕“科学发展、和谐发展、安全发展”这一主题,以防范和遏制生产安全事故为核心,以减少人员伤亡和实现控制指标为重点,组织各乡镇、各部门开展安全生产大检查专项行动。加强对高危行业的安全专项检查和督查,督促企业落实安全生产主体责任,及时排查安全隐患,落实整改措施,消除安全隐患,有效地遏制了重特大安全事故的发生。2017年,工矿商贸企业发生生产安全事故2起,死亡2人。道路交通行业发生安全生产事故4起,死亡5人。全县未发生较大及以上生产安全事故,安全生产形势总体平稳。

【落实安全生产工作】 2017年3月15日,召开了全县安全生产工作会议,会上,县政府按照“一岗双责”的要求与11个乡镇和29个县安委会成员单位签订了安全生产目标管理责任书,明确了安全生产第一责任人和主要负责人。根据国家、自治区、市关于安全生产工作部署和要求,先后组织开展元旦春节、全国两会、清明节“三月三”、汛期、十九大期间等安全生产大检查活动。成立了6个以部门分管领导为组长的安全生产大检查督查组,每季度对全县11个乡镇和25个职能部门开展安全生产大检查情况进行督查,确保安全生产大检查工作有组织、有序地开展。

【开展安全生产宣传教育培训】 做好安全生产宣传普及工作。各乡镇各部门不断创新宣传教育形式,开展安全生产月、安全进校园、安全进企业、安全进公共场所、公共场所逃生自救互救演练及应急预案演练等一系列丰富多彩的活动。全县共发放安全生产宣传资料2万多份,安全生产咨询活动11场,安全进校园、进企业、进公共场所等活动10多场次,应急救援演练8次。开展从业人员安全生产教育培训,提升从业人员整体素质。按照分类指导、统筹规划和分级实施的原则,开展各级领导干部和安全管理人员的安全知识培训、安全监管人员的执法业务培训和从业人员岗前培训以及安全生产岗位、安全技能、安全生产法律法规和安全基础知识培训等。全县共举办各类安全生产教育培训班6期,培训乡镇分管领导和安全员、企业负责人和安全管理人员、特种作业、从业人员及农民工1000多人次。

【开展重点行业领域安全大检查】 组织各乡镇、各部门、各单位深入开展安全生产大检查。特别是对非煤矿山、危险化学品、建筑施工、道路交通、消防安全等重点行业领域进行大排查、大整治。自第三季度起，在全县安全生产大检查行动中共检查单位企业685家次，打击非法违法行为11起，取缔非法违法单位2家，罚款1.4万元，曝光存在重大安全隐患的企业1家。煤矿检查方面，县安监局、工信局和东罗镇政府都安排相关人员，关注3家关闭煤矿企业私自复产复工情况，县东罗镇广龙矿存在的私拉电线抽水淋果树的问题已整改。矿山检查方面，安监部门开展金属非金属矿山大检查工作，正在生产的10家企业，存在安全隐患16项，对不能当场整改的，下达责令整改指令书4份。危险化学品检查方面，全县42家危险化学品生产、使用、经营单位基本建立健全各项规章制度，落实各项安全措施。部分加油站存在工作人员无证上岗问题，安监部门已责令企业立即进行整改。烟花爆竹检查方面，全县3家烟花炮竹批发企业落实各项安全生产规章制度。建筑施工安全检查方面，县住建局针对市政设施、在建工程等开展安全生产专项检查，抽查13个工程项目，发现存在安全隐患16项，下达隐患整改通知书2份，所有隐患已整改完毕。消防安全检查面，县消防大队组织开展对辖区内“三合一”“多合一”和各人员密集场所的消防安全、各场所生产经营单位进行全面检查，开展检查单位63家次，督促整改隐患19项，责令停产整顿2家，累计处罚1.2万元。特种设备检查方面，县质监局开展电梯安全、锅炉安全等特种设备专项检查，专人负责排查整治和消除安全隐患，确保整改到位。道路交通安全检查方面，县交通运输部门开展道路交通行业安全大检查工作，确保道路交通、水路运政安全，对运输企业、营运渡口存在的问题均要求企业限期整改。交警部门通过开展安全生产大检查，查处超速超员、疲劳驾驶、酒后驾驶等严重危害道路交通安全的违法行为，对存在重大安全隐患的1家危险化学品运输企业进行曝光。

【职业健康监管】 按照中华人民共和国主席令第52号的精神，加强对存在作业场所职业危害企业的监督检查，发现问题责令企业在规定期限内及时整改，有效控制重大急性职业病危害事件的发生。2017年组织1265人参加职业健康体检，在《职业病防治法》宣传周，举办用人单位负责人、职业卫生管理人员培训班1期，参加培训人员120多人。

【安全隐患检查督办】 建立事故隐患排查治理制度，对各乡镇、部门不定时上报的隐患项目，县安委办及时转交、督促有关责任单位落实，并跟踪隐患整改情况。对列市、县两级挂牌督办的重大安全隐患，加大督办力度，督促各重大隐患的整改责任单位落实工作措施，确保按期整改到位。2017年列为市级重大隐患项目(同正大道中都路口交通安全隐患)1项，责任单位已经对隐患项目整改完毕。自治区级隐患项目1项岜盆乡岜蒙铁矿尾矿库治理和关闭工作也在全力整改中。

国土资源管理

【概况】 2017年，扶绥县国土资源局内设办公室(纪检监察室)、耕地保护股、行政审批股、地籍与测绘管理股、规划利用股、地质环境矿产管理股、执法监察股、纠纷调处股。下设县国土资源执法监察大队(参照公务员管理单位)、县土地收购储备中心(财政全额拨款事业单位)、县国土资源局土地开发整理中心、县国土资源技术服务站(财政差额拨款事业单位)、绥县国土资源收储交易所(自收自支事业单位)5个二级事业单位。扶绥县不动产登记局的二层机构为扶绥县不动产登记中心，属于财政全额拨款事业单位。局机关及3个财政全额拨款事业单位纳入县级财政预算。2017年全局共有工作人员149人(含聘用),其中实有行政编制9人,参照公务员管理10人,事业编制44人,引进优秀人才6人,聘用人员80人。2017年,共查处土地、矿产违法案件41宗,其中土地违法案件24宗;共涉及土地面积428.54亩,其中耕地124.90亩,收取罚没款417.18万元。矿产违法案件17宗,收取罚没款51.6万元。全年共完成测绘成果领用审批件7件,年内完成深化测绘成果保密检查和问题地图专项治理等工作,规范基础测绘成果的使用。截至2017年12月31日,不动产登记局共受理业务8221宗,颁发不动产权证4007本,不动产登记证明3666份。2017年,土地招拍挂出让国有建设用地9宗,土地面积146750平方米(折合220.125亩),成交价为9424.68万元。

【耕地保护】 严格落实耕地保护考核责任制,做好全县永久基本农田划定工作。按时间节点完成了基本农田划定成果并通过市级的复查验收,且将验收合格的成果申报国土厅。年末完成市政府下达2017年度的耕地保有量面积132499.0公顷和基本农田保护面积107044.0公顷的任务。

【用地计划管理】 2017年,全县通过多种方式解决项目用地指标,保障项目用地317.6943公顷,盘活存量国有建设用地276.7031公顷。共完成供地面积284.9138公顷,土地价款15552.4565万元,其中以划拨方式供地266.687公顷,以出让方式供地18.2267公顷。办理原划拨土地使用权人申请办理协议出让共303宗,涉及土地面积134891.25平方米,共补收取土地出让金额为4630.5986万元。

【土地征收】 2017年,完成了22个批次(宗)建设用地征地批后实施"两公告、一登记"工作,共组织实施47个建设项目征地工作,实施征收土地面积共计1198.7公顷,已完成了征地补偿面积884.8公顷,发放征地"三费"及地上附着物补偿金额36786多万元。

【重大项目建设管理】 2017年,全县共有14个项目列入自治区统筹推进重大项目,用地总需求为1476.9341公顷,其中已保障用地指标402.5463公顷。同时落实专人负责跟踪联系、主动服务,扎实推进用地审批进度,为社会经济发展提供强有力的支持。

【矿产管理】 2018年初完成辖区内47个矿山的2017年度矿业权人勘查开采信息公示工作,其中本县发证41个,崇左市国土局发证1个,自治区国土厅发证5个。加强矿产资源开发管理工作,严格按矿产资源总体规划进行采矿权设置,规范采矿权出让程序,完善采矿权登记发证材料。2017年度新立采矿权1个,完成办理12个矿山采矿权延续申请登记手续。严格按照规定征收各项矿产规费。2017年度共收取采矿权价款285.5万元,采矿权使用费2.5万元。矿产资源补偿费于2016年7月费改税后由税务部门统一征收。

【地质古生物化石保护】 2017年,协同广西自然博物馆完成扶绥那派盆地笼草岭恐龙化石发掘工作,并对发掘出的化石进行妥善保护。完成了《扶绥县国家重点保护古生物化石集中产地保护规划》及《扶绥县国家重点保护古生物化石集中产地科学保护与特色利用专题研究》编制及上报审批工作。

【土地开发整理】 2017年,共组织实施4个土地开垦项目,实施面积4548.6239公顷,新增耕地面积3701.7496公顷。实施2个耕地提质改造(旱改水)项目,实施面积105.8723公顷,新增水田面积95.5007公顷。

【石灰岩开采】 2017年开采石灰岩矿大型矿山企业一家,为扶绥新宁海螺水泥有限责任公司。该公司设立有两处相邻的矿山,一期为昌平乡石灰岩矿,二期为平白矿区水泥用石灰岩矿。扶绥新宁海螺水泥有限责任公司昌平乡石灰岩矿位于扶绥县昌平乡南部，矿山隶属于扶绥新宁海螺水泥有限责任公司。扶绥新宁海螺水泥有限责任公司位于崇左市扶绥县新宁镇，隶属于安徽海螺水泥股份有限公司，是一家大型新型干法水泥生产企业，主要从事水泥、熟料生产和销售。公司成立于2003年9月6日，2005年8月至2010年10月陆续建设投产熟料生产线。公司设立的石灰石矿山生产规模较大，2017年度矿山生产量达905.7万吨。矿山为公司下设二级部门名为矿山分厂，位于主厂区西北面3公里的昌平乡木民村附近，是自主开采石灰石并供应厂区生产的部门，现有职工137余人，其中大中专及中职人才35人，各专业工程技术人员配备齐全，生产设备及工艺先进，生产管理规范。

食品药品监督管理

【概况】 扶绥县食品药品监督管理局，内设办公室(新闻宣传股、政策法规股、人事财务股)、综合协调股(应急管理股)、食品生产监管股、食品流通监管股、食品餐饮监管股、药品生产流通监管股、保健食品化妆品监管股、医疗器械监管股、行政审批股。下设扶绥县食品药品监督所(扶绥县食品药品稽查大队、扶绥县食品药品投诉举报中心)、扶绥县食品药品检验所(县药品化妆品不良反应监测中心、县食品药品安全监控与信息中心)，二级机构实行“一套人马多块牌子”。扶绥县食品药品监督所在11个乡镇设置了派出机构，即各乡镇食品药品监督管理所，实现监管全覆盖。

2017年，县食品药品监督管理局狠抓食品生产、流通、餐饮和药械保化环节，同时强化抽样监测、舆论引导和综合协调，各项监管工作扎实有效。生产环节使用平板开展食品生产企业的监督检查33家，检查覆盖率100%，检查70家次。共检查食品生产加工小作坊387家次，覆盖全部小油坊、小酒坊以及其他重点食品品种小作坊，出动825人次。经办16起食品生产许可换证(新办)工作，均按规定时限完成现场核查、发证、整改复查工作。对全县54家油坊监督检查，共出动人员316人次，检查(含复查)小油坊158家次，检查时停产11家，发现问题数33家，责令整改72家次。现场快检92批次，快检不合格0批次，监督抽检27批次，不合格2批次，整治期间立案查处2家不合格油坊。流通环节采取日常监管和专项整治相结合的方式，加强全县大中型超市、批发商等重点企业以及学校周边等重点区域、重点地段的检查，共检查食品经营者248家次，检查发现存在问题的经营者110家次，责令限期整改66家次。开展中秋国庆食品安全专项检查，共检查月饼生产经营单位167家次，其中大中型超市7家次，批发商5家次，划行规市的月饼食品摊贩67家次，无固定经营场所流动月饼食品摊贩6家次。发现问题93家次，责令整改5家次。食品餐饮环节以提高餐饮业质量安全水平为宗旨，通过开展学校食堂食品安全检查和实施 “明厨亮灶”工程等，严控食品安全风险。全程使用电子监管系统进行检查，共检查学校食堂386家次，其中高校食堂6家次，中等职业学校食堂2家次，中学食堂30家次，小学食堂159家次，托幼机构185家次，一贯制学校5家次。责令限期整改132家，下达当场行政处罚警告8家。

【药械及保健品化妆品管理】 开展不合格祛痘类化妆品核查处置，共检查化妆品经营企业36家，发放《化妆品管理规范告知书》60余份。开展村卫生室药、械质量安全检查，共检查了村卫生室21家，出动执法车辆15车次，执法人员70人次，责令整改5家。开展骨肽注射液的排查，共检查药品经营企业和医疗机构17家，未发现辖区内存在经营和使用标示为云南南诏药业有限公司生产的骨肽注射液(批号:150920E1)的行为。加强对以会议(讲座)等形式销售保健食品行为监管，严厉打击无证经营、超范围或在许可地点和场所以外从事保健食品经营活动、经营假冒保健食品等违法行为，共检查经营企业6家次，立案1起。开展2017年药品、医疗器械、化妆品不良反应事件监测，全县药品不良反应报告数387例，其中新的和严重的药品不良反应报告数总共225例，占比达58.1%。严重报告72例，占比达32%。上报可疑医疗器械不良事件共145份，其中严重的医疗器械不良事件62份，占比42.8%。化妆品可疑不良反应报告62例。开展医疗器械经营企业申办《医疗器械经营许可证》的现场核查，共现场核查2家，限期整改2家，2家企业均已按要求完成整改，并获得《医疗器械经营许可证》。继续开展医疗器械经营企业安全信用等级评定，对企业的质量体系进行全面检查，总共评定医疗器械经营企业9家，安全信用初评等级均为守信。扎实开展专项整治，先后开展了功能饮料类等保健食品专项、化妆品“颜色行动”、药品零售经营企业专项、角膜塑形用硬性透气接触镜专项、打击非法经营装饰性彩色平光隐形眼镜行为专项、避孕套质量安全管理等各类专项检查，共检查药械保化经营使用单位208家次，责令整改54家次。

【强化抽样检测】 2017年，坚持“以问题为导向”，结合全年食品药品抽样计划安排，完成食品（含保健食品）抽样429批次，已收到检验报告426份，合格417批次，合格率97.9%；药品22批次，已收到检验报告19批次，合格17批次，合格率89.5%；保健食品7批次，合格率100%；化妆品13批次，合格率100%；医疗器械抽检2批次，合格率100%。抽检不合格的“四品一械”均按要求开展后处置工作。配备11个乡镇快速检测设备，建设乡镇所快检室4间，实现快检广覆盖，逐步改变“眼睛测、鼻子闻、嘴巴尝、伸手摸”传统监管模式，构建起“源头可控、隐患可检、全县覆盖”的食品安全快检体系。全年共快检食品895批次，提高食用农产品检测和安全保障能力。

【加强舆论引导】 通过组织执法人员，食品小作坊、小餐饮、食品摊贩业主分期分批开展宣传培训班5期，印制《三小条例》宣传册5000册，在县城人群聚集的回归园广场开展宣传活动，执法人员上门面对面开展宣传等方式，扩大三小条例知晓率，推进三小条例在全县落地实施。开展“3·15”消费权益日活动、12331投诉举报宣传日、食品安全宣传周、药品安全宣传月等宣传活动，向群众宣传食品药品安全法律法规、假冒伪劣食品药品的鉴别方法，派发食品药品宣传资料6860多份。加大从业人员培训力度，共培训食品安全知识1200多人次，提高从业人员食品安全意识。在县政府网站、区局、市局网站、左江日报、今日扶绥、政府信息公开平台等发表工作信息。共对外发布信息436条次，其中通过政府信息公开统一平台，县政府门户网站，区、市食药监部门门户网站等网站发布238条次。通过新华网广西频道、左江日报，崇左电视台《百姓关注》栏目、扶绥电视台《扶绥新闻》栏目、今日扶绥、魅力扶绥等新闻媒体发布64条次。通过市局微信公众号，局政务微博、微信公众号、头条号发布134条次。以广覆盖、全方位、立体化的宣传格局，营造人人关心、人人支持食品安全的良好氛围。

【推进社会共治】 健全食品安全监管协调机制，组织召开全县食品安全工作会议3次，通报食品安全状况，研究部署食品安全监管工作，协调食安委成员单位解决食品安全监管中存在的问题，提高了食品安全监管的整体效能。落实食品安全责任，与食品安全各相关职能部门及各乡镇人民政府签订《食品安全目标责任书》。推进网格化监管进程，主动向县政府争取落实了全县132名协管员的工作补贴，为充分发挥食品药品安全协管员“千里眼”“顺风耳”的前哨作用，增强协管员的工作责任心和积极性，打通了食品药品安全监管“最后一公里”。

【创建远程监控平台“明厨亮灶”模式】 为解决因监管人员短缺导致监管不到位的问题，提升监管实效。投入14.5万元创建远程监控平台，县食药监局工作人员可通过监控中心电脑对管理学校、餐饮服务单位的厨房进行联网监控，让后厨更加透明化。

使监管部门能够及时发现问题、反馈问题，能够高效处置餐饮单位存在的问题，减轻了监管部门工作压力。全县采取"互联网+视频"远程监控平台模式实施"明厨亮灶"餐饮服务单位有211家，其中采取"直播式"厨房模式实施"明厨亮灶"的单位有58家。已签订加入"明厨亮灶"远程监控系统合同餐饮服务单位34家，其中已能在平台上正常监控26家。

【推行餐饮服务色标管理】 2017年，指导各学校食堂在加工烹饪间（区）、专间、专用操作区域、清洗消毒间（区）、食品库房等区域的贮存、切配、烹饪、冷食类和生食类食品加工、餐饮具消毒等环节，推行餐饮服务色标管理工作。已完成扶绥县渠黎镇中心幼儿园、扶绥江滨大酒店管理有限公司等6家单位色标管理标准化建设工作。其中，扶绥县渠黎镇中心幼儿园色标管理工作在自治区食药监局验收中得到高度认可和肯定，获评为餐饮服务食品安全示范单位。

【推进校园周边食品安全专项整治】 整合全县食药监执法力量，开展学校校园及周边食品安全整治行动。对全县学校及周边200米范围内小卖部、食品店、流动摊贩等食品经营店进行检查，共检查校园及周边200米范围内小卖部、食品店、流动摊贩等食品经营店261家次。检查发现存在问题经营者125家次，责令限期整改38家次。全程使用电子监管系统进行检查，共检查学校食堂386家次，其中高校食堂6家次、中等职业学校食堂2家次、中学食堂30家次、小学食堂159家次、托幼机构185家次、一贯制学校5家次。责令限期整改132家，下达当场行政处罚警告8家。

质量技术监督

【概况】 扶绥县质监局2015年1月1日由区垂直管理划转为地方管理，承担全县质量管理、产品质量监督、标准化、认证认可、计量、执法打假和特种设备安全监察等质量技术监督职能工作。内设办公室（行政审批办公室）、产品监督股（增挂扶绥县质量技术监督局稽查局牌子）、质量与标准股、计量与认证股、特种设备安全监察股，下设扶绥县计量检定测试所及扶绥县产品质量检验所2个事业单位。全局共有在编人员19人，其中行政在编人员11人（含局长1名，副局长3名）、事业在编人员8人，另有引进人才1人、聘用人员1人。2017年，质监局继续深入开展"走千村，入千户，抽千样"为主要内容的"质检利剑'农资打假下乡'"行动。以化肥、农用薄膜、农药等产品为重点产品，加大了检查频次，严查坑农害农违法行为。深入开展"质检利剑"专项执法打假行动，持续保持执法打假的高压态势，加强事中事后监管，营造公平竞争的市场环境，为推进全县社会经济发展提供更有效的质量安全保障。全年共出动执法人员165人次，车辆49台次，共检查各类消费品生产、销售企业（门店）70家次，抽检化肥、人造板、烧结多孔砖、农药、地膜、食品用塑料制品、电线电缆、学生服及床上用品等产品45个批次。立案查处行政违法案件11起，结案11起，结案率100%，罚没款收入6.73万元已全部上缴国库，查获涉案产品货值16.64万元，处理投诉举报1起，没有行政复议或行政诉讼案件发生。

【质量监督管理】 2017年，质监局从标准、计量、检验检测、认证认可等方面给予技术支持。指导11家企业12个产品通过申请、组织推荐、专家评审、会议审议和社会公示等评价程序申报广西名牌产品，7家企业8个产品获公示，最终有5家企业5个产品获广西名牌产品称号，占崇左市获奖产品数的36%，位居全市第一。分别为广西东亚扶南精糖有限公司"山蜜"牌优级白砂糖，广西扶南东亚糖业有限公司"山蜜"牌白砂糖，广西东正木业有限公司"dongzheng"中密度纤维板，广西剑麻集团山圩剑麻制品有限公司"桂垦牌"剑麻制品，广西壮族自治区化工研究院"三晶"牌农药（除草剂）。

【标准化工作】 2017年12月1日，质监局与扶绥县壮乡茶业发展有限公司共同编制的广西地方标准《地理标志产品　姑辽茶》(DB45/T 1627—2017)和《地理标志产品　姑辽茶加工技术规程》(DB45/T 1628—2017)正式发布实施，结束了扶绥县没有制定出台广西地方标准的历史。广西扶绥广羊农牧有限公司努比亚良种黑山羊养殖标准化示范区获批创建2017年第二批自治区级农业标准化示范区，广西扶绥炎鑫度假村景区旅游服务标准化试点列为第一批自治区级服务业标准化试点单位。充分发挥技术优势，帮助企业进一步夯实标准化工作基础，督促指导企业在企业标准信息公共服务平台对产品执行标准进行网上公示。全年扶绥县企业在全国企业标准信息公共服务平台公开标准共130项，超额完成了上级下达的工作任务。

【特种设备安全监察】 2017年根据上级要求并结合实际，制定了《2017年度特种设备使用单位监督检查方案》，将26家重点特种设备使用单位和1家生产单位纳入2017年日常检查计划，明确检查重点，有序开展安全监察工作。全年开展了电梯、锅炉、承压类危险化学品储罐罐区以及"两会一节"、国庆中秋、党的十九大期间等重点节假日和敏感时间节点特种设备安全专项检查。检查特种设备生产经营使用单位54家，检查电梯、锅炉、起重机械、压力容器、压力管道、大型游乐设施276台(套)，发出安全监察指令书23份，排查特种设备一般事故隐患42处。

【食品相关产品安全监督】 2017年共出动执法人员10人次，执法车辆3台次，对广西祥发工贸有限公司和广西迎顺塑业有限公司进行执法检查，经现场检查，两家公司生产许可证均在有效期内。2017年，质监局在食品相关产品专项检查中发现，渠黎东盟青年产业园内广西福达工贸有限公司、广西左江塑料制品有限公司在没有获得生产许可证的情况下擅自生产食品相关产品，执法人员已下达责令改正通知书，责令其立即改正，指导两家企业办理生产许可证手续。

【计量管理】 开展重点民生在用计量器具强制检定工作，全年共完成各类计量器具检定共计1379台(件)。包括城区集贸市场结算用衡器540台，天平77台，电子秤79台，台秤25台，定量包装秤87台，燃油加油机332枪，电子汽车衡239台。共计免收检定费约77万元。开展重点耗能企业能源计量监督检查，对8家重点耗能企业进行了监督检查及实施帮扶，指导企业做好能源计量器具的配备和管理，提高计量器具配备的系统性、科学性。指导企业分类建立完善能源计量器具档案和依法管理强制检定计量器具。开展检验检测机构资质认定专项监督检查，对辖区内4家食品、机动车安检与环检等获得资质认定的机构开展专项监督检查。重点获证机构的检验资质、检验检测标准的使用、检验检测报告信息规范、检验检测行为。技术资料保存等方面，针对检查中发现的不符合项，要求相关机构限期完成整改，并对整改事项的完成情况进行现场核验，及时督促相关机构按照规范开展检验检测工作，有效维持检验检测能力，服务地方经济发展。加强计量宣传，营造诚信计量氛围，利用"5·20世界计量日""固定党日+"活动，深入城区集贸市场开展计量宣传服务活动。活动期间，以张贴发放宣传画及宣传单、悬挂宣传标语、受理计量咨询和投诉等形式，让群众了解、关心、支持计量。

【实施名牌战略】 2017年，县质监局从标准、计量、检验检测、认证认可等方面给予技术支持。指导11家企业12个产品通过申请、组织推荐、专家评审、会议审议和社会公示等评价程序申报广西名牌产品。7家企业8个产品获公示，最终有5家企业5个产品获广西名牌产品称号，占崇左市获奖产品数的36%，位居全市第一。分别为广西东亚扶南精糖有限公司"山蜜"牌优级白砂糖，广西扶南东亚糖业有限公司

"山蜜"牌白砂糖，广西东正木业有限公司"dongzheng"中密度纤维板，广西剑麻集团山圩剑麻制品有限公司"桂垦牌"剑麻制品，广西壮族自治区化工研究院"三晶"牌农药(除草剂)。

【服务项目建设】 2017年，县质监局集中力量，多次组织业务骨干深入青年产业园区的生产企业、广西扶绥龙谷湾旅游度假区工地及山圩农场等重大项目建设企业。主动了解项目建设进度及企业生产中遇到的困难，从质量、计量、标准、认证认可、特种设备安全及工业产品生产许可等方面对已建成的项目进行专项检查。指导企业办理相关证照，完善相关制度，帮助企业逐步建立健全质量、计量和标准化体系建设，提高产品质量和经营管理水平，确保这些重大项目安全施工、稳步推进。

住房公积金管理

【概况】 崇左市住房公积金管理中心扶绥县管理部于2004年12月挂牌成立，是崇左市住房公积金管理中心派出机构，实行垂直管理，机构级别为正科级单位，人员编制4人，负责管理全县住房公积金缴存及使用等相关工作。2017年全县住房公积金管理响应上级部门去库存政策，鼓励职工领取住房公积金，使用公积金贷款买房。2017年，全市共发放住房公积金贷款435户，发放金额11962.30万元。至2017年12月底，累计发放贷款3176户、贷款金额为60182.40万元，累计回收贷款4064.55万元，贷款余额为49964.67万元。

【住房公积金归集与支取】 2017年全县缴存住房公积金人数15257人，共归集资金18792.30万元，比上年增长3.5%，执行缴存比例为上一年月平均工资的12%。2017年职工支取使用住房公积金5826人(次)，支取金额12284.41万元。职工累计支取住房公积金近39306人(次)，累计支取金额68956.00万元。

【住房公积金收益】 2017年，全市住房公积金各项业务收入1509.96万元，主要来源于银行存款利息和贷款利息。业务支出506.53万元，业务支出主要是付给职工个人的住房公积金利息和付给委托银行放贷手续费。实现增值收益1006.30万元，其中提取贷款风险准备金603.78万元、管理费用318.00万元、城市廉租住房建设补充资金总额84.52万元。

人力资源和社会保障

【概况】 扶绥县人力资源和社会保障局属扶绥县人民政府组成部门内设办公室(行政审批办公室)、人力资源开发和就业促进股、公务员管理和军官转业安置股(扶绥县军队转业干部安置工作小组办公室)、专业技术人员和事业单位人事管理股、工资福利和劳动关系股、社会保障和基金监督股(扶绥县劳动鉴定委员会办公室)、劳动保障监察股、调解仲裁管理和信访股(扶绥县劳动人事争议仲裁委员会办公室)。下辖扶绥县劳动保障监察大队、扶绥县就业服务中心、扶绥县人才交流服务中心、扶绥县人力资源市场、扶绥县劳动技能培训中心、扶绥县社会保险事业局、扶绥县劳动人事争议调解仲裁院7个直属事业单位。2017年，全县城镇新增就业人数3462人，完成全年任务数2600人的133.1%；城镇失业人员再就业人数602人，完成全年任务数546人的110.2%；就业困难人员实现就业136人，完成全年任务数130人的104.6%；城镇登记失业率为2.35%，比控制目标任务4.2%低1.85个百分点；农村劳动力转移就业新增人数6640人，完成全年任务数6300人的105.4%。共开展职业培训46个班次，培训人员1448人。2017年，全县参加城镇职工基本养老保险人数44626人，其中执行企业制度职工人数32882人，执行机关事业单位制度职工人员11744人，完成崇左市下达2017年任务43737人的102.03%。企业职工基本养老保险征缴收入20914.94万元，完成崇左市下达2017年任务13980万元的149%。2017年，全县参加基本医疗保险人数420415人，完成崇左市下达2017年任务370000人的113.6%；职工基本医疗保险征缴收入10801万元，完成崇左市下达2017年任务7700万元的140%。2017年，全县参加失业保险参保14716人，完成崇左市下达2017年任务14600人的100.8%；征缴失业保险基金564.50万元，完成崇左市下达2017年任务480万元117.60%。2017年，全县参加工伤保险18743人，完成崇左市下达2017年任务18000人的103.1%；工伤保险征缴收入440.54万元，完成崇左市下达2017年任务300万元147%。2017年，全县参加生育保险15332人，完成崇左市下达2017年任务14300人的107.2%；征缴收入338万元，完成崇左市下达2017年任务310万元的109%。

【就业专项行动】 2017年，扶绥县人社局举办了2017年“春风行动”企业用工招聘会、“民营企业招聘周”以及“高校毕业生就业服务月”等系列公共就业服务专项活动，重点帮助高校毕业生、贫困户劳动力等群体就业。共有县内外65家用人单位进场招工，提供就业岗位7000多个，进场求职人数3500多人次。初步达成求职意向1085人，发放就业宣传资料15000多份，报名参加职业技能培训35人，提供劳动维权服务和法律援助35人次。2017年7月6日，举办扶绥县2017年农民工技能比赛初赛，比赛项目有养老护理员、育婴师、焊工、装配钳工、砌筑工、钢筋工、中式面点师技能比赛和农民工创业创意比赛共8项，参加比赛的人员共216人。

【人力资源信息库建设】 2017年，扶绥县人社局依托人社服务平台，开展劳动力供求普查，每年定期对全县劳动力进行一次调查登记，分类建立信息管理台账，实行人力资源实时动态管理。每季度深入乡村和企业，开展农村富余劳动力、返乡高校毕业生就业意向、城镇失业人员就业失业情况、企业用工需求等“四类对象”普查。做到一户一表、一村一册、一企一卡，摸清劳动力资源“存量”和企业技术工人“需量”，准确掌握人力资源状况、分布、流向等情况，实现人力资源信息全覆盖。经普查，全县共有农村劳动力22.85万人，返乡高校毕业生共有207人，城镇登记就业失业人员4187人。东盟青年产业园落户企业40家，用工人数3500多人；东盟南宁空港扶绥经济区落户企业48家，用工人数4000多人；山圩产业园落户企业55家，用工人数3万人。充分运用普查结果，建立富余劳动力资源基础档案台账，完善劳动力资源基础信息库，实现信息数据库、培训资源、就业需求、跟踪维权“四种信息共享”。

【劳动保障监察】 2017年，扶绥县人社局建立劳动维权工作常态机制，扎实开展劳动监察专项检查行动，切实维护劳动者合法权益。年内，对用工企业开展主动巡查和检查共123次，组织开展“农民工工资支付情况”“整治非法用工打击违法犯罪专项检查”等专项检查行动4次，共检查用人单位220家，涉及劳动者4200余人。大力宣传《劳动法》《社会保险法》等法律政策，接受劳动法律法规咨询530多人次，发放宣传资料1200余份，检查各类用人单位176家，涉及人员0.4万人，纠正违反社会保险规定涉及劳动者800多人，补签劳动合同890多份，签订劳动合同1600余份，劳动合同签订率达95%。已妥善处理解决建筑工程领域农民工集体讨薪群体性事件10起，涉及人数766人，清欠工资1736万元。受理投诉农民工工资拖欠案件25起，已办理结案24件，结案率96%，已为532名农民工追讨被拖欠工资680.51万元。

【劳动争议仲裁】 2017年，扶绥县人社局加强劳动人事争议调解工作，建立企业劳动争议调解委员会，完善企业劳动争议调解组织，提高企业自主解决争议能力。在新宁镇、东门镇、山圩镇等11个乡镇人民调解委员会增设劳动争议调解服务窗口，充分发挥调解劳动争议作用，预防和减少劳动争议的发生。年内，共接待受理劳动人事争议案件91件，其中，不予受理46件，立案处理45件（终局裁决7件，裁决36件，调解1件，未办结1件），案件涉及职工人数45人，涉及金额约56.5万元。

【城乡居民基本医疗保险制度改革】 2017年7月1日，扶绥县人社局完成城乡居民基本医疗保险制度整合并正式执行整合后的城乡居民基本医疗保险政策。将现有的城镇居民基本医疗保险和新型农村合作医疗整合，建立新的城乡居民基本医疗保险制度，实现覆盖范围、筹资政策、保险待遇、信息系统、定点管理、支付方式、基金管理、业务流程统一。由人力资源和社会保障部门承担行政管理职能，参保居民将不再区分农村和城镇，不受城乡户籍限制，实现城乡居民公平享有基本医疗保险权益。

【人才引进】 2017年，扶绥县出台《扶绥县优秀人才引进和管理办法（试行）》，拓宽优秀人才界定范围，把引进人才分为7个类别，并按照人才类别享受不同待遇，吸引更多的人才到扶绥创新创业。为了客观、公正地评价引进人才的德才表现和工作实绩，出台《扶绥县引进优秀人才考核办法（试行）》，细化了引进人才考核的内容和标准，作为引进人才是否能够继续任用的重要依据。并与事业单位年终绩效奖励挂钩，激励和督促引进人才提高业务素质，认真履行职责。2017年，扶绥县人社局通过网上公布简章、网上报名以及赴区内外高校参加现场招聘会，计划招聘公路桥梁、土建、土地管理、旅游管理、播音主持、金融等方面的优秀紧缺人才70名，充实到急需专业技术人才的各相关单位工作。经过面试、考核、体检等工作程序，确定吴西桐等44人为聘用人员。对服务期满5年的引进优秀紧缺人才进行了考核。

【人员招聘】 2017年，全县计划公开招录公务员90名，通过资格审核1913人，报考人数与录用计划（招考人数）的比例约为21:1，经由笔试和面试的激烈竞争，共有83名考生完成体检考察。面向社会公开招聘事业单位298名（笔试部分247名、免笔试部分51名），通过资格审核1508人，报考人数与录用计划（招考人数）的比例约为5:1，经过笔试、面试、考核和体检阶段，拟聘用人员169名。协助市“三支一扶”办帮助三支一扶人员办理相关社会保险和做好到乡镇任职签约等服务工作，年内招募“三支一扶”大学生共6名到乡镇任职。

【企业军转干部解困和维稳】 2017年，扶绥县人社局落实企业军转干部的各项解困政策，及时兑现生活困难补助，解决企业军转干部的生活实际问题，为2名下岗失业军转干部及6名自主择业军转干部办理参加医疗保险，在春节、八一建军节期间对企业军转干部进行全面走访慰问工作，发放慰问金38500元。

【开展“宜居乡村·服务惠民”专项活动】 2017年，扶绥县人社局紧紧围绕“农村基本公共服务全覆盖、农民群众办事不出村”的目标，扎实推进村级综合服务中心建设。成立扶绥县“服务惠民”专项活动专责小组，落实“服务惠民”专项资金102万，制定“服务惠民”专项活动实施方案及2017年任务清单。36个行政村按照“六有”标准开展村级综合服务中心示范村建设，配置有综合服务办公室（其中建成服务大厅9个）、卫生室、阅览室、法律服务室、篮球场、文艺舞台，配备办公桌椅、电脑、打印机、显示屏及档案柜等设备，并全部接通了网络，可通过内外网登录社保和就业服务系统办理业务。每个综合服务中心至少设立2个以上服务窗口。

（黎日萃）

文化·体育

文化管理

【概况】 县文化体育新闻出版广电局为县人民政府工作部门。2015年1月，将原县文化体育局与原县广播电影电视局合并，组建成了县文化体育新闻出版广电局(简称文体新广局)，为县人民政府工作部门，加挂县"扫黄打非"工作小组办公室的牌子。局机关内设局办公室、财务股、公共文化股、文化遗产保护和艺术管理股、体育股、文化市场管理执法和新闻出版管理股、广播影视管理股共7个职能部门，下辖文化市场综合执法大队(副科级)、文物管理所、文化馆、非物质文化遗产传承保护中心、图书馆、业余体校、有线电视站、人民广播站、电影公司、岩画管理局等9个二级单位。全局共有干部职工120人。2017年，县文体新广局统一思想，团结奋斗，狠抓落实，各项工作得到有效推进，较好完成了各项工作目标任务。全年全县119个行政村共放映公益电影1428场，完成年度放映任务，观众累计达20万人次。组织各类演出10场，观众达2万余人。

【群众文化】 年初在扶绥剧场承办扶绥2017年"不忘初心　接力奋进"迎春文艺晚会举行，吸引了1200多名群众前来观看。春节期间还组织开展了一系列形式多样、内容丰富的大型群众文化活动，主要有游园活动、文艺演出、美术书法表演赛、古装粤剧演出、山歌比赛等等，参演队伍15支，参演人数约300人，时间长达半个月，观众近3万人次。2月在县文化广场举办二月二龙抬头节民族民俗文艺演出、美食街等民俗活动。县非遗中心在全县范围内组织开展"唱响八桂中国梦，艺术精品到基层"文化惠民演出活动。在春节前后组织编排精彩的文艺节目，分别到渠黎镇渠时村、渠旧镇渠吞屯、东门镇旧城村、龙头乡坛龙村等全县11个乡镇村屯进行慰问演出，演出场次30场，观众达两万多人次。联系金融、工商、财税、计生等部门开展宣传演出11场，受到广大群众的好评。开展"戏剧进校园"工作，先后到了山圩中心小学、吉阳小学、龙华中学和7个乡镇学校开展戏剧演出。

【文艺演出】 3月30日"2017年崇左壮族三月三·花山国际文化节"扶绥分会场暨三月三·龙谷湾八桂嘉年华活动在龙谷湾拉开了序幕，在三天的活动期间精彩节目轮番推出。有迎客歌圩、花车巡游、散点对歌、祭天大典、民族竞技展示、抛绣球比赛、民族美食展示等活动。除了上述嘉年华活动之外，当天起至5月在县城和全县11个乡镇均有活动陆续上演，在县文化广场举办扶绥原创歌曲演唱会、第六届歌仙故里"三月三"山歌擂台赛、"壮族三月三·相约游扶绥"踏春游，在炎鑫度假区有篝火联欢"三月三"活动，在龙头乡坛龙村祭观音诞暨迎"三月三"歌坡会文艺汇演。龙头乡迎"三月三"联欢晚会，在东门镇举行三月三姑辽民俗文化节，在渠黎镇举行三月三歌坡节、新安村刘三姐诞辰歌坡纪念活动等丰富多彩的系列活动。

【文艺展览】 4月，在文化馆艺术展览厅组织举办2017年扶绥县三月三书画摄影作品展。扶绥县民俗文化“稻魂”——卢志辉稻秆画精品巡回展，五月初五端午节配合龙舟大赛在县文化广场开展了“左江花山岩画”书画摄影展，群众活动丰富多彩。

【公共图书服务】 图书馆新增馆藏2000册，馆藏图书达126916册，发放借书证565本，阅读量16603人次17000册次，其中图书外借18206册次。阅读推广宣传工作深入广泛，利用本馆大型公益宣传栏出版板报3期，向各级新闻媒体投宣传信息8次。注重培养青少年阅读兴趣，在“六一”儿童节前进行了一次少儿知识竞赛，参加人次为100人次，进行了一次“六一”少儿猜谜活动，参加人次为100人次。正常开展科技下乡活动，全年累计配合县级层面的送科技下乡活动26次，发放科技资料780份。

【文化市场管理】 开展“扫黄打非”工作，积极开展“清源2017”“净网2017”“护苗2017”和网吧集中整治行动。在封堵和查缴政治性非法出版物、扫除淫秽色情文化垃圾、打击侵权盗版行为、取缔非法报刊、清除互联网有害信息等方面取得了明显的成效。全年共出动检查人员1230人次，检查各类文化经营单位296家次，责令改正2家次，立案调查2件，办结案件2件，警告2家次，罚款8000元，没收非法出版物10册,收缴流动摊点兜售六合彩资料200多份。

【文物管理】 组织申报材料向县人民政府申请公布19处不可移动文物点公布为县级文物保护单位。其中包括古文化遗址6处、古石刻3处、古建筑5处、近现代重要史迹及代表性建筑5处。开展传统村落申报工作，对县坛佑、长沙、那隆、坡利、岜宁、中东社区等村屯实地调研，收集、拍摄相关文字、影像资料，完成6个村落申报材料的编写。深入调查县内具有一定社会影响力、为国家作出突出贡献的名人故居、纪念设施的保存现状，已发现并认定的名人故居14处，纪念设施3处。开展对已列入《世界遗产名录》的6处岩画点做好监测工作，联合交通、水利、林业、住建、水产畜牧、渠旧镇政府等部门单位做好每月一次巡查，严格按照左江花山岩画文化景观规划和《崇左市左江花山岩画管理办法》重点加强对申遗核心区的巡查，全面了解遗产环境动态，保护好岩画本体、标识牌、景观区等，防止网箱养鱼、河道采砂及违章建筑等现象反弹，做到月检月报，全年查处违法采砂5次，违法乱搭乱建4次，确保了遗产区景观环境的真实和完整性。

广播电视

【宣传报道和专题报道】 全年以春耕生产、甘蔗双高基地、精准扶贫、创建文明城市、项目建设、文化旅游、“两学一做”等作为宣传重点，精心策划，加强宣传报道，制作并播出了《创建文明城市》《甘蔗“双高”》《两学一做》等专栏和若干系列报道。扶绥电视台、电台制作《扶绥新闻》《壮语新闻》共636期，共播出新闻4453条。积极做好外宣工作，以“上重要媒体、重要时段、重要位置”为目标，不断改进对外、对上宣传的形式和方法，着力于塑造扶绥品牌和特色亮点，积极向上级台传送稿件。全年上级电视台播出我局上送新闻254条，其中崇左电视台210条、广西电视台43条、中央电视台1条。

【安全播出】 坚持“先审后播，重播重审”的原则，做好播前播后及重播的各项审查工作。制定详细的安全播出方案，落实责任，到位措施，确保了各重大节日或活动期间特别是党的十九大召开期间的安全播出。全年没有发生一起，错播、漏播和误播现象，实现了无政治事故、无责任事故的安全播出。

广播电视信息网络

【概况】 2004年6月22日，广西广播电视信息网络股份有限公司扶绥分公司正式挂牌成立，内设办公室、播控部、工程技术和专网部、农网部、客服营销部等5个部门，下辖11个乡镇的广播电视服务站，2017年分公司共有员工28人。该公司以广播电视网络的设计、建设、运营、改造、经营、维护、管理、多功能开发及技术服务及广播电视节目和网络信息传输服务，广播电视设备及信息设备的购销，设计制作，发布及代理国内各类广告为经营为业务主体，在保证广播电视节目安全播出的基础上充分利用网络资源开展各项增值业务。主营全县模拟、有线数字及无线电视基本业务、宽带上网、硬件销售、专业节目、互动电视、高清电视、数据宽带、视频监控等业务。广西广电网络公司扶绥分公司始终坚持“有线沟通无限服务”的服务理念，以细致、便捷、热情的服务赢得客户。坚持深入社区，上门为用户现场办理数字电视业务，配送、安装机顶盒。创新服务体系，全区“96335”客服呼叫体系，为用户提供24小时集业务咨询、故障报修、用户投诉、业务受理和用户回访等一条龙服务。2017年完成经营收入1225万元，完成收入任务的74.5%，实现利润203万元，完成利润任务的51.5%，利润率达16.5%。

【技术设备及传输】 扶绥县城有线电视网络采用光纤同轴混合（HFC）双向传输系统，光纤网络采用星型拓朴结构，乡镇采用1550、1310方式发射传送电视信号，以星树型光纤为干线，以树型同轴电缆为终端分配网。同时，利用光纤传输的优势设计逐步向多功能双向交互式网络升级，使网络具有数据，图像和语音“三网合一”的传输功能，网络逐步从HFC网向SDH网过渡，提高市场竞争能力，从而满足人们个性化、多样化、多层次精神文化需求为目标，以数字化为引领，以高新技术为支撑，以深化改革为动力，以规范管理为手段，抢占三网融合制高点，使电视机成为家庭多媒体信息终端。

【业务产品】 扶绥有线数字电视为用户提供七大基本服务内容，即150套数字电视；20套数字广播；影视点播，每天6部电影；新闻回放，保障随时收看国内和本地新闻节目；广西政务，为百姓和政府架起一座沟通交流的桥梁；便民信息，为百姓提供最为便捷的衣食住行等生活资讯；用户指南，方便用户随时查询每个频道一周内的电视节目。

【业务拓展】 广西广播电视信息网络股份有限公司扶绥分公司业务产品从传统的单一传送广播电视信号业务发展到现在的广电宽带上网、家电产品等硬件销售、数据专网、电子商务、远程教育集团专网、高清互动电视、视频会议、视频监控等。

【十九大安全播出】 分公司高度重视十九大安全播出工作，全面落实十九大安全检查、整改工作。先后制定、修改、完善安全播出制度、预案等共12项，完成防火、防暴整改4项，整改、完善机房供配电、图纸等安全播出工作共8项。经过分公司全力进行十九大安全播出检查整改，使分公司安全播出工作更规范，预防防范措施进一步加强，圆满完成了十九大安全播出工作任务。

【安全生产】 分公司以十九大安全播出工作为契机，全面开展安全生产大检查工作，对安全生产工作进行全覆盖检查整改，对分公司行车、网络施工、安全保卫等各领域进行检查整改。经过整改，分公司营业厅、机房、办公场均全部配置灭火器、防暴器材，相关人员均掌握防火、防暴器材的使用。对部分不达到安全规范要求跨路线缆进行了加高，排除了网络的各种安全隐患。全年开展安全生产防火、施工安全等安全生产培训共20多次，提高了分公司员工和施工单位的施工人员安全施工防范意识，确保分公司全年无一安全事故发生。

档案工作

【概况】 2017年,县档案局抓好各项业务建设,履行档案事业的行政管理和档案保管利用两种职能,服从、服务大局,为经济社会发展服务。深入全县11个乡镇,以及县委办、县委组织部、县纪委、交通局、水库移民局、编制办等40多个单位开展档案业务指导,现场培训档案人员90多人次。派出专人长驻县扶贫办,专门负责全县扶贫工作产生的文件材料的归档工作,并对农户脱贫档案收集、精准扶贫工作形成的大量材料进行现场指导。联合县扶贫办对县分管扶贫工作的县领导、各乡镇乡镇长、分管扶贫领导、扶贫信息员及县直及区市驻县单位主要领导、扶贫开发领导小组各专责小组驻组负责人开展2期共179人有关精准扶贫档案管理、扶贫项目库相关工作进行了培训。对县内10多家重大建设项目档案管理工作进行上门指导。向县委、县政府申请到10万元专项资金,并通过招投标方式委托专业公司开展档案数字化工作,全年完成档案数字化20万页。至2017年底,馆藏档案共91个全宗27033卷又125332件,机读文件级目录304586条。

【档案接收及利用】 2017年,县档案馆共接收县政府办移交的档案4304件。全年共接待社会各界档案利用者408人次,利用档案500卷(件),为政策落实、调解纠纷、核实工龄、工作调动、户口迁移等提供详实的第一手档案资料。

【指导培训农村土地确权登记颁证】 县档案局结合县实际拟写《扶绥县农村土地承包经营权确权登记颁证归档文件整理规程》,以确权办的名义下发《扶绥县农村土地承包经营权确权登记颁证文件材料整理方案》《扶绥县农村土地承包经营权确权登记颁证档案整理建档要求》。年内召开农村土地确权登记颁证工作档案培训班2期共80多人。培训对象主要是县农业局经管站和县确权办人员及全县各乡镇分管领导、档案管理员、技术公司人员等。同时派业务骨干积极主动深入全县11个乡镇,就土地确权工作中形成的档案资料整理进行全程指导。

【档案业务培训和档案法宣传】 2017年5月5日,县局在县自来水厂三楼大会议室举办期档案业务培训班,对全县90名专(兼)职档案人员进行业务培训。同时,业务骨干利用到各单位检查指导,面对面对相关领导和档案员的业务操作进行现场培训指导,提升专(兼)职档案人员档案业务水平。

2017年6月9日,县档案局联合崇左市档案局在县城回归园开展以“档案——我们共同的记忆”为主题的宣传活动。共悬挂宣传横幅8条、展出宣传展板11块、现场接受群众咨询165人次,发放宣传资料1023份,赠送《扶绥名人传》书籍200本,宣传档案工作的重要性、档案法律法规、档案与社会和公民的关系等知识。

【档案综合新馆建设】 县档案局根据未来30年馆藏档案数量调整县综合档案馆建设规模,建筑面积由县级二类馆4000平方米增加到县级一类馆6746.02平方米,总投资由1554.9万元(不含征地费)增加到2796.29万元(不含征地费)。经县政府同意,该馆选址位于县工人文化宫项目南面、县委党校东面、空港变电站西面,占地面积6671.38平方米。项目委托县同正投融资有限公司建设。

地方志工作

【志鉴编纂】 2017年,扶绥县地方志办公室在按时完成区、市两级有关材料撰写供稿任务的基础上,根据自治区、崇左市方志办、崇左市政府办和县政府办要求,分别承担自治区年鉴、崇左市年鉴稿件的撰写任务。组织编纂《扶绥年鉴(2017)》,拟定《扶绥年鉴

(2018)》编纂方案。

【扶绥地情网建设】 2017年,扶绥县地方志办公室加快完善扶绥地情网站建设。开发利用地情资料,充分发挥职能作用,为县委、县政府及有关部门提供决策参考,为社会各界做好地情资料业务咨询。

体 育

【群众体育】 充分发挥各单项协会和联建组织的职能作用积极带领和引导不同层次的群众按各自的兴趣爱好经常性参加各种体育活动。全县每天参加各种体育锻炼的人数逐年增加,达到现在5万人次。5月28日端午节前,在县城文化广场左江河段举行扶绥县2017年"展骆越神韵·创文明新城"恐龙之乡民俗龙舟大赛。来自县内外34支男、女龙舟队参加1000米直道竞速,共近1000位选手齐聚扶绥县文化广场,在左江河里一逐高下,吸引了约2万群众观看、助威,营造了浓厚的节日氛围,增添了节日气息。

【竞技体育】 2017年共输送4名运动员到上级体育队伍,他们在国家、自治区、市赛事中均有优异表现。其中输送到广西帆板队的队员吴剑光在全区帆板锦标赛中获3银1铜,吴剑伟在全区帆板锦标赛中获3金1银,在全国波翻锦标赛获T293项目铜牌。还有2名运动员代表广西体育代表队参加第十三届全国运动会,其中输送到广西摔跤队的钟云兴参加了摔跤项目,输送到广西水球队的莫艳琼代表广西水球到获得铜牌的好成绩。

【体育产业】 全民健身活动中心是由中央划拨专项资金建设,项目总投资798万。规划建设一栋占地面积为6671.38平方米的体育健身场馆,内设1个大空间健身用房(含1个篮球场、2个羽毛球场)、1个乒乓球健身用房、1个体能健身用房、1个体质测试室。主体工程建设建设已过半,该项目建成后不仅能弥补现有健身设施不足的问题,还能举办各类大型体育赛事。

(彭丽颖)

教育科技

教育管理

【概况】 2017年全县教育系统以推进县域义务教育均衡发展为抓手，深化教育领域综合改革，教育各项工作取得新的成绩。2017年，扶绥县有各级各类中小学、幼儿园146所，其中幼儿园88所、小学39所、初中16所、普通高中2所、职业技术学校1所、特殊教育学校1所。在校生6.9167万人，其中在园幼儿1.4629万人；在校小学生3.2570万人；在校初中学生1.4702万人，在校高中学生7090人，职业技术学校全日制在校学生542人，特殊教育学校在校学生176人。专任教师4040人，其中幼儿园636人、小学1859人、初中1080人、普通高中335人、中等职业学校55人、特殊教育学校39人。师生比例为幼儿园1:23，小学1:17.5，初中1:13.6，普通高中1:21.2，职业技术学校1:9.85，特殊教育学校1:4.5。每万人口在校生为幼儿园423人，小学726人，初中328人，普通高中155人，中等职业学校（全日制）12人。学前3年毛入园率98%，九年义务教育巩固率93.71%，高中阶段教育毛入学率85%。

校园占地面积及生均情况分别为幼儿园139466平方米、9.53平方米，小学1215510.89平方米、37.32平方米，普通初中754610平方米、51.33平方米，普通高中174253平方米、24.58平方米，中等职业学校35290平方米、65.1平方米，特殊教育学校16666平方米、119.27平方米。校舍面积及生均情况为幼儿园72964.87平方米、4.98平方米，小学371721.74平方米、11.41平方米，普通初中274511.88平方米、18.67平方米，普通高中59833平方米、8.43平方米，职业技术学校34059.34平方米、62.8平方米，特殊教育学校6000平方米、34.09平方米。

2017年，扶绥县教育经费总收入73591万元，比2016年多收入5890万元，增长8.7%。其中财政拨款收入67772万元，比2016年多收入4959万元，增长7.89%；预算外资金收入5254万元，比2016年多收入622万元，增长13.42%；教育经费总支出72671万元，比2016年多支出5890万元，增长8.7%；其中财政拨款支出67772万元，比2016年多支出5890万元，增长8.7%；预算外资金支出5254万元，比2016年多支出622万元，增长13.42%；总支出中，人员经费支出42469万元，公用经费支出17260万元，基建支出12942万元。

【改善办学条件】 2017年，积极融入广西教育提升三年行动计划，多方筹措4.8亿多元，全面推进义务教育学校基础设施建设，实现县域内学校办学条件标准统一和基本教学装备配备统一。通过向银行融资3亿元和争取上级专项资金6800多万元，新建学校5所，改扩建学校116所，334个单体项目，其中上级专项资金项目44个，县级融资项目290个（投入200万元以上项目38个，200万元以下项目252

个)。投入10090万元,配置实验室83间,教学仪器设备139648件(套)、装备多媒体教室1005间,村完全小学以上学校多媒体教室配置率达到100%;配置计算机教室69间,村完全小学以上配置率达到100%,计算机增至2936台,信息化设备6189套、图书1008070册、附属设备52297套,学校办学条件实现标准化。

【教研成果】 以强校为领航学校,组建九大城乡教育互助联盟,2017年九大互助联盟共开展教研活动251次,参与师生达11685人次。钟旻芬等12名教研员和骨干教师入选崇左市中小学教师培训专家库。全县中小学教师参加区、市教研活动,获广西初中英语和小学美术优质课评比二等奖,获广西初中英语教师"教研杯"课堂教学设计比赛一等奖6个、二等奖2个,获"广西基础教育课程资源库建设"第一期优秀成果评比一等奖35个、二等奖89个、三等奖175个,获"广西初中课程资源库建设"第二期成果评比一等奖17个、二等奖37个、三等奖48个。获全市中小学教师课堂教学评比活动一等奖15个、二等奖28个。提交市级科研课题45个,通过37个,通过率为82.22%(全市通过率为67%)。扶绥县被崇左市教育局指定为全市唯一参与广西教育科学"十三五"规划2017年度"互联网+教育资源应用"试点实验研究专项课题的项目县,共有新宁一中、渠黎三中、未来城小学、新宁二小和新宁三小5所学校参与课题研究。

【教育精准扶贫】 2017年,全县共有4047名属于建档立卡贫困户学生,其中学前教育阶段695人(其中在公办幼儿园和经教育部门依法批准设立的民办幼儿园就读598人)。小学1938人,初中996人,普通高中535人(含外县117人)。共免除贫困户在园幼儿保教费1210人次,共94.465万元;免除贫困户子女普通高中学杂费1128人次,共91.47万元;补助就读高中阶段贫困户子女535人次,共187.25万元;补助就读中等职业教育31人次,共10.85万元;共办理生源地信用助学贷款2831人次,共1958.51万元。

【学校安全管理】 2017年,全县共有130所中小学校、幼儿园安装与110联网的一键式报警装置,提高安全预警反映能力。协同消防、公安、爱心人士、红十字会、南宁海事局等到学校开展消防、毒品、防暴、防溺水、应急救援等培训60多场次,建成龙华中学、柳桥一中两个禁毒预防教育示范基地。通过家长会、集体签名、致社区倡议书等方式开展防溺水宣传工作,把防溺水工作做细做实。积极配合公安交警部门,设置"护学岗"为学校师生出行保驾护航,为公路沿边48所学校设置安全设施和警示标志。全县所有中小学、幼儿园都开展1次以上逃生演练活动,提高师生应急反映能力。

【县域义务教育均衡发展通过督导评估】 2017年县教育局以"调结构、优布局、补短板、提质量、促均衡"为抓手,积极融入自治区"双千计划"和崇左市教育"双百工程",推进县域义务教育均衡发展。全县义务教育学校办学基本条件得分全部达到80分以上,达标率100%。推进县域义务教育均衡发展工作自评得分97分。义务教育学校教育资源配置达到基本均衡,校际间差异系数小学均值为0.34,初中均值为0.26,分别小于规定的0.65和0.55的指标值。全县义务教育阶段学校"全面改薄"计划按时完成,2014年以来,教育经费连年实现"三个增长",教育系统无重大安全责任事故和严重违纪违规现象。共发放公众满意度调查问卷900份,回收有效问卷900份,问卷调查综合满意度达95.22%。2017年9月分别通过市级和自治区级督导评估。

【高考和中考成绩】 2017年,全县共有2030名考生参加高考,本科上线1008人(扶绥中学913人,扶绥二中　95人),其中,一本上线138人,一本上线人数名列全市第一,其中,扶绥中学一本上线137人,上线率为10.5%,是崇左市唯一一本上线人数超过百人的学校。扶绥二中一本上线1人，实现近年来的突破，在优质生源流失严重的情况下，能取得这样的成绩实属不易。2017年中考，全县取得全A236人、总分A839人、生地双A1478人的优异成绩，较上年分别增加49人、136人和192人。

【职业教育与特殊教育】 2017年，县职校全日制招生完成256人，完成率102%；成人在职招生711人，完成率177.8%；全口径送生1683人，超额完成市下达的送生任务。县职校充分依托本地区企业搭建校企合作平台，与区内外多家企业建立实训实习基地，与企业签订“订单班”“冠名班”等各类培养协议，毕业生就业率始终保持在96%以上。2017年，扶绥县特殊教育学校共设有九个年级16个教学班，在校生176人，专任教师39人。全县共有适龄“三残”儿童少年285人，已入学244人，入学率85.6%。

【教育信息化建设】 2017年新增实验室83间，装备多媒体教室1005间，村完全小学以上学校多媒体教室配置率达到100%。配置计算机教室69间，村完全小学以上配置率达到100%，计算机增至2936台，配置教学仪器设备139648件(套)、图书1008070册、信息化设备6189套、附属设备52297套。实施“宽带网络校校通”“优质资源班班通”工程，村级以上学校100%接入互联网，教学点实现数字资源全覆盖。2017年全县共有1650名教师参加信息技术应用能力提升工程培训项目培训，合格率100%，是崇左市第一个完成培训任务的县区。有6名优秀教师代表崇左市参加2017年全区中小学信息技术与学科教学深度融合优秀课例展示观摩评选活动，取得1个一等奖、2个二等奖、3个三等奖的好成绩。有15名教师参加崇左市举办的中小学信息技术与学科教学深度融合优秀课例展示观摩评选活动，获得8个一等奖、6个二等奖、1个三等奖，其中有6名优秀教师代表崇左市参加2017年全区中小学信息技术与学科教学深度融合优秀课例展示观摩评选活动，取得1个一等奖、2个二等奖、3个三等奖的好成绩。

（汪新波　陆永强）

科学技术

【科技成果管理】 县科技局承担自治区科技厅下达科技项目6项，即扶绥县农村实用人才队伍建设、扶绥县生产力促进中心服务蔗糖产业能力培育、高产高糖甘蔗新品种桂糖42号中试示范、利用市县电视频道开展科技培训、县(市)科技信息及基层科技能力建设和扶绥县甘蔗高效生产技术集成与示范。为确保项目顺利实施，县科技局在年初制定各个项目的实施方案，明确项目工作内容、目标要求、经费使用安排，并在实施过程中加强督促检查，狠抓落实，确保项目发挥效益。如高产高糖甘蔗新品种桂糖42号中试示范项目在年初的工作安排中，就指定1名副职领导和3名技术骨干具体负责，从示范片选点、群体发动、种子调运、技术培训与指导、资金使用、资料采集等一抓到底，确保项目人员到位、管理到位、资金到位，措施落实到位。

【科技投入与服务】 2017年，县财政科技投入重点支持制糖企业进行技术改造，巩固支柱产业，以及资助发明专利申请，促进全县发明专利工作快速发展。全县财政对科技的投入共2217万元，其中科学技术管理事务投入252万元、科学技术与研发投入1766万元、科学技术普及投入12万元。

【科技创新】 县科技局通过整合科技资源，提升公共服务水平，提高自主创新能力和推进平台建设等一系列活动，科技创新工作取得重要进展。2017年，获得上级科技项目2项，以广西城市职业学院大学生创业基地为平台，筹建扶绥县科技企业孵化器，各项工作正在顺利推进中。

【科技宣传培训】 充分利用各种平台宣传普及科

技知识，1月份广西科技活动周，组织基层科技人员和种养大户到南宁参观广西新产品、新技术展览，精心挑选县内12种名特优产品参加广西科技活动周名特优新产品新技术展览会。在5月份全国科技活动周期间，协调组织农业、卫计等9个部门的技术人员共30多人在松江街开展科技宣传一条街服务活动，活动当日接受群众咨询350人次，发放各种技术资料2000份。推选贫困村科技特派员30人，其中15人得到自治区科技厅认定，组织贫困村科技特派员深入挂点村指导群众开展科技种养，加快贫困村脱贫致富步伐。组织技术干部深入田间地头，认真指导群众积极开展甘蔗生产田间管理和防治甘蔗病虫害等技术培训，全年共组织技术人员230人次到乡镇村屯指导群众开展技术种养，邀请自治区水产技术推广总站的专家和自治区甘蔗研究所专家到昌平等乡镇开展特种养殖、甘蔗“双高”技术培训8期，培训群众750多人。

【科技交流与推广】 县科技局围绕经济发展需要及地方特色，积极引进推广新技术新品种，2017年引进了龟鳖养殖新技术及甘蔗优良新品种桂糖46、47、48、49号等4个新品种，加快推进新技术新品种的示范推广。

【发明专利工作】 县科技局围绕专利发明创造工作目标，进一步加强发明专利宣传推广工作。派出技术干部深入厂矿企业和大专院校指导专利申请相关工作，邀请北京科亿知识产权代理事务所的3位专家，深入到扶绥县新宁镇、山圩镇、东门镇等乡镇开展发明专利申请技术咨询。积极组织发明专利产品参加自治区在玉林市举办的全区第五届发明成果交易会。及时兑现发明专利申请资助经费，全年共发放发明专利申请资助经费7.2万元。2017年全县完成发明专利申请103件，获得发明专利授权7件，均超额完成目标任务，其中发明专利授权完成目标任务的175%。

（韦秀学）

气　象

【气候特征】 2017年度扶绥县年平均气温偏低，年降水量偏多，年日照时数偏多。2017年度扶绥县年平均气温22.2℃，比历年偏低0.1℃。年内3—8月和10—12月气温偏低，1—2月和9月平均气温较历年同期偏高1℃以上。年极端最高气温为38.4℃，出现在2017年7月31日；年极端最低气温为5.4℃，出现在2017年12月18日。2017年扶绥县降雨量1483毫米，与常年同期相比，偏多277毫米，仍属正常年份。年内，降雨量的时间分布不均匀，与常年同期相比，1月、3月、5—8月、10月、12月偏多，2月、4月、9月、11月偏少。2017年扶绥县年日照时数为1617小时，与历年同期平均值相比属略偏多，与常年同期相比，1、2、4、5、9、10月偏多，3月、6—8月、11—12月偏少。

【主要气象事件及其影响】 扶绥县2017年主要气象事件有台风、暴雨、低温阴雨、寒露风、局部霜冻、大风等灾害。2017年主要有“天鸽”“帕卡”“杜苏芮”“卡努”等4个台风影响扶绥，其中第13号台风“天鸽”对扶绥影响程度相对较重。据统计，因台风影响，全县甘蔗总受灾面积6.693万亩，成灾0.028万亩，绝收0.018万亩。因灾造成的农业经济损失356.25万元，其中种植业经济损失356.25万元。12月17日至21日出现局部霜冻，日平均气温低于12.0℃天气，局地出现轻度霜冻，未出现灾害。

【气象服务】 2017年气象服务主要有决策气象服务、气象应急管理、灾害天气预警预测、人工增雨等工作。认真做好气象灾害预警监测预测服务。对外发布传播的大雾、霜冻、冰雹、大风、雷电、暴雨、高温、台风等灾害性天气各种级别预警信号全年累计达120次。其中，蓝色（一般）预警信号14次，黄色（较重）预警信号7次，橙色（严重）预警信号99次。

短期24小时乡镇天气预报上本县有线电视为公众服务。每日除上、下午定时利用本县气象电子显示屏、农村气象大喇叭做好天气预报服务外，根据灾害天气的突发情况，及时通过本县气象电子显示屏、农村气象大喇叭发布灾害天气预警，并适时提出防灾减灾关注、建议、防御指南等，努力扩大防灾减灾服务面和提高服务效果。积极主动为地方党政领导和有关部门做好防灾减灾、农业生产气象服务工作，做好决策气象服务、公共气象服务及重大天气预警预报服务工作。全年书面编写了《重大气象信息专报》2期，《气象服务信息》材料105期，《春运专项气象服务》材料4期，《春播专项气象服务》材料6期，《专项气象服务》材料1期，《特色农业气象服务信息》材料1期，启动重大气象信息报告2次，《天气快报》材料5期，《秋收秋种气象服务专报》材料1期，《夏收夏种气象服务专报》材料2期，《高考专项气象服务》材料1期。利用县级综合服务平台为县、乡党政领导手机短信和有关部门邮箱发送各乡镇雨量实况、天气预报等25期(篇)、1150人次以上。2017年，根据旱情，在乡镇炮点适时多次开展了人工增雨防雹作业，一定程度减轻了干旱、冰雹大风灾害，降低了森林火险等级，为农业增产增收、生态环境保护提供了有效保障，在农业关键时节和森林防火等工作中作出了应有的贡献。

依托自治区气象减灾研究所技术优势，在“甜蜜之光”现代农业示范区建设甘蔗气象服务示范基地。建设2套甘蔗气象自动观测站，实现农业气象和环境监控为一体的自动化观测，建设甘蔗生产气象服务平台，为农业部门及甘蔗种植户提供甘蔗气象服务产品，特别是开展气象灾害监测预警与评估服务。根据土壤水分观测，结合天气情况，初步开展给蔗农灌溉提供参考建议。利用卫星遥感技术，开展甘蔗种植面积遥感估算、甘蔗长势遥感动态监测与评估，为政府及相关部门提供决策参考，甘蔗气象服务取得一定的成效。

（何雪娥）

水　文

扶绥水文站建站以来实测最高水位88.27米(85米基准)，实测最低水位67.29米。实测最大流量9960米^3/秒，实测最小流量37.5米^3/秒。历史调查最高水位91.01米，最大流量14700米^3/秒。2017年汛期,崇左市受台风、亚热带对流天气、亚热带低压等天气系统的影响，左江扶绥县河段出现1场明显的洪水过程，10月13日左江扶绥水文站断面出现最高水位78.03米，流量为4260米^3/秒，低于警戒线3.77米。

防震减灾

【概况】 扶绥县地震局是县人民政府管理的直属事业单位，人员为参照公务员管理，现核定编制为4人，其中事业编制3名、后勤服务人员事业编制1名，内设综合股。2017年，县地震局贯彻《中华人民共和国防震减灾法》和《广西壮族自治区防震减灾条例》，做好地震监测预报、地震科普宣传和抗震设防工作。县地震局与发改、建设等部门密切配合，对重大工程及一般民用工程的监管进行衔接，保证抗震设防要求管理顺利实施，2017年共办理建设工程抗震设防要求的确定26宗。

【地震烈度速报与预警系统建设】 广西地震烈度速报与预警系统项目计划于2017年全部竣工，经费总投入主要由中国地震局、自治区投入和崇左市、县(市、区)配套解决。该项目在扶绥县设7个台站的新(改)建工作，新建基本台6台，分别在新宁镇、中东镇、渠黎镇、东罗镇、渠旧镇、柳桥镇设点，新建基准台1台，设点于龙头乡。项目投资概算173.17万元，其中，县配套资金69.268万元。2017年6月，龙头、渠旧、渠黎、东罗、中东5个地震监测台站完成信号测试，成功接入区地震监测台网中心，进入试运行阶段。

【群防群控】 扶绥县在新宁、昌平、中东、东罗等镇分别建有5个宏观观测点，11个乡镇配备了兼职防震减灾助理员和地震灾情速报员，“三网一员”已建立起来。新宁镇城西社区已通过崇左市地震局审核，被列为崇左市地震安全示范社区，为扶绥县群防群控工作提供地震安全示范作用。

【防震减灾宣传】 在科普周、全国防灾减灾日和国际减灾日等科普活动中，县地震局开展了形式多样的宣传活动。在主要街道悬挂宣传横额、组织宣传组到县城回归园宣传，到部分中小学校指导地震应急疏散演练，开展防震减灾知识培训、共向社会公众分发有关防震减灾的宣传品10000多份。

【地震应急救援演练】 2017年5月12日前后，县地震局和县教育局联合发文，组织全县中小学校、幼儿园开展了地震应急逃生演练，通过演练提高了师生应急逃生能力。据不完全统计，全县全年有3万多名师生参加各种防震演练。

卫 生

卫生管理

【概况】 2017年末，全县有医疗卫生机构19个，其中县级医疗卫生机构6个、乡镇卫生院13个。全县床位共1389张，其中县级医院985张、卫生院404张，每千人口拥有病床3.04张。卫生系统人员共2088人（含临时聘用），其中卫生专业技术人员1748人，执业医师462人，执业助理医师113人，注册护士779人。平均每千人口拥有卫生技术人员3.88人，平均每千人口拥有执业（助理）医师1.28人，平均每千人口拥有注册护士1.73人。13家乡镇卫生院职工共536人（含临时聘用），其中卫生专业技术人员473人，执业医师87人，执业助理医师43人，注册护士144人。全县128个行政村，每个村设立一个卫生室，有注册乡村医生297名，其中执业(助理)医师34名。全县民营医院2家（扶绥华康医院、扶绥积群中医壮医医院），床位40张（各20张），私立门诊部1家（扶绥民族阳光门诊部），个体诊所76家，共注册执业（助理）医师88名，注册护士18名。

2017年，全县卫生系统立足保障和改善民生，把握改革主线，突出基层重点，加快医药卫生体制改革，进一步完善医疗卫生服务体系，稳步推进医疗卫生各项工作，取得良好成效。年内，全县乡镇卫生院以上医疗机构完成门诊诊疗146.2万人次，住院病人5.0万人次；法定报告传染病发病率为710.01/10万；孕产妇系统管理率为63.5%，儿童保健管理率为93.5%，孕产妇死亡率为33.86/10万，5岁以下儿童死亡率为2.88‰，婴儿死亡率为2.37‰。

【医疗管理】 2017年，继续完善扶绥县医疗质量控制体系，扎实开展“进一步改善医疗服务行动计划”“千医进千屯服务万家”等活动，积极开展临床路径管理工作、优质护理示范工程。积极组织开展各种培训，组织开展县级医院骨干医师培训5人，全科医生转岗培训2人，儿科医生转岗培训1人，精神科医师转岗培训1人。做好国家年度医师资格、医师定期考核、住院医师规范化考试、护士资格考试的考务工作。

【医疗机构规范化管理】 2017年，执业校验检查187家医疗机构，其中有床位的医疗机构14家，无床位的医疗机构173家。进一步贯彻落实《执业医师法》《护士条例》和《护士执业注册管理办法》，全年办理医师执业首次注册8人次，各类执业变更61人次。

【医疗行业专项管理】 2017年根据上级行政部门要求，积极开展了“二级以上综合医院巡查医院督查”、分级诊疗工作、2017年全市健康扶贫重点工作、乡镇卫生院中医综合服务区（中医馆）建设、医疗机构中药饮片管理专项检查、2017年人间传染的病原微生物实验室生物安全专项等工作的督查，并对督查结果进行了通报和整改。通过督查，进一步提升医疗卫生行业的服务能力和医疗行业行为的规范化建设。

【药品集中招标采购】 2017年各医院严格执行国家基本药物制度，全县所有县级公立医院实施国家基本药物制度并实行药品零差率销售。药品及耗材采购均在“广西壮族自治区药械集中采购网”上集中招标采购，根据《关于印发广西壮族自治区公立医疗机构药品集中采购“两票制”实施方案（试行）的通知》要求，县级公立医院药品采购实施“两票制”，乡镇卫生院也逐步推行“两票制”。

农村医疗卫生

【基础设施建设】 2017年，全县共获得中央预算内投资卫生基础设施项目3个、自治区基层医疗卫生能力建设项目2个，总投资1234万元，其中中央预算内投资1040万元、自治区配套资金328万元、自筹资金302万元。渠黎镇卫生院公卫楼项目建设面积1359.43平米，总投资241万，主体工程已完工。中东中心卫生院门诊综合楼项目建设面积1645.17平方米，投资约275万元，主体工程已完工。渠旧镇卫生院业务综合楼项目建设面积836.42平米，总投资200万元，主体工程已完工。西长卫生院住院综合楼项目建设面积1153.35平米，总投资为214万元，主体工程已完工。昌平中心卫生院门诊综合楼项目建设1702.52平米的公卫楼，总投资304万，主体工程已完工。

【基本公共卫生服务】 截至2017年12月31日，全县建立城乡居民电子健康档案累计325383人，规范化电子建档率82.19%，进一步提高孕产妇、0~6岁儿童、65岁以上老人健康管理水平。高血压管理21409人，规范化管理人数达18346，规范化管理率85.69%。糖尿病管理5772人，年内规范管理患者达5148人，规范化管理率89.19%。发现的重性精神病人全部纳入管理，继续加强三级及三级以上重性精神病人管理。

【家庭医生签约服务】 2016年10月起全县13家乡镇卫生院均全面开展家庭医生签约服务活动。各乡镇按照辖区内居民实际户数和人口数，组建由全科医生或骨干医生、护士、公卫人员、乡村医生等人组成的服务团队。由乡镇卫生院协同乡村医生全面开展“进村入户、送健康”签约活动。对群众进行健康生活方式指导，健康和相关医改政策宣教，做到村不漏户、户不漏人，采取主动服务、上门服务、预约服务、电话服务的形式，鼓励村民参与签约活动。乡村医生根据家庭成员的实际个体情况确定服务项目，与辖区内的居民签订服务协议，确定服务内容、方式、期限等，以高血压、糖尿病、严重精神障碍、肺结核患者及65岁以上老年人、0~6岁儿童、孕产妇、残疾人、计划生育特殊家庭等重点健康管理人群为重点，为城乡居民提供主动、连续、综合、个性化的基本公共卫生和基本医疗服务。其中针对高血压、糖尿病、严重精神障碍、肺结核等慢性疾病重点人群，按照基本公共卫生服务规范要求进行管理，开展日常随访和健康管理工作。全县常住人口签约240708人，签约率60.80%；重点人群签约86374人，签约率81.97%。贫困人口20114人，已全部签约，贫困人口签约率达100%；贫困人口建档20114人，建档率达100%。稳步提升签约服务，加强对重点人群签约服务。

爱国卫生

【概况】 2017年，全县爱国卫生工作坚持“以基层为重点，以改革创新为动力，预防为主，中西医并重，把健康融入所有政策，人民共建共享”的卫生与健康工作方针，以满足人民群众健康需求为导向，以提高人群健康素养水平为抓手，以健康促进与教育体系建设为支撑，着力创造健康支持性环境，全方位、全生命周期维护和保障人民健康。全县在爱国卫生宣传和教育、环境卫生基础设施建设、城乡清洁工程、病媒生物防治、农村改水改厕、卫生创建等方面取得了较好的成绩，为健康扶绥建设作出贡献。

【爱国卫生宣传】 组织开展多形式、多渠道的宣传活动，争取群众的支持、配合、参与，形成全社会共同参与的生动局面。在3~4月份组织爱国卫生运动65周年纪念暨第29个爱国卫生月宣传教育活动，在7月份组织开展洪灾期间及灾后爱国卫生宣传教育等系列活动。依托“健康中国行活动”“全民健康生活方式行动”“国家基本公共卫生服务项目”“千医进千屯服务万家”等重点工作开展一系列的宣传活动。据统计，开展健康教育和义诊活动140余次，更新宣传栏960余期，提供健康教育宣传资料162种24万多份，开展公众健康咨询140余次，参加人数65400余人，开展健康教育讲座900余场次，参加人数79600余人。

【健康教育】 扶绥县始终把健康教育提高居民健康素养作为环境卫生整洁行动的前提和基础，组织实施“健康中国行活动”“全民健康生活方式行动”“国家基本公共卫生服务项目”“千医进千屯服务万家”等活动，围绕群众健康需求和卫生防病工作重点，大力开展多种形式的健康教育与健康促进工作。开展中国居民健康素养66条、科学就医、合理用药、合理膳食、无烟生活、食品安全、饮用水与环境卫生、慢性病、传染病防治、妇幼保健等相关知识培训。结合卫生行业特点开展世界结核病防治日，全国疟疾日、世界卫生日、世界无烟日、防治碘缺乏病日、全国儿童预防接种日、食品卫生法、职业病防治法、母婴保健法、世界艾滋病日、爱牙日、高血压日等健康科普宣传活动，通过扶绥电视台、《今日扶绥》、扶绥门户网站等向广大居民和外来劳务工人员开展健康教育，倡导推广全民健康生活方式，普及健康生活理念，提升群众健康素养和生活质量，积极传递健康信息，弘扬健康文化，引导群众改陋习、讲文明、讲卫生、爱环境、树新风。

【环境卫生基础设施建设】 结合自治区文明城市创建工作，“美丽广西、宜居乡村”活动，农村生活垃圾治理专项行动，全县在环境卫生整洁行动中投入资金，加强和完善了环境卫生基础设施建设。推广运用政府和社会资本合作模式的农村垃圾村收镇运PPP项目，实现“村收镇运县处理”生活垃圾无害化、资源化综合处理，解决城乡环境“脏、乱、差”问题。继续推动3个乡镇污水处理厂设施建设，完善污水处理厂管网建设。3个乡镇污水处理厂已于2017年底前通水试运行，管网完善后，将进一步提升我县乡镇的污水处理能力。有序推进农村环境综合整治项目工作，不断提高全县农村污水收集处理，池塘清淤、护坡、黑臭水体治理、饮用水源保护、生态改造等的建设能力。据统计，全县城乡生活垃圾无害化处理率为100%，98.4%的行政村和90%的村庄生活垃圾得到有效处理。城市生活污水处理率为89.77%，农村生活污水处理率为20.45%。

【城乡清洁工程】 结合创城活动，重点清理影响城乡容貌环境卫生的死角、重点区域，清除各类积存垃圾，清理各类小广告，整治车辆乱停乱放，占道经营的行为，平整道路，疏通沟渠，搞好室内外卫生。已形成每周二在各自的责任区内集中开展环境卫生整治活动的长效机制。据统计，全县已开展环境卫生整治20次，清理蚊幼孳生地100多处，清运垃圾5吨，发动职工、群众、学生60000多人次。全县共清理背街小巷120多条，整治铁路、公路等交通沿线10000米，整理农贸市场及周边15个，整治城中村各城乡结合部15个，有效整治环境脏、乱、差现象，达到了环境卫生的整洁、美观。

【病媒生物防治】 坚持以环境治理清除有害生物孳

生地为主的综合防制措施。2017年在全县范围内采取"群众广泛参与与专业队消杀相结合,环境卫生综合整治与药物消杀相结合"的办法,统一开展夏季除"四害"行动。此次行动,县财政安排资金10万元用于购买消杀药物。共喷洒杀虫热雾剂(浓缩液)50升,覆盖面积35平方公里;投放鼠药3.5吨,发放鼠仓2000个。

【农村饮水安全】 为进一步提高农村自来水普及率和提高水质合格率,投入资金420.36万元,实施农村安全饮水解困工程15个,解决1.4万人饮水安全问题。加大对农村饮用水卫生安全监管力度。通过定期开展饮用水水源地保护区执法、饮用水卫生安全巡查工作,及时发现异常情况,及时处置,确保农村水源水质、饮用水卫生安全。加强生活饮用水的卫生监测和通报,通过加强饮用水现场调查质量控制、检测质量控制以及监测数据审核等工作,开展饮用水卫生监测和通报。全县农村生活饮用水水质卫生合格率62.82%。

【农村改厕项目】 切实做好农村新建住户、农村危房改造项目的实施。通过在全社会积极宣传卫生与健康、防病与除害知识、改厕及环境整治的重要意义,深入开展讲文明、除陋习活动,广泛普及环境和卫生科普知识,营造良好的改厕工作氛围。为农村改厕提供技术支持,开展质量监督,确保农村改厕工作质量,积极推进农村改厕工作。据统计,2017年,累计卫生厕所户数9.6802万户,卫生厕所普及率90.05%,无害化卫生厕所普及率85.1%。

疾病预防控制

【机构与人员】 2017年,扶绥县疾病预防控制中心在职职工77人,其中具有高级职称5人、中级职称20人、初级16人。班子领导有主任1人、副主任2人。设办公室、免疫规划科、检验科、结核病防治科、艾滋病控制科、基本公卫科、卫生科、流行病防制科、健康教育科、质量管理科、财务科。

【免疫规划】 2017年县疾控中心建成了崇左市第一家先进的数字化预防接种门诊。全县首推预防接种"小豆苗"APP公众号。实现互联网+预防接种服务新模式。按照2017预防接种规范管理年实施方案,全县按照1.2/万配置人员专职人员,实行工作日和街圩日定点接种制度,确保儿童按时及时接种。全县接种单位14个,2017年全年上卡儿童6558人(上年同期上卡6529人),上卡率为14.47‰;常规疫苗报告接种123318剂次,报告接种率为99.84%。开展了入学、入园儿童100%接种证查验,补种率99.14%。2017年全县首推崇左市县级宫颈癌疫苗接种,惠及200多名妇女。2017年,共接种狂犬疫苗5465支。年内,全县无发生狂犬病病例及死亡病例。

【传染病监测报告】 2017年完成监测AFP病例3例、排除3例。排查疑似麻疹10例,确诊1例(东门),无新破、白喉、小儿麻痹症病例,各项监测指标均符合有关标准。全县报告网络监测法定传染病种15种2777例。无甲类,乙类10种787例,丙类5种1990例。年报告发病率710.01/10万,疫情同期上升36.57%,主要为手足口病升高影响。同时,经血、性传播疾病居高不下,新发有外源性疟疾等。各种传染病呈散发。18家报告单位中,有病例报告17家,报告率94.44%。

【艾滋病防治】 2017年,建立健全县乡村三级防艾网络建设,全年卫生医疗机构共检测就诊人群101331人次,婚检人群3981人,筛查率100%,孕产妇9441人,筛查率100%。羁押场所两劳人员340人,自愿咨询门诊免费自愿咨询检测225人。哨点性病门诊监测400例,完成任务100%;国家级孕产妇哨点监测200例,完成任务100%;各类人群检测均有阳性出现,全部得到转介和进一步确证,做到及早发现早治疗。全年累计报告发现扶绥县现住址艾滋病病例1166例,已经死亡497例,存活669例。

【结核病防治】 2017年贯彻落实国家"十三五"结核病防治规划,规范管理治疗结核病。全年肺结核可疑症状者就诊登记1186例。发现初治或复治涂阳活动性肺结核患者170例,其中新涂阳肺结核患者发现63例,复治涂阳6例,新涂阴101例。开展115所学校结核病自查督导,学校密切接触者筛查,报告疑似肺结核5例。

【疟疾防治】 2017年共采集"三热"病人血片765例和镜检,其中流动人口90例,疟疾阳性3例,均为非洲输入性病例。对新宁长沙村等3个疫点进行喷洒灭蚊等调查处置,无二代病例发生。全面完成广西西南联防区疟疾防治监测任务。

【麻风病防治】 2017年,扶绥县皮肤性病防治站设门诊部、办公室、社防科、检验科。在职职工13人,其中具有中级职称8人。2017年完成了可疑麻风病例筛查35例(任务30例)、密切接触者检查175例(任务40例),麻风病人规范治疗率100%,随访率100%,判愈麻风病人1例,治愈存治病人调查率100%。麻风病网络管理系统按要求及时填报。2017年全县没有新发麻风病人,年底现症病人1例,患病率为0.02/万,达到基本消灭麻风病目标要求。

【地方病防治】 2017年监测碘盐覆盖率100%,碘盐合格率95.3%,合格碘盐食用率95.3%。儿童尿碘中位数148.25,处在适宜水平。水碘水样合格。地方病防治工作"三率"指标均达到国家持续消除碘缺乏病的目标要求。

【职业健康管理】 2017年开展从业人员健康体检7003人,其中餐饮从业人员、公共场所从业人员4062人、药品类从业人员271人、食品流通从业人员,食品加工从业人员2670人。共受理各类样品702份。其中水质样品149份,碘盐样品300份,水碘43份,食品安全风险监测样品210份,受理的样品送检及时。

【公共卫生与食品安全监测】 2017年公共卫生科完成城市生活饮用水水样16份,合格16份,合格率100%;农村生活饮用水水样80份,合格46份,合格率为57.50%。农村饮水安全工程水样64份,合格39份,合格率为60.94%。盐碘含量监测300份,合格率95.3%;水碘监测70份,未发现高水碘水样。共采集8~10岁儿童尿样200份,尿碘中位数148.25,<20μg/L的比例0.05%(1人),儿童尿碘处在适宜水平。共采集孕妇尿样100份,尿碘中位数96.9μg/L,<20μg/L的比例5%(5人)。食品安全风险监测样品194份。完成扶绥监测县12所学校的农村义务教育学生营养改善计划营养健康状况监测评估工作。

【检验检测】 2017年检验科结核部分共完成了生化检测94人份、痰检1723人份、痰培养62人份、结核杆菌群DNA检测19人份。健康体检部分生化检测共6793人份、粪检6793人份,HIV初筛1462人份,水质检测169份,食品检测214份,狂犬抗体40人份,医疗监测20份,盐碘300份,水碘71份,尿碘300份。

卫生监督与执法

【机构与人员】 扶绥县卫生计生监督所承担全县医疗卫生、传染病防治、公共场所卫生、学校卫生、生活饮用水卫生、职业卫生、放射卫生等监督管理职责。机构内设办公室、许可审查科、监督一科、监督二科、监督三科和法制稽查科等6个科室。2017年在职职工23名,其中大专以上学历21人,占91%;专业技术人员20人,占87%。

【医疗卫生监督】 2017年,为规范村卫生所(室)及个体诊所静脉用药,卫生监督执法人员深入乡镇村屯开展对村卫生所(室)、个体诊所静脉用药监督检查工作。共出动执法车辆50余辆次,执法人员200人次,监督检查诊所190多家,村级卫生所(室)静脉用药乱像得到有效遏制。以打击涉医领域损害群众利益专项治理为切入点,加强医疗卫生监督工作,共检查医疗机构224家次,全县共立案查处8起医疗违法违规案件。促进医疗机构、计划生育技术服务机构依法执业,维护医疗服务市场正常秩序,切实保障人民群众健康权益,维护社会和谐稳定。

【职业卫生监督】 2017年,开展职业病防治宣传活动,出动车辆10次,出动监督人员30人次,共发放宣传单3000余张,出宣传板、栏2处,设职业病防治知识咨询台2处,接受咨询人数约1000人,张贴宣传画20张,收到了较好的宣传效果。开展放射工作人员健康监护的监督管理,全县共有9家开展放射诊疗单位,均建立有放射卫生人员健康监护档案,按时对放射卫生人员进行了体检、个人剂量计的监测和登记工作,较好地保护放射卫生人员的健康。

【传染病防治卫生监督】 2017年,对全县包括县疾病预防控制机构、县直医疗卫生单位、乡镇卫生院、民营医院和村卫生所在内的各级医疗机构开展了传染病防治工作执法检查。共出动卫生监督员220人次,车辆50台次,共检查县级医疗机构、乡镇卫生院、个体诊所、疾控中心等224家,重点就疫情报告、医疗废物处置等情况进行督查,并下达224份监督意见书。

【公共场所卫生监督】 2017年,以量化分级管理工作为抓手,加强公共场所卫生监督。对全县公共场所经营单位170家(住宿业75家、美容美发场所92家、游泳场所3家)和从业人员326人,进行全覆盖的监督检查,出动340人次,下发卫生监督意见书170份,公共场所卫生状况得到进一步改善。积极开展艾滋病防治工作,发放宣传资料2000余份。举办公共场所卫生知识及艾滋病防治知识培训班,培训业主153人,提高了公共场所从业人员防病意识。

【生活饮用水卫生监督】 2017年,结合城乡清洁工程和扶贫工作,开展生活饮用水卫生监督。检查县级市政供水单位1家,乡镇农村集中式供水单位11家。抽查供管水人员13人,健康体检率和卫生知识培训持证率为100%,监测供水单位9户,合格率为100%。

【学校卫生监督】 2017年,以学校卫生监督信息公开工作入手,加强学校卫生监督。共派出卫生监督人员74人次,对全县37所学校的学校生活饮用水卫生、传染病防治工作及教学环境、生活设施卫生等内容进行了监督检查。下发卫生监督意见书37份,对存在问题提出整改意见,限期整改。同时,通过信息公告栏、政府政务公开网站、县卫生和计划生育局网站、广播、电视、报刊等形式,主动公开学校卫生监督信息,共公开23件次(法律法规18件次,学校卫生重点监督检查4次,综合监督评价1次)。

【放射卫生监督】 2017年,加强放射卫生监督工作,全县持有放射诊疗许可证的医用辐射单位9家,放射工作人员29人,持有效放射工作人员证29人,持证率100%。对各类放射机构进行经常性卫生监督18户次,合格18户次,合格率100%。

妇幼保健

【机构与人员】 2017年,县妇幼保健院有职工197人,其中卫生技术人员149人,占职工总人数的75.6%。医生53人,护士75人(其中副高职称5人,中级职称55人),开放病床103张。占地总面积6485平方米,业务用房建筑面积10039平方米。内设办公室、医务科、护理部、质控科、保健部、妇女保健科、儿童保健科、计划生育科、信息科、妇科、产科、儿科、内外科、麻醉科、医技科、药剂科等富有妇幼保健特色的科室。

【妇女保健】 继续实施“降低孕产妇死亡率和消除新生儿破伤风”项目。2017年，县妇幼保健院共举办培训班76期，培训县乡村妇幼保健人员2561人次，抢救危急重症孕产妇35人，救助金额3.5万元。住院分娩率达到100%，孕产妇死亡率50.78/10万，新生儿破伤风发病率降至0‰。免费为孕产妇提供5次孕期基本产前检查和2次产后访视任务。年内共为孕产妇建立保健手册（卡）4772人，进行产前检查4772人，产后访视5210人。对高危孕产妇进行专门建档和追踪管理2384人，管理率100%。全县产前检查率达到100%，产后访视率达到86.68%，孕产妇保健系统管理率达到66.05%。在县妇幼保健院和县人民医院开展妇女病普查，共普查7721人，查出患妇女病3520人，患病率45.59%，其中阴道炎902人，宫颈炎169人。

【儿童保健】 继续实施国家基本公共卫生服务项目，免费为0~6岁儿童提供优质的保健服务。开展儿童生长发育监测、儿童早期教育指导、高危儿早期干预指导、婴幼儿喂养指导等。2017年，县妇幼保健院共为儿童智能筛查5470人，儿童营养指导4852人。全县开展母乳喂养调查4852人，实行母乳喂养4545人，母乳喂养率93.67%。加强托幼机构卫生保健管理和指导，对入托园儿童和幼教工作人员进行健康体检，年内全县共对10975名在园儿童进行健康体检，7岁以下儿童保健系统管理率93.53%，对托幼老师进行健康体检870人。加强婴幼儿常见病防治，对小儿贫血、腹泻、佝偻病、肺炎进行专案管理，年内共开展新生儿疾病筛查5639人，听力筛查5439人，G–6PD筛查5639人，先天性甲状腺功能低下筛查5639人，苯丙酮尿症筛查5639人，血红蛋白检查9974。婴儿死亡率2.88‰，5岁以下儿童死亡率5.25‰。

【重大妇幼卫生项目】 继续实施国家重大公共卫生和医改惠民服务项目，国家投入资金开展“降低孕产妇死亡率和消除新生儿破伤风”项目，预防艾滋病、乙肝和梅毒母婴传播项目，防治地中海贫血项目，农村孕产妇叶酸补服项目，免费婚前医学检查项目，产前筛查和新生儿疾病筛查补助项目，孕产妇保健和儿童保健服务项目，农村妇女“两癌”筛查项目等重大公共卫生和医改惠民服务项目。2017年，共进行免费婚检4420人，婚检率达到96.59%；叶酸补服3203人，服用率95.81%；进行地中海贫血筛查10100人次，筛查率96.51%，筛查阳性2134人，其中已孕夫妇双方阳性349对；开展孕产妇艾滋病检测10355人，检测率99.6%，检出阳性2人；梅毒检测10355人，检测率99.25%，感染29人；乙肝检测10355人，检测率99.25%，检出阳性1023人；产前筛查3224人，筛查率82.69%；新生儿疾病筛查5792人，筛查率98.05%。

卫生监督

【概况】 扶绥县卫生计生监督所承担全县医疗卫生、传染病防治、公共场所卫生、学校卫生、生活饮用水卫生、职业卫生、放射卫生等监督管理职责。机构内设办公室、许可审查科、监督一科、监督二科、监督三科和法制稽查科等六个科室。2017年在职职工23名，其中大专以上学历21人，占91%；专业技术人员20人，占87%。

【医疗市场监督】 2017年，为规范村卫生所（室）及个体诊所静脉用药，卫生监督执法人员深入乡镇村屯开展对村卫生所（室）、个体诊所静脉用药监督检查工作，共出动执法车辆50余辆次，执法人员200人次，监督检查诊所190多家，村级卫生所（室）静脉用药乱象得到有效遏制。以打击涉医领域损害群众利益专项治理为切入点，加强医疗卫生监督工作，共检查医疗机构224家次，全县共立案查处8起医疗违法违规案件。促进医疗机构、计划生育技术服务机构依法执业，维护医疗服务市场正常秩序，切实保障人民群众健康权益，维护社会和谐稳定。

【传染病防治卫生监督】 2017年，对全县包括县疾病预防控制机构、县直医疗卫生单位、乡镇卫生院、民营医院和村卫生所在内的各级医疗机构开展了传染病防治工作执法检查。共出动卫生监督员220人次，车辆50台次，共检查县级医疗机构、乡镇卫生院、个体诊所、疾控中心等224家，重点就疫情报告、医疗废物处置等情况进行督查，并下达224份监督意见书。

【公共场所卫生监督】 2017年，以量化分级管理工作为抓手，加强公共场所卫生监督。对全县公共场所经营单位170家(住宿业75家、美容美发场所92家、游泳场所3家)和从业人员326人，进行了全覆盖的监督检查，出动340人次，下发卫生监督意见书170份，公共场所卫生状况得到进一步改善。积极开展艾滋病防治工作，发放宣传资料2000余份。举办公共场所卫生知识及艾滋病防治知识培训班，培训业主153人，提高了公共场所从业人员防病意识。

【生活饮用水卫生监督】 2017年，结合城乡清洁工程和扶贫工作，开展生活饮用水卫生监督。检查县级市政供水单位1家，乡镇农村集中式供水单位11家。抽查供管水人员13人，健康体检率和卫生知识培训持证率为100%，监测供水单位9户，合格率为100%。

【学校卫生监督】 2017年，以学校卫生监督信息公开工作入手，加强学校卫生监督。共派出卫生监督人员74人次，对全县37所学校的学校生活饮用水卫生、传染病防治工作及教学环境、生活设施卫生等内容进行了监督检查，下发卫生监督意见书37份，对存在问题提出整改意见，限期整改。同时，通过信息公告栏、政府政务公开网站、县卫生和计划生育局网站、广播、电视、报刊等形式，主动公开学校卫生监督信息，共公开23件次(法律法规18件次，学校卫生重点监督检查4次，综合监督评价1次)，有力提高学校卫生管理水平。

【职业卫生监督】 2017年，开展职业病防治宣传活动，出动车辆10次，出动监督人员30人次，共发放宣传单3000余张，出宣传板、栏2处，设职业病防治知识咨询台2处，接受咨询人数约1000人，张贴宣传画20张，收到了较好的宣传效果。开展放射工作人员健康监护的监督管理，全县共有9家开展放射诊疗单位，均建立有放射卫生人员健康监护档案，按时对放射卫生人员进行了体检、个人剂量计的监测和登记工作，较好地保护放射卫生人员的健康。

【放射卫生监督】 2017年，加强放射卫生监督工作，全县持有放射诊疗许可证的医用辐射单位9家，放射工作人员29人，持有效放射工作人员证29人，持证率100%。对各类放射机构进行经常性卫生监督18户次，合格18户次，合格率100%。

疾病预防控制

【概况】 2017年，县疾病预防控制中心优化业务科室设置，筑巢引风让人才充分发挥才干，各项业务工作如期推进，重大疾病控制、艾滋病防治攻坚工程、公共卫生服务、免疫规划、卫生检测等各项业务成效显著。2017年，县疾控中心建成全市先进超前的数字化预防接种门诊，优化了预防接种环境。全县首先推广使用预防接种“小豆苗”APP，发布疾控信息公众号。健康体检登记发证与检验、质控接入，实行信息系统自动化，做到了互联网+预防接种服务的新模式。常规疫苗报告接种率99.20%，超额完成95%指标任务。上年同期新登记涂阳病人登记治愈率为

90.80%，达到87%任务指标。年内筹措项目经费1840.57万元，人均补助46.49元。城乡居民建档率80.12%，达2017年工作指标(≥75%)要求，达到党政绩效80%的要求。

【艾滋病攻坚】 2017年新增发现报告的艾滋病现住址病例为77例，较2016年(79例)下降2.53%；死亡率为5.62%，其中在治病人病死率为1.15/(百人·年)。2017年死亡率较2014—2016年平均死亡率(5.98%)下降6.02%。

【饮用水安全监测】 2017年，完成自治区卫计委下达的水质卫生、居民饮用水安全监测任务，综合合格率67.33%，达到57%绩效要求。

【食品安全风险监测】 2017年完成上级下达的194份各类食品采样检测报送。超额完成210例食品安全食源性病例监测。年内无重大食品污染，无食品安全事件发生。

【科学应对卫生应急处置】 建立健全了一支卫生应急队伍和常备物资储备。较好完成2017年有关卫生应急工作。针对手足口病疫情大幅上升，及时督导指导，迅速推广接种EV71疫苗，疫情可控，无暴发流行。2017年冬季，全国流感疫情骤增，扶绥县也受波及，县疾控中心及时调查处置，普及预防接种，稳定家长情绪，加强学校卫生宣教，疫情稳中有降。2017年底，左江上游因工厂安全事故水质受污染，县疾控中心应急响应，随跟污染带流经的河段，短短几天连续9次的水质监测，即时通报县政府，确保了全县水质安全。

【公共卫生服务】 2017年，县疾控中心完成70名长寿老人扶绥“长寿之乡”长寿相关因素调查工作。完成扶绥监测县的12所农村义务教育学校学生营养改善计划营养健康状况监测评估工作。完成碘缺乏病等地方病防治工作，“三率”指标均达到国家持续消除碘缺乏病的目标要求。扶绥县的全区全人群死因监测点年内报告粗死亡率为5.8‰，与全国粗死亡率平均指标持平。完成各类人员健康体检7200多人，受理各类样品1286份。

【麻风病防控】 按照区、市、县《消除麻风病危害规划(2010—2020年)》和区卫计委《2017年麻风病防治项目实施方案》的要求，以病例发现、病例诊断和治疗、处置不良反应和疫情监测等为工作重点，认真抓好可疑麻风病筛查、密切接触者检查、现症病人治疗、疫情监测和消除麻风病危害规划中期评估等工作，全县麻风病疫情得到有效控制。2017年完成密切接触者检查175例，占任务40例的347.5%；完成可疑病例筛查35例，占任务30例的116.6%；判愈病人1例，全县还有现症病人1例，麻风病患病率为0.22/10万，保持基本消灭麻风病目标要求。

【性病疫情监控】 认真实施区、市、县《预防和控制梅毒规划(2010—2020年)》，对照目标要求，落实责任，确保工作有效开展。加大对各医疗机构的业务指导以及加大性病疫情监测力度等措施，提高全县性病诊断、治疗和疫情报告的质量。针对淋病疫情报告发病率上升的问题，组织人员对全县医疗机构进行核查，发现问题及时指出整改意见。全县第1—3季度通过网络报告的梅毒、淋病疫情分别为83例和35例，报告发病率分别为18.44/10万、7.77/10万，与上年同期相比，梅毒病例增加21了4例(33.87%)、淋病病例增加17例(94.44%)。

县级医疗机构

县人民医院

【概况】 扶绥县人民医院是一所集医疗、教学、科研和预防保健为一体的现代化综合性国家二级甲等医院和国家级爱婴医院，承担着甜乡40多万人及邻县乡镇的医疗保健以及“120”急救任务，人口覆盖近70

万人，同时承担县肿瘤防治研究所的职能。2017年在岗职工795人，其中卫技人员中660人、医生212人、护士386人、医技人员62人，拥有副高级职称33人、中级职称200多人。设临床科室23个，涵盖门急诊、内、外、妇产、儿、中医等所有专业，医技科室9个。医院核定床位数380张，可开放床位数600张。2017年门急诊诊疗人次497505人，出院人数28683人，住院手术人数4740例。

【加强与省级医院合作】 自从2016年与广西区人民医院结成医疗联合体以后，为了增加合作力度，经双方院长共同协商，2016年11月23日，签约聘任广西区人民医院医学博士、消化内科主任医师梁列新，硕士研究生导师、心血管内科主任医师刘伶，硕士研究生导师、眼科主任医师李莉，硕士研究生导师、儿科主任医师温志红，骨科主任医师丘德赞为该院对口科室技术主任。2016年12月5名聘任专家定期到院开展工作，通过专家坐诊、业务查房、疑难病例讨论、手术示范和开展新技术等，及时解决危、急重症病人会诊转诊，不断提高扶绥县人民医院的诊疗水平，为当地群众提供优质便捷的医疗服务。

【筹备远程会诊系统】 2016年8月12日，广西区人民医院与扶绥县人民医院结成对口支援医院，同时筹备远程会诊系统。2017年7月11日下午，扶绥县人民医院通过远程会诊系统邀请广西医科大学第一附属医院专家进行首次远程会诊，标志着该院远程会诊中心正式启用，有效提高了该院医疗服务能力及疑难重症救治水平，为广大人民群众带来"大病不出县"的就医便利。

【开展新技术新项目】 2017年11月3日新引进的德国产西门子螺旋CT正式投入使用，提高了诊疗技术水平。成功开展了腔镜下直肠癌根治术，腔镜下单侧甲状腺次全切除术，手术病人稀释式自体输血，动静脉内瘘成形术，人工全髋关节置换术，脊柱骨折钉棒系统内固定术等6项新技术，并取得了良好社会效益。

【建立医共体】 2017年8月21日，扶绥县人民医院医共体成员单位揭牌仪式暨开展为民义诊活动在昌平中心卫生院举行。扶绥县委常委、宣传部部长、副县长陈英，县卫计局局长卢国坚，扶绥县人民医院院长黄福生，昌平中心卫生院院长吴守宏为医共体成员单位揭牌。两家医院代表以及社会各界群众100多人参加了揭牌仪式，扶绥县人民医院党委书记陈楚红主持仪式。建立医共体目的是帮扶乡镇医疗机构提升医疗服务能力，有效减轻群众看病负担。在人才、技术、管理等方面给予卫生院更多的支持和帮助，通过"共建、共担、共享"实现"共体、共心、共益"，营造良好的就医环境，为群众提供更为优质的服务。18日、21日两天扶绥县人民医院分别在东罗分院、渠旧分院、东门分院、西长分院、柳桥分院、中东分院6个乡镇7家医院举行了医共体成员单位揭牌仪式并召开了座谈会。

【健康扶贫】 2017年11月23日，扶绥县人民医院组织有内科、外科、妇产科、儿科、功能科、检验、护理等各科组成的医疗队，联合医共体柳桥镇卫生院和乡村医生启动"千名医生进万家——健康扶贫"义诊活动，第一站在柳桥镇那加村村委会举行。逐后将联合柳桥、东门、西长、东罗、渠旧、中东、昌平7个医共体分院及乡村医生到26个贫困村，开展为时25天的"千名医生进万家——健康扶贫"义诊活动，让贫困村屯群众就近享受县级医院专家的贴心服务，为脱贫攻坚提供健康保障。

县中医院

【概况】 广西中医药大学附属瑞康医院空港院区，暨扶绥县中医医院(扶绥县壮医医院)，2011年4月，经自治区卫生厅、发改委、崇左市扶绥县政府等部门批准，扶绥县中医医院整体移交广西中医药大学附属瑞康医院并成立空港院区，是一所集医疗、教学、科研、预防、保健、康复为一体的、区内排名前列的综合性二级甲等中医医院，是医保、新农合、城镇医保定点医院。空港院区与瑞康医院实行统一管理、资源共享，瑞康医院投入大批医疗设备和大批专家教授驻空港院区，整体医疗实力和影响力位列扶绥县乃至崇左市辖区前茅。

医院现分为空港院区（在建）、临江路院区（原中医院）和南密门诊部，开设有9个临床科室、7个病区、3个医技科室。几年来瑞康医院相继委派了约200余名具有高级职称及丰富临床经验的技术人才到空港院区工作，担任临床科室负责人，完善了相关制度，规范了诊疗技术，切实有效地提高了医院的整体技术力量。院区有瑞康医院委派的医疗骨干30余人，其中主任医师5人、副主任医师22人，医学博士3人、医学硕士19人。中医、中西医结合业务范围涵盖内科、外科、骨科、妇产科、急诊科等临床科室，技术力量在全区同级中医医院名列前茅。医院坚持"中西医结合发展"方针，紧跟现代医学发展趋势，充分发挥中医、民族医特色和优势，加大学科建设投入和发展，以中医骨伤科、针灸推拿科、中医妇科、脑病科4个重点专科为先导，带动发展内科、外科、骨科、妇产科、儿科等学科的发展。

【医疗设备】 医院拥有世界上最先进的放疗设备——射波刀，美国产高能电子直线加速器，美国核磁共振，16排螺旋CT，带数字减影旋转大C臂及小C臂X光机、1000mAX线机、CR、DR及体外循环机，立体定向导航手术系统，准分子激光近视治疗仪，热循环式血液净化系统（人工肝），流式细胞仪，美国RXL全自动生化分析仪，超声刀。进口全身彩色B超13台，德国、日本、美国产血液透析机20台，多功能电脑呼吸机10台，小肠电子超声内窥镜系统，奥林巴斯腔镜系列，24h彩色监护仪等一大批高精尖医疗、教学、科研仪器及设备。

县妇幼保健院

【概况】 县妇幼保健院成立于1956年，属公益性事业单位，是扶绥县医疗保险、合作医疗、健康检查定点医院，承担着全县妇幼保健、计划生育技术服务及指导、培训、信息管理等工作。2017年与县计生站完成合并，挂牌扶绥县妇幼保健计划生育服务中心。临床科室分妇科、产科、儿科、新生儿室、内儿科，手术室、疼痛门诊,各科均形成自已的特长和优势。同时还有设备先进的检验科、功能科（B超、心电图、放射）、药剂科、供应室等辅助科室。医院现有职工197人，其中卫生技术人员149人，占职工总人数的75.6%；医生53人，护士75人（其中副高职称5人，中级职称55人），开放病床103张。2017年，制定《扶绥县育龄妇女叶酸补服实施方案》，开展宣传动员，利用婚前医学检查、孕前检查、产前检查、入户等做好叶酸补服药品的免费发放工作。全年共免费发放叶酸补服人数3203人，服用率95.8%、知晓率100%、依从率86.2%。组织全县预防艾滋病、乙肝、梅毒母婴传播项目管理培训班，共举办培训班2期，培训204人。开展为结婚的青年男女免费检测共4420人，孕妇艾滋病检测4708人，产妇检测5647人，梅毒产妇所生儿童19人，已进行规范诊疗19人，规范诊疗率达到95.2%。乙肝表面抗原阳性产妇所生儿童618人，接受乙肝免疫球蛋白注射618人，注射率达到100%。此项目共减免群众费用51.06万元。

【医疗业务】 婚前保健、妇女保健、儿童保健、产前筛查、新生儿疾病筛查、妇女儿童疾病治疗、优生优育及计划生育技术等服务。其中儿童保健中心分儿童体检、口腔保健、儿童游泳抚触室、儿童早教（含听力筛查、智力测试、生长发育监测）、骨密度检测、微量元素检测等。

【加入医疗联合体】 县妇幼保健院于2016年11月

22日与自治区妇幼保健院签订医疗联合体，成为其医联体成员。2017年6月，县妇幼保健院与崇左市人民医院签订医疗联合体，成为崇左市人民医院医联体成员单位。医联体的签订，进一步增强了县妇幼保健院的医疗水平及综合实力，县妇幼保健院已有3名医务人员到区妇幼进行免费进修，业务培训50多人次。崇左市人民医院为县妇幼保健院配备了4台医联体远程协助设备。

【公立医院改革】 坚持药品零差价，按照公立医院改革要求，自实行药品零差价销售，同时按有关规定调整了部分医疗服务价格，并对需增加的财政投入作了测算。稳妥推进人事分配制度改革，对医院现有岗位进行清理，科学设置各级各类岗位，进一步完善绩效工资分配方案，并经过医院职代会讨论通过。同时建立质量考核制度，制定各科考核细则，每月对全院各科进行考核，根据劳动纪律、工作质量、工作风险程度、医德医风与取得成绩等指标综合考核，当月核算发放当月绩效工资。做好妇幼保健计划生育资源整合，2017年11月，县妇幼保健院正式与原计生服务站进行资源整合，原计生服务站现有编制人员26名，其中医生12名、护士5名、药房2名、检验4名。医务科安排1名，办公室安排1名，其他人员均在年底前完成人员融合。全面推动信息化建设，在对医院原有信息系统进行优化的基础上，加大了医院信息化系统建设的力度，推行电子病历等。优化服务流程，开展预约门诊服务，建立了预约门诊工作制度，设立专职人员负责现场预约或电话预约挂号服务。重新制定专家门诊管理规定，进一步落实专家签到制度。增设挂号、划价、取药窗口，设立门诊、导诊台，强化文明窗口建设。落实优诊政策，对危重病人及困难群体抢救采取“三先一后”，优化医保、新农合住院患者的报销流程，落实医保、农合补偿费用，让群众享受到国家医疗政策带来的实惠。建立分级诊疗制度，建立了首诊、双向转诊的就医制度，实行首诊负责制和转诊审批责任制，与乡镇卫生院及上一级医疗机构之间建立便捷的转诊通道。为基层转诊的危急重症与疑难病患者提供优先就诊、优先检查、优先住院等便利。通过技术合作、对口支援等方式推动建立与卫生院和城市大医院之间分工协作机制。

【免费婚前医学检查】 积极开展免费婚前医学检查工作，通过宣传动员，促使群众自愿参加婚检。全年共制作宣传标语28条，发放宣传板报3期，全县进行免费婚检人数4420人，结婚登记4576人，婚检率达到96.59%，达到了85%的目标要求。婚检中检出地中海贫血阳性875人，双阳孕妇93人，艾滋病感染4人，梅毒26人，乙肝阳性486人。对检出的疾病均给予咨询、指导和治疗。免费婚检项目共减免群众费用35.36万元。

【产前筛查和新生儿疾病筛查】 2017年，农村产妇数3899人，已得到产前筛查的人数3224人，产前筛查率82.69%，获得产前筛查补助3031人，补助率88.41%。产前筛查项目共减免群众费用34.86万元。全年接产活产新生儿数5757人，已得到新生儿疾病筛查人数5716人，新生儿疾病筛查率99.29%，获得新生儿筛查补助4676人，补助率81.81%。新筛项目共减免群众费用27.88万元。

【预防地中海贫血】 按计划对县、乡相关人员进行地中海贫血（以下简称地贫）培训，认真做好筛查工作，全年共进行地贫筛查9161人次，筛查阳性孕妇1293人。其中孕妇夫妇双方阳性383对，地贫基因诊断338对，地贫基因诊断为同型基因需产前诊断为46对，地贫产前诊断45例，中重型地贫胎儿终止妊娠13例。目共减免群众费用42.13万元。

【新生儿听力筛查】 全年实施新生儿听力筛查5524人，新生儿听力筛查率93.52%。筛查高危人数461人，高危率10.13%。获得新生儿听力初筛补助5382

人，补助率100%。共减免群众费用29.60万元。

【农村妇女宫颈癌和乳腺癌免费检查】 县医院和县妇幼保健院组成医疗工作队共下到村屯免费进行宫颈癌筛查7750人。乳腺癌筛查7750人，共减免群众费用37.97万元。

【农村孕产妇叶酸补服】 制定《扶绥县育龄妇女叶酸补服实施方案》，开展宣传动员，利用婚前医学检查、孕前检查、产前检查、入户等做好叶酸补服药品的免费发放工作。2017年共免费发放叶酸补服人数3203人，服用率95.8%、知晓率100%、依从率86.2%；发放叶酸总量12171板。

【预防艾滋病、梅毒和乙肝母婴传播】 组织全县预防艾滋病、乙肝、梅毒母婴传播项目管理培训班，全年共举办了2期培训班，204人进行了培训。为新婚夫妇和孕产妇提供免费检测服务，共开展为结婚的青年男女免费检测4420人，孕妇艾滋病检测4708人，产妇检测5647人，梅毒产妇所生儿童19人，已进行规范诊疗19人，规范诊疗率达到95.2%。乙肝表面抗原阳性产妇所生儿童618人，接受乙肝免疫球蛋白注射618人，注射率达到100%。此项目共减免群众费用51.06万元。

社　会

人口与计划生育

【概况】 2017年，全县人口和计划生育工作继续将实施全面两孩政策，改革计划生育服务管理纳入重点工作内容，以保证该政策的平稳有效实施，提高出生人口素质为目标，提高人口计生管理能力、服务能力和群众满意度，全面推行两孩政策的实施。2017年，全县区间出生人口5661人，人口自然增长率7.65‰。出生人口性别比为100:109.3。政策外多孩率3.52%，完成免费孕前优生健康检查夫妇1590对，占全年任务数的100%，高于责任指标10个百分点。人口计生事业投入经费589.94万元，同比增长4.02%。计划生育家庭奖扶兑现率100%。为农村两户购买爱心保险4238份，占任务的101%，为117户农村计生家庭办理小额贴息贷款，占任务的146%。

【依法行政】 全年办理再生育审批11件，对205件违法生育行为发出《征收社会抚养费决定书》，应征收社会抚养费135余万元，办理独生子女父母光荣证97本。处理信访8件，回复来电、来访咨询350多人次，处理落实率100%。年内，开展人口计生政策法规培训2期，培训118人。

【宣传教育】 结合全面两孩政策的实施，全县以开展婚育新风进万家活动和幸福家庭创建活动为载体，依托多渠道、全方位、立体化的宣传网络，大力倡导科学、文明、进步的婚育观念，全力构筑浓厚的新型婚育氛围。县文化专业团队和9个乡镇的业余文艺宣传队，编排独具特色的计生文艺节目为群众演出，深受群众喜爱。在扶绥电视台、《今日扶绥》、县人民政府门户网站、县卫生计生局网站均开设专栏，定期播放和刊登计生宣传内容。2017年，全县共举办大中型计划生育宣传服务活动16场，重点宣传全面两孩政策生育政策、奖励扶助政策以及优生优育、生殖保健等知识，受教育群众超3万人。

【技术服务】 全县坚持以一级干预为重点，以高危人群为重点对象，以农村地区为重点区域，加强协调配合，稳步推进出生人口缺陷干预工作，出生缺陷干预工作取得了明显成效。2017年，全县出生缺陷发生率呈现相对平衡的趋势，出生缺陷发生率低于全国的平均发生率。但从整体情况看，全县出生缺陷干预体系还不健全，出生缺陷发生率仍在高位运行，在全区属发病率较高地区，达到110.3/万人，全县新增肉眼可见出生缺陷儿仍达67例。全县各乡镇把免费孕前优生健康检查工作列入重要议事日程，进一步明确责任目标，落实各项保障措施，确保国家免费孕前优生健康检查项目工作顺利开展。县计划生育服务站加强对乡镇卫生院项目工作业务的指导和培训，举办业务培训班3期，共同研究解决工作中出现的问题，为免费孕前优生健康检查工作提供技术保障。当年完成免费孕前优生健康检查夫妇1590对。

【计划生育优惠政策落实】 2017年,全县共兑现各类奖扶资金247.498万元。其中国家奖扶121.248万元,842人受益,落实率100%。给予计生特殊困难家庭成员51人共发放救助金52.632万元。自治区奖扶73.618万元,960人受益,落实率100%。发放2926份独生子女保健费,共35.382万元。爱心保险投保4238份,共21.19万元。代缴新农合参合金共316.845万元,21123人受益,兑现小额贴息贷款贴息18.3万元。全年共建立诚信计生扶贫基地24个,实现每个诚信计生扶贫创业示范基地力争带动100户以上诚信计生家庭发家致富,人均年增收1000元以上。

【计划生育综合治理】 县委、县政府及时调整计划生育领导小组,进一步明确领导小组成员单位工作职责。强化政策融合,把利益导向体系建设和将医疗卫生与养老服务融合发展作为改善民生的头等大事来抓。完善领导协调和经费保障机制,发改局、人社、财政、民政、旅游、卫计等部门,均制定和落实对计划生育家庭特别是农村独生子女和双女户家庭的优先优惠政策和养老政策。建立了严格执行计划生育审查的制度,凡干部提拔使用、推选各类代表、各类先进评选和各类人事招聘考试必须进行计划生育审查。出台《县直部门单位人口计生目标管理考评办法》《进一步加强人口和计划生育部门联动综合治理工作的通知》等文件,强化了考核及责任追究,每季度至少召开一次领导小组会议协调推进,形成齐抓共管、综合施治的有效局面。

老龄工作

【概况】 扶绥县老龄工作委员会办公室编制5名,在职干部职工6人。其中主任1人、副主任1人、主任科员1人、科员1人、高级工1人、中级工1人,退休9人。2017年,县老龄委围绕涉老社会保障制度的配套衔接、老龄事业投入机制、政府购买服务方式、社区养老服务资源的综合开发利用、老龄社会组织规范化建设等比较突出的矛盾和问题,深入开展调查研究,逐步完善政策法规制度,创新体制机制。全年共发放高龄补贴6734800元,其中100岁高龄补贴105900元,90~99岁高龄补贴1488220元,80~89岁高龄补贴5140680元。为老年人免费办理广西老年人优待证1143本。

【基层老年协会示范点建设】 基层老年协会组织机关健全,章程制度完善,基础设施齐全,有办公场所和活动场所,配备办公桌椅、文件柜、电视机、音响、麻将、军棋、跳棋、扑克、乒乓球等办公、文化娱乐设施以及户外健身运动器材。为老年人提供更好的娱乐活动场所,让老年人老有所乐。县老龄办不断推进和完善基层老年协会工作,对基层老年协会自我管理的工作指导不断推进和完善,充分发挥基层老年协会的作用。继续抓好基层老年协会规范建设,开展"回头看",进一步加强督促指导,巩固好规范化建设成果,避免"经费停止,项目停止"现象。为树立典型,表彰先进,开展敬老爱亲评比活动,表彰老龄工作先进集体10个、先进老年人协会5个、先进个人10名、老有所为先进个人10名、优秀老年人协会会长6名、"敬老爱亲"之星10名。

【营造敬老爱老助老社会氛围】 下发《关于组织开展2017年"敬老月"活动的通知》文件,要求各各乡镇各单位从实际出发,结合各自特点,以宣传广西壮族自治区实施《中华人民共和国老年人保障法》办法为主题,开展各具特色的爱老敬老活动。利用横幅、电视字幕、倡议书各种形式强化宣传,制作横幅50条,固定宣传栏一个,移动宣传栏8个,全县统一印制孝亲敬老倡议书1000余份,制作广西壮族自治区实施《中华人民共和国老年人保障法》办法环保宣传袋3000个，电视台黄金时段滚动播放敬老月宣传字幕，广泛宣传、营造爱老敬老的舆论氛围，强化了全社会的爱老敬老意识。

【组织走访慰问老年人】 各级党政领导和老龄工作委员会成员单位带头作敬老爱老助老的模范，走进老年人家庭、老年人社区、养老机构、老年大学等，倾听老年人心声，关心老年人生活。特别要重点走访慰问贫困、高龄、失能等困难老年人及计划生育特殊家庭老年人，帮助他们解决实际困难。全年共慰问高龄失能老人50人，退休干部150余人。免费为60岁以上老人体检共1000多人。敬老月期间，县委、政府和部分单位的负责同志带着节日礼品到福利院亲切看望慰问五保老人，为老人们送去了慰问金和慰问品。重阳节召开部分离退休老干部座谈会，县领导听取了敬老院负责人的工作汇报，并与老人们亲切交谈，详细询问老人们的衣食住行，征求他们对全县经济社会发展的意见和建议，并向每位老人赠送节日慰问金。

【开展政府购买基层老年协会互助养老】 2017年，扶绥县作为自治区政府购买基层老年协会养老互助服务点，严格按照自治区要求扎实推进试点工作，完善基层老年协会工作，择优承接主体，确保政府购买基层老年协会养老互助服务点的建设任务。完善渠黎镇笃邦村老年协会、驮河村老年协会、昌平乡文毕屯老年协会等崇左市老龄办下达的3个政府购买农村基层老年协会互助养老示范点。

民　政

【概况】 扶绥县民政局内设办公室、低保、救济、计财、优抚、基层政权和区划地名、社会福利和社会事务、婚姻登记等8个股室。2017年，全县有扶绥县社会福利院、扶绥东罗积群养老康复院（民办）两家养老机构，共有165张床位数。扶绥县社会福利2017年被民政部评为三星级的福利院，并顺利进行公建民营的改革。2017年共办理收养登记51例（其中男11例、女40例）。完成村两委班子选举，2017年9月，扶绥县共选举产生村（社区）“两委”班子成员895人，其中妇女成员198人。开始于2014年的第二次全国地名普查工作，截止2017年，共采集十一大类的地名信息5176条。2017年，全县城乡低保对象累计发放低保资金8541户18575人，发放金额5442.36万元。其中城镇低保3460户7675人，累计发放低保补助金3191.07万元。农村低保5081户10900人，累计发放低保补助金2251.29万元。其中建档立卡贫困户7155人，累计发放低保补助金1476.79万元。

【防灾减灾】 2017年，根据上级工作部署，确定新宁镇城西社区、岜盆乡岜伦村、岜盆乡姑豆村、渠黎镇渠黎社区、渠黎镇渠凤村、东门镇郝佐村、柳桥镇坡利村、龙头乡那贵村、昌平乡木民村、中东镇中东社区、渠旧镇渠旧社区、东罗镇岑凡村、山圩镇平搞村为开展社区减灾准备认证单位。按照上级要求的社区减灾准备认证工作标准组织开展全县认证单位建设工作，并顺利通过自治区减灾委员会和自治区民政厅的验收。抓好受灾群众和困难群众的生活安排，共发放2016—2017年冬春灾民口粮救济款109万元，发放2016—2017年冬春救灾衣物87.6万元，群众35833人次得到有效救助。从中央和自治区安排资金列支1万元，用于2016年渠旧镇崇边村因灾死亡家属蒙佩光抚慰金。抓好农房保险理赔工作，全县共有88100户参加农房保险，自治区下拨保险费753807.61元，本级财政配套241722.39元。全县因灾房屋受损（含火灾）33户，获理赔款115900万元，2017年农房保险完成全部理赔工作。

【优抚安置】 2017年12月，全县优抚对象总人数3541人。其中伤残人员73人、三属人员共26人、在乡复员军人122人、带病回乡退伍军人10人、参战退役人员539人（含铀矿开采退役人员）、参战民兵

1886人、军队退休人员2人、军队退休遗属1人,60岁退役老兵847人,60岁烈士子女35人。2017年全年共发放抚恤金额1252.35728万元。2017年,全县退役士兵士官77人,共安置转业士官3人。共发放补偿金以及待安置期间的生活补助共计127.108万元。对48名优抚对象实行医疗救助,共发放医疗救助款15.6216万元。走访困难优抚对象17人,共发放慰问金1.7万元。2017年1—12月份,累计供养五保对象1566人。其中,集中供养108人、分散供养1458人,累计发放五保供养金746.588万元。全年共发放临时救助资金176万元,累计救助1839人次,为因遭受意外事故、自然灾害、重大疾病等造成家庭生活特别困难的城乡居民家庭排忧解难。

【婚姻登记】 2017年共办理结婚登记2337对,离婚登记861对,补办结婚登记和离婚登记748对。无一例违法登记事件发生,无有效投诉,登记合格率100%。参加婚检的共有4420人,婚检率达94.56%。

【社会组织登记管理】 2017年,全县共登记注册的社会组织有244个。其中用水协会136个,其他行业、商会82个,民办非企业单位登记26家,民办非企业单位主要分布在教育、培训、养老方面,直接登记有 3个,在社会组织中建立党组织的有3家。

【孤儿救助】 截至2017年,全县共有在册登记孤儿117人,社会散居113人,集中供养4人,根据《关于做好孤儿基本生活费发放的通知》(桂民发〔2011〕125号)文件精神,扶绥县的孤儿最低养育标准为:社会散居孤儿每人每月600元、机构集中供养孤儿每人每月1000元。2017年累计发放孤儿基本费85.56万元。

【最低生活保障】 根据自治区民政厅、财政厅《关于提高全区城乡最低生活保障补助水平的通知》(桂民电〔2017〕17号)文件要求,从2017年1月1日起提高城乡最低生活保障水平,提高后的城乡居民最低生活保障资金补助标准分别为330元/(月·人)和170元/(月·人)。县民政局已按照要求补发了2017年1—5月城乡最低生活保障资金281.556万元。根据《扶绥县人民政府办公室关于提高我县城乡居民最低生活保障标准的通知》(扶政办发〔2017〕90号)文件要求,从2017年9月1日起,扶绥县城市居民最低生活保障标准从每人430元/月提高到每人480元/月,农村居民最低生活保障标准从每人3200元/年提高到每人3360元/年。

【特困人员供养】 根据扶绥县人民政府办公室《关于印发扶绥县特困人员救助供养工作实施细则的通知》(扶政办发〔2017〕87号),县民政局按文件要求从9月份执行特困人员供养金发放标准,农村特困由原来的260元提高到373元,城镇由原来的401元提高到559元,并补发1—8月份提高特困人员供养金发放标准部分,共补发放金额133.75万元。根据扶绥县人民政府办公室10月31日印发的《关于提高我县城乡居民最低生活保障标准的通知》(扶政办发〔2017〕90号),县民政局于11月提高特困人员供养金发放标准,农村特困由原来的373元提高到392元,城市特困由原来的559元提高到624元,11月8日共补发9—10月提高特困人员供养金发放标准部分29.44万元。

【医疗救助】 医疗救助对象原则上应包含城乡低保对象、农村五保对象和低收入对象,但2017年上级拨付给扶绥县医疗救助金仅为295万元,需要救助人数量大,救助资金缺口大。为发挥有限的医疗救助资金作用,切实将钱用到刀刃上,年初,县民政局决定采取"保救"结合的方式,将2017年医疗救助资金一分为二统筹安排。一方面为农村低保对象和五保对象共12209人交纳了2017年新农合医疗保险金183.135万元,救助对象通过参保新农合实现基本保障;另一方面直接用于医疗救助,全年累计发放农村五保对象医疗救助资金395万元，累计救助14525人次。

【五保村规范化管理】 2017年全县原有41个五保村，仅有41名五保老人居住于16个五保村，配备管理人员10人。县民政局根据有关文件精神，结合全县五保村供养现状及各乡镇撤并申请意见，对31个无人居住或居住人员少不符合或不具备供养条件的五保村进行撤并，对一些"散、小、乱、差、闲"的五保村进行整合和功能转型，整合后全县保留10个五保村，进一步加强了五保村规范化管理。

【规范城乡低保生活救助】 通过全面开展低保救助专项整治活动，精准识别救助对象。严格执行城乡低保规范化管理，定期开展入户调查，了解低保家庭的收入变化情况，及时办理增发、减发、停发保障金手续，城乡低保实行动态管理。建立信息反馈制度，准确掌握每户低保对象的家庭住址、家庭成员、经济收入和生活情况，了解动态变化，各乡镇每月向县民政局上报一次变动结果，书面报告增减和取消低保意见。全年城镇低保新增纳入109人，核减526人；农村低保新纳入971人，清退525人。

居民生活

2017年全体居民人均可支配收入20071元，全体居民人均可支配收入增长率10.3%。城镇居民人均可支配收入30193元，城镇居民人均可支配收入增长率8.3%。农村居民人均可支配收入12487元，农村居民人均可支配收入增长率11.7%。

民族和宗教事务

【概况】 扶绥县民族和宗教事务局是参照公务员管理事业单位，内设办公室、民语办、宗教办和民族财经股。负责管理全县有关民族宗教的事务。单位人员编制数10人，2017年在职人数11人，离退休13人。2017年，县民宗局贯彻落实党的民族政策、宗教政策和民族语文政策，各项工作扎实开展。全年上报自治区民委民族工作信息32则，被采用12则，上报县委县政府信息32则。受理民族成分更改申请7人，办结7人，受理群众咨询23人次。争取到民族团结进步创建活动经费5万元,扶持渠黎中心小学、县育才小学、中东中心小学、渠仔村配备开展民族团结进步创建活动所需民族体育器材、服装。全年争取到上级少数民族发展资金424万元，实施山圩镇那派村六亿屯道路硬化项目、东罗镇客兰岜香至光板屯道路硬化项目、渠旧镇弄卜村通屯道路等24个屯级硬化道路建设项目，解决2万多人的出行难问题，改善少数民族贫困村屯生产生活条件。资助特困少数民族优秀大学生新生8人、高中新生8人，补助经费3.2万元。

【开展壮族"三月三"活动】 3月至4月期间，作为崇左市壮族"三月三"·花山国际文化节扶绥分会场，在全县范围内举办"三月三"和民族团结进步宣传月系列活动。3月25日在渠仔村举办"三月三"·祭壮祖·同心宴，3月30日组队参加崇左市"三月三"少数民族观摩团观摩活动，同时参与开展2017年龙谷湾"三月三"风情嘉年华活动。4月10日在县文化广场举办第六届"金投杯"歌仙故里"三月三"山歌擂台赛。扶持渠旧咘沙村、渠黎三哈村、新安村等传统大型歌坡，开展山歌歌坡活动。

【组织参加崇左市第四届少数民族传统体育运动会】 9月，组织陀螺、投绣球、高脚竞速、板鞋竞速4个参赛队共42名运动员、教练员赴崇左市参加2017年"民体杯"全国板鞋竞速暨崇左市第四届少数民族传统体育运动会，获得背篓绣球女子团体第一和男子团体第二名，10米高竿绣球女子团体第三，10米高竿个人赛第二名，男女混合高脚马接力第三名，男子3人板鞋竞速100米第一名，女子3人板鞋竞速2×100

米接力第三名。扶绥县获得“体育道德风尚奖”。

【民族资金项目建设】 2017年获得自治区民委下达少数民族发展资金424万元(其中第一批219万元、第二批205万元),利用该资金建设项目共24个,其中第一批11个项目、第二批13个项目。通过项目实施,使2005户20205人受益。

【开展“宗教慈善周”活动】 8月,天主教爱心小组到柳桥镇那蕾屯开展慰问天主教教友及慈善捐助活动。慰问五保户孤寡老人及捐资扶助1名在校大二女学生。扶绥县基督教会则组织信徒自发筹集善款,定期或不定期看望慰问贫困户、残疾户及重症病人。基督教、天主教两会共扶贫济困,捐资捐物计2.26万元。

【开展民族语言翻译】 做好壮语在“三月三”等节庆活动期间的使用工作及壮语服务第六届“金投杯”歌仙故里“三月三”山歌擂台赛工作。全年共翻译壮语相关标语横额55条,有壮语文字的舞台场地背景3幅及相关资料。帮助县投资促进局等5个单位的壮汉牌匾翻译壮文,共翻译牌匾41块,帮助有关单位翻译壮文地名137个。协助自治区民委完成岜盆乡弄洞村姑辽屯33个景点和地名标识翻译工作。

【开展民族语言培训】 3月,县民宗局联合乡文广新局在山圩镇中心小学开展“壮语山歌进校园”培训活动。6月,在中东镇中心小学举办民族和民语进校园活动,对该校全体教师进行民族和民族语言知识培训。11月,在扶绥县县委党校举办一期扶绥壮语山歌和民族文化进校园教师培训班,邀请自治区和县内有关民族文化方面的专家对全县各中小学音乐教师和爱好壮文的教师50余人进行培训。派遣民语工作人员参加有关壮语调查、民语翻译培训。

农林场

国营渠黎华侨林场

【概况】 渠黎华侨林场场部设在崇左市扶绥县渠黎镇,地处扶绥县东南部,位于南友高速公路通往东盟十国主要陆路通道上,境内有湘桂铁路通过,有扶绥、渠黎、渠旧3个火车站衔接。总场距渠黎镇3公里、南友高速渠黎互通出入口4公里、扶绥互通出入口8公里,距离扶绥县城15公里、崇左市40公里、机场48公里、南宁市60公里,交通便利。总场下设碧计、渠新、岜盆、东罗等4个分场。2017年,全场总人口2070人,其中归侨侨眷1657人,占全场人口的80%;全场现有职工842人,其中在职职工413人(归侨职工234人)、离退休职工429人(归侨离退休职工287人),管理人员63人。全场土地横跨渠黎、岜盆、东罗、渠旧、新宁等5个乡镇,土地发证总面积14.87万亩,土地实际总面积17.59万亩,被侵占土地面积10.43万亩。现有林面积5.7万亩,其中主要种植用材林面积4.1万亩,职工自营土地1.6万亩,主要种植柑橙、龙眼、剑麻、甘蔗、蜜柚、沙糖桔等亚热带作物。

2017年,渠黎华侨林场狠抓生产经营和内部管理,积极拓宽发展思路,推动林场各项建设,着力保障和改善民生,圆满完成年初确定的各项目标和任务,全年实现社会总值5854.59万元,建场以来首次突破5000万元关口,比上年同期增长17.6%,其中集体经济产值为2114.89万元,比上年同期增长29.7%;自营经济产值为3739.7万元,比上年同期增长11.7%。职工年人均收入达到30200元,林场经济社会实现平稳健康发展。

【林业生产】 2017年,渠黎华侨林场营林生产经营指标全面完成。全年计划造林6280亩,实际完成造林6675.6亩,占全年计划的106.3%,超额完成了395.6亩。全年计划中幼林抚育12837亩,实际完成抚育面积22378亩,占全年计划的174.3%,超额完成了9541亩。全年完成木材采伐蓄积量45200立方米,采伐出材量34878立方米,实际完成木材销售34878万立方米,实现销售收入2114.89万元,创下历史新高。

【森林资源保护】 2017年,渠黎华侨林场严格执行森林防火安全生产制度,加强对林场境内的林带巡逻检查,强化火灾易发点的监管,全年没有重大火灾事故发生。坚持护林护地巡查工作制度和按月上报制度,积极回收农占地,全年协助县森林公安局立案调查处理盗伐、滥伐林木案件4起,林地纠纷调处案件2起,涉及林地面积612亩,已由市、县人民政府有关部门作出处理决定,土地权属纠纷调处结案1起。严厉打击了盗伐和强占、蚕食国有林地现象。全年共回收农占地409亩,森林资源得到了有效保护。

【自营经济】 2017年,渠黎华侨林场努力发展农业生产，不断调整职工种植结构，加强职工种植和管理技术的指导和服务，进一步引导职工发展红江橙、龙眼、砂糖橘、蜜柚、李果、菠萝、大青枣、茂谷柑、优质芒果、剑麻、甘蔗、西瓜等多品种种植，适应市场需求，增强市场竞争力。引导职工发展交通运输、餐饮、百货商店、美发等现代服务业。加快发展林下养殖业，拓宽职工致富门路。通过积极发展自营经济，职工收入水平得到了进一步提高。全年职工自营经济产值为3739.7万元，比上年同期增长11.7%。职工年人均收入达到30200元，比上年同期增长17.7%。

【民生事业】 2017年，渠黎华侨林场民生事业得到持续发展进步。加快推动侨居区四期的排水排污、水电路等配套基础设施建设，建成水泥硬化道路200米，铺设排水排污管道200米，完成投资40万元。完成东罗分场排水排污沟建设230米，完成投资12万元。加大水网改造工程建设，为总场居民接用县自来水厂的合格饮用水，由场出资补助全场职工500元/户，顺利完成一户一表水网改造工程建设593户，共投资41.51万元，彻底解决了总场居民饮用水不达标不安全的历史现状。配合和协助县住房和城乡建设局，顺利完成了渠黎华侨林场公共租赁住房抽签分配任务200户，促使全场职工群众全部实现住有所居。指导职工进行社保资格认证手机、电脑操作，为职工提供服务和便利，免费为全场职工办理新农合。为职工缴纳养老保险，2017年本年度上缴职工养老保险费432万元，同时，把上级划拨的国有林场改革补助费700万元全部用于上缴历欠的养老保险费。为重度残疾人办理护理补贴，全年办理低保1人，申办重大疾病医疗救助1人，办理高龄补贴7人。2017年元旦、春节期间，出资慰问困难职工、家属33人，慰问金共13200元，慰问困难退休职工、特定归侨老人、残疾人410多人，慰问金共253200元。在金秋入学期间，场出资资助高考优秀的职工子弟入学1人，助学金2000元；争取到上级有关部门的“金秋助学”“致福助侨”奖学金5人，助学金12000元；争取到上级有关部门慰问困难党员、职工和学生28人，慰问金共14600元。组织和发动全场职工家属为患重大疾病的职工、家属2人筹集爱心捐款63305元。

（肖展强）

国营西长华侨林场

【概况】 广西国营西长华侨林场成立于1982年1月，成立之初至1998年均隶属于区华侨企业管理局，属正处级事业单位。1998年华侨企业体制改革，移交由南宁地区行政公署管理。2001年1月原南宁地区行政公署将林场下放由扶绥县人民政府管理。2014年广西自治区人民政府批复成立扶绥县西长华侨管理区，保留广西国营西长华侨林场牌子。2017年12月，完成国有林场改革试点工作，成为了第一批自收自支企业性质的国有林场，归属国有林业系统管理，保留林场牌子及经营性产业，自主经营。

西长华侨林场场部位于崇左市扶绥县柳桥镇西长村，总场设有党委办、行政办公室、计划财务部、生产管理部、监察室、人力资源和社会保障部、森林资源保护部、后勤服务中心、苗圃中心、产业部、女工委、侨联等12个部门，下辖上屯、柳桥、西长3个营林分场。全场现有总人口1920人，其中归侨967人、侨眷729人，占总人数88%。现有职工人数667人，其中在职职工300人（含聘用人员）、退休职工366人。其中在职管理人员58人，聘用管理人员26人，一线承包土地自主经营的职工有221人。

全场经营土地总面积92985亩（含场外造林面积1.03万亩），已确权土地面积68781亩，其中有林面积42598亩（含场外造林1.03万亩），森林活立木蓄积量13.5万立方米，职工自营土地面积4600亩。全场经济结构主要以营林和农业生产为主，其中原料蔗年产2万吨左右，年采伐木材2万立方米左右。2017年，全场农、林总产值1831.5万元，同比上年增长-2.34%。财务总收入3515.18万元，其中集体经营收入1020.24万元，主要是木材生产收入。年度实现利润49.85万元,同比上年增加61.32%;职工年平均纯收入2.38万元,同比上升5.30%;人口年平均纯收入2.04万元,同比上升2.51%。

【营林生产】 2017年全场萌芽更新总面积2963.25亩(其中二代萌芽更新1649.85亩,三代萌芽更新面积1313.4亩),比上年增加更新555亩。完成林木采伐面积2963.25亩(197.55公顷),采伐蓄积量25157立方米,采伐出材量20795立方米,比上年减少2247立方米。完成中幼林抚育追肥10366亩,比上年减少1984亩。完成中央财政林业科技推广示范项目(即林下药材、牧草项目)共591亩的种植及管护,其中林下种植鸡骨草292亩、山毛豆示范林299亩。

【森林资源保护】 管护工作继续围绕"不新增被占林地,有计划有步骤收复被侵占地"的工作方针,加大林地管护力度。2017年收复历年农占地约261.7亩(含签合同确权232.7亩),比上年增加111.7亩,直接为林场创收183515元(含二类调查设计费8990元)。为适应林场改革发展,对护林员队伍实行垂直管理,签订管护目标责任状,明确管护目标及绩效考核奖惩机制,细化护林指标,加大措施对林区的管护,严控林木被盗案件的发生,有计划地对旧收复地与新占地块进行清理,使林地、林木得到有效的管理和保护。结合林业部门打击乱砍滥伐、规范砍伐证办理的有利时机,加大对农占地种植速丰桉,特别是成熟林的监控力度,倒逼侵占地种植桉树户与林场签订林地承包合同,将被占林地确定归属权,为日后依法处置长期被占林地打下基础。加强对林区周边村屯进行春冬季护林防火宣传,防火办制作防火宣传牌4副,辖区村屯张贴标语300余条,全年林区无任何火灾情况发生。

【苗圃基地项目建设】 2017年7月底注册成立场属企业崇左市富侨园林绿化工程有限公司,承担绿化花卉栽培销售和承接绿化工程项目。全年完成3600棵黄花梨、20000棵火焰花的移植,完成85公斤(约10万株)的红椎种子的播种育苗,完成23000粒各种当季花卉种子的播种培育。

光西林场

【概况】 国营扶绥县光西林场成立于1957年12月9日,是县属国有单位,单位性质为公益二类事业单位。位于崇左市扶绥县柳桥镇境内,分别与扶绥县东门镇、上思县、宁明县接壤。场部设在柳桥集镇,距离首府南宁市106公里,距离崇左市56公里,距离扶绥县城60公里。场部设有场办公室、财务科、生产供销科、林政科、监理部。下辖那畔营林站、高喜营林站、咘诺营林站、光西营林站4个营林站。全场土地总面积4.9万亩,有林地面积3.8万亩,森林蓄积量13万立方米。全场总人口450人,其中在编在职职工110人、离退休职工110人、聘请人员4人。林场经营的主要树种是桉树、松树和一些软阔类杂木。2017年林场集体采伐销售桉木3126立方米,联营采伐销售桉木915立方米,年经营总收入282万元。

【完成国有林场"三定"工作】 从2017年1月起,光西林场定性为公益二类事业单位,县机构编委会先后下发扶编字〔2016〕39、40号文,将光西林场125名自收自支的编制性质转换为差额性质,并明确光西林场的内设机构和人员编制。县人社局拟定光西林场的岗位设置、人员身份认定以及办理安置、社保等手续。县财政局已将光西林场经费列入部门财政预算。

【森林资源保护利用】 全年完成造林2150亩、中幼林抚育4500亩、林木采伐12000立方米。与各个营林站负责人、护林员及林政人员签订森林资源管护协议,层层传导压力,压实责任,林地被占极少,林木被盗现象没有发生,林区比较安宁。

【林地经营形式】 林场集体自主经营6000亩，承包给职工自营9000亩，租赁给场外人员造林3100亩，与场外单位联营造林7910亩（其中广西东门林场2544亩、广西金桂林业有限公司5357亩），与场内职工联营造林5044亩。被附近村屯群众侵占约15000亩，存在争议2000亩，不可利用1000亩。

东门林场

【概况】 广西壮族自治区国有东门林场于1965年建场，场部位于崇左市扶绥县东门镇，拥有亚洲最大桉树基因库和广西最大桉树苗木科研和生产基地，种质资源保存数量及规模居全国之首。林场经营以营造林、良种苗木、人造板等为主，现有职工1376人，职工中有越南归难侨255人。内设10个职能科室，下设9个营林分场，6个二层经营单位，2个科研单位，4个独资企业。还有由东门林场牵头组建、12家区直林场参股经营的苗木公司1家。林场先后荣获“全国特色种苗基地”“全国林业先进集体”“全国生态建设突出贡献奖——林木种苗先进单位”“国家桉树良种基地”，广西桉树良种培育中心、广西桉树标准化生产技术示范基地等荣誉。2017年共查办林业行政案件102起，收缴违法木材250.1立方米，化解山林纠纷17起，立案1起，办理场外造林纠纷案件29起。共销售木材28.5万立方米，完成年度计划15万立方米的190%。完成经营总收入28519万元，占全年计划的129.7%；营业利润1438万元，占全年计划的321%；植树造林2066.67公顷，占全年计划的103%；木材销售28.5万立方米，占全年计划的190%；人造板生产10.53万立方米，占全年计划的111%；苗木销售4418万株，占全年计划67.6%。

【林场改革】 改革实施方案经职代会审议通过，并报广西壮族自治区林业厅和广西壮族自治区国有林场改革领导小组办公室批复同意，完成林场定性、定编、定经费“三定”工作，林场保持公益二类事业单位性质不变。根据林场发展实际，完成岗位设置调整，并获得批复核准。经多方努力，林场在职和离退休职工共1181人顺利加入扶绥县城镇职工医疗保险，实现社会保障全覆盖。完成林场办社会职能剥离，撤销职工医院，在编人员由林场妥善安置，聘用人员依法解聘。推进事企分开工作，关停木片厂，依法依规处置资产，妥善安置人员。

【资源培育】 重点抓好优质高产、集中连片的林地经营，稳步推进中央财政森林抚育补贴、国家储备林基地建设项目以及全区林业沃土工程试点等营林项目。严格执行营林生产全面预算管理，科学合理编制营林生产计划，将生产计划、责任目标落实到分场、山头、地块。坚持良种良法，全年完成造林2066.67公顷，桉树造林全部采用本场选育的优良杂交无性系苗木，造林苗木良种使用率达100%，苗木成活率达98%以上。加强中幼林抚育，全年完成全砍杂灌、追肥等森林抚育面积8746.67公顷。

【资源保护】 通过签订合同等方式依法清理回收被占林地，全年清理、回收被占地47.93公顷。全年办理建设项目征占用国有林地手续13件，涉及用地面积347.57公顷。同时林业有害生物得到有效防治，年内没有发生重特大森林火灾事故。

【工业企业经营】 2017年各类物业租金收益485.9万元。东林公司全年生产人造板10.5万立方米，产品3A等级率87%，销售11.71万立方米，完成营业收入1.29亿元，实现综合效益637万元。肥料公司全年生产肥料8986吨，销售肥料8149吨，完成营业收入1495万元。

【产业项目和园区建设】 完成向阳分场400公顷林地纳入崇左龙赞产业园二期扩园规划工作，并动工建设占地33.33公顷贮木场项目。完成占地400公顷“东门林场林产科技循环产业园雷卡分园”纳入扶绥县林业产业带总体规划工作，其中贮木场200公顷由林场自主开发建设，工业园区200公顷为精深加工（133.33公顷由扶绥县政府通过招商引资方式引入优质企业开发建设，已引进年产30万立方米新型无醛OSB定向刨花板项目入驻，66.67公顷由该场主导建设）。积极向扶绥县争取落实易地扶贫搬迁工程配套产业和商业项目用地10公顷由林场自主开发建设，已完成项目立项、林业厅备案，正在开展申报落实用地指标和招商考察等前期工作。采取“公司+林场+基地+职工（农民）”的经营模式，积极谋划333.33公顷大洋洲坚果示范区创建工作，已实施33.33公顷坚果示范基地种植。

【林业科研和良种苗木经营】 2017年，在建的14个国家、自治区重点研发计划和中央财政林业科技推广示范项目等林业科研项目稳步推进。林场自主或与区内外科研院所联合申报科研项目（课题）8个，已获立项4个，获得资金300多万元。林场主要参与完成的《桉树工业原料林良种创制及高效培育技术》科研项目获中国林科院重大科技成果奖。获国家发明专利授权2项。以大洋洲大花梨组培繁育关键技术攻关为重点，开展生根配方试产和移栽试验，移栽成活率达70%以上，率先实现组培苗规模化造林。以林场牵头组建的八桂公司为平台，2017年全年销售苗木4418万株，完成经营总收入2999万元，占年度计划2581万元的116.2%。

【党建工作】 组织场属31个单位、16个党支部签订党风廉政建设责任书、落实意识形态工作责任书，86名中层以上干部签订廉洁自律承诺书，逐级落实党建、廉政建设及意识形态领域工作责任。出台《东门林场党委议事决策规则》《东门林场“三重一大”决策制度实施办法》《东门林场领导干部选拔任用管理办法》等制度办法，压实责任，完善机制。贯彻落实中央八项规定精神“回头看”，严格执行中央八项规定精神，全年支出“五公”经费支出较上年下降5.69%。落实“党建带群建”方针，指导团委完成换届选举，充分考虑工、青、妇、侨等群团组织实际，将党建与群建工作有机结合，切实发挥“带建”作用。

【民生工作】 场部搬迁项目一期工程已完成80%。在春节、重阳等传统节日开展职工慰问关怀活动，慰问困难职工（党员）116人次，发放慰问金4.21万元。对52位高龄老人进行生日慰问，发放慰问金1万余元。慰问患病住院职工40名，发放慰问品价值5366元。联系协调县、市有关部门为职工及子弟争取各类困难救助资金10万多元，惠及病困职工家庭16户、21人次。安排42万多元组织全场997名职工进行健康体检。投入4万余元继续为584名工会会员办理职工医疗互助保障计划。加大对口帮扶隆林扶贫攻坚工作，投入53.3万元扶贫资金到对口帮扶隆林县介廷乡弄昔村工作，实施基础设施建设、产业发展、教育帮扶、住房保障、公共资金、“送温暖”等扶贫项目，东门林场负责片区40户贫困户157人，有38户152人脱贫出列，通过隆林县、百色市、自治区级检查验收。

崇左市凤凰山林场

【概况】 崇左市凤凰山林场原名为南宁地区凤凰山林场，2004年5月因行政区划变更更名为现名。成立于1963年，是崇左市直属副处级差额拨款事业单位，隶属崇左市林业局二层机构。林场场部位于广西扶绥县中东镇同正南路108号，林区纵横跨越南宁市隆安县、崇左市扶绥县、江州区等3个县区，是广西西大明山自然保护区（自治区级自然保护区）重要组成部分。林场内设正科级机构11个，全场职工人数265人。林场总面积19.83万亩，有林面积19.24万亩，全场森林覆盖率为97.02%，活立木总蓄积量为99.2万立方米。林场自成立以来一直以管护水源涵养林和生产商品用材林为主业，2017年全场国家级生态公益林面积6.31万亩，林区内保留着较为完整的天然次生林，形成较好的小气候，是各种生物栖息的重要场所。林区内生长着冠斑犀鸟、望天树、金花茶等国家重点保护动植物。2017年林场完成木材生产与销售3万立方米，完成经济总收入2821万元，其中财政投入总额1681万元，林场生产性收入557万元。总支出2061万元，实现人均可支配收入5万元。

【林业生产】 上级下达造林任务为5000亩，截至2017年12月，完成更新造林5542亩，成活率均达到90%以上，并超额完成任务。下达中幼林抚育任务为10000亩，截至2017年12月，完成幼龄林抚育16350亩，超额完成年度抚育任务。2017年计划施肥面积为5000亩，截至2017年12月，完成幼龄林施肥5541亩，完成年度施肥任务。完成中幼林抚育补贴项目任务3000亩，并通过林业厅检查验收。截至2017年12月底，完成上半年的伐区设计4995亩，出材3338立方米。完成林场192447亩森林病虫害普查工作并通过自治区验收。

【林政管理】 继续组织开展打击违法侵占林地非法行为专项行动，组织开展林地收复工作3次，共收整治被非法占地修坟林地5处，面积2.1亩，平复假坟57座，收复林地面积2.1亩。结合国有林场改革，收回被村民侵占种植的桉树林地5处共42亩。协助森林公安立刑事案件3起，在林场周边社区开展保护野生动植物宣传工作4次，发放宣传资料300份。完成林木采伐申请工作，全年申办林木采伐许可证4万立方米。开展野生动植物监测工作，安装红外相机6台，新发现国家一级保护植物望天树群落1处共31株。

【护林防火】 始终坚持“安全第一，预防为主”的安全生产方针，对全场范围进行不定期的安全大排查，2017年共进行安全检查15次，在春节、清明节、“三月三”等重点防火期开展护林防火宣传工作，出动防火宣传车辆、人员60人次，张贴宣传标语800张、警示挂标语31份、横幅5条，印发防火宣传资料100册，受到教育群众3000人。

【创新国有林场改革发展模式】 结合实际，创新林场管理体制，探索出新的改革模式。林场的管理模式由原来的“两块牌子，一套人马”转变为“两块牌子，两套人马”，即在林场现有基础上新成立广西西大明山自治区级自然保护区管理局，为财政全额拨款、公益一类事业单位，同时保留凤凰山林场原来的财政差额拨款、公益二类事业单位性质不变。改革后，林业发展模式由木材生产为主转变为生态修复和建设为主、由利用森林获取经济利益为主转变为保护森林提供生态服务为主，建立有利于保护和发展森林资源、有利于改善生态和民生、有利于增强林业发展活力的国有林场新体制，完全符合国有林场改革“保生态促发展、惠民生促和谐”的目标要求。

（黎彦辰）

广西农垦国有山圩农场

【概况】 山圩农场隶属广西农垦局，地处南宁市江南区和崇左市扶绥县山圩镇交界，场部位于山圩镇内，距南宁市区59公里，距扶绥县城42公里。农场拥有土地面积3.7万多亩，其中耕地面积1.7万亩，1977年起确定以剑麻种植为主的经营方针，是广西种植面积最大、产量最高的剑麻生产基地。先后被国家农业部认定为“南亚热带作物名优基地(剑麻)”“南亚热带作物良种苗木繁育基地(剑麻)”，第一批“热作标准化生产示范园”入选2017年自治区农业产业化重点龙头企业。该农场成立于2012年的广西山圩产业园，2017年成功获评广西农垦现代特色林业(核心)示范区(三星级)。

2017年，农场总人口6335人，其中归侨及侨眷881人、劳动力4378人、在岗职工326人、离退休职工501人、专业技术人员57人。场机关设综合管理办公室、财务部、生产经营部、土地管理保卫部、开发建设部、招商服务部。下辖1个投资开发公司、1个物业管理公司、4个分场共10个生产队、2个麻片加工厂、1个复合肥厂、1所职工医院。2017年,农场实现生产总值23.1亿元,同比增长10%;实现工业总产值20.1亿元,同比增长5.8%;实现经营总收入21.76亿元,同比增长8.8%;完成固定资产投资实际到位金额8.3亿元, 同比增长78%;完成招商引资(新增实际到位资金)8.2亿元,完成区局下达任务指标171.4%;从业人员人均纯收入50429元,同比增长8.2%,实现利润1002万元。

【现代特色农业建设】 以联产承包责任制为基础,完善"大农场套小农场"的双层经营体制,实施"统一品种布局、统一质量控制标准、统一生产技术规程、统一生产作业管理"的岗位管理措施,保持国有经济基调和剑麻主导产业不动摇。2017年,农场剑麻种植面积6820亩,投产面积4052亩,管理麻面积2591亩,新定植剑麻新品种"桂麻1号249亩,培育剑麻密植苗621万株,疏植苗40万株,加工剑麻鲜叶片49971吨,生产剑麻纤维2000吨,销售纤维1789吨,实现销售收入2441万元。

【产业园升级转型】 利用土地资源优势,深化垦地合作,通过公司化企业化运作产业园,加快园区转型升级。2017年投入3500万元完成横四路、纵一路、春江一路、纵四路等核心区部分道路、排水、电路、绿化、土方工程。新培育入规企业8家,规模以上企业累计达20家,新签约项目22个,金额达15.78亿元,储备项目9个,新入驻企业16个,新投产项目13个。共开发土地6000多亩,争取落实项目用地指标约912亩,争取到政府投资10亿元修建产业园主干道系统(三横三纵)等基础设施。

【场区环境改造】 以建设宜居农场为大方向,加强民生建设,农场人居环境极大改善。投资57万元完成场部沿国道美化绿化、场部国道边居民楼风貌改造及2832平方米生态停车场建设。实施场部生活区天然气管道引进项目,帮助职工住户开通天然气。投资25万元,建设完成场部1625.82平方米室外钢结构停车棚。实施七队道路及排水工程、六队剑麻苗圃运输道路修整工程、博爱分场和岜美分场公房维修等工程。

扶绥种畜场

【概况】 广西壮族自治区扶绥种畜场(下简称种畜场)始建于1956年,是广西壮族自治区水产畜牧兽医局直属的差额拨款事业单位。单位主要职能是负责培育、引进优良种畜禽和保护地方优良品种等工作。全场分场部、那坡分场两个生产生活区,并代管一个自然村(三宝岭村)。土地总面积47795.8亩,其中场部土地面积42599.6亩、那坡分场土地面积5196.2亩。场部土地以丘陵地居多,现主要种植速丰桉、果树等,主要分布在扶绥县空港大道至吴圩机场的两侧。那坡分场位于扶绥县至岜盆乡的市政道路以及正在建设的龙谷湾旅游休闲度假区旁边。建设有占地32亩的种公猪站,主要种植剑麻、果树、甘蔗、坚果等。2017年,扶绥种畜场围绕"强基础,调结构,促发展"的工作思路,不断创新工作方式,狠抓各项措施落实,全场经济呈现出平稳发展的态势。据不完全统计,2017年全场纳入经营效益核算的总收入为1724.63万元,分别比上年减少95.6万元,降低5.25%;纳入经营效益核算的总支出为1742.26万元,分别比上年增加135.04万元,增长8.4%;纳入经营效益的收支相抵后经营效益为净亏损17.63万元,净利比上年减少230.64万元,收支基本持平。主要原因:那坡香蕉地收回,地租收入较上一年大幅减少。

【土地管理】 在场领导班子带领及全体职工一起努力下,成功收复村民侵种的那坡分场土地93.2亩。成立专门工作组,主要负责地界巡逻和土地维护工作,随时了解周边动态,一旦发现村民抢种、侵种、破坏生产行为等立即劝阻,有效遏制了村民抢占国有土地势头。同时对侵占种畜场土地种植林木的村民进行巡查和举报,有3起村民滥伐林木的行为被有关部门处罚,为下一步的土地维护创造良好条件。对个别抢占种畜场土地的蛮横群众通过法律途径解决土地侵占问题,为以后的土地收复工作积累经验。

【土地租金催缴】 2017年,种畜场采取电话催缴与深入租户催缴相结合,争取县国土、拆迁办等部门的支持、配合或通过举报滥伐林木迫使承包者缴清拖欠租金等多种形式催缴地租,共催缴土地租金46.67万元,超额完成了年度计划的99%,很多承包者缴清了历年拖欠的租金。

【农业生产】 2017年初争取到扶绥县甘蔗"双高"基地补助资金68万元,场里再投入100多万元,在那坡分场通过平整土地连片种植优质品种"桂糖42"甘蔗1080亩。2017年在那坡分场投资50万元种植澳洲坚果6100棵计200亩,2020年可挂果收益。2017年成材的林木132亩,设计出材量663立方米。通过公开招标出售,收入达49万元。

【棚户区改造】 完成建成建筑面积为30155.49平方米的住宅楼房8栋256套房,其中一栋(11+1)小高层电梯房88套,7栋(6+1)框架结构168套。送审工程结算造价为4421.86万元,审定造价为3951.52万元。基础配套设施建设已基本完成,截至2017年12月底,基本完成合同价为174.76万元的道路及排水项目,包括合同价为82.11万元的园林园路工程、合同价为48.87万元的一户一表给水工程、合同价为34.56万元的围墙及球场工程、合同价为14.81万元的大门及监控系统工程。正在实施合同价为242.33万元的配电工程,预计2018年1月底将完成所有的基础配套设施建设。截至2017年12月底,已有175户签订购房合同、办理房屋交接手续,尚有40户(不含六萼19户)未按要求办理相关手续。

【项目建设】 展示厅二期续建项目总建筑面积3655.4平方米,采用框架结构,共4层。项目招标控制价586.54万元,中标价583.67万元。项目于2017年6月10开工,并于12月初完成主体建设,预计2018年3月份竣工交付使用。

那坡水塔建设项目是建设高21.3米,容量100立方米的水塔。招标控制价26万元,中标价22.65万元。项目于2017年3月22日开工,于6月底完成竣工验收。

那坡鱼塘改造项目主要建4个标准竞技钓鱼池鱼塘,其中规格为100米×20米的2个鱼池为罗非鱼池,规格为100米×24米的鱼池为混养鱼池,规格为100米×18米的鱼池为鲫鱼池。招标控制价约200万元,中标价为176.45万元。项目于2017年3月22日开工,于11月17日完成主体施工。

种公猪站猪舍建设项目建设内容为单层猪舍,砖混结构建筑,总高度4.518米,室内外高差为1.2米,建筑总面积为1997.73平方米,项目审定总投资235.34万元,中标价233.93万元。项目于2017年7月初开工建设,已完成两栋猪舍的屋架、吊顶、内墙批灰,实验室贴瓷砖、外墙批灰、电的安装等。

种公猪站道路及排水项目建设内容为一座污水收集池,道路面积10624.66平方米,排污管151米,项目审定总投资163.03万元,中标价160.44万元,2017年6月28日开工建设,11月13日完工。施工单位正在准备竣工验收的相关材料,待材料合格后即可进行竣工验收。

种公猪站设备采购项目是种公猪站配套项目,采购设备包括手动采精假台蓄、自动采精系统、超纯水处理器、精子质量自动分析仪、便携精子密度仪等设备,报审价格为239.38万元。项目于2017年7月公开招标,A标中标价102万元,B标中标价88.93万元。猪舍设备于2017年12月3日进场施工,12月底已基本安装完成。国产部分的实验室设备于11月底生产完成,进口部分设备12月底运到中标单位,待实验室符合安装条件即可进场安装、调试。

【职工工资福利】 根据自身经济发展实际，按人均基准线3倍申报绩效工资总量并得到人社厅批复，核定绩效工资总量为756.57万元。年底，根据分配方案，完成了绩效工资发放工作，发放人数111人，发放金额730万元，人均发放约6.7万元。根据文件规定，超出基准线申报并批复的绩效工资，全部由单位自筹。完成2014年10月至2016年12月改革实施准备期养老保险基金清算工作，做好养老金调整标准及调标增资兑现工作，补发退休人员艰边津贴调标增资额约6.9万元。根据政策，自筹资金一次性发放给127名退休职工生活补助76.2万元，人均6000元。

【扶贫工作】 按照上级和当地政府的统一部署，积极推进精准扶贫、精准脱贫工作。支持三江县高迈村稻田养鱼项目3.5万元。该项目占地面积130亩，总投资35万元。2017年亩均增产1000元，受益贫困户52户。捐赠新宁镇政府50吨水泥和2万元，支持塘水村1.5万元，支持水边村结对帮扶贫困户19户安装广电闭路电视5510元，支持水边村1万元作为村"两委"换届经费。开展"扶贫日"活动。全场干部职工捐款6081元用于扶贫专项工作。2017年共有结对帮扶贫困户7户(水边村6户、高迈村1户)33人脱贫。

(邓建才　郑贵宏)

乡 镇

新宁镇

【概况】 2017年，新宁镇立足实际，以打造全县首善之区为目标，扎实推进各项工作，社会总体保持平稳较快发展。现代农业创新发展，2017年全镇甘蔗种植面积3.1万亩，比上年的2.88万亩增加0.22万亩，完成改扩种面积0.243万亩。实施“双高”基地三个片区，面积共0.265万亩(任务为0.2万亩)，其中马场片区1049.4亩、渠那五队片区891.6亩为蕉改蔗片区。这两个片区由种植大户经营，均按现代农场标准采用卫星定位开行，做到了甘蔗生产全程机械化。推广合作社经营，成立农民专业合作社30个、家庭农场2个，2016年推荐市级示范农民专业合作社2个、县级示范农民专业合作社3个、县级示范家庭农场1个。甄选30户具备一定技术水平，能起示范带头作用的农户作为农业生产示范户，到户指导新技术，推广新品种。发展特色种养，全镇水稻种植面积1.16万亩，花生种植面积0.78万亩，玉米种植面积0.5万亩，西瓜套种面积0.38万亩，瓜菜种植面积0.73万亩，积极引导群众发展蛇类、龟鳖养殖等，为农民增收拓宽路子。采取“组团”的方式推进征地拆迁工作，征拆项目50个，征地面积为21352亩，已完成征拆项目13个，已完成征地面积393.2亩。经过新一轮贫困人口动态调整后，精准识别建档立卡贫困户872户、贫困人口2900人，贫困村3个(分别是那宽村、塘岸村、上洞村)。2016年共脱贫170户638人，经“双认定”2017年预脱贫109户424户，其中计划任务脱贫户68户252人，奋斗目标脱贫户(不含计划)41户172人，预脱贫村为那宽村。狠抓各项支农惠农政策的落实，通过一事一议共投入243.6万元用于村级道路、屯级“文化娱乐室”、文化舞台、人饮、太阳能路灯、水利渠道硬化等基础设施建设，改善农村生产生活条件。落实各项惠农政策，发放农资综合补贴9111户共184.67万元，城镇最低生活保障户数1454户，人数2758人。农村最低生活保障户数674户，人数1359人。城乡居民基本医疗保险参保任务数6.3万人，完成6.3万人，完成率100%。“新农保”全镇应参保人数任务16376人，完成14795人，完成率90%。农村危房改造全面推进。上级分配的危房改造任务数为92户，已全部完成主体工程，竣工率为100%。

【推进项目建设】 扶绥中学运动场、实验学校扩建、民族中学、新宁一中、新宁三小等项目取得突破性进展。一次性征完城厢社区南三队闲置土地360亩，后续的跟进工作已完成，可以进场施工，新宁一中食堂扩建项目已建两层。秀湖公园、城南公园、天堂岭公园、东环路扩建、公明路一期、兴武路、棚户区改造二期1号路等项目征地工作正在按计划推进，其中天堂岭公园该项目征地任务有225亩土地，已征120亩。东环路扩建涉及城厢、长沙、塘岸3个村委26个生产队和县直多个单位757.71亩，已丈量路旁征收范围内的地上附属物铁棚，简易棚等建筑物已完成拆违工作。棚户区五期、棚户区铁北一期、易地扶贫搬迁等项目在短短2个月时间内完成了扶绥县易地扶贫搬迁一期工程711亩协议征地工作，并已兑付征地款。易地扶贫搬迁项目还涉及迁坟工作，位于屯麦屯涉及到的17户，其中共212座骨坟，2座肉坟，截至2017年12月，易地扶贫搬迁项目已完成14户的坟地，2座肉坟和92座骨坟已顺利迁坟，余下工作正在推进中。郁江治理工程扶绥县城区充禾—县政府段工程、秀湖护坡工程等其他项目也正在积极有序推进当中。

【城市建设面貌焕然】 新宁镇联合住建局、国土局等执法部门，对大塘村和环城路两边共85间违搭乱建、铁棚屋等建筑物进行依法强制拆除，遏制公路沿线乱搭乱建违法建筑行为。配合县住建局对那密开发区旧住宅综合整治项目、临江街综合整治以及南密路、新华路、永宁路等涉及街道的2800户住户开展外立面改造。推进江滨公园征地拆迁，新宁镇职工宿舍楼涉及住户46户，已评估45户，待评估补偿方案出来后再继续开展搬迁的各项工作。广泛动员5个社区居民积极参与文明城市的创建，同时组织干部职工对责任区市容市貌环境卫生整治，对存在的问题积极整改到位，清除堆积物100多处，清除小广告181处。指派律师起诉违法乱贴小广告等行为，依法查处3人，罚款8000元。

【精准脱贫】 开展“雨露计划”帮扶工作，发动组织驻村干部、第一书记、帮扶联系人进村入户开展政策宣传动员工作，建立网络化管理模式，创建新宁镇雨露计划交流QQ群，群内共有8名镇级管理员、69名雨露计划受益学生。共补发2016年未申请雨露计划贫困学生36名，已完成2017年秋季学期雨露计划公示。做好贫困人口动态管理工作，新纳入贫困人口21户75人，返贫11户39人，剔除20户77人。在11月开展“回头看”工作时，新纳入贫困户10户32人，认定返贫退出户2户6人，错评剔除贫困户3户6人。做好易地搬迁工作，共有171户贫困户申请易地搬迁，其中58户获得最终公示。做好产业扶贫工作，共有755户（含2015年退出户）贫困户申请产业扶持奖补资金，11月30日已顺利完成第一批560户贫困户产业奖补资金发放工作。

【“美丽乡村”建设】 抓好“清洁乡村”再提升活动，各村屯共落实保洁员60人，配备44个钩臂垃圾箱、41部电动（人力）垃圾车以及608个垃圾桶均已放置于各村屯居民密集的主要路段，做到垃圾长期有人收集、保洁长期有人管、农村环境长期保持干净清洁。集中开展农村庭院环境整治，全年开展集中清理整治行动710次，村屯累计清理家园垃圾2500多吨，清理卫生死角1600多处，拆除违章建筑、乱搭乱建猪牛栏等120多间，清理房屋外墙乱涂乱画500多处，整治乡村农贸市场220次。向县一事一议办申报15个村屯共15个项目，计划总投资243.5万元，其中群众筹资28.9万元，一事一议奖补214.6万元，开工率100%，完成验收12个。

【深入开展“三民”专项活动】 “产业富民”方面，通过“公司+农户”的形式，全镇共推进5个行政村完成村集体经济收入84.5万元。其中上洞村成立了“扶绥县惠民桑蚕养殖专业合作社”，那宽村光伏发电、广合黑山羊养殖专业合作社每年为集体增加收入8.5万元。“服务惠民”方面，按照建设“一个中心”“六项服务”的任务，完成全镇9个行政村调查摸底工作，其中大塘、塘岸、水边3个示范点按照“六有”的标准完成了改造，并通过了市级验收，其余6个一般村正在逐步推进中。“基础便民”方面，以大塘村、城厢社区、塘岸村坛佑屯、水边村为试点，实行施工队+农户自建的形式推进，全年共完成450户改厨改厕，拨付资金52万元。通过一事一议财政奖补项目安装太阳能路灯392盏，硬化道路3435米，水利渠道硬化3700米。

【土地确权】　与各村(社区)签订2017年确权工作责任状,明确时间节点和工作要求。新宁镇开展土地确权9个村(社区)、29个发包方,确权国土二调面积71442亩,二轮承包面积29194.21亩,确权任务户数8391户。已完成29个村民小组的发包方调查表并公示,29个村民小组已完成地块指认工作,27个村民小组已完成一轮公示修改,22个村民小组已完成二轮公示修改,通过25个村民小组确权方案,已完成1861户农户的合同书签订及申请书签字和一户一档整理工作。

【计生管理】　区间内出生男236人、女200人,性别比为100:118,比县下达的指标高9个百分点。流动人口重点对象协查信息反馈率达100%,高于县下达的95%的指标。反馈及时率达100%,网络化协作信息通报接收率达100%,高于县下达的90%的指标,接收及时率达100%。区间内违法生育17例,已立案17例,立案率100%。推进爱心保险,参保户数697户,参保人数2091人,其中独生子女382户,二女户315户.爱心保险卡发放到位率100%。

【社会治理创新】　2017年,继续加大投入,组建视联网和公共视频网,已累计在县城辖区及周边城中村安装了300个高清监控探头。将综治e通、视联网、公共视频网合并,实现"三网联调",现了管理服务的全方位覆盖,做到信息的上通下达。落实好国家新颁布的安全生产法,突出抓好矿山、交通、烟花爆竹、人群密集场所等重点领域的隐患排查,确保安全生产零事故。运用法治思维、法治理念和法治方式,整合镇综治、司法、国土、规划、信访等部门的资源,招聘了1名律师,组建纠纷调处工作组,严格按照相关法律法规开展纠纷调处工作。对每个矛盾纠纷案件实行"一案一补"绩效管理,充分调处工作组成员的工作积极性。全年村镇两级人民调解组织共受理各类民事纠纷案件85件,调解85件,调处成功82件,调解成功率达96%。积极将矛盾化解在基层,做到了小事不出屯、大事不出村。

山圩镇

【概况】　2017年,山圩镇树立"园镇共建,产城融合"发展理念,强力打造广西绿色家俱特色小镇,全镇经济快速增长,各项事业健康发展,社会和谐稳定,群众获得感增强。2017年按照县委县政府大征地工作部署,积极开展项目征地工作,全年完成驮英水库、产业园横四路、理昂发电厂、标准厂房等7个项目征租地,总面积931亩。全镇共有企业49家,有14家企业新开工建设,规上企业18家,直接安排就业8000多人,其中,扶绥籍务工人员2300人、山圩籍务工人员1100人。全年全镇工业总产值45亿元,山圩产业园荣获广西唯一一个3A级林业生态产业核心示范区,山圩镇逐步形成扶绥县经济发展新引擎。统筹推进土地整合和甘蔗双高基地建设,2017年完成甘蔗"双高"示范片21片共2.07万亩,超任务数200亩,其中那任基地是全县万亩连片种植最大基地之一。落实了2018年甘蔗"双高"示范片29片共2.05万亩,达成流转协议3800亩。整合各类资金,全镇完成超过50个屯110公里的屯级道路、巷道建设,安装5个屯的太阳能路灯,完成130户危房改造建设,完成400户改厨改厕,村屯办公场所、运动设施有大改善。每个村屯都聘请保洁员进行保洁,村容村貌大改善,昆仑屯获得"美丽崇左"乡村建设魅力村庄称号。新农合参保人数28420人,参保率98%。2017年全镇脱贫人口70户250人,产业奖补、危房改造、教育、医疗、低保、产业发展等政策措施落实到位。贫困户通过转移就业、甘蔗种植等方式实现脱贫能力日益增强。全镇4个脱贫村道路交通实现屯屯通水泥硬化路,村级基础设施得到全面改善。平搞村列为整村脱贫奋斗村,通过光伏发电、委托经营、养猪场出租,村集体收入4.2万元,整村实现"十一有一低于",达到整村脱贫条件。2016年脱贫摘帽村玉柏村通过光伏发电、玉富合作社共创集体收入

3.5万元，脱贫巩固进一步增强。

【城镇建设】 以腾龙民俗风情街为中心，推进山圩新村建设，山圩社区新建村委办公楼已基本完成装修。山圩新村106间商业楼正在下基础，其中64间已下完地基。粮所旁20间瓦房置换安置方案已达成，正在进行规划设计。根据山圩镇总体规划进行调整的粮所路段，准备进行道路改造及亮化工程，改造后将大大改善群众出行。加快推进山圩风情步行街的建设进度，一、二、三、四、五号住宅楼已竣工，商住楼完成装修，基本完成道路硬化建设。积极推进建设山圩镇建材汽配市场，已经完成主体框架建设，各项后续工作正在有序推进。

【服务园区】 协助园区做好招商工作，2017年累计招商入园林产深加工及资源综合开发企业49家，规上企业17家，投产企业30家。园区新开工企业14个，新签约项目17个（签约金额达15.7亿元），新增规模以上企业7家，新投产企业10家，安排就业约11000人。强化分工，落实专人对项目建设推进进行跟踪服务，推进存在的问题第一时间汇报主要领导并及时向相关部门沟通，确保项目得以顺利实施。针对镇水厂不能满足山圩镇及产业园的供水需求，通过与同正集团、县水厂等部门沟通，对镇水厂及管网进行了设计改造，规划设计了专供产业园区的供水系统，已经完成征地工作，有效化解园区用水矛盾。

【农业生产】 狠抓甘蔗生产，壮大甘蔗支柱产业，甘蔗种植面积稳定在13.67万亩。以甘蔗“双高”基地建设为主抓手，土地整合与甘蔗“双高”基地建设协同推进。积极抓好甘蔗田间管理，通过加大宣传力度，重点抓好防旱排涝、病虫害防治的田间管理，确保甘蔗面积稳中有升。高质量实施2017年甘蔗双高基地建设，2017年甘蔗双高基地建设任务2.05万亩，实施面积2.0703万亩，涉及9个村21个点。成立昆仑茂谷柑党群致富合作社，带动党员群众102户加入合作社种植茂谷柑和红江橙，户均收入超过3万元，党群致富合作社带动群众致富成效显著。

【精准扶贫】 2017年全镇脱贫70户250人，奋斗户6户20人。平搞村作为2017年预脱贫村，脱贫33户125人，占全镇脱贫人口的50%。扎实推进扶贫产业开发，平搞村光伏发电项目7月25日并网发电，肉猪养殖场出租集体收入1.2万元，委托润农公司经营收益2万元，三项共计4.2万元，远超集体收入2万元的目标。2016年脱贫摘帽村玉柏村集体收入稳定，玉柏村大伏屯光伏发电项目8月并网发电，同时，又在集镇谋划实施第三个光伏发电项目。玉柏村玉富合作社2017年4月中旬第一批鸭苗进场，共1500只，产值达15万元，盈利超3万元。第二批1000只鸭苗11月进场，春节前出售。

【民生工程】 认真贯彻执行新型农村合作医疗制度，农民参合率达到96.8%以上，同时加强新农合运行监管，有效解决了群众看病难问题。认真开展实“新农保”试点工作，全镇参加新型城乡居民养老保险人数达110016人，参加城镇居民基本医疗保险6613人。实施城乡居民最低生活保障工程，对城乡符合最低生活保障的居民做到应保尽保，全镇低保户397户805人，发放低保金158.0135万元。共发放冬春灾民口粮13.1555万元；五保户95人生活补贴41.3174万元；实施农村医疗救助27人次，救助金额8.13万元。加强学校常规管理，大力推进义务教育均衡发展，抓好“两基”巩固提高工作，教育教学质量进一步提高。农村危房改造全面推进，全镇农村危房造任务130户，落实130户，竣工率98%。积极落实“一事一议”村级财政奖补政策，实施屯级道路及巷道硬化，完成屯级道路硬化、太阳能路灯、农村人饮等项目共计12个。

渠旧镇

【概况】 2017年渠旧镇与时俱进、真抓实干，较好地完成经济社会发展目标任务。全镇社会治安稳定，经济健康稳步发展，基础设施面貌改善，社会事业取得了新的成绩。全年固定资产投资完成20517万元，实现农民人均纯收入12608元，同比增长8.7%。完成镇11个村30个屯共7894户签章图和一户一档，为土地确权颁证做好基础。完成应纳尽纳贫困户51户178人，错评剔除21户61人。实现三合村脱贫摘帽，完成78户280个贫困人口脱贫出列，超额完成崇左市下达275人贫困人口脱贫任务。逐一核对贫困户信息，完成1万余条数据清洗，保证手册与扶贫系统一致。累计发放小额免息贷款2165.5万元，完成606户产业扶持验收，共发放产业扶持资金90.9万元。完成34户贫困户危房改造，低保兜底977人，帮助48名贫困学生申请雨露计划，累计发放补助金10.1万元。全镇完成新型农村养老保险参保人数11248人，发放农村特困保障金40.2万元，惠及1292人；低保金181.5万元，惠及3840人。完成新型农村合作医疗参保人数22787人，参保率92.4%。全年共完成125户危房改造，累计发放资金200.2万元、发放甘蔗良种补贴125.7万元、发放耕地地力保护补贴309.8万元，惠及群众5459户；发放农机购置补贴125.77万元，惠及农户84户。全年固定资产投资完成20517万元，实现农民人均纯收入12608元，同比增长8.7%。

【培育甘蔗种植基地】 扩大宣传动员及田间地头技术指导，积极推行桂糖29号、桂糖42号、桂糖46号等优良品种种植4万亩。全年种植甘蔗12.31万亩，完成1.82万亩甘蔗“双高”基地建设，改扩种9400亩，其中桉改蔗800亩。规范提升咘沙甘蔗专业合作社和发展社区北计屯、坡利屯共2700亩甘蔗现代农场。积极与机械服务队联系，探索推行“企业+机械服务队+农户”甘蔗收割模式，实现1万多亩甘蔗机械收割。

【基础设施加快完善】 开工建设三合村、驮迓村、咘沙村、弄卜村累计9000亩“双高”基地水利化工程建设。做好总投资2000万元自治区百镇建设示范工程前期筹建工作，投入自治区财政补助资金1000万元实施污水处理设施建设，主体工程已完工。完成旅游厕所、停车场及渠统湖环湖漫道一期工程建设。铺设坡利半岛传统村落步道1.3公里，完成中国现代历史学家黄现璠故居修缮。完成各行政村太阳能路灯安装，所有村屯通屯道路硬化，村屯巷道硬化90%以上，完成500户改厨改厕任务。总投资1650万元建设公立幼儿园、小学学生宿舍楼及运动场、渠旧中学综合教学楼、宿舍楼、食堂，建设三合村、咘沙村、竹琴村、中原村教学点多功能室、球场。

【环境整治取得新成效】 先后投入20多万元开展各村集中整治活动，新建竹琴村垃圾中转站1座，配备36个勾臂箱覆盖30个屯，委托扶绥中锋环境产业公司管理垃圾中转站，保证“村收镇运县处理”模式正常运转。完成4个村级综合服务中心、1个农村淘宝建设。渠旧社区坡利屯荣获自治区传统村落称号，咘沙村荣获自治区级生态乡村称号。在2017年度崇左市美丽乡村“百村示范百村整治”活动中，濑滤村列入示范村，咘沙村、驮迓村列入整治村，友能聚隆山庄顺利开园迎客。

【推进扶贫项目建设】 整合扶贫、“一事一议”资金176万元，实施三合村饮水提升改造，惠及全村1023户4179人，筹集60万元新建弄卜村村级服务中心。配合上级部门完成弄卜等4个村屯通屯道路8.4公里建设，积极争取县民族局22万元资金解决弄卜村630米主干道路建设，落实奖补资金84.7万元，解决贫困村4.15公里巷道建设。投入30万元建设三合贫困村光伏发电项目，年发电总量30千瓦时，增加村集体经济收入3万元。弄卜村通过发包70亩村集体土地的形式增加村集体年收入2.1万元。申请易地移民搬迁270户，公示143户，现东罗安置点已有16户搬迁。

【社会管理不断提升】 以网格化社会管理平台为载体，不断健全社会管理新格局，完善综治基层组织网络和信访维稳责任追究制度，深入推进平安渠旧建设，加大矛盾纠纷精准排查和精细化解力度，全力维护社会稳定。全镇共立刑事案件23起，破获10起，依法逮捕10人。受理治安行政案件48起，查处48起。渠旧镇派出所获得市级“百车千所万人”消防安全大培训大宣传活动先进集体。扎实开展水上交通、建筑工地及液化气、烟花爆竹等危险品等安全生产专项整治行动，食品药品监管和应急管理等工作得到加强，全年没有发生一起重大事故。全年举办各类文艺晚会16场，山歌擂台赛5场。

渠黎镇

【甘蔗“双高”基地建设】 2017年实施2.23万亩，连续3年每年完成2万亩以上，甘蔗生产全程机械化得到农业部调研组一致好评。联耕、联管、联收的规模化、机械化甘蔗种植模式被中央、自治区等媒体广泛宣传。2017年9月，自治区党委书记彭清华到渠黎镇调研“双高”基地建设，对渠芦合作社、“甜蜜之光”、百甲“双高”基地等典型模式给予高度认可和充分肯定。“甜蜜之光”现代特色农业核心示范区获评为广西五星级示范区，炎鑫度假村被评第二批乡级现代特色农业示范区。

【征地拆迁攻坚】 牢固树立服务园区发展就是服务渠黎发展的理念，认真履行征地拆迁动员宣传的乡镇主体责任，主动担当，举全镇之力推进南国铜业、石埠乳业、驮英水库、南宁至崇左高铁、渠黎至中泰产业园一级路等一批重大项目征地工作，完成和谐征地2300多亩，临时用地1100多亩，收回群众侵占土地9100多亩。

【精准脱贫】 深入推进精准扶贫，大力抓好产业促脱贫，全镇获得产业扶持资金77万元，小额信贷215万元。采取“合作社+贫困户”和“公司+合作社+贫困户”的模式，依托渠芦合作社、乐羊养殖合作社和晶桂蛋鸡等平台，让贫困户入股分红和就近务工，实现稳定收入，带富致富成效显著，贫困村大陵村如期完成脱贫摘帽，全镇共脱贫147户521人。

【社会事业】 深入推进宜居乡村建设，全市美丽乡村综合示范村暨基础便民专项工作现场观摩会在渠黎镇碧计村岜宁屯召开，改厨改厕典型经验在全市推广。炎鑫度假村荣获广西五星级休闲农业与乡村旅游示范点。渠仔一年一度的“同心文化”节成为旅游品牌，作为广西电视台“开心擂台”趣味竞技节目拍摄现场。全镇中小学基础设施建设有效推进，义务教育均衡发展工作圆满通过省级评估验收，26名教师获崇左市表彰。渠黎三中考取全A人数名列全县乡镇中学第一名，碧计村方建勋荣获2017年度广西理科状元，考上清华大学，渠凤村罗永莲考上北京大学。

【基层党建】 圆满完成村“两委”换届选举，选出了新队伍，展现了新气象，开创了新局面。扎实推动“两学一做”常态化制度化建设，以“固定党日+”、文艺晚会、山歌传唱等形式，在全镇掀起学习宣传贯彻党的十九大精神热潮。自治区党委常委、组织部部长喻云林、崇左市委书记刘有明等领导先后深入渠黎镇宣讲党的十九大精神，为渠黎发展指明了方向。从严落实党风廉政建设“两个主体”责任，加大反腐倡廉宣教力度，渠新村支书覃荣校被评为县勤廉榜样，先进事迹在全县广泛宣传。

岜盆乡

【概况】 岜盆乡位于南宁市西面、扶绥县中部，乡政府距县政府15公里，距城南新区及高速出口9公里，距南宁市50公里，距崇左市70公里，距吴圩国际机场34公里。南友高速路、322国道、产业大道、南宁至扶绥二级公路、苏罗公路、大塘至叫印公路、汪庄河穿过境内。全乡总面积152平方公里,辖8个村,共41个自然屯,总人口28803人,少数民族人口约占全乡总人口90%。全乡耕地面积约51167亩,人均1.86亩,是广西人均耕地面积0.8亩的2.3倍。2017年,全乡招商引资到位资金3.6亿元,增长9%;固定资产投资完成2.5亿元,同比增长6%;农村居民人均可支配收入达到10530元,同比增长6%。土地确权登记完成全乡8个行政村41个自然屯的工作底图勾图工作,第一轮公示完成100%,第二轮公示完成97.5%,签章图签字确认完成率97.5%,"一户一档"材料整理完成39个屯6602户,全乡可发证率达95.2%。土地确权工作走在全县前列。

【基层党建】 坚持开展"固定党日+"活动,抓好十九大精神的宣传学习,将"固定党日+"活动与党费收缴、党员培训、结对帮扶、"双高"建设、土地确权、乡村建设等相结合,丰富活动的内容。着重抓好"三会一课""四议两公开"、村干部值班、村务监督等制度的落实并进行督查,对执行不力的支部及时督促整改。扎实开展村"两委"换届选举,成为全县率先完成村"两委"换届选举工作任务的乡镇,岜伦村作为市级试点得到县委、市委的高度肯定。新一届班子平均年龄44.6岁,大专以上学历9人。整顿驮辽村软弱涣散党组织,改造那坡、驮辽、岜盆、岜伦、姑豆、弄洞6个村的村级办公场所,并对岜伦、姑豆、岜盆3个星级党支部从软硬件方面提质改造。完善全乡8个村的村级公共服务中心建设,进一步加强村级活动场所规范化管理。加强非公党建,成立扶绥好乐岛休闲农庄党支部,创建扶绥杰利皇鸽养殖有限公司党支部为市级非公党建示范点。成立党群致富合作社,培养致富带头人20名,促进全乡的脱贫攻坚工作。8个行政村成立村级集体经济合作社,发展壮大集体经济,实现那坡村集体经济零的突破。成立马汉杰党代表工作室,创建"党员之家"微信群,加强党员与群众之间,党员之间的沟通联系。落实党费收缴专项排查工作,全年收取党费42326.00元。新发展党员8名,其中妇女党员5名、35岁以下年轻党员5名、大专以上学历党员2名。开展农村党员大培训12期,培训农村党员、村"两委"干部和入党积极分子2158人/次。

【精准扶贫】 依托本地企业,优先安排贫困人员就地就近就业增加收入。据统计,仅在乡村旅游业中安排就业的贫困人口达80人。发展产业增强贫困村集体收入,贫困村那坡村的光伏发电项目总投资30万元,于2017年7月初开工建设,8月初并网发,目前发电量3600千瓦时/月,年收益达到3.6万元。推进产业扶持项目,全乡实施产业项目888户,已拨付资金321户人共59.1万元。做好贫困户小额信贷工作,成功委托经营541户,贫困户收益4000元/年。农村危房改造与扶贫工作有效衔接,优先安排贫困户指标,确保贫困户建设稳固住房,全乡完成危房改造任务120户,其中贫困户53户。2017年,全乡审定2017年脱贫95户355人,超额完成上级下达210人的脱贫任务数。

【现代特色农业】 2017年,完成甘蔗"双高"基地建设23个片区共计1.3万亩,历年累计建成"双高"基地3.51万亩,甘蔗种植面积常年保持在6.5万亩以上,2016—2017榨季入厂原料蔗达27.5万吨,2017—2018榨季入厂原料蔗预计达33.48万吨。全乡种植甜南瓜、豆角、西瓜、台湾青枣、蜜柚、茂谷柑等果蔬面积1.4万亩,产值达到10600万元,呈现出合理农副产品新布局。岜伦村700多亩的蔬菜基地、岜盆村2000多亩蔬菜基地正在投入建设当中,由本村村民合作社经营,届时将以"就业岗位+分红"的模式给村里带来红利。积极争取到自治区财政厅资金200万元用于建设蔬菜批发市场,项目已进入施工阶段。全乡规模养殖场有42个,其中养猪场18个、养牛场3个、养羊场15个、养鸭场3个、养鹅场2个、养鸽场1个,产值达6846万元。水产养殖1250亩,产值达1400万元,养殖业的发展有效激活并拉长了产业链条,不仅使农民增收,解决了富余劳动力的就业,还带动了其他产业的发展。

【发展全域旅游】 把市级美丽乡村综合示范村姑辽屯,升级打造成乡村旅游景区,创建乡土文创品牌。国庆期间举办的“魅力扶绥、欢乐姑辽”乡土文创旅游节吸引了3.1万名游客前来观光。平常周末期间游客近2000人次,姑辽景区在南宁周边已具有一定的知名度。指导金猴湾业主,成功申办并顺利通过广西乡级现代特色林业生态旅游示范区验收,提高金猴湾知名度,景区试营业以来,月均接待游客6500人次以上。好乐岛山庄依山傍水、风景宜人,荣获4A级农家乐,也是休闲度假的好去处。岜盆乡现在已呈现北有龙谷湾、南有金猴湾、中有姑辽景区及好乐岛农家乐等特色乡村旅游带。投资10多亿元,占地3000亩的龙谷湾休闲度假区项目,于2017年元旦顺利开园营业,项目于12月获国家级4A级景区,全年累计接待游客量突破60万人次。

【社会民生】 全乡农村低保救助1075人,发放低保金219.3万元。农村五保供养153人,发放供养金71.97万元。有22户获得临时救助4.62万元。为60周岁以上退伍军人62人,发放补助金6.7万元。2017年投资178万元共建成水利三面光3千米、道路硬化4.5千米、篮球场1个、太阳能路灯120盏,惠及8个村16个屯4967人。全力推进姑辽屯市级美丽乡村综合示范村建设,姑辽屯已初步形成集生态观光、休闲旅游、文化传承、乡土文创、特产展示销售为一体的乡土文化旅游生态产业链。投入3977万元,完成乡中学综合教学楼、乡中心小学学生食堂、各村小学教学楼、姑豆小学、那坡小学、岜伦小学功能室及各个学校运动场、校舍维修等项目义务教育学校标准化建设。乡中学、中心小学代表县顺利通过自治区义务教育均衡发展工作验收,并上报国务院教育督导委员会审核认定。

【综治维稳】 严厉打击违法犯罪活动和各类扰乱社会治安案件,全乡共立刑事案件35起,破案16起,抓捕10人;受理行政案件71起,查处63起,处罚110余人;抓获在网逃逸人员1人。积极调处三大纠纷和信访案件,对各村进行网格化管理,努力解决事关群众切身利益的问题,共调处各类纠纷50余起。全年共接待群众来访153人次,处理、答复案件48件,解决了群众的实际困难,基本实现“小事不出村,大事不出乡”。

【党风廉政建设】 贯彻落实换届纪律“九条禁令”,在全乡8个村委41个村民小组悬挂《关于严肃换届纪律的公告》宣传牌,做到家喻户晓。深入全乡8个村委,对村支部委员候选人进行资格审查,确保无违法违纪和正被立案检查的人员进入候选对象范围。结合贯彻落实中央八项规定精神“回头看”工作部署要求,深化正风肃纪,密切注意“四风”新形式、新动向,紧盯节假日等重要时间节点,加大自查、通报力度,保持正风肃纪高压态势。采取多项措施开展自查自纠,集体廉政约谈乡、村干部3次,谈话提醒15人。深入到群众身边接访2场次,接待来访群众60多人次,当场解决问题10多件,现场解答30余件,收集群众意见、建议20余条,在每个村群众常聚集的地方树立扶贫领域监督执纪问责宣传广告牌8块,设立举报信箱9个,发放宣传单1000余张。针对“一户一册一卡”情况进行督查,发现并整改问题10个,并对相应责任人进行谈话提醒。开展乡村干部集体廉政约谈2次。发现扶贫领域问题线索2个,初核2个,了结2件。聚焦扶贫、医保、征地拆迁、农村集体“三资”管理等领域,在明确各个岗位工作职责的基础上,对岗位“廉政风险点”进行逐一排查,客观评估风险等级。组织站办所、村签订党风廉政建设责任书,完善党委统一领导、党政齐抓共管、站所村各负其责、依靠群众支持参与的党风廉政建设和反腐败领导体制的工作机制,扎实推进腐败风险防控体系建设。充分发挥“村屯扶贫资金”智能监控平台的作用，对村屯集体账户收支情况进行监管，共收到短信通知396条，其中最大的一笔开支是弄洞村姑辽屯的38万元，乡纪委及时进行核实。2017年4月，开展了一次村级财务审计。加大违纪案件查处力度，全年立案查办15件，办结15件，协助县纪检室查办一宗科级干部私车公养违纪案件。

龙头乡

【概况】 龙头乡地处扶绥县东北部，位于左江的下游，东与南宁市江西镇接壤，南与南宁市吴圩镇、苏圩镇为邻，西邻新宁镇，北接昌平乡、中东镇及南宁市坛洛镇。龙头乡交通便利，距南宁机场25公里，境内有湘桂铁路、南宁至扶绥二级路、珠江水系左江河穿境而过，自西向东流经6个村委会，流程25公里，常年可通航。龙头乡辖8个村委会1个居委会，共有56个自然屯，2017年末总人口3.45万人，汉族、壮族人口居多。土地总面积179.75平方公里，耕地面积5.85万亩，粮食作物以水稻、甜玉米为主，主要经济作物有甜玉米、苦瓜、黑皮冬瓜、肉芥菜、豆角等，是扶绥县最大的瓜菜生产集散地，享有“瓜菜之乡”的美誉。乡内旅游资源丰富，有六合山九龙洞、龙头古街等名胜古迹。特色美食产品丰富，有烧猪、酸菜、豆豉、黑榄、白糕、滕广土鸡等。民俗富有特色，每年端午节期间举行的龙舟赛和龙头社区农历五月初七的游神节、凤庄村农历九月十六的游神节等活动。境内埋藏有高岭土（俗称白泥）、锰矿、铁矿、煤炭矿等矿产资源，高岭土总储量为190万吨，锰矿为30万吨。

2017年，龙头乡围绕县委、县政府的发展思路，稳增长、强基础、惠民生、促和谐，全乡经济稳步增长，社会事业全面进步。全年完成固定资产投资2.7617亿元，农民人均纯收入达10366元。耕地面积5.85万亩，粮食总产量1.09万吨；甘蔗种植面积2.8万亩，产量10万吨；蔬菜种植面积3.1万亩，产量9万吨。荣获崇左市人口和计划生育工作先进乡镇、建设平安崇左先进乡镇称号，2016年度绩效考评综合奖二等奖。那贵村玉马屯荣获崇左市“魅力村庄”称号，滕广村滕广屯荣获“绿色村屯”称号，兴龙、岭顶屯入选自治区第二批传统村落名单。

【基层党建】 2017年，严格落实“三会一课”制度，全乡党支部开展形式多样的“固定党日+”活动。通过党课宣讲、媒体宣传、活动宣教等形式，多措并举学习宣传贯彻落实党的十九大精神。一次性圆满完成村“两委”换届选举和农民合作社选举工作，成立党员关爱基金，春节、七一累计慰问困难党员42人次。定期召开党委会研究党风廉政建设工作，坚持挺纪在前，全年对24名乡、村干部约谈提醒，立案14件，处以党内警告14人。推进各领域监督执纪问责，全年累计开展6次精准扶贫专项督查，下发2期督查通报，通报19名帮扶人，干部作风建设扎实推进。

【脱贫攻坚】 2017年，严格按照程序和要求完成2017年72户254人脱贫摘帽任务，对全乡565户贫困户的“一户一册一卡”开展多轮的培训、督查、核查，确保填写信息准确。全年先后组织3次农民工专场招聘活动，有34家企业提供多个工作岗位，累计有400多人次报名，实现在家门口就业。全乡累计发放产业扶贫资金565户87.15万元，帮助贫困户增产增收。实施贫困户危房改造18户，实施雨露计划资助38人，加大金融扶贫力度，累计发放小额信贷扶贫资金1983.5万元，涉及农户400户。积极谋划壮大贫困村基础设施建设，林旺村的光伏发电产业正在产生效益，争取各类资金380多万元，硬化滕广、林旺村道路12.8公里。整合扶贫资金完成6个屯的饮水净化工程，对74户250人易地移民搬迁进行公示。

【农业发展】 2017年实施甘蔗“双高”基地建设0.5421万亩，完成率271.05%。提前谋划，落实2018

年甘蔗"双高"基地0.29万亩，超额完成任务。全乡种植瓜菜3.1万亩，瓜菜价格稳中有升，农民收入稳步提升。推进扶绥县上美龙湾东盟果蔬产业示范区申报市、县示范区工作，完成示范区1850亩连片，广西碧绿环保科技有限公司项目700亩的土地流转工作，示范区基础设施建设不断完善。2017年在江北四村实施土地整合，完成0.29万亩的"双高"基地建设任务。

【乡村建设】 广西扶绥—中联环境农村生活垃圾村收镇运PPP项目正式实施，建立健全的村收集镇转运的垃圾收转运体系。56个屯建立健全长效保洁机制，落实199万资金建设道路硬化、安装太阳能路灯，全乡累计硬化道路、巷道约20.5公里。落实改厨改厕400户，累计发放改厨改厕补助资金约53万元。持续开展"清洁乡村""生态乡村"活动，全年累计开展环境大整治行动10余次，进一步改善了村容村貌。

【服务重点项目】 完成崇左港扶绥港区将军岭作业区项目1150亩征地工作，一期投入使用。实现通航，年运行累计吞吐量突破20.11万吨，实现物流收入145.8万元。码头货源稳步增长，货种、客户更加多元化，带动了崇左市口岸经济发展。扶绥空港经济区至南宁新江一级路(扶绥路段)完成2159.17亩土地的三费兑付工作，路基建设基本完成建设，即将全线贯通。广西公安厅反恐实战综合训练基地完成1100亩征地工作，实现一期开工建设。广西外国语学院项目进行奠基仪式，一期建设用地500亩已全部完成清表，迁坟157座。疏港大道实现开工建设，双全路完成集体部分兑付工作，项目正在施工建设，完成正大集团饲料厂72亩的征地任务。

【教科文卫】 2017年有幼儿园9所，在园幼儿709人，专任教师43人。小学9所，在校学生1520人，专任教师106人，适龄儿童入学率100%。初中1所，在校学生688人，专任教师79人。初中适龄人口入学率、小升初升学率、九年义务教育覆盖率均为100%。2017年，各级医疗卫生机构10个，门诊部1个。有床位32张，每万人拥有病床9.4张，固定资产总值604.48万元。专业卫生人员22名，其中执业医师7人，执业助理医师5人，注册护士10人。2017年医疗机构完成诊疗2.16万人次。2017年，融资3000多万元，推进龙头中学和龙头中心小学及各教学点教学楼、饭堂、功能室、运动场以及校舍维修等义务教育均衡发展工程建设和全乡教育教学基础设施实现质的飞跃。实施科普惠农工程，积极开展科普宣传和科技技能培训，全年共举办科技培训班16期，培训2760人次。配合县委宣传部成功举办"二月二"龙抬头、"五月五"赛龙舟等传统民俗文化活动，全年共组织约58场村民文艺演出，丰富了群众农闲文化活动。

【民生保障】 2017年，全年累计发放冬春口粮、冬令物资折算金额17.8万元。全年共有161户164人享受五保，390户721人享受低保，累计发放各项民政惠民资金约228.6万元。有序推进城乡居民基本医疗保险代扣代缴工作，参保率为91.5%。全乡1.29万人参加新农保，有4630名60周岁以上老人领取养老金，完成新增农村劳动力转移登记520人。落实危房改造指标100户。全年共计调处各类矛盾纠纷12件，先后组织开展企业安全生产、食品卫生安全专项检查12次，中小学校车安全检查4次，下发安全宣传单2000余份，及时处理安全隐患10处。

（邓　宇）

昌平乡

【概况】 2017年，昌平乡围绕县委、县政府打造区域特色强县和广西县域经济发展排头兵重大决策部署，积极抢抓机遇、主动作为、开拓创新、扎实苦干，较好完成了各项工作目标任务。大力推进"双高"基地建设、保面积、改扩种、速丰桉整治等甘蔗生产各项工作,全乡累计实施甘蔗“双高”基地建设3.74万亩。占全乡甘蔗种植面积5.5万亩的约70%、排全县各乡镇前列。把整乡推进农村土地确权登记颁证试点工作作为一项重大工作狠抓落实,完成20个屯的一户一档整理和县级自查验收,实现可发证4万多亩。完成全乡承包方调查表、发包方调查表、身份证(户口簿)复印件、户主声明书等材料的收集归档工作。所有村民小组已开展二轮公示,正在等待公司出签章图、归户表、登记簿、申请书、合同书等资料。坚持把保障改善民生作为一切工作的根本出发点和落脚点,大力推进稻田画等创意农业。常态化开展各类季节性乡村休闲趣味活动,打造3000亩冬季油菜花观光基地,丰富了乡村旅游新业态。投入5000多万元大力推进昌平中学和昌平中心小学及各教学点教学楼、饭堂、功能室、运动场以及校舍维修等义务教育均衡发展工程建设,全乡教育教学基础设施实现质的飞跃,完成中心小学扩建征地68亩。

【甘蔗生产】 积极抢抓糖价回升、香蕉价格低迷和枯萎病蔓延的情况,大力宣传引导,特别是下足力气动员香蕉种植大户和桉树种植大户改种甘蔗。甘蔗生产呈现出前所所未有的良好势头。全年甘蔗种植任务5.45万亩,其中“双高”基地建设任务为0.62万亩、三年建设任务1.5万亩。成功实施“双高”片区20个、面积1.5万亩,实现了“用一年完成三年‘双高’建设任务”的目标,完成任务数的241.9%、排全市乡镇首位。其中“蕉改蔗”10片共7700亩、桉改蔗3片2100亩,两项合计近1万亩。同时,超前谋划落实2018年建设地块10片约6000亩。

【脱贫摘帽】 全乡“十三五”共有贫困户425户1386人,2016年已脱贫摘帽89户327人,还剩343户1113人未脱贫。2017年投入资金1000多万元实施贫困村道路硬化、风貌改造、人饮安全、美化亮化、文化设施等建设,贫困村各项基础设施明显提升,生活环境明显改善。把甘蔗作为最大的扶贫产业,同时大力发展并形成以赛仁生态养殖、四和大洋洲坚果、木民乡村旅游、石丽风景苗木等为主的“一村一品”产业扶贫发展格局,多渠道增加贫困群众收入。盛唐公司、广澳夏果、美丽高食品等企业通过各自方式积极带动贫困户脱贫增收。同裕甘蔗种植党群致富合作社、四季绿坚果种植党群致富合作社、恒琦生态养牛党群致富合作社、绿色苗木合作社等一批党群致富合作社有效带动贫困户脱贫摘帽。严格按照“两不愁三保障”动态调整应纳尽纳5户16人,完成2014、2015年367户1392人跟踪观察登记,完成529户退出户和贫困户产业化帮扶验收工作。已发放第一批产业奖补资金46万元,高标准高质量完成四和和赛仁两村脱贫摘帽工作,完成贫困人口脱贫摘帽305人。

【农村土地确权登记颁证试点】 坚持把整乡推进农村土地确权登记颁证试点作为2017年一项重大工作来抓落实,扎实推进各环节工作。全乡土地确权涉及41个村民小组7454户,二调面积13.5万亩,其中二轮承包面积5.5亩。全年累计投入资金80多万元,开展专题业务培训18次,培训1600多人次。持续加大工作力度,做到领导到位、人员到位、培训到位、督查到位、经费到位,严格按照“三部勾图法”工作流程推进勾图工作。组织确权办人员和技术员到各村屯巡回指导,及时协调处理工作中遇到的困难和问题,制定了详细的倒排工期表,完成20个屯的一户一档整理和县级自查验收。实现可发证4万多亩,完成全乡承包方调查表、发包方调查表、身份证(户口簿)复印件、户主声明书等材料的收集归档工作。

【美丽生态乡村建设】 坚持把“美丽扶绥·乡村建设”作为改善群众生产生活条件的重要抓手,继续抓好村容村貌环境卫生整治,进一步落实好保洁员制度和村规民约制度。做到垃圾长期有人收集、保洁长期有人管理、农村环境长期保持干净清洁。继续抓好村容村貌环境卫生整治，全乡41个屯实现保洁员全覆盖，保洁工作日常化。整合交通、扶贫等各级资金约1800多万，大力推进道路硬化、饮水净化和村屯绿化等工作。完成通村通屯道路8条约16公里，争取到上级“一事一议”道路硬化道路项目9个，硬化道路约15公里。完成20个一般村屯绿化任务，在18个屯主要交通要道、人员密集场所安装太阳能路灯425盏。实施改厨、改厕各700个，重点打造昌赛公路沿线文毕、岜楠、岜炭、坛农连片示范带建设，多渠道投入资金300多万元。推进赛仁村岜炭屯和坛农屯宜居乡村示范点建设，为全县宜居乡村建设树典型、创亮点。文毕屯、坛农屯先后被评为自治区“绿色村屯”称号，文毕屯和岜楠屯分别被评为崇左市“魅力村庄”。

【发展现代规模农业】 2017年，连片5000亩的“果满山坡”坚果现代农业核心示范区通过市级验收，入围自治区级现代农业核心示范区。推进占地3000亩的木民“福满金稻”水稻现代农业核心示范区及占地2000多亩的“石丽花开”苗木现代农业核心示范区等2个乡级示范区建设，有效辐射带动周边村屯现代农业快速发展。全乡坚果种植面积近1万亩，风景苗木种植1000多户、种植面积2000多亩，培育形成“公司+合作社+农户”的产业模式。充分利用荒山发展规模化生态养殖，年出栏200头以上规模生猪养殖大户103户，年存栏生猪3万头以上，年出栏生猪6万头以上。黑山羊养殖44户，年存栏约4000头，成为全县重要的生态养殖基地。

柳桥镇

【概况】 2017年，柳桥镇坚定不移贯彻新发展理念，坚持稳中求进工作总基调，凝心聚力，真抓实干，全面做好稳增长、惠民生、促改革、助脱贫各项工作。2017年完成固定资产投资1.889亿元，占县级下达任务的101%，同比增长33%。农民人均可支配收入达到11000元。强力推进重点项目建设，协调解决1500多万元资金做好集镇的人饮、道路硬化亮化的重点项目建设。完成国家重点民生工程驮英水库及灌渠区项目征地942亩，兑付征地补偿款1880万元。总投资5000多万元的义务教育均衡发展项目仅利用一周时间完成征地工作，学校运动场、宿舍楼、教学楼等项目有序推进。投资总额3200多万元的“南三社”产城融合示范带及坡利村文旅建设项目顺利开工建设。

【推进农业农村发展】 甘蔗支柱产业巩固发展，2017年，全镇甘蔗面积稳定在13.6万亩左右，其中宿根蔗8.7万亩，新植蔗4.9万亩。2016—2017年榨季入厂原料蔗49.8万吨，产量连续3年位居全县前列。2017年全镇“双高”基地建设任务1.6万亩，实际完成2.23万亩，超额完成“双高”基地建设任务0.63万亩，“双高”基地的规模化、机械化、水利化、良种化等“四化”得到不断完善。在开展“双高”基地建设中，呈现出如万通公司建设1500亩的“双高”基地结合休闲农业生态旅游开发，甘蔗种植大户朱其莲“双高”立体种养模式等工作亮点。粮食生产有保障，全年粮食生产面积达到1.24万亩，粮食产量达0.34万吨，早稻种植面积继续保持在6900亩以上。特色农业产业有突破，全镇新增专业合作社13家，完成果蔬种植0.73万亩，花木种植300多亩，新种大洋洲坚果1000亩，黑山羊、生猪养殖等特色种养产业稳步发展。

【宜居乡村建设】 村屯绿化方面，全镇新种绿化树种4000多株，让山好水美的村庄生态环境更加秀美适宜村民居住。饮水净化方面，利用“一事一议”奖补项目和扶贫资金50多万对坡龛村派兰屯和地随屯等3个屯人饮工程水管进行更换，切实让更多的群众能喝上安全干净的自来水。道路硬化方面，争取上级扶持资金1300多万元，硬化村屯道理41公里，新村村至渠齐村通村公路项目竣工，实现了“村村通”水泥路。

【脱贫攻坚】 依据“4321”的原则将挂点帮扶单位的帮扶干部及全镇干部职工共计465人对镇743户2596人结对帮扶，其中未脱贫贫困户501户1651人，发放257户贫困户产业帮扶资金25.7万元，资金拨付率48.5%。年内完成了渠齐村的脱贫摘帽任务，共完成104户贫困户392人的脱贫出列，其中渠齐村49户172人，贫困发生率2.54%。完成了200户贫困户的异地扶贫搬迁，搬迁地分别为东罗、东门一期、二期安置点。完成了46名学生“雨露计划”助学补助金的发。坡利、坡龛、渠齐等3个村的光伏发电项目并网发电。同时，根据蕾大、那加等村林地多的特点，筹措30万元奖补贫困户种植牛大力中药材，大力引导贫困户发展中药材和坚果种植业。

【社会事业】 持续保障和改善民生，城乡医疗保险参险率100%，新农保参保率96.79%，发放医疗救助和临时救助资金9.29万元，681位老人享受高龄补贴，发放农村耕地地力保持补贴203万元，发放生态公益林补贴17.9万多元。灶瓦村桐枝屯的桐枝桥竣工通车，解决了该屯群众出行难问题。促进社会事业协调发展，2017年出生人口364人，其中男190人、女174人，出生人口性别比为109，全镇的“计生两户”的参保率为100%，发放各类计生小额贷款22万元，乡村医生签约服务覆盖面100%，超额完成全年征兵任务数。完成农村危房改任务，2017年全镇120户危改户新建房已经全部竣工，补贴款全部发放到农户手中。完成200户农户的风貌改造工程，集镇风貌更加优美。

【社会管理】 强化矛盾纠纷的排查与调处，全年共排查矛盾纠纷120起，调处23起。加大对违法犯罪行为和“黄赌毒”的打击力度，查处聚众赌博25起，处罚89人；受理毒品案34起，处罚37人。积极做好精神障碍患者的监护工作。对辖区内三级以上患者落实好监护人员。做好安全生产隐患的排查与整治工作，年内共排查12次，排查整改9条。

【农村土地确权】 柳桥镇国土二调面积171418.8亩，二轮承包面积63369亩。涉及13个村(居)委会，85个村民小组，7421户群众。2017年，柳桥镇因地制宜、突出重点、创新举措实施试点工作，确定了“试点先行，以点带面，逐步推开，稳步实施”的工作思路，农村土地承包经营权登记颁证工作稳步推进。在广大干部群众的积极配合和测绘公司的辛勤工作下，圆满的完成了各阶段的工作任务。截至年底，全镇土地确权一户一档材料已有7301户群众签字确认，完成总任务数的98.38%，在全县排名中位列第二。

东门镇

【概况】 2017年，东门镇坚主动抢抓机遇，迎难而上，顺势而为，加快推进城镇化建设、甘蔗“双高”、扶贫攻坚、土地确权、乡村建设等重点工作，取得明显成效。2017年，全力完成甘蔗保面积及改扩种任务，全年完成甘蔗种植14.82万亩，完成改扩种25393亩，其中蕉改蔗3546亩，桉改蔗5437亩，其他作物改蔗16410亩。全镇甘蔗套种西瓜2.3万亩，收获西瓜7228万吨，产值约853万元。依托境内丰富的林木资源和东门林场建设林木加工园区的规划，引进大型木材加工和家具制造企业，辖区内含贮木场共有木材加工厂63家，可实现总产值达3亿元，年缴税金3000万元，向社会提供3000个就业岗位。加快第三产业发展，2017年东门镇共有个体工商户1288户，其中，新发展133户，新增注册资金735.7万元，新增从业人员136人。共有企业95户，其中新发展3户，新增注册资金310万元，新增从业人员12人。共有农民专业合作社41户，其中年新发展6户，新增注册资金772.5万元，新增从业人员37人。

【甘蔗“双高”基地建设】 2017年甘蔗“双高”基地建设涉及7个村22个片区共2.243万亩。其中2个片区均为蕉改蔗,片区面积共2851亩,岜楼万亩甘蔗“双高”种养循环示范基地桉改蔗3900亩。2018年规划选址39个片区约2.61万亩,已测量15个片区1.32万亩。

【土地确权】 全镇辖165个村民小组,其中161个村民小组进行确权登记,4个村民小组因耕地全部种树无法指认,暂不予确权登记。全镇国土二调面积209222.1亩,二轮承包耕地面积78172亩,涉及确权户数9049户,2017年确权任务数8597户。截至12月底,经过第二次公示后统计的登记耕地面积共204912.73亩,其中承包地111062.14亩,共9049户,已全部完成16个村签章确认图签订和数据汇交,完成一户一档签订归档5545户,完成率63.42%。

【项目建设】 投资1亿元的东门供销新城,中央商业广场项目主体工程建设,完成所有楼房主体框架建设,楼房内外装修及水、电的安装已基本完成。投资1350万元的东门星级宾馆项目已完成外立面装修及门窗安装,正在加紧室内装修。投资1.2亿元洞谷小区整村入城搬迁项目二期加快推进,完成道路硬化、太阳能路灯安装、主体楼房装修等工作。东门食品供销站搬迁安置项目新食品站已完成项目征地,项目选址意见书,项目规划意见批复,土地地质灾害和压覆矿的评估,环评、总平图和总体设计和财政投资评审及工作,明确招投标公司。东门新街农贸市场综合改造项目,完成开发初步设计方案。易地移民搬迁配套项目列入全县统筹推进重要项目范围,部分项目开始实施招投标。

【民生工作】 全镇城乡低保对象累计发放低保资金515户1054人,发放金额213.8万元。发放全镇残疾人两项补贴31.44万元,发放口粮款66.9万元,冬令穿盖物资棉被300件、被毯180床、毛巾被150床、衣服150件。东门镇2017年农村危改125户,其中建挡立卡贫困户12户、五保戶10户,已全部竣工。一事一议财政奖补项目共23个,已全部开工,完工项目18个,已竣工验收10个。2017年耕地地力保护补贴发放共计7938户360万元。完成粮食直补322户66797元的发放工作。新农保16周岁参保14032人,超额完成上级部门下达的参保13284人的指标,其中7个贫困村参保率均在80%以上。发放基础养老金5187人,综合参保率达105.6%,劳动力转移就业6387人,其中新增1598人。城乡居民医疗保险缴费任务数3.6万人,完成收缴31000人录入28567人。

【脱贫攻坚】 东门镇结合“东门三宝”——东门土鸡、板包香糯、姑辽茶发展,成立专业合作社发展本地脱贫产业,已成立专业合作社8家,辐射带动贫困户231户802人。实施桉改茶示范项目,计划建设300亩生态姑辽茶园,带动六头村及周边贫困户脱贫致富。整合扶贫、“一事一议”项目,新修建村屯道路82条76公里,20户以上村屯实现屯屯通水泥路。更换人饮水管25个屯23.6千米,完成太阳能路灯安装290盏太阳能路灯。东门镇易地扶贫搬迁一期项目32套天地楼和7栋六层公寓楼已顺利完成抽签分房工作,二期第一批448户参与抽签分房。

东罗镇

【概况】 2017年,东罗镇全面贯彻落实做好“两篇大文章”打好“四大攻坚战”的部署,围绕全县争创全区县域经济发展示范县,争当全区县域经济排头兵,打造南宁“卫星城”的目标要求,紧扣实际,拓宽增收渠道实现农民收入新红利,加快城镇化建设新步伐,坚持为民办实事,改善民生为己任,求真务实,锐意进取,真抓实干,全镇经济保持平稳较快增长,社会各项事业健康发展。2017年社会固定资产投资1.77亿元,同比增长3.5%,农民人均纯收入10454元,同比增长10%。2017年全镇甘蔗种植面积12.08万亩,甘蔗入厂量为46.6万吨。结合甘蔗“双高”基地建设，全镇共开展整治速生桉活动5次，整治速生桉地、香蕉地块共1715.5亩，依法取缔非法销售速生桉苗圃4个，共5230株。全镇家庭承包总户数5861户，已完成农户合同书签订、一户一档档案整理5799户，完成率98.9%，超额完成县下达95%的任务数。2017年上县红榜5次，进度排名全县第二。2017年全镇9个行政村，其中有3个贫困村，626户贫困户，2191人。2017年完成脱贫46户196人，那练村和客兰村脱贫出列，至此，全镇3个贫困村全部脱贫摘帽，东罗镇也是全市唯一一个率先实现全部贫困村摘帽出列的乡镇。

【脱贫攻坚】 全面落实各项扶贫政策，2017年完成发放小额信贷250户1024万元。发展短平快的种养殖项目，全年养殖家禽240户共12300羽，已落实第一批产业扶持资金240户24万元，第二批产业资金申请材料已收集并公示。全年享受雨露计划15人共6.9万元；享受农村低保待遇182户353人，实现低保政策兜底一批；36户贫困户享受危房改造补助共108.72万元。发挥果蔬产业带动作用，都充村果蔬专业合作社以“公司+合作社+农户”产业模式，带动全村50多户农户，10多户贫困户参与到果蔬种植项目，累计种植450多亩，带动贫困户人均纯收入增加900多元。都充村养牛专业合作社采取合作社＋农户模式探索发展养牛产业，占地60多亩，投资共800万元实施养牛项目，已形成一定的规模。都充村利用上级扶持20万资金与本地能人合作，筹集80万元购置2台大马力拖拉机参与双高建设等农业生产经营工作，35户贫困户已获第一批次分红，每户400元。认真开展贫困人口动态管理，完成应纳尽纳35户，117人；返贫退出户7户25人，错评剔除人口16户56人。还完成全镇629户2200人的信息采集、数据核准、数据录入工作，全面实现扶贫对象应纳尽纳、应退尽退、应扶尽扶。推进易地扶贫搬迁，东罗易地扶贫安置点分房到户177户827人，已完善监控摄像头，配齐保洁员、楼长等管理人员，安置小区实现规范化管理。

【宜居乡村和创城工作】 配备完善各项保洁设施，全镇40个屯已落实72名保洁员，垃圾清运车9辆，钩臂车2辆、钩臂箱15个，垃圾运输车1辆，完成垃圾池建设77个、垃圾焚烧炉2个、发放垃圾桶1018个。抓示范促乡村建设新格局，发动群众参与乡村建设，投工投劳2500多人次，筹集资金超过1500万元建设岜香党群服务中心、休闲小公园、污水处理等项目，都充屯、东陇屯等6个屯同步掀起乡村建设高潮，全镇乡村建设工作形成比学赶超的良好局面。以创建自治区文明城市目标责任细化分解表为导向，落实清洁责任片区，主要干道周边配备垃圾桶13个、垃圾池4个，定期组织政府干部、镇直单位共615人次清洁城镇街道及周边卫生，全镇卫生环境得到极大改善。

【实施教育文化惠民工程】 全镇辖区内涉及的义务教育均衡发展项目10个点共26个项目，建设面积21132平方米，涉及东罗镇中心小学、镇初级中学、三小、四小等学校，投资概算约4514.95万元。其中，主要涉及教学综合楼、运动场建设、功能室建设以及学生餐厅等项目，26个项目已全部入场施工。初级中学落实1261人次营养餐，共78.8万元，发放1322人次内宿生补贴共52.88万元；东罗各小学落实4002人次营养餐，共160.08万元，发放1581人次内宿生补贴共79.05万元。

【实施社会保障惠民工程】 抓好城乡居民基本医疗保险工作，全镇参保人数22985人，参保率达到98.15%以上。落实农村低保267户559人，发放低保金116.03万元。落实五保户63户64人，发放资金30.105万元。临时救助32人，发放资金2.91万元。对符合最低生活保障的居民实施应保尽保。残疾人生活困难补贴240人，全年发放资金1.2万元。残疾人重度困难补贴253人，全年发放资金1.26万元。推进基础设施建设，投入210万元，修建农村道路硬化3条共3公里，安装太阳能路灯430盏，建设人饮工程1处。投入950万元，修建岑凡村、都充村、客兰村、那练村村级办公活动场所，争创星级示范村，客兰、都充、岑凡、那练4个村通过市委组织部星级验收。投入25.5万元实施高压电线、电信、移动、联通、广播电视等网络线路下地工程并推进街口至政府大院门口路段硬化建设。完善镇中心卫生院设施，配套600万元在建一栋2000平方米的精神科业务用房。

【安全生产】 紧紧围绕"预防为主"的方针，强化预防环节，认真开展好安全生产的各项工作。抓好企业、学校、网吧、码头、地质灾害点、烟花爆竹和煤气罐销售点等安全隐患排查摸底工作，登记造册，准确掌握情况，及时消除安全隐患。每个圩日都安排水上安全员对在客兰渡口来往于东罗镇与柳桥镇、江州区罗白乡赶圩的14艘客船进行严格检查。在渠吃屯、渠那屯等2个地质灾害隐患点配置专人对灾害点进行监测工作。利用短信平台定期每月发送信息1~2次给各工矿企业主、地质灾害点负责人、码头负责人等业主，温馨提醒生产安全。全年发送温馨提醒短信2585条，组织开展各类安全生产整治46次，打击私挖盗采行动32次。

中东镇

【概况】 2017年中东镇全面贯彻落实做好"两篇大文章"、打好"四大攻坚战"部署，紧紧围绕扶绥县"争创全区县域经济发展示范县，争当全区县域经济排头兵，打造南宁卫星城"战略目标，打造"现代特色观光农业"强镇，较好地完成了全年各项工作目标任务。2017年，全镇甘蔗种植面积7.42万亩，"双高"基地建设累计完成4.65万亩，完成率排在全县前列。全镇共有建档立卡贫困户1664户5675人，2017年完成脱贫139户464人，实现1个贫困村百域村脱贫摘帽。2017年全镇共完成危房改造235户。全镇新农保参保10536人，全镇城镇居民基本医疗保险参保3153人，新农合参合人数3.5万人，参合率91.95%。全镇享受低保510户1205人，共发放生活低保保障金253.2万元，五保户和灾民等弱势群体140户144人，发放生活保障低保金62万元。2017年，瓶山村荣获"自治区生态村"称号，三哨村荣获"中国养龟第一村"称号，九和村金城屯荣获"绿色村屯"和"美丽崇左"乡村建设魅力村庄称号，中东社区列入第三批广西传统村落名录和荣获"千村万户文艺惠民工程"文艺村称号，思同村同利皇鸽养殖农民专业合作社荣获市级"先进农民专业合作社"，中东社区、思同村、瓶山村党总支部荣获全区四星级农村基层党组织称号，三哨村、新隆村荣获全区三星级农村基层党组织称号等一系列荣誉称号。

【甘蔗产业】 狠抓甘蔗生产，提高甘蔗产量，通过加大宣传力度，重点抓防旱排涝、病虫害防治的田间管理工作，确保甘蔗面积稳中有升。2016—2017年榨季全镇入厂原料蔗24.36万吨，同比增长3万多吨，是全县3个正增长的乡镇之一。打好甘蔗保面积攻坚战，2017年共实施改扩种面积1.568万亩，超出1.3万亩改扩种任务数0.268万亩，其中整治违规占用耕地种植速生桉面积220亩。抓好甘蔗新品种调运，通过做好正面宣传引导工作，提高蔗农对淘汰品种的知晓率，引导蔗农合理选择高糖高产新品种，逐步淘汰低糖品种。通过种植高糖高产新品种，2017年完成甘蔗"双高"基地建设0.68万亩。2014年至2017年全镇共建设"双高"基地4.67万亩，上级奖补资金到位2526.05万元，已划拨2307.99万元，总划拨率91.37%。

【精准施策助脱贫】 紧紧围绕扶贫开发工作会议精神，加大对全县扶贫开发重大政策的宣传力度，重点对"雨露计划"、易地扶贫搬迁政策、农民就地就近就业等扶贫政策进行入户宣传，做到家喻户晓。抓脱贫攻坚数据动态管理，2017年完成新识别贫困户53户181人，认定返贫贫困户34户139人，剔除错评贫困户11户39人。贫困户脱贫摘帽“双认定”等工作均严格按程序执行，确保实致富真脱贫。全镇申请扶贫产业奖补贫困户1211户4042人，涉及财政奖补资金423.85万元，共拨付资金117.6万元，贫困户产业脱贫以发展特色养殖和甘蔗双高为主，通过鼓励贫困户发展传统产业，逐步实现自我“造血”功能，助力脱贫显成效。抓扶贫产业发展，助力贫困村、贫困户脱贫摘帽，贫困户以发展特色种养和转移就业为基础促进脱贫，贫困村以发展特色产业为依托有效助推整村脱贫，如百域村以光伏发电项目为村集体收入主要来源，年收入达3万元；思同村发展同利皇鸽养殖，月销售额10万元以上，2017年底每户贫困户获得600元的分红收益；新灵村发展林下种植，旧县村发展蔬菜种植等。

【宜居乡村建设】 继续巩固提升“清洁乡村”“生态乡村”工作成效，深入开展村屯生活垃圾的整治处理工作，对有条件的村屯全面实施“村收镇运县处理”模式，保障生活垃圾无害化、资源化综合处理。重点推进宜居乡村“三民”专项活动。完成全镇改厨改厕项目验收500户，共拨付上级下发的专项资金75万元，实现道路硬化32公里，人饮项目6个，不断深化基础便民。因地制宜，结合各村特色种养和扶贫产业项目，做好各村经济发展规划，推进产业富民。思同村肉鸽养殖达1万多对、新灵鹏森林下种植辐射区达1.3万亩、百域村竹鼠养殖达3000对。投入100万元重点对中东社区等4个村级活动场所进行改造提升，建设便捷服务、便于议事的综合服务阵地。投入53万元对九和村等3个支部办公楼进行升级改造，进一步提升基层党组织服务功能。联系企业赞助近10万元，对中东社区支部办公楼进行修缮，建设功能完善的综合服务大厅，提升服务惠民。

【现代特色农业品牌建设】 按照县委县政府给全镇“现代特色观光农业”发展的定位，致力于打造现代特色农业产业品牌，助推农业转型升级。龟鳖养殖业发展迅猛，三哨村被评为“中国养龟第一村”，全村1546户养殖龟鳖达1217户，龟鳖养殖数量达66.8万只，收入2695万元，人均4845元。大力发展林下种植业，打造新灵村林下砂仁、粽叶、中药种植，推进新灵村鹏森林下砂仁种植现代特色农业示范区，该示范区面积共2589亩，总投资1000多万元，辐射带动周边村屯发展林下种植1.3万亩，示范带动68户201人开展砂仁、粽叶、姑辽茶等特色农产品的标准化种植，并通过微信、淘宝等平台拓展销售网络，已形成稳定的销售渠道，年收入达400多万元，于2017年12月入围广西现代特色农业示范园名单。打造原生态茶产品，依托独特的自然条件，将位于西大明山的1000多亩两万株姑辽茶古树，划为原生态的野生姑辽茶保护区，努力打造原生姑辽茶品牌。培育壮大蔬菜种植产业。在中东社区驻村指导员李春燕的宣传发动下，中东社区、旧县村、四新村等周边村屯种植辣椒、豆角等蔬菜种植基地规模已达1800亩，全年收入突破5000万元。

【重大项目建设】 完成渌各水库369亩项目征地测量全覆盖，共兑付17户征地拆迁群众补偿款130多万元。完成投资1700万元的中东镇污水处理设施建设项目55.8亩租地任务，于2017年底污水处理设施建设已竣工试水运行。投资4800万元的中东镇旧农贸市场改造工程项目顺利开工，投资500万元的中东镇应急备用水源工程建设进展顺利。通过上级奖补资金213.1万元和群众筹集资金14.85万元，完成19个“一事一议”建设项目。东哨村和新隆村垃圾中转站项目已竣工并投入使用。

【科教文卫事业】 成功举办2017年度中东镇文化体育活动周，包括百屯农民文艺汇演、“创城杯”百屯农民气排球比赛和“美丽乡村杯”龟鳖争霸赛暨码王大赛等独具中东特色的文体活动。推进义务教育均衡发展，开工建设中东中学、中东镇中心小学等16个教学点36个项目，总投资为3500万，完成中心幼儿园项目征用地工作，教学楼已建设完成并装修，顺利完成中、小学美化、亮化附属设施15个项目的招投标工。成功举办广西计生协会纪念"5·29会员日"宣传服务暨全区流动人口服务年活动，圆满完成154对孕前免费健康检查工作任务，加大预防艾滋病宣传力度。重点对新隆村、九和村、中东社区、三哨村4个村级活动场所进行改造提升，建设便捷服务、便于议事的综合服务阵地。

【土地确权工作】 2017年，全面完成15个村(社区)100个屯二轮公示并全部通过确权方案，共涉及农户9476户，总面积为15.65万亩(其中家庭承包面积12.61万亩)，超额完成县下达的二轮承包土地面积确权的任务，占任务数的174.22%。全部完成100个屯的确认图及一户一档材料地制作打印工作，完成100个屯9186户的材料签字工作，已基本完成一户一档材料归档工作。

关于印发《扶绥县深入推进抓党建促脱贫攻坚工作方案》的通知

扶办发〔2017〕1号

各乡镇党委、人民政府，县委和县级国家机关各部委办局，各人民团体，县直各企业事业单位，区市直驻我县各单位：

《扶绥县深入推进抓党建促脱贫攻坚工作方案》已经县委同意，现印发给你们，请结合实际，认真贯彻落实。

中共扶绥县委员会办公室

2017年1月11日

扶绥县深入推进抓党建促脱贫攻坚工作方案

根据中组部《抓党建促脱贫攻坚工作督查重点》和全区抓党建促脱贫工作座谈会议精神、市委关于抓党建促脱贫的工作部署及《中共崇左市委组织部关于印发〈崇左市深入推进抓党建促脱贫攻坚工作方案〉的通知》（崇组通字〔2016〕77号）文件要求，为充分发挥党建引领作用，促进全县脱贫攻坚工作，特制定如下工作方案：

一、目标要求

结合“两学一做”学习教育，以“学做在支部 规范中提升”为抓手，找准基层党建与脱贫攻坚结合点，充分发挥党的政治优势、组织优势、密切联系群众的优势，使中央、自治区党委和市委决策部署转化为各级领导班子、各级党组织、广大党员干部奋发有为的实际行动，共同助力脱贫攻坚，为确保我县全面完成脱贫目标提供坚强组织保障。

二、主要措施

（一）开展支部联建，组织机关、企业党组织与贫困村党组织结对帮扶。

通过以上带下、上下结合，整合党建资源，把机关、企业党建优势转化为帮扶脱贫攻坚工作优势。

1.班子联建，筑牢脱贫攻坚战斗堡垒。

帮助选好配强班子。驻村干部要摸清贫困村“两委”班子情况，对班子成员出缺的，协助乡镇党委及时补齐；对能力不足、工作不在状态的班子成员，特别是贫困村党组织书记，要加强教育培训，没有明显转变的，要及时调整充实到位。

完善党组织设置。机关、企业党组织帮助结对贫困村在农业项目、农民专业合作社等产业链上组建党组织，切实发挥党组织引领作用；落实“星级化”管理，做好村党组织的晋位升级工作，提升党组织服务群众能力。

组织互学互访。每年邀请贫困村“两委”班子成员和党员骨干到机关、企业交流学习一次以上，共同开展党日活动，丰富党组织生活；不定期召开三方联席会议，共同研究解决困难和问题。

2.队伍联抓，培育脱贫致富带头人。

开展结对帮扶。机关、企业要落实“4321”帮扶机制，有计划地安排党员干部到贫困村驻村蹲点调查，访贫问苦，开展一对一结对帮扶活动，为群众送种苗、送技术、送图书、送政策，帮助贫困村、贫困户解决生产生活中的具体困难和问题。

加大培训力度。机关、企业党组织要加大对贫困村党员、干部和致富带头人的培训工作，培养一批懂技术、会管理、能致富的新型农民，增强自我发展能力，带动贫困群众脱贫致富。从2016年起，每个村培育1名致富带头人，3名以上的后备村干部，其中1名村支书后备干部；从2017年起，每个乡镇每年至少培育1名致富带头人入党。

3.服务联动，整合资源推进脱贫攻坚。

整合资源服务脱贫。充分发挥联建党组织人才、信息、资金等优势，围绕基层党员群众的需要，统筹安排贫困村的项目、资金，指导帮助结对贫困村党组织制定发展规划，理清工作思路，抓好村级活动场所建设，打造“互联网+”党务政务村务综合服务新平台，提升村党组织服务脱贫攻坚的能力。

4.作风联促，巩固脱贫攻坚成果。

加强党性锻炼。把贫困村作为机关党员干部锤炼党性、转变作风的实践基地，作为落实“两学一做”学习教育要求的平台，组织机关党员干部深入基层、服务群众。第一书记等驻村工作队员要聚焦主业，帮助建强基层组织，推动精准脱贫，为民办事服务，提升治理水平。

加强农村党员干部廉政建设。加强对农村廉政教育，集中村党员、干部学习党纪条规及案例，增强民主决策和廉洁自律意识，防止村干部“带病”工作；实行村干部离任审计制度，村级干部离任后要接受乡镇离任审计小组的审计，发现问题及时追究，落实责任，防止村干部“带病”离岗。

（二）发挥“千屯组织规范化建设”作用，带动最基层群众的积极性。

自然屯、村民小组是脱贫攻坚的最基本的单元，在组织带领群众脱贫攻坚中起着特殊的重要作用。2010年以来，我县实施“千屯组织规范化建设”工程，对全县336个屯进行了“十有”规范建设并通过市级验收，要充分发挥屯级党组织作用，组织群众主动投入到脱贫攻坚工作当中。

1.激发屯级党组织活力，带动贫困户脱贫攻坚。结合“两学一做”学习教育，充分发挥屯级党组织的作用，切实开展“三会一课”等组织生活，增强党员意识，激发党组织活力，带领贫困群众找准增收路子,实现脱贫致富；组织党员与贫困户结对帮扶，积极帮助困难党员、老党员、困难群众解决实际问题。

2.管好用好屯级活动场所，用组织阵地凝聚民心。各屯级党组织要充分利用建成的文化活动室、篮球场及舞台等设施，经常组织开展群众性文体活动，不断营造乡土文化气息和文明风气，用先进文体活动凝聚民心。

3.完善党群议事理事制度，发挥群众主体作用。发挥屯级党群理事会作用，充分发挥群众在脱贫攻坚中的主体性作用，主动参与到基础设施建设、产业发展中来，做好扶贫建设项目的组织实施、进度督查、质量管理和化解矛盾纠纷等工作，确保项目顺利实施。

4.落实工作保障，激发屯级干部工作积极性。要切实落实屯级党组织活动经费；落实屯级干部的工作补贴，按标准及时发放给屯党支部书记、村民小组长和党群理事长。完善屯级干部日常管理制度，杜绝不履行职责也领取工作报酬的现象，提高屯级干部的工作积极性。

（三）创建党群致富合作社，组织群众抱团脱贫。

扶持发展集体经济项目。组织贫困村至少成立一个农民专业合作社，农民专业合作社是凝聚群众抱团发展的重要平台，要按照市委的要求在贫困村建立农民专业合作社，并把党组织建在合作社上，带领群众脱贫致富。

鼓励和引导贫困村以资产、资源、扶持资金等入股龙头企业、合作社，或与之合作经营，每年获得固定股金分红、利润分成，增加贫困村集体经济收入，提高自我保障能力。

1.把党组织建设在合作社上，让支部组织贫困户抱团发展。鼓励和支持农村党组织结合实际组织发动群众以土地入股、资金入股、设备入股等形式，创建“党群致富合作社”，带动贫困农户抱团发展、共同致富；同时，在产业合作社中建立党组织，形成“支部+合作社+贫困户”的新型党组织结构，做到经济产业发展到哪里，党的组织就覆盖到哪里。

2.把能人整合在合作社上，让致富能手带动贫困户发展。要发挥党组织牵线搭桥的作用，鼓励支持种养大户、致富能手、销售能人等加入“党群致富合作社”，每个合作社至少要有1名以上致富能人加入，帮扶和带领贫困群众脱贫致富，以产业发展带动脱贫，提高贫困户生产发展的组织化程度和风险抵御能力，让贫困户更加积极地加入合作社。

3.把龙头企业兴办到合作社上，让企业用先进管理模式规范合作社运作。深化党群致富联合体模式，推进“支部+公司+合作社+农户”、“党支部+互联网+”等模式，借助“互联网+”电商企业的技术平台和商业模式，扶持发展好脱贫产业，借助现代企业的经营方式，完善合作社制度化、规范化管理，促进合作社健康发展。

4.把农户吸纳到合作社上，让群众入社即脱贫。要通过成立“党群致富合作社”，推动党支部联合作社、合作社联农户，把农户吸纳在产业链上，使党建的引领和服务作用真正转变为产业发展的经济效益，促使“要致富，就入社”成为群众的共识。

（四）深化领导干部“驻村蹲点”制度，全员在一线抓落实、解难题。

根据自治区对设区市及贫困县的党委、政府和党政领导班子、领导干部扶贫开发工作成效的考核要求，以及我县“驻村蹲点”制度相关要求，为确保全面完成脱贫攻坚目标任务，全县领导干部要深入基层“驻村蹲点”开展帮扶工作，发挥组织引领、推动落实、督导服务的重要作用。

1.进一步明确“驻村蹲点”时间要求。领导干部每月到扶贫联系点驻村蹲点2次以上。

2.进一步明确“驻村蹲点”工作职责。根据自治区有关要求，深化领导干部“结一联五”制度，每位领导干部分别与1个贫困村结对联系，与1个农村贫困户、1个城镇困难户、1个致富典型户、1个普通党员户、1个村干部建立直接联系。落实“4321”帮扶机制，即厅级领导帮扶4户，处级领导帮扶3户，科级帮扶2户，其他干部帮扶1户，确保每个贫困户都有结对帮扶干部，做到“一户一策一干部”，实现帮扶对象的全覆盖。领导驻村工作要立足“三抓”，即抓指导推动、抓典型示范、抓机制创新。帮扶干部要做到“五帮”，实现“五落实”，即帮转变观念、帮落实项目、帮提供服务、帮政策到户，帮脱贫致富；落实规划实施、落实政策宣传、落实增收脱贫、落实村貌改造、落实组织建设。

3.进一步明确“驻村蹲点”工作纪律。驻村领导要严格遵守中央“八项规定”，一般要吃住在“东家”，自带生活用品，自己缴纳伙食费，自行深入村屯，自觉厉行节俭，坚持轻车简从，不给基层群众增添负担，树立为民务实清廉形象，密切党群干群关系。

（五）加大资金投入，加强贫困地区基层党组织建设的基础保障。

1.提高村级干部和村级组织的经费保障。坚持工作报酬与实际工作量相适应的原则，提高村级干部工作基本补贴标准。综合考虑我县的经济发展水平、自然条件、行政村规模、实际工作需要等因素确定村级组织办公经费，并根据物价增长因素适时进行调整，保障村级干部的基本补贴和村级组织办公经费逐步提高。同时积极探索设立村级党组织为群众服务专项经费。

2.加强村级组织活动场所建设。利用各种项目资金、资源，加强村级组织活动场所的建设，解决服务功能不足的问题，2018年以前要全部建成功能完备的村级公共服务中心。

三、工作要求

（一）加强组织领导

各基层党组织要高度重视抓党建促脱贫工作，共同组织机关、企业和贫困村党组织抓好落实，党委（党组）书记要亲自抓，带头到点落实好“4321”帮扶机制，组织制定加强党建促脱贫攻坚的的各项具体工作措施，解决存在的困难和问题。分管领导要具体抓，定期召开工作推进会，逐级汇报工作进展情况，确保此项工作的有序推进。

（二）强化考核评议

坚持把脱贫攻坚实绩作为选拔任用干部的重要依据，对长期在扶贫开发一线工作、政治坚定、实绩突出、群众公认的干部给予表彰并提拔任用，对在扶贫工作中不敢担当、不负责任、为官不为、迟迟打不开工作局面的及时调整，推动形成干部在扶贫一线大显身手、建功立业的好局面。

（三）注重宣传引导

充分利用今日扶绥、扶绥电视台、扶绥党建网、短信党课和远程教育平台等，多渠道、多层次开展抓党建促脱贫攻坚宣传，确保报刊上有文章，电视上有图像，广播上有声音，激发全社会扶贫帮困的热情，营造良好的氛围。

关于印发《扶绥县“美丽扶绥·宜居乡村”活动指导意见》及三个配套文件的通知

扶办发〔2017〕30号

各乡镇党委、人民政府，县直各企事业单位，区市直驻我县各单位，县“美丽广西”乡村建设（扶贫）工作队：

《扶绥县“美丽扶绥·宜居乡村”活动指导意见》《扶绥县“产业富民”专项活动工作方案》《扶绥县“服务惠民”专项活动工作方案》《扶绥县“基础便民”专项活动工作方案》已经县委、县人民政府同意，现印发给你们，请结合实际，认真组织实施。

中共扶绥县委员会办公室　绥县人民政府办公室

2017年7月6日

扶绥县“美丽扶绥·宜居乡村”活动指导意见

扶绥县与全国、全区和全市同步全面建成小康社会，重点在农村，关键在农民。根据自治区党委、政府和市委、市政府有关决策部署，结合我县实际，坚持创新、协调、绿色、开放、共享发展理念，深入开展“美丽扶绥”乡村建设活动，全面改善农村人居环境，提升农民群众生活水平，是加快推动我县城乡发展一体化、提高脱贫攻坚工作成效的重要举措，是顺应全县广大农民群众新期盼,建成全区县域经济排头兵的迫切要求。根据《“美丽崇左”乡村建设重大活动规划纲要（2013—2020）》安排，2017年至2018年，在持续推进“美丽扶绥·清洁乡村”“美丽扶绥·生态乡村”活动基础上，集中开展“美丽扶绥·宜居乡村”活动，大力打造“美丽扶绥”乡村建设升级版。

一、活动目标

“宜居乡村”活动是“美丽扶绥”乡村建设活动承前启后的重要阶段，重点实施“产业富民”“服务惠民”“基础便民”三个专项活动，持续巩固提升“清洁乡村”活动，进一步深化拓展“生态乡村”活动，力争到2018年底实现全县农村“产业兴、服务优、基础强、环境美”。主要工作目标如下：

（一）农村产业结构优化升级。“产业富民”要实现全县农业结构优化升级，农业质量效益和竞争力显著提升，农村一二三产业融合发展水平明显提升，产业链条完整、功能多样、业态丰富、利益联结紧密的新格局基本形成，农村新型经营主体和集体经济不断壮大，农村产业竞争力明显提高，农民群众收入持续增加。

（二）农村公共服务便捷普惠。“服务惠民”要实现全县行政村都建有村级综合服务中心，就业、社保、教育、卫生、文体、法律等农村基本公共服务全覆盖，公共服务共建能力和共享水平明显提升，农村社会事业管理不断加强，农村精神文明建设不断深化，农村国防教育得到加强，中国梦和社会主义核心价值观更加深入人心，农民群众多样化文化生活需求日益满足，获得感显著增强。

（三）农村人居环境改善提升。“基础便民”要实现农村厨房、厕所等基本生活设施明显改善，“楼上住人楼下养畜”的人畜混居现象得到有效治理，实现人畜分离，农村垃圾治理、道路通行、饮水安全、村屯特色、住房安全和能源利用水平进一步提升，农村供电、通信和公共照明保障能力显著增强，农村生产生活条件明显改善，传统村落、特色村镇有效保护和发展，乡村文明得到进一步传承和弘扬，农村人居环境质量大幅提升。

（四）“清洁乡村”和“生态乡村”活动深化拓展。持续开展“清洁乡村”和“生态乡村”活动，逐步拓展和深化活动内容，深入贯彻《广西壮族自治区乡村清洁条例》，健全完善长效管理机制，加强乡村保洁员队伍建设，大力实施农村垃圾治理两年攻坚行动，全面开展乡村水环境综合整治，纵深实施清洁田园“十大工程”和推广清洁生产“十大技术”，大力实施化肥农药零增长行动，进一步提升绿化示范村屯建设水平，不断巩固提升“清洁乡村”和“生态乡村”活动成果，推动农村环境综合整治常态化、制度化、法治化开展，促进农村环境综合整治工作提档升级。

二、主要任务

（一）集中开展“产业富民”专项活动。以促进农民增收致富为出发点和落脚点，着力构建农村产业体系、生产体系、经营体系，提高农村产业质量效益和竞争力。围绕“制定1个村级经济发展计划、培育1个带动农户增收的新型农业经营主体、打造1个现代农业生产示范基地、发展1个村级集体经济项目、建设1个农村电子商务服务点”的“五个一”目标，深入推进农村产业规模化、标准化、组织化、市场化、品牌化“五化”建设，大力实施“产业富民和村级集体经济谋划、种植业结构调整和三品提升、生态养殖、林下经济提升、新型经营主体、农旅结合休闲农业、科技推广和改革创新、农产品保鲜加工和冷链物流、电子商务、社会化服务提质”十项进村行动。加快农村土地有序流转，创新生产经营方式和社会化服务，为提升产业竞争力、增加农民经营性收入和财产性收入创造条件。加快农业结构调整，拓展农业多种功能，发展农业新型业态，推进农业与旅游休闲、文化创意、健康养生等深度融合，发展观光农业、体验农业、创意农业等新型业态。强化农民专业合作社和家庭农场基础作用，鼓励农民专业合作社发展农产品加工、销售，拓展合作领域和服务内容，支持龙头企业发挥示范引领作用，带动农户和农民专业合作社发展适度规模经营。大力发展农产品电子商务，推进现代信息技术应用于农业生产、经营、管理和服务，完善配送及综合服务网络，促进农村产业转型升级和提质增效。

力争到2018年年底，全县“一村一品”“一乡一业”的农村产业格局初步形成，产业对农村发展支撑作用显著增强，全县农村居民人均可支配收入年均增长9%以上，全县所有行政村基本实现“五个一”目标，农民收入稳定增加，农村活力显著增强。

（二）集中开展“服务惠民”专项活动。从解决农民群众最关心最直接最现实的利益问题入手，更好满足农民群众多样化公共服务需求，不断推动城乡基本公共服务均等化。以增强农村基层党组织政治功能和服务功能为目标，完善乡村公共服务载体（平台），坚持节约资源和方便村民原则，整合现有村级公共服务中心、“农事村办”站点、农村社区服务站、村级组织活动场所、村级政务服务中心、村卫生室、村小学旧校舍等资源，建设村级综合服务中心，明确建设标准，明确服务功能，落实经费保障，重点做好“就业、社保、教育、卫生、文化、法律”六项服务，努力让农民群众办事不出村。健全农村就业信息综合服务体系，帮助贫困家庭子女、未升学初高中毕业生、农民工和残疾人免费接受培训并实现就业。全面推进全民参保计划，加快推进农村低保制度与脱贫攻坚政策有效衔接，逐年提高全县农村低保平均保障标准，缩小农村低保标准与扶贫标准的差距；实施农村困境儿童生活、医疗、康复、教育、服务、监护和安全保护等分类保障；继续实施教育助学“一个都不能少”计划，对在我县农村义务教育阶段公办学校和接受政府委托、承担义务教育任务的农村民办学校就读的家庭经济困难寄宿生给予生活补助。加强行政村卫生室建设，推行乡村医生签约服务，提供基本医疗和基本公共卫生服务，提高农村群众健康水平。打造乡村多功能文化阵地，加强乡村文化队伍建设，加强农村国防教育，提高农村精神文明建设水平，丰富乡村精神文化生活。大力推进农村公共法律服务体系建设，全面建立和规范村（居）人民调解委员会，及时化解民间矛盾纠纷。建立完善一村一法律顾问制度，提高农民群众法律意识，引导农民群众通过合法途径解决纠纷。健全完善村级法律援助联系制度，全面落实法律援助工作。

力争到2018年年底，实现全县村级综合服务中心建设全覆盖，行政村的就业服务、儿童福利督导员配备、基础教育阶段农村家庭经济困难在校（园）在籍学生资助、对农村建档立卡扶贫对象接受中等以上教育的学生补助、参加48所技工院校就读的我县建档立卡贫困家庭“两后生”技能培训服务、村卫生室建设、人民调解和法律援助全覆盖；以乡镇为单位开展乡村医生签约服务覆盖面达100%；广播综合覆盖率和电视综合覆盖率达到95%以上。

（三）集中开展“基础便民”专项活动。以乡村规划为引领，着力加强农村基础设施和公共服务设施建设，改善农村群众生产生活条件，稳步提升我县农村人居环境水平。大力推进“三改六提三增”工程（“三改”：实施农村改厕、改厨和改圈工程；“六提”：统筹推进农村垃圾治理、道路通行、饮水安全、村屯特色、住房安全和能源利用水平提升工程；“三增”：增强农村供电能力、通信能力、公共照明能力工程），全面改善农村生产生活条件。推进乡土特色建设示范和传统村落保护发展，做好古树名木和大树的保护管理，严禁砍伐和买卖，禁止乡村大树古树移植进城，使之成为彰显特色、凝结乡愁的文化载体，打造“美丽扶绥·宜居乡村”风景线。加强贫困地区基础设施建设，大力推进贫困村道路硬化、饮水安全、电力保障、危房改造、广播电视等项目建设，因地制宜解决贫困村通路、通水、通电、通互联网和住房等问题。在推进“363”工程建设的同时，要制定土地、财税等优惠政策，扶持培育扶绥农村标准化设备生产企业和农村基础设施运营管理维护的服务企业，建立健全农村环境卫生、基础设施建设和管理维护的长效机制，以及农村农民购买服务的契约机制。

深化乡村规划建设体制改革试点工作，推进市级生态综合示范区（带）、市级综合示范村、“绿色村屯”建设。开展百村示范百村整治“双百工程”，2017年在18个“魅力村庄”所在的行政村开展百村示范工程，另外还要选15个村开展百村整治工程，以后每年完成30个整村示范、整村整治的美丽乡村建设，到2020年基本实现行政村打造全覆盖，与全面建成小康社会同步完成全县所有乡村建成宜居宜业宜游的乡村。其中，2017年6月底前完成1个“美丽乡村”市级综合示范村规划建设工作。

力争到2018年年底，实施6000户农村厕所改造，农村无害化卫生厕所普及率达90%以上；实施6000户农村厨房改造，农村清洁厨房普及率达到60%以上；实施农村畜圈改造，“楼上住人楼下养畜”人畜混居改造完成率达到100%以上；实现全县90%以上村庄的生活垃圾得到有效治理；完成40个脱贫摘帽贫困村农村饮水安全巩固提升工程；完成农村公路整治隐患里程102.2公里和87个脱贫摘帽贫困村通20户以上村屯道路建设项目；基本完成7411人建档立卡人口的易地扶贫搬迁入住目标，完成2800户农村危房改造任务；实现所有行政村宽带信息网络全覆盖。

（四）深化拓展“清洁乡村”“生态乡村”活动。以保持活动常态化，实现乡村整洁靓丽为目标，进一步健全完善长效管理机制，按照清洁乡村、生态乡村和宜居乡村活动同部署、同推进、同落实、同巩固、同检查、同考评的要求，不断巩固提升清洁乡村活动成效，进一步深化拓展生态乡村活动，推动改善农村人居环境工作提档升级。一是巩固提升“清洁乡村”活动成效。认真贯彻《广西壮族自治区乡村清洁条例》，树立法治理念，运用法治手段，探索建立《广西壮族自治区乡村清洁条例》法规与村规民约相结合的长效管理机制，深化已出台的农村垃圾处理、农作物秸秆和废弃农资及包装物处理等指导意见的贯彻落实，进一步规范乡镇片区（含边远乡镇）生活垃圾无害化处理设施和农村生活污水集中处理设施建成使用后的运行维护管理，确保长效管理指导意见和规定落到实处，依法推进清洁乡村活动开展。坚持和完善我县行之有效的环境卫生网格化管理和督查、考评机制，继续深入开展农村环境卫生综合整治活动，集中开展农村生活垃圾、水环境、农业生产废弃物综合整治，保持活动常态化、全覆盖，实现乡村整洁靓丽。二是深化拓展“生态乡村”活动。在集中开展“基础便民”专项活动，全面提升农村交通、饮水安全、垃圾处理、村屯建设、住房安全、能源利用水平的同时，着力抓好“三化”专项活动项目（设施）建成后的运行维护管理，建立完善后续管护机制，明确监管责任单位，落实监管责任和管护经费保障，确保项目（设施）常态管理、有效使用，发挥应有作用。

三、工作要求

（一）坚持以人为本，农民主体。始终把维护发展农民群众切身利益放在首位，把群众认同、群众参与、群众满意作为根本要求，充分尊重农民意愿，尊重农民选择，农民群众不欢迎的事情不要干，农民群众不满意的事情要整改。坚持做实基层一线、做强基础工作，推动人往基层走、物往基层用、钱往基层花、劲往基层使，真正把老百姓最期盼、最关注、最紧迫的问题解决好，把实事好事办到老百姓的心坎上。充分尊重群众首创精神，调动群众的主动性和创造性，使广大农村群众拥护、支持并投入到宜居乡村活动中。

（二）坚持城乡一体，统筹发展。建立以工促农、以城带乡的长效机制，统筹推进新型城镇化和农村综合改革，把基础设施建设和社会事业发展的重点放在农村，推动基础设施建设和公共服务向农村延伸覆盖，着力解决农村基础设施薄弱、公共服务供给不足的问题，加快补齐农村发展短板，促进城乡经济社会一体化发展，让农民群众在开展“宜居乡村”活动中有更多获得感，努力形成以工促农、以城带乡、工农互惠、城乡一体的新型工农、城乡关系和城乡经济社会发展一体化新格局。

（三）坚持规划引领，量力而为。强化规划的引领和指导作用，切实做到先规划后建设、不规划不建设。按照统一规划、集中投入、分批实施的思路，坚持试点先行、量力而为，逐村整体推进，逐步配套完善，确保建一个成一个，防止一哄而上、盲目推进。总结推广试点可复制的经验做法，汇点成线、聚线为面，整体提升乡村建设水平。

（四）坚持因地制宜，分类指导。全面贯彻自治区和崇左市新精神新要求，牢固树立创新、协调、绿色、开放、共享五大发展理念，紧密结合我县县情和农民群众实际需要，因地制宜、因村施策，使“宜居乡村”活动开展既能很好贯彻自治区和崇左市精神，又能体现扶绥特色。各乡镇要根据自身发展基础、人口规模、资源禀赋、民俗文化、历史文脉等方面的差异，充分考虑群众承受程度，制定符合自身实际的活动具体方案，加强分类指导，确保干一项成一项，办一件是一件。项目建设力求切合本地实际、符合农民需求、彰显农村特色，切实避免盲目攀比、贪大求全、增加群众负担等现象，坚决杜绝花架子和各种形象工程。

（五）坚持整合资源，统筹推进。县级层面统筹，乡镇党委、政府负责宜居乡村活动的组织实施。以乡镇为单位，整体谋划“产业富民”“服务惠民”“基础便民”的项目布局，整合人、财、物等资源，协同推进项目建设。尤其要处理好重点工作和面上推进、新增建设项目和原有建设项目、“宜居乡村”活动与“清洁乡村”及“生态乡村”活动、群众需求与部门职能、阶段目标与长期任务、牵头单位与配合单位等关系，放大“宜居乡村”活动的整体效益。乡镇党委、政府要具体负责组织实施，制定细化工作方案，落实工作责任，做到领导到位、工作到位、任务到人。县有关部门要加强政策扶持和指导督查，形成上下联动、分工协作、共同推进的工作格局。

（六）坚持与脱贫攻坚紧密结合，协同推进。充分发挥基层党组织的战斗堡垒和贫困村党组织第一书记、“美丽广西”乡村建设（扶贫）工作队的桥梁和纽带作用，主动对接“宜居乡村”活动和脱贫攻坚工作，做到方向同向、行动同力、目标同心，形成两项工作互促共进的良好局面。在“宜居乡村”活动项目安排上，要向贫困村倾斜，尽可能降低对贫困村群众自筹资金的要求，重点加强贫困地区路、水、电等基础设施建设，改善贫困群众基本生活条件。加大对贫困村产业扶持力度，特别是对资源条件好、发展潜力大的贫困村实施整体规划开发，拓宽贫困群众增收致富渠道，努力以“宜居乡村”活动明显成效助力打赢脱贫攻坚战。

四、保障措施

（一）强化组织领导，完善工作机制。“宜居乡村”阶段“产业富民”“服务惠民”“基础便民”三个专项活动，分别由联系农业、人力资源社会保障、住房城乡建设部门的县人民政府办公室副主任专责协调，由县农业局、县人社局、县住建局分别牵头实施。建立全县统一指导，各乡镇党委、政府负责组织实施，村屯具体落实的工作机制，一级抓一级，层层抓落实。在“宜居乡村”阶段，挂点联系将以行政村为单位，县四家班子成员（含其他处级领导）把联系的贫困村作为乡村建设挂点村，与脱贫攻坚相结合，合力共促乡村建设；各乡镇要牢固树立“五大”发展理念，把“宜居乡村”活动作为统筹城乡发展的重要工程，摆上重要议事日程，对“宜居乡村”工作系统谋划、统筹协调、整体推进、督促落实，要做到美丽宜居乡村规划建设到哪里，部门服务和配套资金就跟到哪里。建立宜居乡村考核评价体系，将“宜居乡村”活动纳入各级党政干部综合考核的范畴，作为评价党政领导班子政绩和干部选拔任用的重要依据，作为拨付以奖代补资金的主要依据。建立健全各级党政部门、事业单位、国有企业与村结对共建机制。充分发挥总工会、共青团、妇联、工商联等群团组织以及农村基层党组织和广大“美丽广西”乡村建设（扶贫）工作队员、贫困村党组织“第一书记”在乡村建设中的重要作用。

（二）强化农民主体地位，调动群众积极性。深化拓展“一组两会”（在村屯成立党小组、户代会和理事会）工作方法，集思广益，群策群力，以多数农民群众的共同需求为导向，建立乡村建设民主决策机制，依靠农民群众的智慧和力量建设美好家园。坚持“一线工作法”，发动群众、组织群众、依靠群众，注意发挥农村经济能人的带动作用，引导广大农民群众积极投身“宜居乡村”活动。完善项目建设推进机制，发挥村务监督委员会、村民理事会等群众组织的作用，引导村民全过程参与项目规划、建设、管理和监督。完善村务公开制度，推行项目公开、合同公开、投资额公开，接受村民监督和评议，确保项目建设公开透明、公正操作，取得实效，凡被列为美丽宜居乡村建设点的村庄都要成立乡村建设理事会。

（三）强化机制创新，提供财力保障。完善政府主导、农民参与、社会支持的投入机制。按照基本公共服务均等化的要求，把“宜居乡村”活动纳入公共财政覆盖范围，建立稳定投入机制，不断增加投入。充分发挥财政资金“以奖代补”激励作用，不断调动和激发群众参与活动的积极性和创造性。创新资金统筹整合模式，各级涉农资金按照渠道不乱、用途不变、注重实效的原则，突出当地特点，切合农村实际，集中投放资金，形成合力，提高使用效率。发挥财政资金“四两拨千斤”杠杆作用，采用PPP模式等市场化手段，撬动金融资本、社会和城市工商资本投向乡村建设。完善“一事一议”财政奖补机制，探索采取竞争性立项等办法，解决项目建设资金来源渠道单一问题，使“宜居乡村”活动的资金投入更有保障。

（四）强化服务指导，突出部门联动。各级领导干部要切实转变工作作风，深入基层一线，指导帮助乡镇解决制约工作推进的瓶颈问题。进一步完善各级领导挂点联系制度，发挥部门优势，积极为“宜居乡村”活动提供政策支持，组织专家组深入基层进行业务和技术指导，及时总结、推广符合实际的成功做法经验。突出部门联动协同,积极完善项目和工作推进协调机制，明确细化具体工作任务，充分发挥职能部门具体实施项目建设和推进重点工作的能动性，完善能够充分调动群众积极性、主动性、创造性的措施和办法，努力用新办法解决新问题,用新机制推进新活动。

（五）强化督促检查，严格问责问效。各级各部门要将“宜居乡村”活动推进情况纳入绩效考核内容，制定考核办法，研究建立“宜居乡村”活动推进信息统计和评价机制，加大考核督查和追责问责力度。突出问题导向，研究解决各种问题，县乡村办要会同县农业局、县人社局和县住建局以及其他配合实施部门组织开展经常性的督促检查，层层传导压力，推动问题整改。扶绥县“美丽扶绥”乡村建设领导小组依据各地目标完成情况和工作效果，对工作进度快、成效好的乡镇加大资金和项目支持力度，对组织不力、工作落后的乡镇，进行媒体曝光和通报批评，使督查考评、问责问效成为推进活动常态化开展的重要抓手，确保活动扎实有效推进。

（六）强化宣传教育，营造良好氛围。充分发挥电视、广播、报刊、网络等主流媒体的作用，以群众喜闻乐见的形式，持续开展丰富多彩、生动活泼的宜居乡村建设宣传教育活动，总结宣传先进典型，加深广大干部群众和社会各界对“美丽扶绥”乡村建设活动的认识、理解和支持，形成全社会关心、支持、参与和监督宜居乡村活动的良好氛围。通过规划公示、招商引资、项目共建等途径，广泛动员和引导工商企业、民营企业家、乡贤名流、爱心人士等参与支持“宜居乡村”活动建设，使活动开展参与面更广，多方面结合更深，推进成效更实。

扶绥县“产业富民”专项活动工作方案

一、工作目标

加快传统农业向现代农业转变，推进农业供给侧结构性改革，构建农村产业体系、生产体系和经营体系，加强农村产业规模化、标准化、组织化、市场化、品牌化建设，发展农产品冷链物流和保鲜加工，做大休闲农业和生态经济，完善农村生产服务，促进农村一二三产业融合发展，提升产业竞争力和质量效益，持续增加全县农民收入。

到2018年年底，全县农村产业结构得到优化升级，“一村一品”“一乡一业”产业格局初步形成，产业对农民增收致富的支撑作用显著增强，农村居民人均可支配收入年均增长9%以上，全县行政村基本实现“五个一”目标：

——制定1个村级经济发展计划。结合“美丽崇左”乡村建设重大活动规划纲要和“十三五”规划发展要求，广泛听取群众意见，根据村屯资源禀赋和特色优势，突出“产业富民”主题，突出打造“一村一品”，每个行政村制定1个村级经济发展计划（2017—2018年）。

——培育1个带动农户增收的新型农业经营主体。在全县70%以上行政村，每个行政村发展或引进1个以上新型农业经营主体（龙头企业、专业合作社、家庭农场、种养大户等），推广“新型经营主体+基地+农户”等模式，提高组织化程度，扩大经营规模，覆盖和带动行政村60%以上的农户增收。

——打造1个现代农业生产示范基地。通过引进新品种新技术和新型经营主体，对原有农业生产基地优化提升，每个行政村至少建设1个100亩以上的规模化、标准化、生态化种植基地，或建设1个达到规模养殖标准的养殖基地，或建设1个达到一定收入的休闲农业、乡村旅游点，或建设1个农产品加工、冷链物流项目。依托有条件的行政村或几个村，加快创建乡镇现代特色农业示范区，使之成为带动农民增收的重要来源。

——发展1个村级集体经济项目。探索集体经济发展的多种实现形式和新路子，培育引进新型经营主体，积极开发利用集体所有的房屋、地皮、耕地、山林、水体、河滩等资源，兴办各类集体经济项目，建立充满活力的发展机制，进一步发展壮大村级集体经济，争取全县45%以上行政村每年有20000元以上的集体经济收入，努力解决乡村清洁、公益事业、公共服务“无钱办事”等问题。

——建设1个农村电子商务服务点。大力发展“互联网+现代农业”，推进农村电子商务建设，构建覆盖县乡村的三级农村电子商务服务体系，完善物流、快递等配套设施和功能，健全上下游服务链，实现全县85%以上行政村有电子商务服务点。

二、主要任务

结合各村实际，围绕“五个一”目标，推进“五化”建设，实施“十项进村行动”，促进农村产业转型升级和提质增效。

（一）实施产业富民和村级集体经济谋划进村行动。结合“十三五”规划发展要求，组织各级驻村干部深入调查研究，广泛动员群众，凝聚各方智慧，分析农业农村发展新形势新任务新要求，宣传落实农村政策，对农村产业进行重新审视和谋划，按照市场导向、因地制宜、突出特色、合理布局、注重实效的原则，以乡镇为单位，用1个月左右的时间，帮助每个行政村选定1项以上特色明显的富民产业，制订行政村经济发展计划（2017—2018年），统筹布局、统一规划、分步实施。产业选择宜农则农、宜林则林、宜渔则渔、宜牧则牧、宜游则游、宜贸则贸、宜加工则加工。发展计划要长短结合，具有前瞻性、指导性、针对性和可操作性，既要考虑两年活动目标，也要考虑长远发展，特别是“十三五”规划发展目标。已制定有发展规划的村，要在原来规划基础上，进一步完善、提升发展思路。结合扶贫攻坚行动，把村级集体经济项目纳入发展计划，既可通过开发集体山林、耕地、养殖等资源，提高集体种养经济效益，也可以通过以地生财、筑巢引凤，大力招商引资办厂，还可以通过开展物业租赁，发展物业管理等有偿服务业，对集体闲置的土地、林场、渔塘、房产等实行租赁经营等，采取多种形式实现集体资产保值、增值，发展壮大集体经济。2017—2018年底，全县每年选择3个以上行政村开展“扶持村级集体经济发展试点”工作。

【牵头单位：县农业局、财政局；配合单位：县发改局、旅游局、扶贫办和农口其他部门；责任主体：各乡镇人民政府】

（二）实施种植业结构调整和“三品”提升进村行动。调整优化种植业结构，实施现代特色农业产业品种品质品牌“10+3”提升行动,重点发展糖料蔗、粮食、水果、坚果、蔬菜、姑辽茶、中药材、剑麻、养殖、林业10大特色优势产业，以及有机循环农业、休闲农业、富硒农业3个新兴产业，突出引进推广新品种新技术，突出标准化生产和“三品一标”认定，突出农产品质量安全体系建设，突出推进化肥农药零增长行动和农业有机固体废弃物循环处理利用，建设一批标准化生产基地或示范园区，大力发展秋冬种，推动全县现代特色农业转型、优化和升级。在水稻、玉米种植地区，以新品种引进、示范推广和推行无公害标准化生产为重点，大力推广普及测土配方施肥、病虫害综合防治和保优高产节本配套栽培技术，提高单产和质量安全水平；在水果种植地区，以品种改良为重点，优化品种结构，发展青枣、西（香）瓜、柑橘、坚果、芒果等特色水果，大力开发坚果、山黄皮、木菠萝、橄榄、李果等加工型果品；在蔬菜种植村屯，重点打造“独一份、特中特、好中优、错峰季”的新型蔬菜产业，注重提高采后处理技术水平，提升蔬菜品质；在姑辽茶种植区，按照产业化要求和国际市场标准建设高标准生态茶园，积极推广先进技术，提高种植、加工水平，开发适应现代需要的新产品，创建知名品牌，拓宽发展空间和消费市场。2017—2018年，每年粮食总产量达到6.4万吨以上。到2018年年底，水果产量达到20万吨；蔬菜产量达到26万吨；西（香）瓜产量达到31万吨。到2020年年底，全县种植业总产值达38.2亿元，年均增长5%左右。

大力推进高产高糖糖料蔗基地建设，重点实施甘蔗高效节水灌溉工程和甘蔗全程机械化生产，引进优良新品种，推广应用地膜覆盖、水肥一体化和病虫害综合防治等技术，提高甘蔗单产，同时利用糖料蔗副产品发展草食畜牧业。到2018年年底，基本建成53.92万亩高产高糖糖料蔗基地。到2019年年底，建成68万亩高产高糖糖料蔗基地。

【牵头单位：县农业局、糖业办；配合单位：县农口部门、科技局等；责任主体：各乡镇人民政府】

（三）实施生态养殖进村行动。以生态循环理念引领优势特色养殖业发展，以合作社、企业的规模化集约化经营带动农户，全面推广应用“微生物+”生态养殖模式，通过生态养殖，生产无公害、绿色、有机水产品和畜禽产品，提升养殖业竞争力。突出抓好种养循环技术推广，因地制宜推广生猪“微生物+全封闭高架网床”等4种生态养殖模式、肉牛肉羊“微生物+饲草料”生态养殖模式和渔业6种生态养殖技术模式。畜禽产业主要发展生猪、肉牛、山羊、鸡、鸭、鹅、鸽等市场容量大优质肉用动物品种，适度规模发展龟、蛇、竹鼠等特种经济动物。水产产业大力发展罗非鱼、青鱼、草鱼、鲢鱼、鳙鱼等常规水产养殖，积极发展龟、鳖、蛇、斑点叉尾鮰、鳗鱼等特色水产养殖。到2018年年底，全县畜禽规模养殖场生态养殖比率达50%，每个适合发展养殖的乡镇创建至少1个生态养殖助农增收合作社示范点，全县打造2个生态养殖助农增收示范村。到2020年年底，全县畜禽规模养殖场生态养殖比率达90%。大力培养农村生态养殖技术能人和带头人。积极发展养殖业循环经济，通过建设有机肥厂、大型沼气池等多种途径，对养殖场固液废弃物进行环保处理，有效疏通养殖废弃物还田渠道，加快种养融合、循环发展，逐步实现农村养殖“零排放”和“零污染”。

【牵头单位：县水产畜牧兽医局；配合单位：县发改局、财政局、环保局、扶贫办、农业局、林业局、农机局等；责任主体：各乡镇人民政府】

（四）实施林下经济提升进村行动。总结推广和拓展提升我县林下经济发展模式，实施林下经济精品示范基地建设工程，大力发展林药、林草、林蜂、林下养殖、林下乡村旅游、林下产品加工和销售，延长林下经济产业链，提高经济效益，扶持、鼓励和指导现已发展较好的林下种养经营企业或业主把林下经济做大做强，起到辐射带动和示范引领的作用，在此基础上建设一批富有扶绥特色的林下经济综合示范基地。2017—2018年，全县新建2个林下经济综合示范基地、每个种植基地的面积不少于200亩，每个林下种殖基地产值100万元以上。有序推进集体林权证发放查漏补缺纠错工作，积极推进林权抵押贷款工作，扩大林权抵押贷款规模，将更多森林资源转化为农民的家庭财产。到2018年年底，全县累计利用林地发展林下经济面积达51万亩，产值达6亿元。到2020年年底，全县累计利用林地发展林下经济面积达55万亩，产值达6.5亿元。

【牵头单位：县林业局；配合单位：县农业局、水产畜牧兽医局等；责任主体：各乡镇人民政府】

（五）实施新型经营主体进村行动。加大对龙头企业、农民专业合作社、家庭农场、专业大户等新型经营主体的培育扶持力度，组织引导更多新型经营主体进入农村、带动农户，构建农户与新型经营主体的利益联结机制，改变农民单打独斗闯市场的状况。重点实施农民专业合作组织和家庭农场能力建设补助资金项目，实施龙头企业成长计划，培育壮大一批农业产业化龙头企业，加强龙头企业“产—加—销”一体化建设，带动产业和农户发展。鼓励支持新型经营主体积极参与发展村级集体经济。鼓励新型经营主体和涉农院校、科研院所成立产业联盟、行业协会等，联合推进科技创新、成果转化、品牌创建、统一营销等。加强对具有专业技术的外出务工人员返乡创业的培训和扶持力度，支持返乡创业人员成立企业主体，领办合作社，组建家庭农场，带动村民致富。2017—2018年，每年培育生产经营型、专业技能型和专业服务型三种类型的新型职业农民200人以上。到2018年年底，全县70%以上行政村和60%以上的农户有新型经营主体覆盖带动。到2020年年底，全县培育家庭农场突破86家，农民专业合作社430家，自治区级以上农业产业化龙头企业2家，全县85%以上行政村和70%左右的农户有新型经营主体覆盖带动。

【牵头单位：县农业局；配合单位：县人社局、林业局、水产畜牧兽医局、农机局等；责任主体：各乡镇人民政府】

（六）实施农旅结合休闲农业进村行动。挖掘休闲农业与乡村特色旅游资源，完善提升休闲农业与乡村旅游扶贫发展规划。在有条件的乡村开发休闲农场、观光农园、休闲农庄、农业博览园等休闲农业项目，鼓励城镇周边发展休闲农业、都市农业，加大对农业设施的投入。加强休闲农业与乡村旅游基础设施和公共服务设施建设，推进广西特色旅游名县创建工作，整合中央、自治区有关专项资金支持贫困村休闲农业与乡村旅游基础设施建设，抓好中部乡村旅游带建设，串点成线、连线成片、整体推进。到2018年年底，重点推动1个以上贫困村六头村发展休闲农业与乡村旅游。利用各类自然和人文旅游资源发展生态旅游、体验旅游、度假旅游和健康养老、休闲养生产业，打造一批特色休闲农业与乡村旅游品牌产品和精品线路，强化旅游营销体系建设。到2018年年底，建成1条特色休闲农业与乡村旅游精品线路，新创建广西星级农家乐5家、星级乡村旅游区1家和一批休闲农业试点。全县休闲农业与乡村旅游经营综合收入4.2亿元以上。

【牵头单位：县农业局、旅游局、扶贫办；配合单位：县发改局、财政局、林业局、水利局、水产畜牧兽医局、民政局、水库移民局等；责任主体：各乡镇人民政府】

（七）实施科技推广和改革创新进村行动。以现代特色农业示范区为平台，引领农村先进适用技术推广应用，打造农村改革先行区。扩大自治区级现代特色农业示范区的辐射带动作用，加快县乡两级示范区创建，努力覆盖更多的村屯和农户。到2017年年底，累计建成现代特色农业示范区6个，使示范区成为发展优势产业、推广先进技术、发挥科技人才作用的示范区，成为体制机制改革、培育新型经营主体、产业融合发展的示范区，成为农民增收、农村和谐、城乡发展一体化的示范区，2018年进一步巩固和提升示范区建设。

【牵头单位：县农业局；配合单位：县财政局、林业局、水产畜牧局、粮食局等；责任主体：各乡镇人民政府】

强化科技支撑和指导服务，推进种业创新，加快推进良种培育中心、标准化生产技术示范基地、农业科技园区等科技创新平台建设，覆盖带动更多村屯农户。各级有关部门要成立专业技术指导专家组，进村入户开展技术指导。以大中专院校、科研院所和参与技术推广服务的企事业单位为依托，整合科技服务资源和力量，选聘40位科技特派员精准对接全县40个贫困村的产业发展需求，及时指导和帮助解决农村产业发展中的技术难题。鼓励科技特派员采取资金、技术入股等形式到乡镇、村发展产业项目，或领办、创办、协办各类专业合作社及涉农企业。组织实施农林种业创新和优势特色产业关键技术的研究与示范项目，加强农业科技成果的转化与应用推广示范，大力推广应用各类新技术新成果。2017—2018年，每年培训农村技术骨干、新型农业经营主体骨干和农民300人次以上，推广应用与集成示范新品种、新技术2项以上。到2018年，主要农作物良种覆盖率达90%以上。

【牵头单位：县科技局；配合单位：县农口部门；责任主体：各乡镇人民政府】

深入推进农村土地产权制度改革和林权抵押贷款工作，抓好农村集体资产股份权能改革、土地承包经营权抵押和水利、供销、林场等改革试点。到2017年年底，基本完成农村土地承包经营权确权登记颁证工作。加快农村土地有序流转，探索农村土地入股、土地托管、代耕代种等经营模式，鼓励发展订单农业、“公司+基地+农户”等生产模式，创新生产经营方式和社会化服务，为提升产业竞争力、增加农民经营性收入和财产性收入创造条件。

【牵头单位：县农业局；配合单位：县档案局、涉农部门；责任主体：各乡镇人民政府】

（八）实施农产品保鲜加工和冷链物流进村行动。充分发挥中小企业发展专项资金、财政创新驱动发展专项资金等财政资金的引导作用，2017—2018年，每年重点扶持或引进1家以上科技、资本、市场等有实力的农产品加工企业，开展甘蔗、坚果、水果、粮食、林产、水产等农产品精深加工，加强农产品加工技术研发体系建设。在水果、蔬菜等大宗农产品生产基地的行政村，加快农产品分拣包装、保鲜储存、加工和冷链物流设施建设，拉长产业链，增加农产品附加值。2017—2018年，通过整合相关部门资金、吸引社会资金等途径，争取在有条件的农产品主产区的乡镇、村或生产基地，以供销合作社和其他农业经营主体为承建主体，分类建设1个以上示范地头冷库，帮助农户解决果蔬保鲜问题。加快农贸市场规划建设，大力加强农超、农企和农校对接，鼓励支持企业开设鲜活农产品直销网点。鼓励物流企业与农村专业合作社、涉农企业合作，发展农产品冷链物流，为特色农产品提供包装、仓储、运输的标准化、定制化服务，促进农产品进城销售。

【农产品加工牵头单位：县工信局；农村冷库建设牵头单位：县供销社；配合单位：县农业局等农口部门，县财政局等；责任主体：各乡镇人民政府】

（九）实施电子商务进村行动。依托阿里巴巴、京东等电商平台和村级综合服务中心，通过试点示范带动，培育和聚集更多农村电商经营主体，建设农村电子商务服务和支撑体系，推动以农产品、农特产品为主的网络销售，建立农村物流配送体系，发展农业生产资料电子商务，打造农村电商产业，加速农产品流通。重点推进“三有一能”建设（“三有”：县有县域电子商务公共服务中心或电子商务集聚区，乡镇有电子商务工作站，村有电子商务服务点；“一能”：农村居民能通过电子商务销售自产产品、购买生产生活资料），加快提升农村电子商务服务能力水平。自2017年起，农村电子商务交易额年均增长20%以上。到2018年年底，全县85%以上行政村有电子商务服务点，农村居民能通过电子商务销售自产产品、购买生产生活资料。到2020年年底，全县100%乡镇以及90%以上行政村建立农村电商服务体系。

【牵头单位：县工信局；配合单位：县农业局、林业局、水产畜牧兽医局、供销社、扶贫办等；责任主体：各乡镇人民政府】

（十）实施社会化服务提质进村行动。鼓励各级供销合作社和其他新型经营主体探索开展土地托管、代耕代种代收等农村社会化服务模式，推进育苗育种、科学施肥、病虫害防治等专业化服务，力争到2018年年底，全县供销合作社系统开展土地托管或半托管面积新增600亩以上。全面推广“农金村办”模式，到2017年年底，全县所有行政村有“三农金融服务室”。培育农机合作组织和农机作业公司，发展壮大生产全程机械化社会化服务。强化标准蔗地建设，吸引社会资本进入甘蔗机械化领域，实施“双高”基地生产全程机械化区域服务中心建设。到2018年年底，全县农作物耕种收综合机械化水平达62%左右，其中水稻耕种收综合机械化水平达74.2%以上，“双高”基地耕种收综合机械化水平达77%以上。到2020年年底，全县农作物耕种收综合机械化水平达68%左右，其中水稻耕种收综合机械化水平达78%以上，“双高”基地耕种收综合机械化水平达80%以上。大力推广先进的农田节水灌溉技术，到2018年年底，全县节水灌溉面积达13.15万亩，节水灌溉率达45%以上，农田灌溉水有效利用系数提高到0.4以上；到2020年年底，全县节水灌溉面积达15.38万亩，节水灌溉率达48%以上，农田灌溉水有效利用系数提高到0.42以上，农田灌溉保证率进一步提高。大力开展农村劳动力转移就业和返乡创业服务，进一步完善全县所有乡镇（街道）就业和社会保障服务中心建设，为农民工提供免费的政策咨询等公共就业服务。

【牵头单位：县农机局、供销社、水利局、工信局、人社局；配合单位：县涉农部门、财政局、各银行等；责任主体：各乡镇人民政府】

三、实施方式

（一）坚持统一规划、分类指导、分阶段实施。县直各有关部门要按照职责分工，围绕“五个一”工作和“十项进村行动”，在调查研究的基础上制定产业富民实施方案，制定技术标准，确定一批特色种植、生态养殖、林下经济、休闲农业、乡村旅游、农产品加工、冷链物流、农村电商等项目，分类指导、分步实施。“产业富民”专项活动分成三个阶段推进：一是计划制定与试点确定阶段（2017年1—3月），组织各级干部和科技人员进村，研究制定村级经济发展计划（2017—2018年）。同时，县直各相关部门要与各乡镇对接，选择和确定试点村屯，抓好项目设计、施工组织、群众发动、工程管理、资金管理、质量保证、总结经验等具体方案制定，明确项目实施程序，为全面实施提供样板；二是全面推进阶段（2017年4月—2018年12月），既要下大力气抓试点村屯，又要全面推进面上实施，在全县范围开展“五个一”工作和“十项进村行动”，加快农村“一村一品”建设和产业转型升级、提质增效；三是验收阶段（2019年1—3月），对“产业富民”专项活动进行工作验收和评价。

（二）坚持以项目为抓手推进实施。“产业富民”专项活动要落实到具体的项目上。各级各部门要集中力量，整合资源，狠抓项目的策划和实施。县级层面配合自治区、崇左市统筹抓好特色种植、生态养殖、林下经济、休闲农业、乡村旅游、农产品保鲜加工、冷链物流、集体经济、农村电商等覆盖乡村的重点项目，并在年度投资计划安排上重点支持。各乡镇要在科学制订计划的基础上实施一批特色项目，优先安排覆盖村屯多、受益群众多、群众积极性较高、经济社会效益明显的项目。各类项目都要优化设计，强化科技创新和机制创新驱动，突出融合发展。要严格按照国家和自治区相关建设标准精心实施、严格管理，对项目的实施主体、推进力度、实施方式和时间节点进行跟踪督查，年中抽验，年底总验，确保按时按质按量完成项目建设任务。

（三）坚持以乡镇为责任主体推进实施。在县直各相关部门的具体指导下，以乡镇为基本责任单位进行实施，乡镇党政领导是“产业富民”的第一责任人，对各类建设的进度、质量、安全、资金管理使用和目标实现负主要责任。各乡镇要进一步将责任分解落实到部门、到单位、到乡村、到人，做到任务明确、责任清楚、奖罚分明。

（四）坚持专业技术队伍和群众参与推进实施。对现代农业产业基地、生态养殖、林下经济等项目，要采取群众投工投劳和专业技术人员指导相结合的方式；对于乡村旅游、农产品保鲜加工、冷链物流、农村电商等项目，主要由项目业主、合作社或企业组织实施。要充分尊重村民意愿、听取村民意见，调动和发挥群众的主观能动性、积极性，自力更生参与产业项目的制定、选点、实施，让群众直接从产业发展中受益。要及时总结宣传各地的好典型、好经验、好做法，营造齐力抓产业富民的浓厚氛围。

四、示范建设

（一）分级分类抓好示范点建设。2017—2018年，全县除了组织建设自治区下达的自治区级“产业富民”示范村（屯）外，我县将选择2个以上自然村（屯）打造市级“产业富民”示范村（屯），并结合实际打造一批县级示范村（屯）。要及时总结示范点经验，以点带面，全面铺开。要注意与“服务惠民”“基础便民”结合，整村推进，形成“一村一品”特色。

（二）示范村屯选择。示范自然村（屯）建设要与精准脱贫结合，由各乡镇报县政府审定后，统一向崇左市相关部门申报。各乡镇重点选择不同区域、不同类型、群众积极性高、有资源条件和产业基础、基层组织能力较强并有代表性的自然村（屯）做试点，可采取竞争方式确定试点村屯。

（三）示范项目申报。示范自然村（屯）项目包括特色种植、生态养殖、林下经济、休闲农业、乡村旅游、农产品保鲜加工、冷链物流、农村电商各类产业及集体经济发展项目等各种类型，以乡镇级为单位向县直相关部门申报。

（四）示范项目实施管理。对照自治区各类项目建设标准，推行项目规范化建设和科学化管理。各类项目要落实技术和项目质量负责制，落实和培训各类项目的技术人员，由技术人员签订技术和质量责任状，分片指导和管理项目施工，严格执行技术标准。项目工程、物资招标投标工作必须做到公平、公正、公开。在确保质量的同时，要千方百计加快项目实施进度。强化项目后续管理，确保发挥效益。

五、工作要求

（一）提高认识，统一思想。各级各有关部门要深刻认识开展“产业富民”专项活动的重大意义，以高度的历史责任感和强烈的时代紧迫感，扎扎实实推进各项工作。要弘扬实事求是的科学精神，结合实际，精心组织；弘扬与时俱进的创新精神，敢于实践，大胆创新；弘扬敢打硬仗的拼搏精神，真抓实干，狠抓落实，确保完成“产业富民”专项活动各项目标任务。

（二）加强协调，形成合力。县层面由县农业局牵头，各农口部门、涉农部门和相关单位协同负责。各部门和单位要根据各自工作职责加强指导服务，既要明确分工、落实责任、各司其职，又要相互配合、共同协作、形成合力，加强组织领导和督促检查。县人民政府根据自治区、崇左市有关部门的指导意见，与“产业扶贫”相结合、相衔接，制定本区域的实施方案，统筹抓好“产业富民”专项活动各项工作；科学安排产业工作队进村帮扶，做到县有工作组、乡有工作队，充分调动驻村干部的积极性和创造性，把主要精力花在帮助群众发展产业、脱贫致富上，深入一线推进“产业富民”各项工作。要广泛动员企业和社会各界力量进村入户，凝聚起推动“产业富民”的强大正能量。

（三）拓宽渠道，多方筹资。县财政局要积极筹措资金，采取多种补助方式，发挥财政资金扶持和杠杆作用，撬动金融资本、工商资本、民间资金等下乡发展产业。县发改局、工信局、科技局、国土资源局、旅游局及农口部门要加大支持力度，积极筹措资金推进农业农村发展。银行等金融机构要加大金融支农力度，创新农村信贷、保险、抵押等金融服务产品和方式，提高对富民产业项目的贷款额度；要创新落实好扶贫小额信用贷款政策，盘活、用活资金。要进一步加大招商引资力度，狠抓农业招商引资项目落地，引进更多工商资本、民间投资参与项目建设。

（四）发挥优势，补足短板。结合县域优势和各村屯特色，精心谋划和认真选好村屯1~2个主打产业，尤其要科学选定品种好、品质优、有市场、效益高的最适合村屯发展的优势特色产业。对于已有一定产品规模，但农产品保鲜加工、冷链物流、农村电商跟不上的村屯，要千方百计补上短板，拉长产业链、增加附加值，不断提高农民收入水平。

（五）突出重点，抓住关键。发展现代种植业的，要重点帮助经营主体解决生产用地，抓好土地确权和流转，注重解决生产基地灌溉设施和用水等瓶颈问题；发展生态养殖的，要帮助经营主体选好养殖项目和场地，解决好用地、用电、用水和道路、环保等问题；发展休闲农业的，要帮助经营主体搞好规划、设计，理念要新、标准要高；发展农产品加工的，要帮助企业研发引进适销对路的产品，解决用地“三通一平”等实际问题；引进新型经营主体的，要重点建立“公司+农户+基地”“合作社+农户+基地”等生产发展模式，指导帮助村屯发展土地入股、土地托管、订单农业等模式，构建与农户的利益联结、互惠互利的长效机制。在生产过程中，要切实抓好种子种苗供应、科技服务指导、产品销售服务等关键环节，确保产业加快发展、取得良好效益。

（六）落实政策，助推增收。各部门要全面贯彻落实国家、自治区、崇左市在税收、金融、土地、人才、用水、用电等方面支持农业农村发展的优惠政策，确保各项政策措施落地生效。特别是要把对合作社、农业企业等新型经营主体的财政扶持资金，不折不扣落实到村、落实到主体；把扶持种植、养殖等生产基地和示范区创建的各项政策落实到村、到基地、到示范区；积极扩大农业政策性保险的覆盖面，把各类生产基地优先纳入保险范围；加大村级农村电商示范点政策扶持，多措推进农村电商加快发展。要加强对惠农强农富农政策落实情况的跟踪督查，政策落实好、“产业富民”工作进展好的要进行表彰，并在下一年度建设资金安排等优先支持；落实不好的要通报批评、严肃问责。

（七）强化考评，严格验收。各级政府在落实责任、完善机制、强化协调服务的同时，要把产业富民工作纳入各级各相关部门绩效考评内容。加强督查指导，采用平时检查和年终抽查相结合的办法，自上而下逐级开展督查，及时发现和解决工作中出现的困难和问题，及时发出通报，鼓励先进、鞭策后进。要制定“产业富民”专项活动工作验收标准，并严格按标准进行验收，确保专项活动有序有力推进，取得良好成效。验收工作先由乡镇人民政府对所辖行政村开展“产业富民”专项活动情况组织全面自查，将自查报告上报县人民政府，由县人民政府审核后统一送崇左市农业局、自治区农业厅。

六、验收标准

“产业富民”专项活动工作按崇左市《“产业富民”专项活动验收标准》（见附件）进行验收。

附　件

“产业富民”专项活动验收标准

序号	验收项目	验收事项	标准要求	分值
1	农民增收情况	1.农村居民人均可支配收入	农村居民人均可支配收入比上年增长9%以上	5
2	组织机构运行情况	2.领导机构	县成立“产业富民”专项活动领导小组及办公室，落实职责分工	2
		3.活动计划	县制定“产业富民”专项活动年度详细工作及目标	2
3	“十项进村行动”完成情况	4.“产业富民”和村级集体经济谋划进村	①每个行政村选定1个以上优势特色产业并制订1个村级经济发展计划	2
			②打造自治区、市、县三级“产业富民”示范村（屯）	4
			③开展“扶持村级集体经济发展试点”工作；每个行政村发展1个村级集体经济项目，45%以上行政村每年有20000元以上的集体经济收入	6
		5.种植业结构调整和“三品”提升进村行动	①完成粮食、水果、蔬菜、西（香）瓜等农作物生产任务；种植业总产值年均增长5%左右	3
			②完成高产高糖糖料蔗基地建设任务	7
		6.生态养殖进村行动	每个适合发展养殖的乡镇至少创建1个生态养殖助农增收合作社示范点，每个县（市、区）打造2个生态养殖助农增收示范村；畜禽规模养殖场生态养殖比率达50%	5
		7.林下经济提升进村行动	每个县（市、区）新建不少于2个林下经济综合示范基地，每个种殖基地的面积不少于200亩，每个林下种殖基地产值100万元以上；每年完成利用林地发展林下经济面积	5
序号	验收项目	验收事项	标准要求	分值
3	“十项进村行动”完成情况	8.新型经营主体进村行动	70%以上行政村发展或引进1个以上新型农业经营主体（龙头企业、专业合作社、家庭农场、种养大户等），覆盖和带动行政村60%以上的农户增收；每年完成培育家庭农场、农民专业合作社、龙头企业任务；每年完成培育生产经营型、专业技能型和专业服务型三种类型的新型职业农民任务	7
		9.农旅结合休闲农业进村行动	①推动贫困自然村（屯）发展休闲农业与乡村旅游，重点推动六头村发展休闲农业与乡村旅游	4
			②创建特色休闲农业与乡村旅游精品线路和广西星级农家乐、星级乡村旅游区	4
		10.科技推广和改革创新进村行动	①每个行政村打造1个现代农业生产示范基地	7
			②创建自治区、市、县、乡四级现代特色农业示范区	7
			③完成农村技术骨干、新型农业经营主体骨干及农民培训和新品种、新技术推广应用与集成示范任务	3
			④完成农村土地承包经营权确权登记颁证总任务	7
		11.农产品保鲜加工和冷链物流进村行动	①每个县（市、区）每年重点扶持或引进1家以上科技、资本、市场等有实力的农产品加工企业	3
			②在有条件的农产品主产区的乡镇、村或生产基地建设示范地头冷库	3
		12.电子商务进村行动	85%以上行政村有电子商务服务点；农村电子商务交易额年均增长20%以上	4

续表

<table>
<tr><th>序号</th><th>验收项目</th><th>验收事项</th><th>标准要求</th><th>分值</th></tr>
<tr><td rowspan="5">3</td><td rowspan="5">“十项进村行动”完成情况</td><td rowspan="5">13.社会化服务提质进村行动</td><td>①供销合作社系统开展土地托管、代耕代种代收等社会化服务</td><td>2</td></tr>
<tr><td>②推广“农金村办”模式，每个行政村有“三农金融服务室”</td><td>2</td></tr>
<tr><td>③农作物耕种收综合机械化水平达62%左右，其中水稻耕种收综合机械化水平达74.2%以上，“双高”基地耕种收综合机械化水平达78%以上</td><td>2</td></tr>
<tr><td>④完成节水灌溉面积任务，节水灌溉率达45%以上，农田灌溉水有效利用系数提高到0.4以上</td><td>2</td></tr>
<tr><td>⑤完成农村劳动力转移就业任务，进一步完善乡镇（街道）就业和社会保障服务中心建设</td><td>2</td></tr>
<tr><td>4</td><td>加分</td><td colspan="2">在省级以上新闻媒体刊登推进“产业富民”工作信息的，或者“产业富民”工作在省级以上政府网站或新闻媒体得到宣传推广，或者“产业富民”新思路、新举措得到省级以上部门肯定的，或者承办县级以上部门涉及“产业富民”考核事项内容会议的，每项加1分。“考核事项”中某一项目取得国家或自治区先进表彰的，每一项目加2分；在全国或全区作先进经验介绍的，每一项目加1分</td><td></td></tr>
</table>

备注：1.完成下达任务即得分，不完成扣分，超额完成任务按比例加分。2.总分90分以上为优秀，80~89分为良好，70~79分为合格，70分以下为不合格。

扶绥县“服务惠民”专项活动工作方案

一、工作目标

以增强农村基层党组织政治功能和服务功能为目标，以实现城乡基本公共服务均等化为引领，以建设村级综合服务中心（简称“一个中心”）、做好就业、社保、教育、卫生、文体、法律六项服务（简称“六项服务”）为重点，抓好“服务惠民”工作，确保实现“农村基本公共服务全覆盖、农民群众办事不出村”的目标。

即到2018年年底，全县的行政村要实现如下目标：

——村级综合服务中心建设全覆盖；

——行政村就业服务全覆盖；

——城乡居民养老保险参保率90%以上，城乡居民医疗保险参保率95%以上，60周岁以上参保老年人100%享受养老待遇；

——符合救助条件的建档立卡贫困户或非贫困户，经本人及其家庭成员自愿申请，按程序100%纳入最低生活保障范围；

——依托乡村儿童之家等设施开展困境儿童保障工作，行政村村级儿童福利督导员配备全覆盖；

——实现基础教育阶段农村家庭经济困难在校（园）在籍学生资助全覆盖，对农村建档立卡扶贫对象接受中等以上教育的学生补助实现全覆盖，对参加48所技工院校就读的我县贫困村建档立卡贫困家庭“两后生”技能服务实现全覆盖；

——行政村100%建立村卫生室，并至少配备有1名乡村医生；

——以乡镇为单位开展乡村医生签约服务覆盖率100%，重点人群签约覆盖率60%以上；

——每年至少组织1场文艺演出，平均每月放映1场免费电影；

——广播综合覆盖率和电视综合覆盖率达到95%以上；

——行政村人民调解和法律援助全覆盖，行政村法律顾问覆盖面达到60%。

二、主要任务

主要任务是“建好一个中心，做好六项服务”。

（一）建设村级综合服务中心

一是明确建设标准。村级综合服务中心按照有人员、有场地、有设备、有流程、有网络、有经费的“六有”标准进行规范化建设。每个服务中心配备1名以上协管员（可由村干部兼任）；具备相对独立的服务场所；有必要的办公条件和设备；有统一规范的办事流程；有上下连通的网络（村级信息网络依托现有已经连通的新农保或新农合的网络进行升级改造）；有必要的经费保障。中心建成后，统一悬挂“XX县（市、区）XX乡镇XX村综合服务中心”牌子。

二是整合各项建设。在全县范围组织开展村级综合服务中心建设工作，以增强农村基层党组织政治功能和服务功能为目标，完善乡村公共服务载体（平台），坚持节约资源和方便村民原则，整合已有的村级公共服务中心、“农事村办”站点、农村社区服务站、村级组织活动场所、村级政务服务中心、村卫生室、村小学旧校舍、农家书屋等资源，建设村级综合服务中心。到2018年年底，实现全县所有行政村村级综合服务中心全覆盖。

三是明确服务功能。村级综合服务中心要制定管理规定，明确向村民提供就业、社保、教育、卫生、文体、法律等为重点的基本公共服务，足额配备协管员和相关办公设施，安装相关业务信息系统，张贴各项服务项目办事流程，确保各项服务功能有效实现。

四是落实经费保障。村级综合服务中心的日常运行管理和协管服务采取政府购买服务方式解决，所需资金由自治区级财政与县财政按比例分担，县项目主管部门与各乡镇人民政府签订经费保障合同，各乡镇人民政府与所辖村（居）委签订协管协议，按协议约定的协管事项支取协管报酬。

【牵头单位：县人社局；配合单位：县委组织部，财政局、教育局、民政局、司法局、文体新广局、卫计局、残联、扶贫办；责任主体：各乡镇人民政府】

（二）做好就业、社保、教育、卫生、文体、法律六项服务

一是做好村级就业服务。全面推进就业信息综合服务体系建设，2018年年底前，将城镇就业服务延伸到全县所有行政村，建成覆盖全体农村劳动力的资源状况信息库。以“服务到村、信息到户、调查入户”为目标，通过定期编制《扶绥县企业用工信息手册》，推广微信、手机APP、网站和网络电视等“互联网+就业”服务新模式，并专设包括残疾人等特殊群体在内的就业信息栏目，将就业服务延伸到村。村协管员收集居民求职意愿筛选推荐岗位，让广大农民群众不出村就能享受就业服务。协管员入户调查农村劳动力资源状况和流动、变化情况并整理、上报，提高劳动力资源动态管理水平。

2017年年底前，定期编制《扶绥县企业用工信息手册》，发放到村级综合服务中心，实现通过微信服务和手机APP等方式查询招聘信息；基本完成农村劳动力资源信息库采集、核验工作。2018年年底前，建成完善精确的农村劳动力资源信息库；就业服务覆盖所有行政村。

【牵头单位：县人社局；配合单位：县残联、扶贫办；责任主体：各乡镇人民政府】

二是做好社会保障经办服务。全面推进全民参保计划，深入开展有针对性的社会保险政策法规宣

传，保持农村居民基本养老保险参保率在90%以上、基本医疗保险的参保率在95%以上；对农村特殊困难人员实行动态跟踪掌握，确保他们按时足额享受基本养老保险、医疗保险和大病保险等待遇。

通过开展社保经办各项便民利民服务活动，全面实现城乡居民社会保险“三到位”服务和“四个不出村”。“三到位”服务即经办服务延伸到村、政策宣传深入到户、社保卡发放到人。“四个不出村”，即在全县所有村级综合服务中心建立养老保险、医疗保险、最低生活保障经办业务，通过协管员收集、初审参保材料，报送乡镇审批并反馈信息，实现村民参保登记不出村；通过签订三方代扣代缴协议，从参保人银行存折（银行卡、社保卡）扣除社保费，实现缴费续保不出村；通过在每个行政村设立1个金融便民服务网点（设立POS机等），实现领取待遇不出村；推广广西社保局微信服务公众号手机APP，实现信息查询不出村。

【牵头单位：县人社局；配合单位：县民政局、卫计局、残联；责任主体：各乡镇人民政府】

围绕精准脱贫目标，按照“低保政策兜底一批”要求，加快推进农村低保制度与扶贫开发政策有效衔接，将符合救助条件的建档立卡贫困户全部纳入农村低保范围。逐年提高农村低保平均保障标准和人均补助水平，确保农村低保标准逐步达到扶贫标准。

以儿童利益最大化为核心，针对农村困境儿童生活、医疗、康复、教育、服务、监护和安全保护等方面的突出问题，进行分类保障，促进困境儿童健康成长。到2018年年底，配合构建县、乡镇、村（居）三级农村困境儿童保障工作网络，已建成儿童之家的行政村100%配备村级儿童福利督导员，开展困境儿童保障政策宣传等工作，调查登记困境儿童家庭基本情况，指导监督家庭依法履行抚养义务和监护职责，告知或协助困境儿童及其家庭申请相关社会救助、社会福利等保障，落实儿童人身安全受到威胁或侵害的强制报告责任，并积极协调各乡镇人民政府、县民政局、妇联、团委、残联和县教育局、卫计局、人社局及公安机关组织开展困境儿童保障工作。

【牵头单位：县民政局；配合单位：县人社局、卫计局、妇联、团委、残联、扶贫办；责任主体：各乡镇人民政府】

三是做好教育助学服务。以教育助学“一个都不能少”为目标，2018年年底前，对我县建档立卡贫困户适龄在园幼儿100%按照每生每年1500元标准核拨保教费（保育费和教育费）补助资金；对在我县农村义务教育阶段公办学校和接受政府委托、承担义务教育任务的农村民办学校就读的家庭经济困难寄宿生，100%按小学阶段每生每年1000元、初中阶段每生每年1250元的标准给予生活补助。2018年年底前，对就读全区普通高中的建档立卡等家庭经济困难学生（含非建档立卡的家庭经济困难残疾学生、农村低保家庭学生、农村特困救助供养学生）100%免除学费、课本费和住宿费等学杂费。对因免除学杂费导致学校收入减少的部分，由财政按照享受免学杂费政策学生人数和免学杂费标准补助学校，以保障学校正常运转。免学杂费补助标准：我县辖区内的自治区示范性普通高中每生每学年1800元，非自治区示范性普通高中每生每学年1400元。对在我县中等职业教育公办学校和在职业教育行政管理部门依法批准、符合国家标准的民办中等职业学校就读的全日制正式学籍一、二、三年级在校学生全部免除学费。全日制正式学籍一、二年级在校涉农专业学生和非涉农专业家庭经济困难学生可以申请国家助学金补助，每生每年补助2000元。

在全县开展扶贫助学活动，从2015级学生起，以学生所读专业的学制为补助年限，对接受中、高等职业学历教育的我县农村建档立卡贫困户学生每生每学期补助1500元（扶贫巾帼励志班每生每学期补助2000元）；对当年参加全日制普通高校本科学历教育并取得学籍的我县农村建档立卡贫困户学生，每生一次性补助5000元；对参加48所技工院校结对帮扶我县建档立卡贫困家庭“两后生”为期一学年的中期就业技能培训的农村建档立卡扶贫对象，给予扶贫培训生活费补助每人每学年5500元，职业技能培训费补助每人每学年6500元。

【牵头单位：县教育局；配合单位：县人社局、扶贫办、民政局、残联；责任主体：各乡镇人民政府】

四是做好卫生健康服务。通过政府投资建设，行政村全部建有村卫生室（乡镇卫生院所在地的行政村除外）并配备乡村医生，为居民提供基本医疗和基本公共卫生服务。

开展乡村医生签约服务，农村居民以户为单位与乡村医生签订服务协议，约定服务内容、方式、期限和权利义务等款项。乡村医生在乡镇卫生院的指导下和服务团队的支持下，定期为签约居民提供基本医疗服务、基本公共卫生服务，以及特色便民服务。

2018年年底前，行政村100%建有村卫生室，并至少配备1名乡村医生；开展乡村医生签约服务覆盖面100%，农村常住居民家庭户签约率60%以上。到2020年，力争签约服务覆盖至全体农村居民。

每个行政村配备1名康复协调员，与乡村医生等人员采取入户或集中访问的方式，开展残疾人康复需求登记、初步评估、转介和信息上报等残疾人康复服务工作。

【牵头单位：县卫计局；配合单位：县残联；责任主体：各乡镇人民政府】

五是做好群众文化体育服务。积极培育和践行社会主义核心价值观，深入推进农村精神文明创建工作，以乡风民风美起来、人居环境美起来、文化生活美起来为目标，以“好家风好家训”为重点，继续巩固和发展乡村文化阵地、开展群众喜闻乐见的文体活动，广泛开展各级文明村和星级文明户创建评比活动，不断提高农村社会主义精神文明建设水平。采取各级财政投入解决大部分、行政村集体收入和社会筹资解决小部分的办法，在行政村建设和完善文化广场、文化活动室、农村党员远程教育播放室、篮球场、舞台、村史展览室、农家书屋、宣传文化栏等场所，打造乡村多功能文化阵地，加强乡村演出队、宣传队、体育队等一线队伍建设，广泛开展电影播放、文艺演出、体育比赛、民间和民族文化活动、文化宣传等群众喜闻乐见的有益活动，不断丰富乡村精神文化生活，增强社会主义精神文明建设实效。到2018年年底前，100%行政村完善农村党员远程教育播放室；筹措资金建设村级篮球场，到2018年年底，实现85%以上行政村建成篮球场；除此以外，确保每个行政村每月至少放映1场电影，行政村每年至少组织1场文艺演出。继续完善乡镇广播电视发射台站建设，使覆盖地群众可以免费收看收听到自治区及市、县（市、区）的6套调频广播以及中央、自治区及市、县（市、区）的10套电视节目。到2018年年底前，广播综合覆盖率达到97%，电视综合覆盖率达到98.5%。

【牵头单位：县文体新广局；配合单位：县委组织部、县委宣传部，文明办；责任主体：各乡镇人民政府】

六是做好法律服务。大力推进覆盖农村居民的公共法律服务体系建设，全面建立和规范村（居）人民调解委员会，实现村（居）人民调解委员会全覆盖。村级人民调解组织每月至少开展1次矛盾纠纷排查，及时受理民间矛盾纠纷，确保调解成功率达到95%以上。建立完善一村（社区）一法律顾问制度，引导群众通过合法途径表达利益诉求，解决矛盾纠纷。2017年上半年县人民政府要出台一村（社区）一法律顾问工作方案。2018年年底前，60%的村聘请法律顾问，2020年年底前，全县实现一村（社区）一法律顾问全覆盖。持续开展“法律援助进万村”活动，健全村级法律援助联系点和联络员工作制度，每年每村开展一次法律援助宣传活动，协助各级法律援助机构为困难群众及特殊群体提供法律援助，帮助有法律援助需求的困难群众申请法律援助，做到应援尽援。

【牵头单位：县司法局；配合单位：县教育局、文体新广局、综治办、法制办、信访局、调处办；责任主体：各乡镇人民政府】

除了重点做好以上六项服务外，其他能通过村级综合服务中心开展的涉农服务项目都尽可能地逐步纳入该中心统一办理，以最大限度方便老百姓办事。

三、示范建设

在开展村级综合服务中心建设过程中，首先要打造一批示范村，以点带面，促进“服务惠民”专项活动又好又快发展。要制订示范村建设计划，合理选择不同地区、不同类型的行政村作为示范点，加强指导，分类建设。全县示范村建设率不低于30%，并于2017年6月底前完成。示范村可区分现有基础设施条件较好、条件一般和条件较差等三个类型，按照“六有”标准开展规范化建设。按照村级综合服务中心服务功能要求，配备协管员，配置办公设施，接通网络，安装相关业务信息系统，张挂各项服务项目办事流程，制定中心管理规定，悬挂中心牌子，实现“六项服务”落地，真正起到示范作用。

四、实施方式

（一）科学谋划，严密组织。县“服务惠民”专项活动专责小组各成员单位，按照“服务惠民”工作实施方案明确的工作目标和任务，合理安排年度工作任务下达到各单位，由各单位负责具体计划和组织实施。要以市《“美丽崇左”乡村建设重大活动规划纲要（2013—2020）》《“美丽崇左·宜居乡村”活动指导意见》为指导，按照市“服务惠民”工作指南及我县实施方案的要求，结合本单位实际制定“服务惠民”专项活动工作方案和具体的工作计划，集中力量，采取措施抓好落实。

（二）整合资源，分类建设。村级综合服务中心根据全县行政村现有基础设施条件和现有公共服务项目情况，以整合为主、新建为辅进行规范化建设。行政村已建有村级公共服务中心、“农事村办”站点、农村社区服务站、村级就业社保服务站、村级组织活动场所、村级政务服务中心、村级卫生室等场所的，原则上利用现有场所和条件进行整合，不再新建；服务项目布局应因地制宜合理安排，能集中的就集中，宜分布的则分布。行政村现有基础设施确实无法满足村级综合服务中心建设需要的，可通过申报新建村级公共服务中心方式进行建设。

（三）明确分工，合力推进。“服务惠民”专项活动专责小组由县人社局牵头，县委组织部、县委宣传部，县教育局、民政局、司法局、文体新广局、卫计局、扶贫办、法制办、信访局、妇联、团委、残联、调处办等部门根据各自职责开展工作，既各负其责，又相互配合，形成合力，共同推进工作落实。各牵头单位根据各自职责制定服务项目的实施方案，并报专责小组备案。专责小组通过建立和落实专责小组全体会议制度、专项会议制度、牵头单位协调会议制度、信息通报制度，加强成员单位之间的工作联系，研究解决各种问题。各成员单位按照各自的工作职责和任务分工，指导、服务地方政府完成村级综合服务中心建设和各服务项目实施。各成员单位每月定期向专责小组报送工作进展及开展服务情况。

（四）压实责任，强力推进。各单位及乡镇人民政府和驻村工作队、村“两委”都要明确责任，尽职尽责抓工作落实。专责小组各成员单位负责指导、检查、督促各单位“服务惠民”专项活动，并向县人民政府报告工作落实情况，协调解决相关问题。县人民政府是“服务惠民”工作的责任主体，负责制定工作方案并组织实施，指导基层开展服务活动，协调解决基层实际困难和问题。乡镇人民政府负责“服务惠民”工作宣传，组织各行政村发动群众参与村级综合服务中心建设，督促指导行政村开展惠民服务；驻村工作队负责组织村“两委”开展调查摸底情况，详细掌握行政村各种公共场所和公共服务现有情况，指导行政村按照计划完成各项建设任务。村“两委”负责征求村民意见，提出村级综合服务中心建设和服务项目需求，发动带领群众参与建设，反映中心建设和服务项目各种情况和问题。

（五）筹措资金，加强保障。“服务惠民”专项活动经费由自治区、市、县（市、区）三级政府共同分担，筹措办法另行规定。

五、工作要求

（一）统一建设标准。全县村级综合服务中心按照“六有”标准进行规范化建设，为惠民服务搭建一个良好的工作平台。“服务惠民”专责小组按照“简单明了易操作”原则，制定各服务事项统一的办事流程和验收标准。严格按照统一的“六有”标准、统一的办事流程和统一的验收标准推进工作。各单位要根据经济社会发展，适应村民需求，适时调整、充实、拓展惠民服务项目和服务功能，引导更多的公共服务项目在村级综合服务中心落地，为群众提供更多的惠民服务，促进乡村居民公平享受基本公共服务。

（二）统一建设行动。各单位按照我县“宜居乡村”的工作部署和“服务惠民”的建设标准及要求，在全县所有行政村同步推进村级综合服务中心建设，同步开展示范村建设，同步实现惠民服务项目落地。在2018年建成“一个中心”、提升“六项服务”的基础上，继续做好巩固提高工作，到2020年村级综合服务中心进一步完善，服务项目有所拓展，服务功能不断增强，惠民服务更加简便、快捷、高效。

（三）统一办事流程。村级综合服务中心统一实行“对外一个窗口受理、内部分流专人办妥”的简易流程，即“群众办事—值班协管员受理—分派协管员专人代为办理直至办妥”。各部门应简明扼要告知所办事项需要其本人提交的证件、材料等，制作成图板并在相关服务窗口张挂上墙。县组织制定服务项目表，注明服务项目名称、服务内容、服务窗口地点、服务时间、协管员姓名及电话或手机号码等内容，并制作成图板张挂上墙。村级综合服务中心除公布本工作方案明确的重点服务项目外，应结合行政村日常服务工作，把相关服务工作列入服务项目表一并公布。各地可将办事流程、服务项目表印制成小册子或单张发送群众，以便群众按图找人办事。

（四）加强宣传，扩大影响。各单位应充分利用广播、电视、报纸、宣传栏、政府网站、短信、微博、微信等宣传平台，采取多种形式，大力开展宣传活动，广泛宣传“服务惠民”专项活动的重要性和现实意义、惠民服务的项目和标准、专项活动的进展和经验做法，营造各级各部门重视支持，群众关心拥护开展专项活动的良好氛围。

（五）建好队伍，加强培训。采取村干部兼职、政府购买服务等办法，配好配强村级综合服务中心协管员。加强协管员队伍教育，解决好协管员工资待遇问题，保持协管员队伍稳定。对不胜任服务岗位工作的要及时调整；服务岗位空缺要及时补充。加强协管员队伍业务建设，采取集中培训、以会代训、业务指导等形式，对协管员进行职业道德教育、业务技能培训，不断提高其服务水平。

（六）加强督查，严格考核。建立督查工作机制，定期对“一个中心”建设和“六项服务”落实情况进行督促检查，及时发现问题并限期整改。充分发挥绩效考核的激励、导向、约束和监督作用，将各项工作目标任务纳入当地政府及各有关部门年度绩效考评体系，实施绩效考评，并落实强化考核结果使用。建立工作进度报送制度，按时向上级报送工作进展情况。县“服务惠民”专责小组加强对各单位工作的督促指导，帮助解决相关问题；及时总结推广各地好的经验和做法。

六、验收标准

“服务惠民”专项活动工作按崇左市《“服务惠民”专项活动验收标准》（见附件）进行验收。

附　件

“服务惠民”专项活动验收标准（总100分）

验收内容		标准要求	分值	备注
组织机构运行情况		1.县级成立“服务惠民”专项活动领导小组及办公室，落实责任分工	5	
		2.县级“服务惠民”专项活动工作制定有实施方案、详细计划及目标	5	
中心建设		3.按计划完成中心基础设施建设	10	
		4.按计划落实惠民服务项目	10	
		5.按服务项目需要落实人员和经费	10	
六项服务	就业服务	6.就业服务覆盖所有行政村	5	
	社保服务	7.城乡居民养老保险参保率90%以上，城乡居民医疗保险参保率95%以上，60周岁以上参保老年人100%享受养老待遇	5	
		8.符合救助条件的建档立卡贫困户或非贫困户，经本人及其家庭成员自愿申请，按程序100%纳入最低生活保障范围	5	
		9.依托乡村儿童之家等设施开展困境儿童保障工作，行政村村级儿童福利督导员配备全覆盖	5	
六项服务	教育助学服务	10.免除全区普通高中建档立卡等家庭经济困难学生学杂费；对符合条件的农村家庭经济困难寄宿生在义务教育阶段100%落实生活补助。对农村建档立卡扶贫对象接受中等以上教育的学生补助全覆盖，对参加48所技工院校就读的全市贫困县建档立卡贫困家庭“两后生”技能服务全覆盖	5	
	卫生健康服务	11.行政村100%建有卫生室，并至少配备1名乡村医生；行政村配备1名康复协调员；以县为单位开展乡村医生签约服务覆盖面100%，农村常住居民家庭户签约率60%以上	10	
	文化体育服务	12.每年至少组织1场文艺演出，平均每月放映1场免费电影；广泛开展各级文明村和星级文明户创建评比活动	5	
		13.广播综合覆盖率达到97%，电视综合覆盖率达到98.5%；篮球场建设，实现85%以上行政村建成篮球场	5	
	法律服务	14.各村（社区）调委会每月至少开展1次矛盾纠纷排查，每年民间矛盾纠纷调解率100%，调解成功率95%以上。2018年年底前85个村聘请法律顾问，2020年年底前实现一村一法律顾问全覆盖。健全完善村级法律援助制度，实现法律援助工作全覆盖	5	
六项服务	示范村建设	15.县（市、区）按计划完成示范村建设	5	
	举措创新情况	16.县级在村级综合服务中心建设、服务项目拓展等方面有新措施新办法，取得明显成效	5	

扶绥县“基础便民”专项活动工作方案

一、工作目标

以乡村规划为引领，以持续改善农村人居环境为目标，以实施农村改厕、改厨和改圈工程（简称“三改”工程）为重点，统筹推进农村垃圾治理、道路通行、饮水安全、村屯特色、住房安全和能源利用水平提升工程（简称“六提”工程），以及增强农村供电能力、通信能力、公共照明能力工程（简称“三增”工程），培育农村环境治理标准化设备生产和运营维护管理企业，建立健全农村环境卫生长效管理机制，培育社会主义精神文明新风尚，增强农村基础设施便利性便捷性，方便农村居民生产生活，建设美丽宜居乡村。

到2018年年底，实现以下目标：

——完成农村厕所改造6000户，农村无害化卫生厕所普及率达到90%左右。

——完成农村厨房改造6000户，农村清洁厨房普及率达到60%左右。

——完成崇左市下达的农村畜圈改造任务，“楼上住人楼下养畜”人畜混居畜圈改造完成率达到100%。

——完成农村垃圾专项治理两年攻坚，完成10个村级垃圾中转站建设，实现全县90%以上村庄的生活垃圾得到有效治理，农村垃圾处理长效机制不断健全。

——完成农村公路整治隐患里程102.2公里和87个脱贫摘帽贫困村通20户以上村屯道路建设项目。

——完成全县农村自来水普及率达到76%以上，水质达标率和供水保障程度大幅提高。实施农村污水处理设施建设，加强农村排水排污管网的规划和建设，道路硬化前做好排水排污沟渠的建设，到2018年年底，完成5个镇级污水处理厂建设。

——新建1个市级综合示范村，开展30个“百村示范、百村整治”工程，开展5个乡土特色示范建设项目和5个崇左市“绿色村屯”和一批广西“绿色村屯”创建工作。

——基本完成7411人建档立卡人口的易地扶贫搬迁入住目标，完成2800户农村危房改造任务。

——2018年年底，扩大农村沼气社会化服务和市场化运营水平，开展“全托管”服务体系建设试点工作，鼓励引导沼气管道化，完成新增社会化管理沼气集中供气用户供气签约率达60%；通过先建后补或以奖代补形式鼓励开展光伏发电精准扶贫项目，增加贫困人口收入。

——计划投资约1.6亿元建设农村电网改造升级项目，新建及改造配变285台，新建及改造10千伏配电线路225公里，新建及改造低压线路308公里，一户一表改造3.4万户。

——实现所有行政村宽带信息网络全覆盖。

——建制村所在村屯建设有公共照明；鼓励建设太阳能光伏发电覆盖照明示范村。

二、主要任务

“基础便民”专项活动的主要任务是，全面推进“三改、六提、三增”工程，即“363”工程建设。

（一）“三改”：即实施农村改厕、改厨、改圈工程。其中，农村厕所、厨房的改造，各地可按照“群众自愿、补贴基本、经济可行”的原则，由农民根据自身条件选择基本型、舒适型或小康型的建设类型。

一是改造农村厕所。以改善居住条件、预防疾病传染、提高宜居水平为目标，按照“统一标准、统一设计、统一生产”的要求，以建设和完善“两池一洗”（化粪池、便池、冲洗设备）为主要内容，农村无害化卫生厕所普及率达到90%左右。各乡镇要引导农村户厕进院入户，因地制宜选择标准化的无害化处理设备或设施。用水条件较好的村屯，倡导建设水冲式厕所，推广使用三格化粪池；不具备单户建设化粪池的农户，可以选择建设联户共用的无害化化粪池。沼气池较普及的村屯，积极开展利用旧病沼气池实施无害化卫生厕所改造。干旱缺水的村屯，可以选择建设节水型无害化卫生厕所或者增加负压式节水冲洗装置，或者建设村屯无害化公共厕所。使用公共厕所的村屯或者乡村旅游景区景点，要组织实施公共厕所无害化改造，并将公共厕所的卫生保洁纳入日常规范管理。

新建或改造无害化卫生厕所的农户，在保障“两池一洗”设施建设的基础上，农户可按舒适型或小康型改造厕所，铺装瓷砖、增加采光通风、添置卫浴设备，提高舒适程度，同时规范使用卫生厕所，形成良好的卫生习惯。

鼓励引导扶持培育三格化粪池、便池、冲洗设备标准化或一体化设备生产企业，建立健全公共厕所，以及“以商（业）养公（益）”等企业化管理机制。

【牵头单位：县住建局、卫计局（爱卫办）；配合单位：县林业局（农村能源办）、水库移民局、扶贫办、旅游局、财政局；责任主体：各乡镇人民政府】

二是改造农户厨房。以建设干净整洁卫生、满足基本功能、管线安装规范、烟气排放良好的清洁厨房为目标，对6000户农户厨房实施以“改灶、改台、改柜、改管、改水”为主要内容的改造，按照“五改”标准，以及缺什么、补什么的要求建设农村清洁厨房，整体提高农村厨房卫生整洁程度。改灶，即改用节能灶具，增加排烟装置；改台，即对厨房灶台、案台铺装瓷砖，增加通风、采光；改柜，即将厨房敞开式橱柜改为密闭式橱柜；改管，即将厨房的电线、燃气管线、沼气管线等进行固定、归整；改水，即改造厨房上下水道、储水池、洗菜池等设施，做好厨房排水与化粪池或村屯排污系统的连接。对于已具备基本功能，但设施布局不当、摆放凌乱、整体较差的厨房，应参照农村清洁厨房的基本要求进行归整，达到干净、明亮、整洁的基本要求。经济条件较好的农户要在实施“五改”的基础上，可以增加瓷砖铺装面积、选用成品厨具橱柜、提高舒适整洁程度，彻底解决黑、脏、乱问题。

【牵头单位：县住建局；配合单位：县水库移民局、扶贫办、财政局；责任主体：各乡镇人民政府】

三是改造农村畜圈。针对“楼上住人楼下养畜”的人畜混居现象进行治理，以屋外建设独立畜圈为主，完善储粪房、沼气池或储液池配套设施，加强粪污处理力度和资源化利用。通过改造，基本实现人畜分离，减少蚊蝇、恶臭，降低人畜共患病风险，提高村民生活环境宜居舒适程度。到2018年，“楼上住人楼下养畜”人畜混居畜圈改造完成率达到100%；到2018年，基本消除“楼上住人楼下养畜”的人畜混居现象。

【牵头单位：县水产畜牧兽医局；配合单位：县水库移民局、扶贫办、财政局；责任主体：各乡镇人民政府】

（二）“六提”：即统筹推进农村垃圾治理、道路通行、饮水安全、村屯特色、住房安全、能源利用水平等6项提升工程。

一是农村垃圾治理水平提升工程。开展农村垃圾专项治理两年攻坚，完成10个村级垃圾中转站建设，实现全县90%以上村庄的生活垃圾得到有效治理，引导更多村屯实施付费保洁员制度，农村垃圾处理长效机制不断健全；组织开展农业生产废弃物资源化利用和秸秆养分还田工作。

【牵头单位：县住建局；配合单位：县环境保护局、农业局、林业局（农村能源办）；责任主体：各乡镇人民政府】

二是农村道路通行水平提升工程。以改善群众出行条件和便捷程度为目标，按照村村通硬化路的要求，加快农村道路基础设施全面改造，统筹推进农村公路安全生命防护工程，完成农村公路整治隐患里程102.2公里；完成87个贫困村的通屯道路建设项目，使当年脱贫摘帽贫困村中未通路的集中居住20户以上自然村屯全部通屯级道路，具备条件的屯级道路实施路面硬化工程；组织实施集中居住20户以上的水库移民村屯道路硬化工程；组织实施“一事一议”资金补助30个以上自然村的屯内道路硬化项目。

【牵头单位：县交通运输局、扶贫办；配合单位：县水库移民局、财政局；责任主体：各乡镇人民政府】

三是农村饮水安全巩固提升工程。因地制宜采取适当新建、升级改造、改进工艺、管网延伸、联网并网等方式，实施农村饮水安全巩固提升工程项目，有条件的村屯尽量通过整村或联村推进的方式实施集中式供水，到2018年年底，全县农村自来水普及率达到76%以上，水质达标率和供水保障程度大幅提高。实施农村污水处理设施建设，加强农村排水排污管网的规划和建设，道路硬化前做好排水排污沟渠的建设，到2018年年底，完成5个镇级污水处理厂建设。

【牵头单位：县水利局；配合单位：县扶贫办、环保局、住建局；责任主体：各乡镇人民政府】

四是村屯特色建设水平提升工程。深化乡村规划建设体制改革试点，开展乡土特色建设示范、传统村落保护发展、水库移民村屯容貌整治、“绿色村屯”创建等工作，推进市级生态综合示范区（带）、市级综合示范村建设，打造“美丽扶绥”宜居乡村风景线。开展百村示范百村整治“双百工程”，2017年，在18个“魅力村庄”所在的行政村中开展百村示范工程，另外还要选15个村开展百村整治工程，以后每年完成30个整村示范、整村整治的美丽乡村建设，到2020年基本实现行政村打造全覆盖，在与全面建成小康社会时同步完成全市所有乡村建成宜居宜业宜游的乡村。其中，我县2017年6月底前完成1个“美丽乡村”市级综合示范村规划建设工作。到2018年年底完成5个村屯乡土特色示范建设；创建5个崇左市“绿色村屯”和一批广西“绿色村屯”。

【牵头单位：县乡村办；配合单位：县住建局、林业局、环保局、水库移民局、交通运输局、水利局、农业局；责任主体：各乡镇人民政府】

五是农村住房安全水平提升工程。加大农村危房改造工作力度，优先解决脱贫摘帽村建档立卡贫困户的安全住房需求。到2018年年底，基本完成7411人建档立卡人口的易地扶贫搬迁入住任务；完成2800户的农村危房改造任务。

【牵头单位：县住建局；配合单位：县水库移民局、扶贫办；责任主体：各乡镇人民政府】

六是农村能源利用水平提升工程。实施农村能源利用提升改造，增加农村燃气供给，改造沼气管理模式，扩大太阳能使用范围，提高清洁能源利用水平。到2018年年底，扩大农村沼气社会化服务和市场化运营水平，开展“全托管”服务体系建设试点工作，鼓励和引导沼气管道化，新增社会化管理沼气集中供气用户托管服务签约率达60%，完成签约率60%。通过先建后补或以奖代补形式鼓励开展光伏发电精准扶贫项目，增加贫困人口收入。

【牵头单位：县林业局（农村能源办）；配合单位：县发改局、扶贫办；责任主体：各乡镇人民政府】

（三）“三增”：即增强农村供电能力、通信能力、公共照明能力工程

一是增强农村供电能力工程。计划投资约1.6亿元建设农村电网改造升级项目，新建及改造配变285台，新建及改造10千伏配电线路225公里，新建及改造低压线路308公里，一户一表改造3.4万户。

【牵头单位：县发改局；配合单位：县供电公司；责任主体：各乡镇人民政府】

二是增强农村通信能力工程。实施宽带通信村村通工程，加强通信基站和网络建设，推动光缆入村入屯入户，提高宽带通信网络覆盖能力，提升宽带接入速率，加强贫困村屯信息网络基础设施建设，到 2018年年底，实现行政村宽带信息网络全覆盖。

【牵头单位：县工信局；配合单位：扶绥各基础电信运营商；责任主体：各乡镇人民政府】

三是增强农村公共照明能力工程。按照“简洁、实用、满足需要”的要求，努力在全市各行政村所在村屯实施农村公共照明试点示范。努力完成村屯公共照明设施建设试点，增加农村公共照明覆盖范围；结合光伏发电项目，在具备条件的地方，充分利用闲置公共空间，引入市场化机制，鼓励建设太阳能光伏发电覆盖公共照明示范村；推广使用新型节能照明灯具，鼓励和引导农村居民参与路灯建设。

【牵头单位：县住建局；配合单位：县林业局（农村能源办）、发改局、财政局；责任主体：各乡镇人民政府】

在推进“363”工程建设的同时，要制定土地、财税等优惠政策，扶持培育崇左农村标准化设备生产企业和农村基础设施运营管理维护的服务企业，建立健全农村环境卫生、基础设施建设和管理维护的长效机制，以及农村农民购买服务的契约机制。

【牵头单位：县乡村办；配合单位：县发改局、工信局、财政局、国土局、环保局、住建局、交通运输局、水利局、农业局、林业局（农村能源办）、卫计局、扶贫办、水产畜牧兽医局；责任主体：各乡镇人民政府】

三、示范建设

“363”工程各子项目负责单位，要选择不同区域、不同类型、不同条件、基础条件好、群众积极性高的村屯，实施整村推进，分别建设一批便于学习借鉴、适合推广应用的示范项目，打造出一批“责任落实好、管理规范好、工程质量好、环境保护好、制度建立好”的示范村屯，通过示范带动、以点带面、连线成片，形成集群效应，打造乡村建设特色风景。各乡镇在打造各类示范村屯的基础上，以自然村为单位，重点创建以下五类建设范例：

（一）无害化卫生厕所建设范例。按照农村户厕卫生规范要求，全村所有农户家庭都有无害化卫生厕所，要求厕屋清洁无臭、粪渣定期清掏、排放干净有序、形成管理公约。

（二）农村清洁厨房建设范例。按照广西农村清洁厨房标准要求，全村所有农户家庭厨房建设全部达标，要求厨房清洁整齐、布局合理、排放良好，并且实现长期保洁。

（三）人畜分离独立畜圈建设范例。村内所有“楼上住人楼下养畜”人畜混居现象得到全部治理，整村实现人畜分离；建设的独立畜圈全部达到验收标准，生态养殖效果显著。

（四）沼气改造利用建设范例。经过改造，全村所有沼气全部能够正常利用，具备条件的沼气池均与农户厕所联通，能够处理人畜粪便和有机垃圾，实现沼气管道化和集中化托管，改造使用功效高于当地平均水平。

（五）农村公共照明建设范例。实施村屯公共照明补助建设项目，具备条件的村屯采用光伏发电装

置，主要道路、公共场所全部安装有新型节能路灯，全村公共照明实现全覆盖，并且形成村民自我维护的长效管理机制。

建设范例实行乡镇统筹、先创建、后申报、集中审核、统一评定，并且纳入专项活动验收内容，由全县从中选择优秀范例进行总结推广。

四、实施方式

（一）科学合理谋划。各乡镇要按照扶绥县《“美丽扶绥·宜居乡村”活动指导意见》，以及国家、自治区、崇左市相关工作部署要求，制定本地“基础便民”专项活动工作方案。各乡镇人民政府根据建设需要分类制定项目计划和管理办法，落实配套资金，明确资金使用方向、资金管理、使用要求等。乡镇级人民政府应将下一年度项目计划报县级人民政府审核汇总后，集中报送市级相应主管部门。县直各主管部门按崇左市有关政策统筹安排建设任务下发各乡镇，由乡镇级人民政府按有关规定整合资金并负责项目的具体实施。各乡镇要结合精准扶贫、危房改造和生态养殖等专项工作实施农村改厕改厨改圈，合理制定年度工作计划，充分发动农民群众，发挥主人翁精神，确保按期完成改造任务。

（二）多方筹措资金。“基础便民”建设资金中，各乡镇人民政府要千方百计筹措相关建设资金，确保“基础便民”相关项目的顺利实施。各乡镇、各部门要扩宽筹资思路，适度利用银行贷款，加大社会引资力度，积极采取市场化方式开展融资，增加资金投入量。此外，还应积极发动群众参与，形成多元化的筹集资金模式。

（三）统一建设标准。“363”工程中，国家或自治区已有建设规范标准的，严格按照相关建设规范标准执行，实行统一的改造标准、设备标准和验收标准，指导项目的实施。各乡镇要遵照既定的标准，根据实际情况合理选择建设方式。

（四）优化项目设计。在项目安排上按照轻重缓急原则，优先安排涉及群众较多、群众积极性较高的村屯，重点建设受益面广、受益人口多、带动作用大、社会经济效益明显的项目。在项目设计上，要以乡村建设规划为指导，按照不同地方实际和经济社会发展水平、农民的收入水平等因素，进一步优化“363”工程设计方案，因地制宜采取经济技术合理、安全可靠、施工方便的技术方案，尽量使用当地建筑材料，降低建设成本；在满足技术标准的前提下，尽量少占耕地、少拆迁，减少投资量。

（五）分类组织推进。各乡镇要统筹项目建设进度，层层签订项目建设责任状，实行责任包干制，落实领导责任及实施责任。项目建设全面实施清单管理和标准件建设，科学安排工期，细化工程进度。“三改”项目要按照“统一设计、统一标准、统一生产”的要求实施，要制定“两池一洗”“五改”的技术标准，组织相关企业提供标准化的设施设备，引导企业生产研发相关设备设施。要做好入户调查、项目审核和补助公示，发动农民以自建或联建为主开展项目建设，必要时根据群众意愿组织专业队伍或农村工匠承包建设。涉及公共设施建设项目，根据各类项目的建设要求，按照规定的程序组织实施。项目完工后，要及时组织验收，及时兑现补助资金。

五、工作要求

（一）明确部门职责。我县“基础便民”专项活动专责小组由县住建局牵头，通过建立专责小组全体会议制度、专项会议制度、牵头单位协调会议制度、信息通报制度，加强成员单位之间的工作联系。县发改局、工信局、水库移民局、财政局、环保局、交通运输局、水利局、农业局、林业局（农村能源办）、卫计局（爱卫办）、旅游局、扶贫办、水产畜牧局、各基础通信运营商、电网公司等专责小组成员单位，要按照各自的工作职责和任务分工，负责组织本系统各单位推进项目实施，指导服务地方政府完成建设任务。各成员单位每月定期向专责小组报送工作进展及项目进度信息。

（二）落实地方工作责任。各乡镇政府、驻村工作队及村委会各负其责，层层细化任务。乡镇级人民政府是“基础便民”工作的责任主体，负责宣传发动，组织群众积极参与，具体实施项目建设，并按规定整合和管理各行业建设资金；制定便于操作的管理办法、专项资金的管理使用办法等，规范各项程序，指导村屯开展工作，协调解决困难和问题。各村（居）委会负责组织发动各村群众，召开会议，宣传政策，参照“一事一议”方式商讨确定施工地段，审核公示各项资金补助情况，协调处理供料、供电、供水等问题及工程管理等事项。驻村工作队负责指导村委会开展项目建设，参与项目调查及审核工作，及时完成上级交办工作。各村民小组负责带领群众筹资投劳、协助施工，处理纠纷、质量监督等事项。

（三）加强项目监管。依法依规强化项目监管，严把工程质量关。项目建设过程要做到“五公开”：即资金补助和筹集公开，项目建设标准和投资总额公开，招投标公开，项目申报和审核公开，确定工程队公开。监管做到“四到位”：即政府监管到位、群众监督到位、专业抽检到位、施工自查到位，发挥各级工程质量监督机构的作用，组织受益群众、村民代表、理财小组、村务监督委员会全程参与监督。资金管理做到“三规范”：即规范资金筹集、补助和拨付方式；在资金筹措上，对批准实施的项目，应由县级财政配套的，县级财政要足额筹措；在资金补助方式上，依照程序合理确定改造对象、改造内容及相应的补助额度，确保精准补助；在资金拨付方式上，县级财政要按施工进度分批划拨项目资金，确保资金使用安全高效。

（四）发动社会参与。要积极引导社会参与“363”工程。一方面，发动企业参与研发标准化、规范化、模块化的“三改”设施设备；另一方面，引导企业参与相关工程建设，推广使用一体化设备和先进技术，培育具有扶绥特色、面向农村的环保产业。各乡镇可探讨专业企业打包建设、项目建设运营全托管、承包项目运营等市场化方式，鼓励企业或个人出资进行改造后的检查维修、定期养护、粪渣制肥等后续工作，探索试点由专业企业承包经营、运行维护、资源利用等，形成管收用并重、责权利一致的长效管理机制。

（五）创新活动机制。引入新机制、新办法推动项目建设，充分挖掘当地人力资源，以专业队伍、建筑工匠为主力，农民投工投劳，能人带头、工匠领衔，鼓励村民自发组建劳务队伍、农民成立工程承包施工队参加项目建设。充分利用“一事一议”政策，采取“以奖代补”等方式，发挥好财政资金的杠杆作用。鼓励群众通过支持建设用地、配合拆迁、投工投劳、自筹资金等方式参与项目建设。

（六）加强督查考评。建立督查工作机制，定期对“363”工程的组织管理、资金筹措、形象进度、质量安全、群众满意度等进行督促检查。建立绩效考评机制，将“363”工程纳入绩效考评范围，对提前完成重点任务的给予绩效加分，对没有完成重点任务的给予绩效扣分，并强化考核结果使用。建立工作进度月报制度，及时报送“363”工程好的经验和做法。

（七）加强宣传引导。充分利用广播、电视、报刊和宣传标语等媒介，广泛宣传“363”工程的重要性、意义、进展和经验做法，发动和引导群众积极参与，引导社会力量共同参与，特别是发挥学校教育，培养在校生养成爱护环境的意识。大力开展农村精神文明教育，引导农民群众养成健康、良好的卫生习惯，增强卫生意识，营造良好氛围。强化培训服务，县本级与各乡镇负责乡镇、村管理干部和农民工匠的技术培训和技术指导服务工作，不断提升“363”工程的服务质量和管理水平。

六、政策措施

“基础便民”专项活动建设项目涉及面广、内容多，特别是厕所、厨房、畜圈改造应用的设备产品需求量大，具备条件的乡镇要制定各项政策激励措施，加大招商引资力度，引导本地企业转型转产，或引入外地企业落户当地，提供符合标准、质优价廉、便于维护的产品。

（一）奖补政策。农村厕所改造户均奖补1200元，农村厨房改造户均奖补700元，建设屋外独立畜圈的户均奖补1000元，自治区级财政负责50%，其余不足部分由县财政统筹解决，市级财政给予一定奖补。各乡镇要对建档立卡贫困户改厕改厨改圈的资金予以适当倾斜。上述资金来源为自治区“基础便民”专项资金、县财政预算，整合现有相关项目资金，以及扶贫相关资金等。

（二）用地政策。支持县内外企业打造农村厕所厨房设备制造、运营维护产业集聚区和生产基地。对纳入县级层面统筹推进重大项目的新建改厕改厨标准化设备生产项目，新增建设用地指标按照“集中统筹、分级保障”的原则予以优先保障。新建改厕改厨标准化设备生产项目用地，确定土地出让底价可按不低于所在地土地级别相对应《全国工业出让最低价标准》的70%，出让底价应不低于该项实际土地取得成本、土地前期开发成本和按规定应收取的相关费用之和。对符合用地报批条件的，开辟建设用地预审和用地报批“绿色通道”，积极保障项目的用地需求。

（三）金融政策。鼓励金融机构创新金融产品和服务，建立绿色融资通道，积极为节能环保企业提供固定资产贷款、项目融资贷款、融资租赁、票据贴现等服务。

（四）财税政策。按照税制改革的方向和要求，统筹研究相关财税支持政策，鼓励投资新建乡村污水处理、农村垃圾处理、沼气综合开发利用、节能减排等标准化或一体化设备生产等项目。符合条件的新建项目，享受《国务院关于大力推进大众创业万众创新若干政策措施的意见》的政策。全面落实国家关于环境保护、资源综合利用等税收优惠政策，用好用足企业研发费用加计扣除、高新技术企业所得税减按15%税率征收、小型微利企业结构性减税等政策；农村厕所成套设备生产企业用电自投产起5年内，给予大工业用电政策优惠。结合精准扶贫和能源改造，对实施光伏扶贫和路灯改造企业补贴上网电价，按国家税收优惠政策执行减免税收。支持社会资本以PPP等模式参与农村改厕改厨改圈以及光伏发电扶贫、路灯改造等项目，同级财政安排必要的财政补助资金和贷款贴息资金。

（五）市场推广政策。按照崇左市公布和定期更新发布农村改厕改厨改圈设备采购目录，以及沼气池改造、光伏发电设备服务采购目录，进行采购。发挥政府采购支持农村改厕改厨标准化产品推广应用作用，有关财政专项资金在同等条件下对采购目录内的产品项目优先支持。加大监管力度，制定完善并严格执行产品标准，对产品质量达不到要求的企业，停止在专项资金补助、政府采购、金融信贷等方面的支持，其产品或服务不列入政府采购目录。

七、验收标准

“基础便民”专项活动工作按崇左市《“基础便民”专项活动验收标准》（附件1）进行验收，农村改厕、改厨、改圈项目建设按各自项目建设验收标准（附件2、3、4）进行验收；其余项目建设按各相关主管部门制定的验收标准进行验收。

附件1

“基础便民”专项活动工作验收标准

验收内容	标准要求	评分
一、组织领导 （12分，每项4分）	1.成立领导机构，明确部门职责	
	2.健全各项制度，及时上传下达	
	3.制定工作方案，全面落实责任	
二、落实任务 （60分，每项15分）	4.制订年度计划，细化工作内容	
	5.完成资金筹措，落实奖补政策	
	6.按时按质按量完成各项目标任务	
	7.积极组织开展建设范例创建活动	
三、群众参与 （12分，每项4分）	8.充分发动群众，群众知晓率高	
	9.群众参与度高，完成自筹部分	
	10.得到群众认可，群众满意度高	
四、监督检查 （6分，每项2分）	11.建立健全监督检查工作机制	
	12.定期或不定期开展监督检查	
	13.督查问题整改落实到位	
五、信息工作 （4分，每项2分）	14.宣传工作准确有效，活动氛围浓厚	
	15.及时上报工作信息和进度报表	
六、长效机制 （6分，每项3分）	16.制定相关的后续管理办法	
	17.开展经常性工作，形成常态化	

附件2

农村无害化卫生厕所改造项目验收标准

验收项目	验收要求	评价
一、化粪池	1.选用池型种类符合国家规范的要求	
	2.施工或安装过程符合施工要求	
	3.密闭、不渗漏、容积符合同类模式厕所要求	
二、便池	4.选用陶瓷与其他坚固、宜清洁材料	
	5.建设或者安装过程符合施工要求	
	6.便器应满足粪便收集的需要	
三、冲洗设施	7.采用节水型冲水水箱或冲水方式 8.选用其他方式的应符合无害化要求	
四、农民自建部分	9.根据厕所类型和选择改造的标准，达到《农村户厕卫生规范》的要求	
总体评价		

附件3

农村清洁厨房改造项目验收标准

验收项目	验收要求	验收结果
一、灶具	采用节柴灶或燃气、沼气灶，有通风、排烟管道	
二、案台	案台牢固，台面光滑易清洁	
三、柜体	案台集成或独立密闭收纳柜	
四、管线	电线、燃气管道固定，安装规范	
五、排水	安装有洗池和排水管道	
六、农民自建部分	根据选择改造的标准，增加通风采光，进行布局合理，及时打扫，保持整洁	
总体评价		

附件4

农村畜圈改造验收标准

验收项目	验收要求	验收结果
搬迁屋外建设独立畜圈	1.畜圈上有挡雨设施，地面硬化，围墙防寒保暖、通风透气	
	2.有与养殖量相适应的储粪房，实施干清粪工艺	
	3.有储污水池，实行雨污分流，污水不外流污染环境	
	4.畜圈及周围环境臭味减少、苍蝇蚊虫减少	
总体评价		

关于印发《扶绥县加快牛羊养殖业发展实施方案》的通知

扶办发〔2017〕40号

各乡镇党委、人民政府，县直及区、市直驻我县各有关单位：

经县委、县人民政府同意，现将《扶绥县加快牛羊养殖业发展实施方案》印发给你们，请认真组织实施。

中共扶绥县委员会办公室　扶绥县人民政府办公室

2017年9月18日

扶绥县加快牛羊养殖业发展实施方案

根据《中共扶绥县委员会　扶绥县人民政府关于加快牛羊养殖业发展的决定》（扶发〔2017〕8号）文件精神，为推进牛羊养殖工作顺利开展，结合我县实际，特制定本方案。

一、指导思想

以党的十八届四中、五中、六中全会和中央农村工作会议、中央一号文件精神为指导，充分利用我县丰富的甘蔗尾梢、玉米秸秆等饲草资源，大力发展牛羊养殖业。紧密结合当前精准扶贫工作，采用“公司+基地+农户”的养殖方式，着力引进和培育牛羊龙头企业，重点扶持养殖大户、养殖合作社。打造特色优势牛羊养殖业为主线，以牛羊品种改良为手段，以牧草青贮技术为措施，以强化动物疫病免疫为保障，强化服务体系建设，提升养殖科技含量，推进标准化、生态化、规模化、产业化经营，树立品牌意识，实现畜牧业增效和养殖农民增收。

二、目标任务

通过加大工作力度，进一步完善各项措施，不断增强牛羊养殖企业和合作社带动能力，提高养殖标准化、生态化、规模化、产业化经营，推动养殖总量快速增长，打造亿元产业。到2020年实现以下任务目标：

（一）养殖数量

全县牛饲养量达15.25万头，羊饲养量达4.31万只，牛羊养殖业产值达2亿元。

（二）年新增牛羊规模养殖场、示范场数量

1.年均新增牛规模场（户、小区、合作社、家庭农场）数量。全县年均新增存栏肉牛10头或年出栏5头以上的规模场（户、小区、合作社、家庭农场）34个，累计达200个。

2.年均新增羊规模场（户、小区、合作社、家庭农场）数量。全县年均新增存栏肉羊30只或年出栏15只以上的规模户（户、小区、合作社、家庭农场）50个，累计达300个。

3.建成牛羊标准化示范场数量。全县建成肉牛年存栏500头以上标准化示范场2个，肉羊年存栏500

只以上标准化示范场3个。

三、实施范围及年限

（一）实施范围

全县各乡镇达到规模标准的养殖场（户、小区、合作社、家庭农场），饲草料种植、加工企业，以及牛羊产品深加工企业。

（二）实施年限

2017年1月1日至2020年12月31日。

四、项目申报条件、扶持奖励补贴对象及标准

（一）项目申报条件

申报主体必须满足以下条件：

1.遵守《中华人民共和国畜牧法》《中华人民共和国动物防疫法》及《中华人民共和国环境保护法》等相关法律法规；

2.养殖场（户、小区、合作社、家庭农场）实施登记或备案管理；

3.养殖场（户、小区、合作社、家庭农场）进行环评登记或完成环评报告；

4.无重大动物疫病疫情、无产品质量安全事故、无安全生产事故发生；

5.扶持奖励补贴对象同时符合以下1、2、5项标准的，只能享受其中一项，按获得补贴奖励额度最高的项目扶持，其余其他项能同时享受补贴奖励。

（二）扶持奖励补贴对象及标准

1.龙头企业、标准化示范场、专业合作社和家庭农场

（1）龙头企业

扶持对象：能带动当地牛养殖户50户（羊养殖户100户）以上，且年总产值达200万元以上的龙头企业。

扶持标准：一次性财政扶持30万元。

查验材料：项目验收申请表，龙头企业证明材料，企业营业执照正副本（复印件），法人代表证书（复印件），动物防疫条件合格证（复印件），带动农户养殖户数及饲养量材料，企业带动农户养殖总产值档案材料。

（2）标准化示范场

奖励对象:获得自治区级或国家级标准化示范场的牛羊养殖企业。

奖励标准：获得自治区级标准化示范场企业，财政一次性奖励5万元；获得国家级标准化示范场企业，财政一次性奖励10万元。

查验材料：项目验收申请表，业主或法人代表证书（复印件），标准化示范场牌匾、证书（复印、拍照）及取得示范场文件依据。

（3）专业合作社

奖励对象：注册会员达14户及以上，年产值达50万元以上的牛羊养殖合作社，由县牛羊发展办组织人员对申报扶持的牛羊养殖合作社进行考核评分，由高到低评出5个县级示范社，进行扶持奖励。

奖励标准：县财政一次性扶持奖励8万元。

查验材料：项目验收申请表，法人代表证书（复印件），营业执照正副本（复印件），会员注册花名册、财务报表，开展业务培训、会议、工作总结等相关材料。

（4）家庭农场

奖励对象：年出栏肉牛50头以上（羊150只以上），产值20万元以上，被评为县级示范家庭农场的。奖励对象和条件与《扶绥县人民政府办公室关于印发扶绥县农民合作社和家庭农场扶持奖励办法的通知》（扶政办发〔2016〕46号）一致，同时符合奖励标准的，不能重复申报。

奖励标准：县财政一次性扶持奖励5万元。

查验材料：项目验收申请表，法人代表证书、营业执照正副本（复印件），牛羊出栏材料证明（牛羊产地检疫申报受理单），财务报表等。

2.新建（改扩建）养殖场栏舍

扶持对象：对养牛30头以上（羊300只以上）新建（改扩建）栏舍的养殖场（户、小区、合作社、家庭农场），面积达300平方米以上，且新建（改扩建）栏舍在符合相关法规要求的区域（非禁养区、限养区、饮用水源保护区等），为砖瓦木或钢架结构，地面为水泥地板（羊舍为高架床），有完全雨污分流、粪污处理设施和防疫设施等。

扶持标准：以新建（改扩建）栏舍的建筑面积每平方米扶持150元（每头牛、羊最高栏舍补贴不超过5平方米）。

查验材料：项目验收申请表，企业营业执照正副本（复印件），法人身份证（复印件），环评登记或环评报告；新建（改扩建前后）养殖场全景、近景照片。

3.基础母牛（羊）补贴

补贴对象：基础母牛存栏5头及以上（母羊10只及以上）养殖场（户、小区、合作社、家庭农场），以见仔补母的方式补贴（奶牛除外）。

补贴标准：母牛每胎补贴1000元，每只母羊每年补贴300元。

查验材料：项目验收申请表，业主身份证（复印件），母畜耳标号码照片、仔畜耳标号码照片，母畜和仔畜合照照片。

4.引进种牛（羊）奖励

（1）引进种牛奖励

奖励对象：通过合法的程序一次性从本市以外引进5头及以上杂交母牛的养殖业主，种牛月龄4个月以上，体重150公斤以上，且在本市内饲养4个月以上（时间以动物检疫出证日期算起）并提供布病检测报告。

奖励标准：每头种牛奖励2000元。

查验材料：项目验收申请表，法人代表（业主）身份证（复印件），跨区域引种申请表，引种落地报告表，引进种牛耳标号码、种牛照片。

（2）引进种羊奖励

奖励对象：一次性从有资质的种羊场引进种羊20只及以上，经检疫合格并按规定进行圈养的养殖业主。

奖励标准：每只种羊奖励500元。

查验材料：项目验收申请表，法人代表（业主）身份证（复印件），跨区域引种申请表，业主身份证（复印件），引种落地报告表，引进种羊耳标号码、种羊照片。

5.饲草料加工种植企业和牛羊产品深加工企业

（1）饲草料加工企业

补贴对象：建设有饲草加工生产线，年加工农作物秸秆、牧草等饲草料1万吨以上，且供应本县牛羊养殖使用的企业。

补贴标准：每吨补贴20元。

查验材料：项目验收申请表，企业营业执照正副本（复印件），法人代表证书（复印件），收购、销售农作物秸秆的购销合同等，年终财务报表。

（2）牛羊产品深加工企业

补贴对象：年专业屠宰加工肉牛2000头（肉羊15000只）以上的企业。

补贴标准：年屠宰加工肉牛2000头（肉羊15000只）的企业，一次性补贴50万元；年屠宰加工肉牛5000头（肉羊30000只）以上的企业，一次性补贴100万元。

查验材料：项目验收申请表，动物防疫条件合格证，企业营业执照正副本（复印件），法人代表证书（复印件），年终财务报表，加工厂全景、近景照片，生产加工机器照片等。

（3）牧草种植企业

补贴对象：连片种植牧草或粮改饲牧草种植在200亩以上，且供应本县牛羊养殖使用的企业。

补贴标准：每年每亩补贴300元。

查验材料：项目验收申请表，企业营业执照正副本（复印件），法人代表证书，土地承租合同，种植牧草品种及面积，牧草销售、利用台账，种植全景、近景照片。

6.贷款贴息

（1）牛羊养殖企业（专业合作社）项目贷款贴息扶持

补贴对象：在我县注册成立且直接带动建档立卡贫困户（带动贫困户的比例与贴息贷款额度挂钩）发展牛羊产业的扶贫龙头企业(专业合作社)。符合条件的对象，按照《广西壮族自治区人民政府关于加强金融支持扶贫开发的实施意见》（桂政发〔2014〕33号）的规定给予扶贫项目贷款政策支持。

补贴标准：在规定的贷款限额1000万元以内（专业合作社100万元以内）按不高于同期人民银行基准利率给予连续不超过3年的按贷款利息的50%补贴。

查验材料：项目验收申请表，业主或法人代表证书（复印件），查验业主发展牛羊产业的相关材料（包括设施设备、生产台账、财务报表、带动建档立卡贫困农户花名册等），银行贷款及偿还利息的凭证（复印件），扶贫部门要求的项目贷款贴息相关材料等。

（2）扶贫小额信贷

补贴对象：建档立卡贫困户。

补贴标准：免抵押、免担保5万元以下、连续三年以内按基准利率财政全额贴息（具体贴息办法按照桂开办发〔2016〕70号、177号、188号规定的政策执行）。

查验材料：项目验收申请表，扶贫小额信贷申请表（复印件）或扶贫小额信贷花名册，贫困户建档立卡档案，银行贷款的凭证（复印件），查验贫困户发展牛羊养殖业的相关材料（包括购买牛羊凭证、养殖牛羊相关相片等）。

五、项目申报及验收程序

（一）材料准备

项目业主对照申报条件，按自愿原则，根据所申报项目要求提供相应的查验材料，并对申报材料的真实性负责。

（二）递交申请材料

业主在项目完成后向当地乡（镇）牛羊发展办公室递交验收申请表，当地乡（镇）牛羊发展办公室初核汇总后递交到县牛羊发展办。

（三）验收

县牛羊发展办分别于每年的5月30日前或11月30日前组织验收小组，对拟验收项目进行验收。

（四）公示

验收通过后，由县牛羊发展办将拟补贴（奖励）名单、金额在项目所在村和乡（镇）进行公示。公示无异议后，县牛羊发展办将材料送到当地财政部门审核。

（五）补贴（奖励）款发放

经公示无异议并审核后，财政部门在20个工作日内将补贴（奖励）资金及时划拨到业主银行账户。

（六）材料存档

验收表一式六份，业主一份，当地乡（镇）牛羊发展办一份，县级牛羊发展办一份，县级财政部门一份，每批项目公示审核后，县牛羊发展办汇总（附公示材料复印件）报市牛羊发展办和市财政局备案，并做好档案的保存。

六、工作措施

（一）成立工作领导小组

成立扶绥县牛羊养殖业发展工作领导小组，领导小组成员名单如下：

组　　长：苏　勇　县委副书记

副 组 长：黄民志　县人大常委会副主任

梁　媚　县政府副县长

玉植保　县政协副主席

成　　员：桂荣泽　县委办公室副主任

陈保仁　县政府办公室副主任

韦永才　县委宣传部副部长

黄智恒　县水产畜牧兽医局局长

罗佳震　县农业局局长

卜国光　县财政局局长

周子民　县扶贫办主任

韦洪华　县绩效办主任

黄保瑜　县发改局局长

钟文庆　县科技局局长

梁新勇　县民宗局局长
凌云川　县国土资源局局长
刘义志　县环保局局长
岑智能　县交通运输局局长
黄文涛　县水利局局长
朱茂胜　县林业局局长
何时宏　县农机局局长
黄艺刚　县审计局局长
甘绍慧　县统计局局长
韦永亮　县工商局局长
冯莉妍　县投促局局长
张耀明　扶绥供电局局长

领导小组下设扶绥县加快牛羊养殖业发展办公室（简称“牛羊发展办”），办公室设在农业局产业办，办公室主任由梁媚同志兼任，常务副主任由黄智恒同志担任，副主任由桂荣泽、陈保任、谭红星、李玉芳、滕仲恩同志担任，成员由县发改局、科技局、民宗局、财政局、国土资源局、交通运输局、水利局、农业局、水产畜牧兽医局、审计局、环保局、统计局、林业局、扶贫办、金融办、投促局、农机局、工商局、扶绥供电局等相关人员组成，具体负责领导小组日常工作；牛羊发展办同时成立验收工作小组，成员由县发改、财政、环保、水产畜牧兽医、审计等相关部门负责同志组成。各乡镇参照县级成立相应的工作机构。

（二）积极筹措资金

1.财政资金。财政自2017年起，每年要安排专项资金用于牛羊养殖业发展。其中，扶绥县每年安排500万元以上。除明确由市财政一次性扶持补贴奖励的项目外，其余扶持补贴奖励的项目资金由市财政承担20%、扶绥县财政承担80%。

2.工作经费。为确保加快牛羊养殖业发展工作的顺利推进，扶绥县财政安排专项经费的2%作为工作经费，用于工作部署、检查指导、考核验收等工作燃油、差旅开支等。

（三）加强科技合作

1.加强与科研、教学和推广单位的合作。与自治区水产畜牧兽医局、崇左市水产畜牧兽医局、畜牧研究所、水牛研究所、畜牧总站、草地监理中心、牧草工作站、广西大学等单位合作。利用科研院所的技术研发优势，开展优质新品种选育、疫病综合防控、健康生态养殖、牛羊产品深加工和综合利用等关键技术研究，同时缩短科研成果转化为实用技术的调试周期，加快新技术、新成果的孵化面市进程，提高我县牛羊产业的科技进步贡献率和产品的市场竞争力。

2.成立牛羊产业科技专家小组。科技专家小组主要负责牛羊繁育、饲料营养、饲养管理、试验、示范推广和培训工作。一是成立牛羊繁育专家小组。运用人工授精等技术手段培育选育出适合南方养殖（尤其是圈养）、适合市场需求，适合我县主要发展的牛羊品种。全面推广人工授精技术，并对优秀配种员给予表彰奖励。二是成立饲料营养专家小组。科学有效解决饲草来源，掌握甘蔗尾梢等农作物秸秆氨化、微化、青贮、精料配置等综合利用技术手段，实现养殖效益最大化。三是成立疫病防控专家小组。制定牛羊疫病防控要点和防治应急预案，定期开展牛羊疫病检测、监测工作，确保牛羊养殖业健康发展。

（四）加强动物疫病防控及产品质量安全监管

加强牛羊重大动物疫病和人畜共患传染病防治工作，重点抓好口蹄疫、小反刍兽疫、山羊痘等疫病免疫工作，加强牛羊布病的监测和净化工作，建立有效免疫保护屏障，防止疫病发生和流行。严格跨省引种审批、检疫、落地报告、隔离观察、跟踪监管等制度，防止外疫传入。实行养殖全过程质量监管，规范饲料、添加剂、兽药使用；加强屠宰、流通环节监管，严厉打击私屠滥宰、贩售病害动物产品等不法行为，保证牛羊产品质量安全。

（五）加强部门配合

各部门要按照职能各施其责，互相配合，形成合力，共同推进牛羊养殖业快速、健康发展。水产畜牧兽医部门牵头做好养殖规划和养殖管理；财政部门牵头筹措资金投入牛羊养殖业发展；投资促进部门加大牛羊养殖业发展招商引资；企业用水、用电由水利和电力部门共同推进。

（六）建立绩效考评机制

自2017年起，将牛羊养殖业发展列入年度绩效考评。

（七）明确法律责任

对弄虚作假骗取扶持补贴奖励资金或违反规定使用扶持资金的单位和个人，财政部门将按照有关规定追回奖励扶持资金，由相关部门严肃处理。涉嫌构成犯罪的，依法移送司法机关追究相关责任。

（八）加强沟通联系和信息报送工作

本方案由县牛羊发展办负责解释，未尽事宜请与县牛羊发展办联系。要不断总结在工作推进过程中的好做法、好经验，及时报送县水产畜牧兽医局进行宣传推广。

关于印发《扶绥县推进建档立卡贫困户劳动力就地就近稳定就业专项行动方案》的通知

扶办发〔2017〕69号

各乡镇党委、人民政府，县直及区、市直驻我县各有关单位：

经县委、县人民政府同意，现将《扶绥县推进建档立卡贫困户劳动力就地就近稳定就业专项行动方案》印发给你们，请结合实际，认真做好贯彻落实。

中共扶绥县委员会办公室　扶绥县人民政府办公室

2017年12月19日

扶绥县推进建档立卡贫困户劳动力就地就近稳定就业专项行动方案

为加快推进扶绥县建档立卡贫困户劳动力就地就近稳定就业，解决贫困户劳动力就业不充分和企业"招工难"问题，带动贫困家庭脱贫致富，推动全县脱贫攻坚工作深入开展，现结合我县实际，制定本方案。

一、指导思想

以党的十九大精神为指导，深入贯彻习近平总书记关于扶贫开发系列重要讲话精神，围绕做好"两篇大文章"、打好"四大攻坚战"的战略部署，深化县域经济"三区一镇"发展模式，按照全县脱贫攻坚总体安排，以就业指导、就业培训、产业吸纳为主要措施，充分发挥第一书记、驻村工作队员、结对帮扶干部的作用，组织我县三大园区企业、高等职业院校积极参与就业精准扶贫行动，逐步形成"就业服务机构+贫困户劳动力+高等职业院校+园区用工企业"四位一体的就业精准扶贫新机制，推进建档立卡贫困户劳动力实现就地就近稳定就业，打好全县脱贫攻坚战。

二、目标任务

以全县建档立卡贫困户为重点，通过就业精准扶贫行动，积极推进建档立卡贫困户劳动力在我县企业特别是在广西中国—东盟青年产业园、空港扶绥经济区和广西山圩产业园等三大园区企业内稳定就业。

（一）要充分发挥各乡镇党委政府、包村单位以及第一书记、驻村工作队员、结对帮扶干部的作用，组织发动全县建档立卡贫困户劳动力积极求职就业，努力实现"建档立卡贫困户赋闲劳动力要出得来"的目标。

（二）要充分依托桂林理工大学空港校区、广西城市职业学院等高等（职业）院校资源及定点培训机构，加大对贫困户劳动力就业观念和技能的培训，树立正确积极的就业观念，努力实现"建档立卡贫困户劳动力进厂后要留得住"的目标。

（三）要积极发挥工会、共青团、妇联等群团组织的号召力、战斗力、凝聚力，在进厂务工的贫困户劳动力中培养骨干力量，增强贫困户对劳动脱贫的认同感和荣誉感，带动未就业贫困人员主动求职就业，努力实现“建档立卡贫困户劳动力进厂后要干得好”的目标。

三、组织机构

为确保专项行动顺利开展，成立扶绥县推进建档立卡贫困户劳动力就地就近稳定就业专项行动领导小组，其成员名单如下：

组　　长：苏　勇　县委副书记

常务副组长：黄海瀚　县委常委、副县长

副 组 长：黄建辉　县委常委、办公室主任

黄海生　县委常委、统战部部长

黄民志　县人大常委会副主任

梁　媚　县政府副县长

玉植保　县政协副主席

黄　毅　中国–东盟青年产业园管委会副主任

姚胜松　广西山圩产业园管委会副主任

成　　员：桂荣泽　县委办公室副主任

汪业建　县委办公室副主任（兼）、空港管委会主任

李木凡　县政府办公室副主任

李志和　县委宣传部副部长

玉堪宁　县人力资源和社会保障局局长

周子民　县扶贫办主任

陆国铁　县总工会副主席

赵春玉　团县委书记

凌　娟　县妇联主席

黄文强　县人力资源和社会保障局副局长

全小庆　县财政局副局长

黄凤鸣　县文体新广局副局长

各乡镇乡镇长

领导小组下设办公室，办公室设在县人力资源和社会保障局，主任由玉堪宁同志兼任，副主任由黄文强、陈平（县就业服务中心主任）同志担任，负责领导小组的日常业务。

四、工作措施

（一）促进建档立卡贫困户劳动力就地就近稳定就业

1.搭建企业用工信息发布平台。三大园区用工企业于每月25日前收集企业用工信息报送至县就业服务中心，县就业服务中心及时掌握园区企业用工、岗位流失和员工录用等方面情况，按月进行统计和定量分析，形成企业用工需求信息表，并在广西公共就业服务信息平台、扶绥人才就业网上进行发布。同时，县就业服务中心于每月30日前将企业用工需求信息电子版发至各乡镇就业社保服务中心，各乡镇就

业社保服务中心将用工信息发布到乡镇用工信息栏及乡镇、村、屯公共场所，并复印发给结对帮扶干部，由结对帮扶干部发放到贫困户劳动力手中，确保企业用工信息通知到每一位建档立卡贫困户劳动力。

2.建立贫困劳动力资源信息库。依托人社服务平台，开展建档立卡贫困户劳动力供求普查，分类建立信息管理台账，实行人力资源实时动态管理。由各乡镇政府、驻村工作队员、结对帮扶干部对有意向参加职业技能培训和就业愿望的贫困劳动力进行摸底调查，填写《扶绥县建档立卡贫困劳动力培训就业意向调查表》，做到一户一表、一村一册，摸清劳动力资源“存量”，全面掌握贫困户劳动力年龄结构、文化程度、就业意向及培训愿望等情况，建立贫困户劳动力资源基础信息库。

3.开展贫困劳动力直通企业对接活动。结合全县企业用工“需量”和贫困户劳动力资源“存量”信息，积极开展“园区企业用工现场招聘会”，搭建用工对接平台。以乡镇为单位按月轮流组织建档立卡贫困户劳动力集中到各园区企业参观考察、现场对接洽谈就业。各包村单位、驻村工作队员、结对帮扶干部负责动员贫困户劳动力参加招聘会。各乡镇政府负责采取租用班车、安排用餐等补助形式，将有意向进入园区企业务工的贫困劳动力送到园区企业招聘会现场应聘，促进企业和贫困劳动力现场签订用工协议，确保企业招到满意的员工，贫困劳动力找到合适的岗位。

4.加大贫困劳动力转移就业培训力度。充分依托入驻我县桂林理工大学空港校区、广西城市职业学院等院校现有资源及定点培训机构，采取订单、定向的短期、中长期的培训方式，按照企业各种紧缺岗位需求，由各乡镇政府、各包村单位组织有意参加培训的贫困劳动力参加培训，并有组织、有计划安排学员到对应的企业一线实践锻炼。企业要积极主动提供场地、技术、设备和师资支持。学员培训结束后，直接到园区企业上岗就业。整合培训资源，根据企业用工和贫困劳动力信息，组织开展上门、对口培训和岗前免费培训，实现多部门培训资源共享。加大对贫困户就业观念的培训引导，聘请有资质的教师授课，从就业政策、就业观念、职业道德、就业维权等进行系统的培训引导，使贫困劳动力树立正确的择业就业观念。

（二）加大对吸纳贫困户劳动力就业企业的支持激励

1.给予社会保险补贴。对签订1年以上劳动合同、连续工作6个月以上并依法缴纳社会保险费的企业，给予不超过3年的社会保险补贴(补贴的社会保险费缴费基数按上年度在岗职工平均工资的60%计算，不包括个人缴费部分)。所需的补贴资金从就业补助资金中统筹安排。

2.给予一次性带动就业奖补。对签订1年以上劳动合同、连续工作6个月以上并依法缴纳社会保险费的企业，按一定标准给予一次性带动就业奖补。吸纳就业10人以下的，按1000元/人的标准给予奖补；吸纳就业10人以上（含）、20人以下的，按1200元/人的标准给予奖补；吸纳就业20人以上（含）、30人以下的，按1400元/人的标准给予奖补；吸纳就业30人以上（含）的，按1600元/人的标准给予奖补。所需的奖补资金从就业补助资金中统筹安排。企业在有条件的乡镇、村创建就业扶贫车间、加工点，与建档立卡贫困家庭劳动力签订劳务协议或承揽合同，在1年内累计工作不少于6个月并给付不低于6000元劳动报酬的，按1000元/人的标准给予生产经营主体一次性带动就业奖补。

3.给予职业培训补贴。企业新录用建档立卡贫困户劳动力，并与其签订6个月以上期限劳动合同或就业协议，在劳动合同或就业协议签订之日起1年内，由企业依托所属培训机构或定点培训机构进行职业技能培训，根据培训后继续履行劳动合同情况，对企业给予一定的职业培训补贴，培训补贴标准不超过就业技能培训同类职业（工种）补贴标准的60%。所需补贴资金从就业补助资金中统筹安排。

五、工作要求

（一）加强组织领导，强化责任担当。就业扶贫是一项系统性的工程，涉及面广、工作难度大。各乡镇、各单位要高度重视，切实增强做好就地就近转移贫困劳动力就业脱贫工作的责任感和紧迫感，加强组织领导，强化责任意识，认真完成每一项任务，使这项造福于贫困户的民生举措落实到位，收到实效。各级领导要精心谋划，重大问题亲自研究、难点问题亲自协调、关键环节亲自过问，出实招、办实事、求实效，推动就业扶贫取得更大成效。

（二）加大宣传引导，营造良好氛围。各乡镇、各有关单位要加大宣传力度，充分利用扶绥电视台、《今日扶绥》和新兴媒体广泛宣传贫困劳动力就业脱贫的典型，以及企业吸纳贫困劳动力就业等扶贫优惠政策，努力营造全社会关心企业用工、贫困劳动力就业的氛围。第一书记、驻村工作队员、结对帮扶干部积极引导贫困群众，做好企业用工信息的宣传发布，帮助贫困户联系用工企业，充分激发贫困户内生动力。

（三）加强部门联动，强化协调配合。各乡镇、各单位要进一步增强协作意识和效率意识，坚持在精准扶贫的大格局下主动作为，密切协作形成合力，共同打好脱贫攻坚战。县人社部门要牵头协调，整合资源，调动各方力量做好就业扶贫工作；各乡镇、包村单位、园区管理部门要加强联系，强化协调配合，确保贫困劳动力和用工企业能顺利对接，促进贫困家庭劳动力转移就业工作取得实效。

（四）统筹协调安排，保障经费投入。就业扶贫工作对象广、基数大，对资金需求的数量巨大，且持续性强。县财政要统筹安排，强化就业扶贫资金保障。既要向上争取政策倾斜和资金支持，又要根据部门职责和目标任务，统筹好分散在各部门的专项资金，把各部门相关政策和资金用实、用足、用好，提高资金使用效率，保障就业扶贫资金筹措到位。加强就业扶贫资金使用和政策执行的监管，严肃查处违纪违规问题。

关于印发《扶绥县重大项目征地拆迁工作实施方案》的通知

扶办发〔2017〕54号

各乡镇党委、人民政府，县直及区、市直驻我县各有关单位：

经县委、县人民政府同意，现将《扶绥县重大项目征地拆迁工作实施方案》印发给你们，请认真贯彻落实。

中共扶绥县委员会办公室　扶绥县人民政府办公室

2017年11月22日

扶绥县重大项目征地拆迁工作实施方案

为进一步发挥重大项目在促进投资增长、推动产业转型升级方面的引领作用，促进我县经济平稳健康较快发展，主动做好重大项目的协调和服务工作，确保完成2017年固定资产投资目标，结合我县实际，特制定本方案。

一、工作目标和任务

紧紧围绕市委、市政府关于做好“两篇大文章”打好“四大攻坚战”的战略部署，在全县关键领域和薄弱环节统筹推进一批重大项目建设，努力保持重大项目“开工一批、在建一批、投产一批、储备一批”的良好态势，实现重大项目建设的良性循环和可持续发展。2017年至2018年我县计划征地拆迁总面积为68793亩，已征地面积22643亩，待征地面积46150亩，共需兑付款21.51亿元。

二、项目小组划分

2017年和2018年的征地拆迁区域划为县城区城市基础设施建设、空港经济区、青年产业园、山圩产业园、文化旅游、农业农村及扶贫工作组共六个板块，具体项目征地责任分工详见附表。

三、工作重点

各乡镇、各部门要充分做好政策宣传、群众动员、经费保障等前期准备工作，确保按期完成2017年至2018年的总体征地任务。

（一）重点征地区域

在建项目用地、谈成项目用地、2017年底至2018年的开工项目用地是全县大征拆工作的重中之重。此外，在开展项目用地征收工作的同时，要做好项目用地周边的土地储备。主要包括空港大道两侧、五洲大道两侧、上龙大道北面；边坡平整进深60米；老城区：秀湖、城东；新城区：青龙路、上龙路、龙华中学、南湖一带区域；空港经济区、青年产业园、山圩产业园路网；交通要道：山圩产业园至中泰产业园公路、将军岭码头疏港大道等。

（二）前期工作

一要做好实施方案。要坚持依法推进，严格落实征地拆迁政策规定的补偿标准，切实维护群众的合法权益。二要做好土地房屋丈量工作。三要做好宣传工作。在征地拆迁工作中，要充分地相信群众，依靠群众，发动群众，争取群众支持。要发挥政治思想工作的优势，把道理说明白，把政策讲清楚，把工作做细致，把思想做顺畅，充分做好群众的思想工作。四要做好经费保障。在被征地拆迁集体或群众签订征地拆迁协议后，及时拨付应付补偿费；要及时落实征地拆迁补偿费、工作经费；要充分做好开展征拆工作的经费保障，为工作成绩突出的工作组提供工作奖励补助，充分调动工作人员的积极性。

四、工作要求

按照"一个重大项目一份责任清单"的工作机制，强化项目征地拆迁工作任务保障服务与激励机制，实行重大项目征地拆迁任务与领导、绩效、资源、服务"四挂钩"管理机制，切实做到前期项目促开工，开工项目促进度，在建项目促竣工，确保完成全年固定资产投资和项目建设任务。在征地手续完备后，各项前期征地工作程序已履行的项目，仍不能推进的，各征地工作组将依法执行。

（一）时间要求

各工作组要罗列工作时间和任务节点清单，责任领导要加强领导和监督，每10天按期汇报工作进展，按时完成各个阶段的征地任务，以确保如期完成全县2017—2018年的总体征地任务。

（二）纪律要求

在征地过程中，要保持良好的工作作风。一要严格按法律、法规和政策规定办事，严格按照已丈量造册的征地拆迁情况执行。抽调工作组干部要严于律己，严禁滥开口子、乱许愿，不能任意调高或降低标准，对把握不准的问题，要及时向领导及主管部门请示；二要制定严格的考评措施，将征地工作成果作为组织部考核干部工作能力的标准，县委督查室、县政府督查室、县绩效办要跟踪检查、考核统计和服务促进工作，定期进行督查考评，以问责形式倒逼责任单位、责任人员的工作积极性。

（三）奖惩机制

对在征拆工作中表现优秀，善于破解征地拆迁难题的工作组予以表扬和奖励。征地工作的工作经费发放标准为2000元/亩，征地区域（项目）一开始放线丈量土地即拨付50%工作经费，对在时间节点内完成征地任务的工作组，给予拨付全部工作经费；若在时间节点内未完成征地任务的，按所完成工作量应拨工作经费的1:2比例扣除。

印发《关于全面落实县纪委向县一级党和国家机关派驻纪检机构的方案》的通知

扶办发〔2017〕29号

各乡镇党委，县委各部委办局，县级国家机关、各人民团体、县直各企事业单位、区市直驻我县各单位党委（党组、总支、支部）：

《关于全面落实县纪委向县一级党和国家机关派驻纪检机构的方案》已经县委同意，现印发给你们，请结合实际认真贯彻执行。

中共扶绥县委员会办公室

2017年6月30日

关于全面落实县纪委向县一级党和国家机关派驻纪检机构的方案

为全面贯彻落实党的十八大和十八届三中、四中、五中、六中全会，十八届中纪委第三次、四次、五次、六次、七次全会精神以及自治区第十一次党代会，自治区第十一届纪委一次、二次全会精神，深入贯彻习近平总书记系列重要讲话精神，坚持全面从严治党，实现县一级党和国家机关派驻纪检机构全覆盖，根据党章有关规定和崇左市关于全面落实市纪委向市一级党和国家机关派驻纪检机构的方案以及县委关于加强县纪委派驻机构建设的意见，县纪委派驻机构主要职责和机构设置确定如下：

一、领导体制

县纪委派驻机构统一称为县纪委派驻纪检组，由县纪委直接领导、统一管理，对县纪委负责。

二、职能调整

（一）派驻机构全面履行党章赋予的三项任务，真正体现党章对纪委的定位，把党的纪律和规矩挺在前面，以严明的纪律确保中央、自治区、市委和县委政令畅通，坚决维护中央权威。

（二）派驻机构与驻在部门（含综合监督单位，下同）的关系是监督与被监督的关系，县一级党和国家机关党组织要担当和落实好全面从严治党的主体责任，派驻机构履行对驻在部门的监督责任。派驻机构要深化转职能、转方式、转作风，强化监督执纪问责，不再承担驻在部门领导班子履行主体责任相关的日常工作。

（三）突出监督重点、抓住“关键少数”。派驻机构监督重点对象是驻在部门领导班子及县管干部和科级以下干部，着力加强对驻在部门本级机关和直属单位的监督。

三、主要职责

（一）督促驻在部门领导班子落实全面从严治党的主体责任，履行对驻在部门的监督责任。检查驻在部门领导班子及其成员遵守党章党规党纪、执行党的路线方针政策决议、推进党风廉政建设和反腐败斗争等情况，发现重要问题及时向县纪委报告。

（二）经县纪委批准，初步核实反映驻在部门领导班子及县管干部的问题线索；参与调查驻在部门领导班子及县管干部违犯党纪的案件。负责调查驻在部门管理的领导班子及其成员和科级以下干部违犯党纪的案件。受理对驻在部门党组织和党员的检举、控告，受理驻在部门党组织和党员的申诉。

（三）对驻在部门各级领导班子履行全面从严治党主体责任不力、造成严重后果的，提出问责建议。

（四）承办县纪委交办的其他事项，负责本派驻机构干部日常管理和监督。

四、机构设置

县纪委派驻机构、派出机构具体设置和监督范围如下:

（一）派驻纪检组

1.县纪委驻县委办公室纪检组

负责综合监督：县委办公室（含保密办、机要局、督查室）、县委政法委员会（含县法学会），县人大机关，县政协机关，县委、县人民政府信访局，县接待办公室等6家单位。

2.县纪委驻县委组织部纪检组

负责综合监督：县委组织部（含县非公有制经济组织和社会组织工作委员会）、县人力资源和社会保障局、县委统战部、县工商业联合会、县机构编制委员会办公室、县绩效考评领导小组办公室、县委党校（县行政学校）等7家单位。

3.县纪委驻县委宣传部纪检组

负责综合监督：县委宣传部（含县社会科学界联合会、新闻中心）、县文化体育新闻出版广电局、县民政局（含县老龄工作委员会办公室）、县文学艺术界联合会、县档案局等5家单位。

4.县纪委驻县人民政府办公室纪检组

负责综合监督：县人民政府办公室（含县金融工作办公室、县法制办公室、县调处办公室、县侨务办）、县政务服务管理办公室、县扶贫开发办公室、县糖业发展办公室、县机关后勤服务中心等5家单位。

5.县纪委驻县发展和改革局纪检组

负责综合监督：县发展和改革局（含县物价局、县粮食局）、县水库移民工作管理局、县投资促进局、县交通运输局、县旅游事业局等5家单位。

6.县纪委驻县教育局纪检组

负责综合监督：县教育局、县科学技术局、县民族和宗教事务局、县科学技术协会、县妇女联合会等5家单位。

7.县纪委驻县公安局纪检组

负责监督：县公安局（含交警大队）。

8.县纪委驻县财政局纪检组

负责综合监督：县财政局、县审计局、县统计局、中国—东盟南宁空港扶绥经济区管理委员会、县供销合作社联合社、县工业贸易和信息化局、县城镇集体工业联社等7家单位。

9.县纪委驻县住房和城乡建设局纪检组

负责综合监督：县住房和城乡建设局（含住房制度改革委员会办公室）、县人民防空办公室、县地震局、县国土资源局（含不动产登记局）、县市政管理局、县委党史研究办公室等6家单位。

10.县纪委驻县农业局纪检组

负责综合监督：县农业局（含县水产畜牧兽医局）、县农业机械化管理中心、共青团扶绥县委员会、县卫生和计划生育局（含县计划生育协会）、县红十字会等家5单位。

11.县纪委驻县林业局纪检组

负责综合监督：县林业局、县森林公安局、县环境保护局、县水利局、县总工会、县地方志编纂委员会办公室、县归国华侨联合会等7家单位。

12.县纪委驻县工商行政管理局纪检组

负责综合监督：县工商行政管理局（含直属所）、县质量技术监督局、县食品药品监督管理局（县食品安全委员会办公室）、县安全生产监督管理局、扶绥东罗矿区管理处等5家单位。

13.县纪委驻县人民法院纪检组

负责监督：县人民法院。

14.县纪委驻县人民检察院纪检组

负责综合监督：县人民检察院、县司法局等2家单位。

（二）派出纪工委

15.县直属机关纪律检查工作委员会

负责综合监督：县直属机关工作委员会、县委老干部局、县残疾人联合会等3家单位。

五、机构调整

撤销29家县一级党和国家机关单位本级内设纪检监察机构（不含机关纪委）（详见附件），其行政编制和领导职数统一划转，政法专项编制单列，均由县纪委统筹调剂使用。参照自治区、崇左市的做法，保留县人民法院内设监察室，其编制单列并由县纪委调剂使用。其他事业编制和领导职数由县机构编制部门统一收回注销。